온라인 쇼핑몰 창업
인터넷 쇼핑몰 창업 및 성공 전략

온라인 쇼핑몰 창업   인터넷 쇼핑몰 창업 및 성공 전략

출판사 등록번호 : 제2020-000005호
신고연월일 : 2020년 9월 11일

온라인 쇼핑몰 창업 - 인터넷 쇼핑몰 창업 및 성공 전략

발행일 : 2025-01-01
발행처 : 가나출판사
발행인 : 윤관식
주　　소 : 충남 예산군 응봉면 신리길 33-4
전　　화 : 010-6273-8185
팩　　스 : 02-6442-8185
홈페이지 : http://가나출판사.kr
Email : arm1895@naver.com
저　　자 : 윤관식

파본은 구매처에서 교환해 드립니다.

ISBN : 979-11-91180-20-6(13400)

- 머리말 -

이 책은 전자책과 종이책으로 동시에 출간하는 책입니다만, 처음 책을 구상 할 때는 전자책은 염두에 두지 않고 종이책 원고를 집필하였습니다.
그러다가 이후 전자책을 출간했고요, 원고 자체는 종이책 원고나 전자책 원고가 동일한 원고이지만, 애초에 전자책을 염두에 두고 종이책 원고를 집필을 했으면 책의 구성이 조금은 달라졌을 것입니다.
왜냐하면 전자책에서는 종이책 원고의 여백을 대부분 무시하기 때문입니다.
그래서 이 책을 종이책으로 보시는 분은 상관이 없습니다만, 전자책으로 보시는 분은 가끔씩 삽화에 관한 설명이 사라지는 경우가 있는데요, 이는 종이책 원고를 전자책으로 변환하는 과정에서, 전자책에서는 무조건 한 페이지에 삽화 한 개가 기본이기 때문에 종이책에서 삽화 옆에 기술한 텍스트는 전자책에서는 무조건 삽화 위나 밑으로 이동을 합니다.
이 과정에서 갑자기 설명이 사라진 것은 설명이 사라진 것이 아니라 삽화 옆에 놓은 설명이 다른 페이지에 나타나기 때문입니다.
물론 어쩌다 한 두 번 발생하는 일이고요, 전자책을 보시는 분이라면 이 점을 미리 아시고 보시기 바랍니다.

일단, 종이책과 전자책의 원고는 동일합니다.
종이책은 책을 보시면 됩니다만, 전자책은 단말기가 아닌 PC에서는, 오로지 Calibre 프로그램에서 전자책을 읽어들여야 목차 링크가 완벽하게 작동을 했고요, 모바일은 구글 ReadEra 앱에서 읽어들여야 원활하게 재생됩니다. (구글 크롬 및 아이스크림 epub 리더에서는 목차가 완벽하게 작동을 하지 않았습니다.)

잔자책은 epub 3.0으로 제작했고요, PC 에서는 epub 파일을 선택하고 마우스 우측 버튼을 클릭하여 연결 프로그램을 구글 크롬으로 선택하면 확장 프로그램을 설치하시겠습니까 라고 물어오며 예 라고 대답을 하면 자동으로 확장 프로그램이 설치되면서 구글 크롬에서 재생되지만, 목차가 작동하지 않았습니다.

모바일에서도 미리 앱스토어에서 ReadEra 앱을 설치해 놓고 epub 파일을 선택하고 나타나는 프로그램 목록에서 ReadEra 앱을 선택하면 이 책의 목차 링크 및 하이퍼링크가 완벽하게 실행됩니다.
필자가 예전에도 인터넷 쇼핑몰 창업이라는 책을 펴 낸 적이 있습니다만, 우리나라 뿐만이 아니고, 전세계적으로 코로나 19 이전과 이후는 완전히 딴 세상이므로 코로나 19 이후의 오늘날의 추세를 고려하여 새롭게 "온라인 쇼핑몰 창업 2025-인터넷 쇼핑몰 창업 및 성공 전략" 책을 펴 내게 되었습니다.
아무래도 책의 원고를 다 쓰려면 몇 달 걸리므로 이 책이 출간되려면 2024년 말이나 아니면 2025년도에 출간될 수도 있고요, 이 책의 타이틀은 온라인 쇼핑몰 창업 이고요, 오늘날 전국의 자영업자는 그야말로 고사 직전입니다.
오죽하면 2024년 한 해에만 폐업하는 자영업자가 100만명에 육박하거나 넘는다고 합니다.
인터넷 쇼핑몰 사업자 역시 자영업자이며 자영업자는 우리나라 고용의 저수지 역할을 합니다.

그래서 정부의 고용률에 지대한 도움을 주고 있습니다만, 이렇게 자영업자가 무너지면, 폐업하는 자영업자는 물론 새롭게 업종을 바꾸어 계속 자영업을 하는 사람도 있겠지만, 많은 빚을 떠 앉고 실업자가 되는 경우가 많으므로 이는 결국 정부의 큰 부담이 되며 나아가 국민의 혈세가 투입되는 결과로 이어지는 것입니다.

그래서 정부에서는 자영업, 소상공인을 살리기 위하여 필사의 노력을 하고 있으며 필자 역시 정부의 이러한 도움으로 그 어려운 코로나 19의 혹한기를 이겨 냈고요, 여러분 역시 능력과 의지만 있다면 정부의 지원은 거의 무한으로 받을 수 있습니다.

그러나 정부에서 눈이 멀어서 아무에게나 무조건 지원을 해 주지는 않습니다.

정부에서는 일정 기준 이상의 조건이 되어야 지원을 해 주며, 그것도 정부에서 직접 지원을 해 주는 것이 아니라 정부에서 보증을 서고 민간 은행에서 대출을 받는 방식을 사용하므로 이 과정 및 이러한 절차를 그야말로 사법고시 공부하듯이 열심히 공부를 하고 학습을 하여 최대한 정부의 지원을 많이 받아야 유리합니다.

사업이란 기술보다는 자본이 좌우하므로 반드시 사업 자금이 충분히 있어야 성공할 수 있다는 것을 반드시 명심하시기 바랍니다.

그래서 이 책이 있는 것이고요, 이 책에서는 목차에 나와 있는 내용을 다룰 것이며 창업 준비에서부터 창업 자금 조달, 이 책의 타이틀은 온라인 쇼핑몰 창업이고요, 결국 자영업자, 즉, 사업자가 되는 것이기 때문에 사업자 등록 및 통신판매업 신고를 하는 과정을 가장 먼저 다룰 것입니다.

그 다음에 인터넷 쇼핑몰의 특성상 온라인 판매가 주류를 이루므로 온라인 판매에 대한 이해와 대형 오픈마켓에 가입하는 방법 및 인터넷 쇼핑몰 성공 전략에 대해서 다룰 것입니다.

그리고 온라인 판매란 오프라인 판매와 달리 실물 가게는 없지만, 실물 가게보다 훨씬 크고 거의 무한한 인터넷이라는 가상 공간에 물건을 진열(올려놓고 - 업로드를 해 놓고)해 놓고 많은 사람들이 그 상품을 온라인으로 검색을 하고 구매를 하는 것이므로 상품을 구매 욕구가 생기도록 편집하는 방법도 다룰 것입니다.

물론 상품 편집 및 동영상 편집 등은 그 한 분야만 하더라도 이 책 한 권보다 많은 지면이 있어야 하므로 전문 서적과 같이 다룰 수는 없지만, 최소한 인터넷 쇼핑몰에 올릴 수 있는 상품을 만드는 과정은 다룰 것입니다.

그러기 위해서는 상품 편집 및 업로드와 인터넷의 특성상 웹문서를 만들 줄 알아야 하지만, 웹 문서는 HTML 문서이고요, 여기에 자바스크립트, CSS, 서버, 기타 웹프로그래밍을 배워야 하지만, 전문 웹프로그래밍은 대학교 4학년 전공을 해도 어려운 부분이기 때문에 이러한 프로그램을 잘 모르더라도 한글로 문서를 만들듯이 문서를 만들면 자동으로 웹문서로 변환을 해 주는 웹에디터가 있고요, 웹에디터는 정품 프로그램은 수십 만원씩 줘야 하지만, 마이크로소프트사에서 무료로 개방한 무료 웹에디터인 Microsoft Expression Web4 프로그램을 사용하면 되므로 이 프로그램도 다룰 것입니다.

그리고 마지막으로 요즘 유튜브가 대세이므로 유튜브 판매 전략, 유튜버가 되는 길, 유튜브에서 수익 내기까지 다룰 것입니다.

요즘 어려운 시기입니다만, 그럼에도 불구하고 잘 나가는 사람은 아주 잘 나갑니다.

부디 모쪼록 이 책으로 이 어려운 시기에 잘 나가는 사람이 되시기를 진심으로 기원합니다.

감사합니다.

저자 윤 관식

목차

온라인 쇼핑몰 창업 1
필자의 유튜브 채널 및 블로그에 오시는 방법 11
제 1 편 13
온라인 쇼핑몰 창업 준비 13
제 1 부 창업 아이템 15
제 1 장 온라인 쇼핑몰의 개념 15
제 1 절. 온라인 쇼핑몰의 종류 16
(1) 종합몰 17
(2) 전문몰 18
(3) 온오프라인 병행 쇼핑몰 19
(4) 중고 마켓 19
(4) 오픈 마켓 20
제 2 부 창업 자금 22
제 1 절 사기꾼 천국 24
(1) 모바일 뱅킹 27
(2) 현금 거래 29
제 2 절 창업 자금 30
제 3 절 소상공인중앙회 35
제 3 부 사업자등록/통신판매업신고 37
제 1 장 국세청 홈텍스 37
제 1 절 인증서 38
제 2 절 사업자의 종류 39
(1) 간이 과세자 39
(2) 세금계산서 40
(3) 부가세 환급 41
(4) 세무사 44
(5) 사업자 등록 45
(6) 안랩 세이프 트랜젝션 47
(7) 가상 메모리 50
(8) 통신판매업 신고 52
(9) 화면 캡쳐 프로그램 55
(10) 은행 거래 무통장 거래 58
(11) 범용 인증서 / 특수 용도 인증서 58

(12) 사업용 계좌/일반 계좌 60
(13) 디지털 서명 파일/디지털 도장 61

제 2 편 온라인 판매 62
제 1 부 온라인 판매 루트 62
제 1 장 홈페이지 구축 65
제1절 홈페이지/서버 65
(1) 웹 호스팅/카페24(Cafe24) 66
(2) 카페24 아이디 정책 67
(3) 구글사이트 70
제 2 절 도메인 81
(1) ip Address 81
(2) 도메인 83
(3) 도메인 포워딩 92
제 2 부 오픈마켓 가입 94
제 1 절 마켓 가입 전 준비물 98
[1] 네이버스마트스토어 99
(1) 스마트스토어 상품 등록 102
④ 썸네일 이미지 115
⑤ 상세 설명 116
⑥ 쿠키 및 캐시 삭제 119
⑦ html 문서 삽입 125
⑧ 미리 보기 126
⑨ 상품정보제공고시 127
⑩ 배송비 설정 128
⑪ 반품/교환비 설정 131
⑫ AS, 특이사항 131
⑬ 추가 상품 132
⑭ 구매/혜택 조건 132
⑮ 검색 설정 136
제 3 부 홍보 전략 139
제 1 장 광고 채널 140
제 1 절 검색 광고 140
[1] 네이버 광고 144

(1) 네이버 통합 광고주 센터..146
[2] 구글 광고..172
(1) 구글 애드센스..173
[3] SNS 광고...181

제 3 편 제품 촬영..183
제 1부 카메라의 종류..183
제 1 장 카메라의 종류...184
제 1 절 DSLR..185
제 2 절 스마트폰..193
[1] 수동 모드...194
제 2 장 동영상..197
제 2 부 사진 편집...199
제 1 장 어도비 포토샵 CC...200
제 1 절 컴퓨터 하드웨어..202
[1] Speccy(PC 스펙) 프로그램...203
[2] 펜툴 사용법..210
[3] 배경 치환(누끼 따기)...216
제 3 부 동영상 편집..218
제 1 장 동영상 편집 프로그램..219
제 1 절 동영상 카메라...220
[1] 회전 제어 어플..224
[2] 동영상 편집...225
[1] 스마트폰 영상 PC로 옮기기..225
(2) 공유기 설정...227
(3) 공유 설정...228
(4) 스마트폰 네트워크 설정...230
제 2 절 곰캠..234
제 3 절 녹음..239
[1] 제어판-소리..240
(1) 마이크..242
(2) 녹음..248
(3) PC 2대 사용..248
(4) 다음 팟 플레이어...249

제 2 장 어도비 프리미어 프로 CC...250
제 1 절 프로젝트 만들기...251
[1] 인트로 만들기..257
(1) 문자 애니메이션..257
(2) 글꼴(상업용 무료 글꼴)...261
[3] 코덱...272
[4] 가상 메모리..275

제 4 편 상품 편집 및 업로드...279
제 1 부 웹에디터..281
제 1 장 Microsoft Expression Web4...283
제 1 절 FTP..287
(1) 알FTP..287
[2] 이미지 크기..291

제 5 편 인터넷 쇼핑몰 성공 전략..295
제 1 부 정부 정책 자금...296
제 1 장 정책 자금의 종류...298
제 1 절 미소 금융...298
제 2 절 소상공인 진흥 공단...299
제 2 장 금융 공부...300
제 2 부 유튜브 판매 전략...301

필자의 유튜브 채널 및 블로그에 오시는 방법

이 책은 부족한 지면에 인터넷 쇼핑몰 창업의 모든 내용을 담았기 때문에 많은 내용을 수록할 수가 없습니다.

따라서 이 책에서 부족한 내용은 필자의 유튜브 채널 및 네이버에 있는 필자의 블로그에 보충 설명 형식 혹은 참고 자료 등으로 올려 놓았으므로 필자의 홈페이지에 오셔서 보충하시기 바랍니다.

유튜브에서 '가나출판사' 검색하여 동그라미 속에 들어 있는 필자의 얼굴을 클릭하면 필자의 유튜브 채널에 오실 수 있습니다.

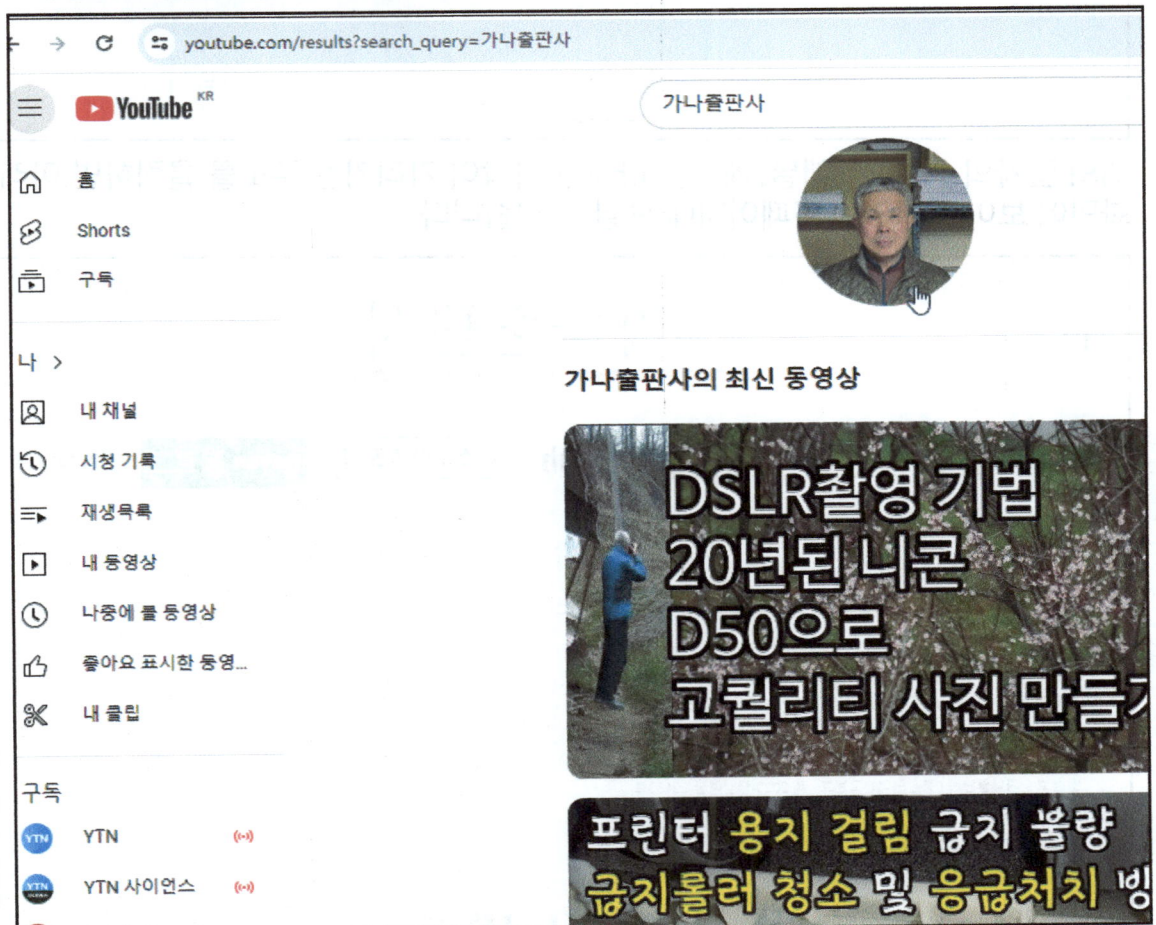

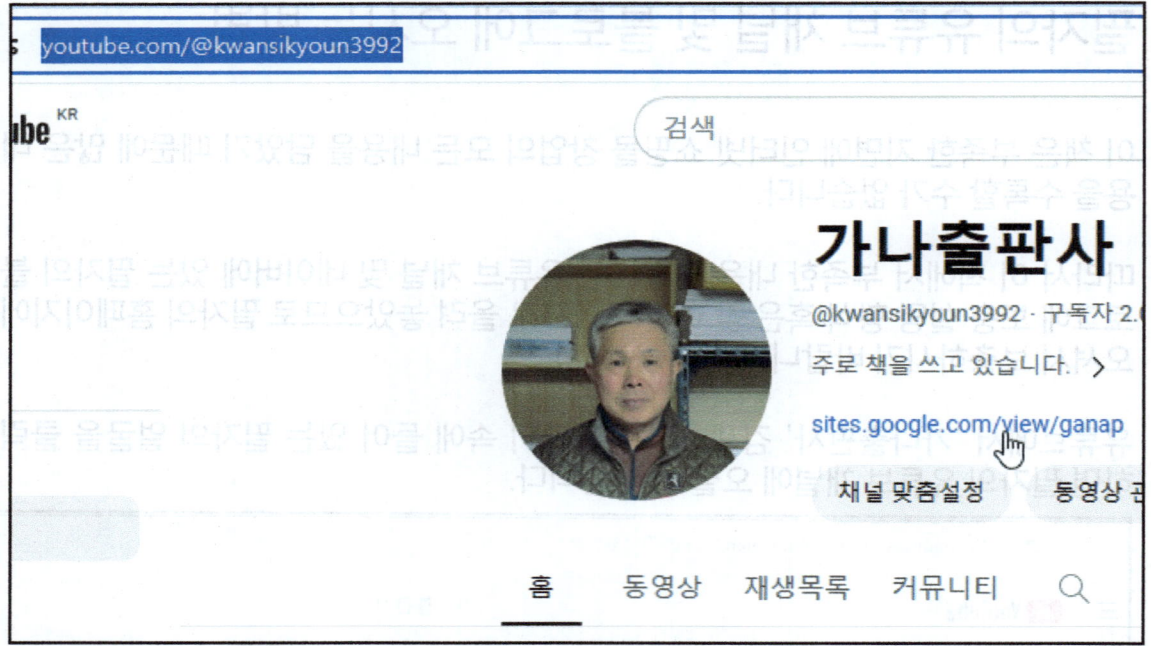

위의 필자의 [유튜브 채널]에서는 다시 손가락이 가리키는 주소를 클릭하면 아래 화면에 보이는 필자의 홈페이지에 오실 수 있습니다.

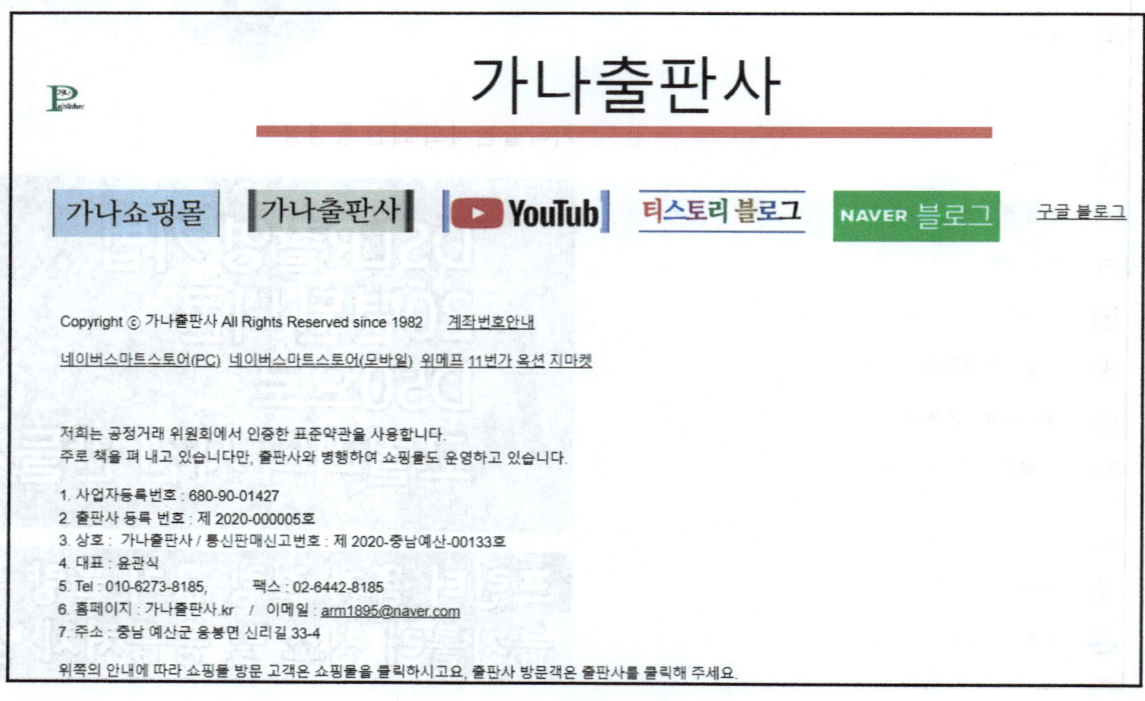

제 1 편
온라인 쇼핑몰 창업 준비

제 1 편
온라인 쇼핑몰 창업의 실제

제 1 부 창업 아이템
제 1 장 온라인 쇼핑몰의 개념

쉽게 얘기해서 길거리에 즐비한 식당이나 가게 등을 오프라인 매장이라고 부르며 인터넷으로 물건을 사고 파는 것을 인터넷 쇼핑몰 혹은 온라인 쇼핑몰이라고 부릅니다.

필자는 우리나라 컴퓨터 1세대이므로 인터넷이 생기기 이전인 아주 오랜 옛날 PC통신으로 물건을 사고 팔기 시작했으며, 옥션이 생기기도 10여 년 전부터 인터넷 쇼핑몰을 운영해 왔고, PC119가 생기기 10여 년 전부터 컴퓨터 가게를 운영한 경험이 있습니다.
물론 아직까지도 개인사업자를 벗어나지 못하고 있으므로 할 말은 없습니다만, 우리나라에는 수 백만 개인 사업자가 있으므로 이해하여 주시기 바랍니다.

제 1 절. 온라인 쇼핑몰의 종류

취급 상품 범위에 따른 분류
- (1) 종합몰 ...
- (2) 전문몰 ...
- (1) 온라인(onl-ine)몰 ...
- (2) 온오프(on/off-line) 병행몰 ...
- (1) 인터넷 쇼핑몰 ...
- (2) 오픈 마켓(open market) ...
- (3) 소셜커머스(social commerce)

bizlog.me
https://bizlog.me › market-environment-analysis

인터넷 쇼핑몰의 분류 - 비즈로그 :: BIZLOG

위는 방금 구글에서 검색한 것이므로 참고만 해 주시고요, 온라인 쇼핑몰이 반드시 위에 보이는 것만이 아니고요, 또한 오픈 마켓과 소셜커머스는 사실 경계가 모호하며 최근에 들어서는 거의 오픈마켓과 같은 형태이고요, 요즘 크게 사회적 문제를 일으킨 티메프 사태에 끼어 있는 업체들이 소셜 커머스 업체였지만, 결국 오픈 마켓으로 운영하다가 수 많은 사람들을 나락으로 몰고간 원흉입니다.

필자 역시 우리나라 컴퓨터 1호, 인터넷 쇼핑몰 1호이므로 과거 여러 번 이와 비슷한 사태를 맞아서 돈을 받지 못하고 떼인 적이 있고요, 그래서 여러분도 인터넷 쇼핑몰 창업을 하여 요즘 우후죽순으로 생겨나고 있는 수 많은 온라인 마켓들에 무분별하게 가입했다가는 자칫하면 티메프 사태와 같은 일을 당할 수 있다는 것을 항상 염두에 두고 사업을 해야 합니다.
돈을 버는 것도 중요하지만, 돈을 못 받고 떼이는 것이야말로 피해야 할 일입니다.

(1) 종합몰

오프라인 매장의 대표적인 백화점과 같이 온갖 종류의 상품을 취급하는 쇼핑몰입니다.
예를 들어 이마트몰이나 현대백화점몰과 같은 대형 쇼핑몰이 바로 종합몰입니다.

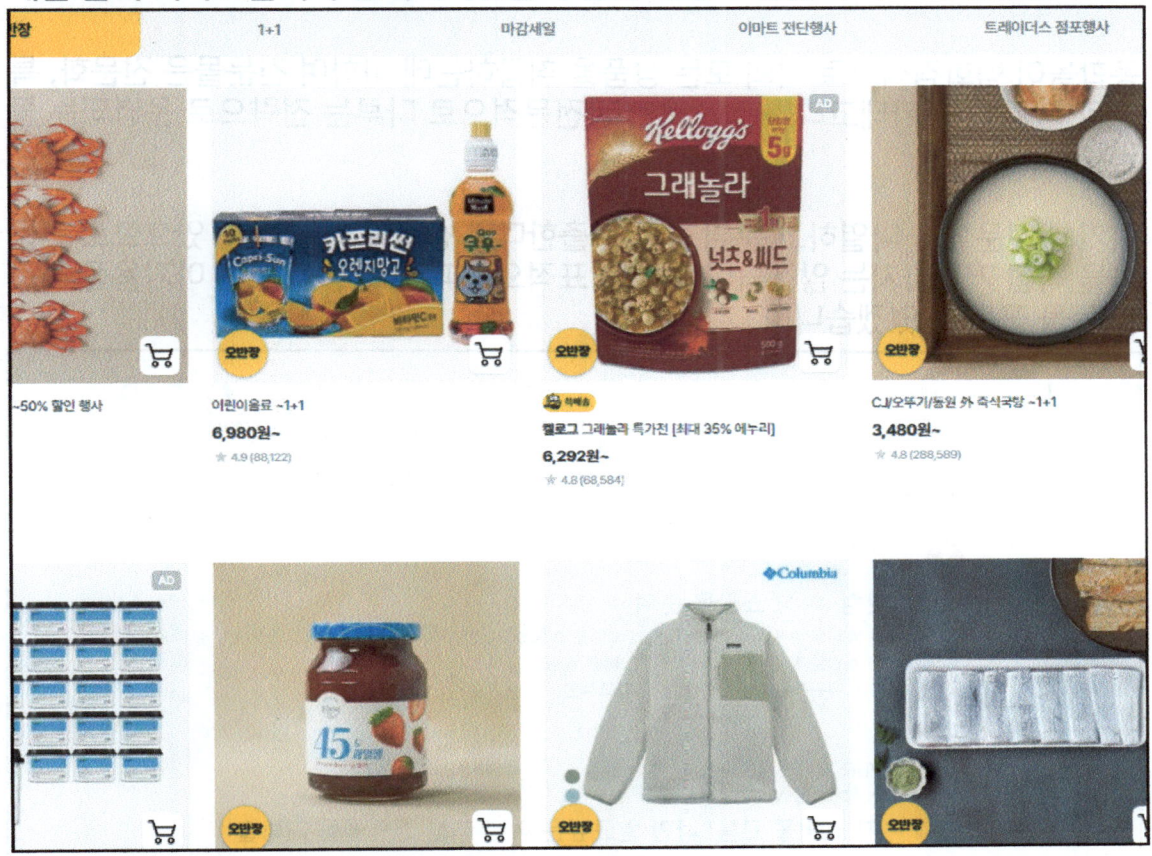

위와 같이 종합몰에서는 먹는 음식에서부터 옷까지 거의 없는 것이 없을 정도로 다양한 상품이 특징입니다.

만일 여러분이 인터넷 쇼핑몰을 창업을 하여 이런 종합몰에 가입을 한다면 이러한 종합몰, 백화점몰 등에서는 여기에 온라인으로 입점한 판매자가 상품을 올리고 홍보를 하고 판매를 하는 것이 아닙니다.

여러분은 오로지 이곳, 종합몰에 납품을 하고 판매 및 홍보와 고객 응대 등은 모두 종합몰에서 담당을 하고 정해진 수수료를 제하고 돈을 받게 됩니다.

그러나 이런 종합몰의 경우 오픈마켓보다 가입이 까다롭고 수수료율도 거의 2배 이상 높기 때문에 그리 만만한게 아닙니다.

(2) 전문몰

종합몰이 백화점식으로 거의 모든 상품을 취급하는데 비하여 전문몰은 전문화, 특화된 한 두개의 카테고리를 집중적으로 전문적으로 다루는 전략으로 운영되는 몰입니다.

여기서 전문몰을 나열하고 순위 등을 노출한다면 상법을 어길 수도 있으므로 전문몰을 직접 거론하지는 않겠습니다만, 대표적으로 패션 쇼핑몰 또는 아기용품 전문점 등을 꼽을 수 있겠습니다.

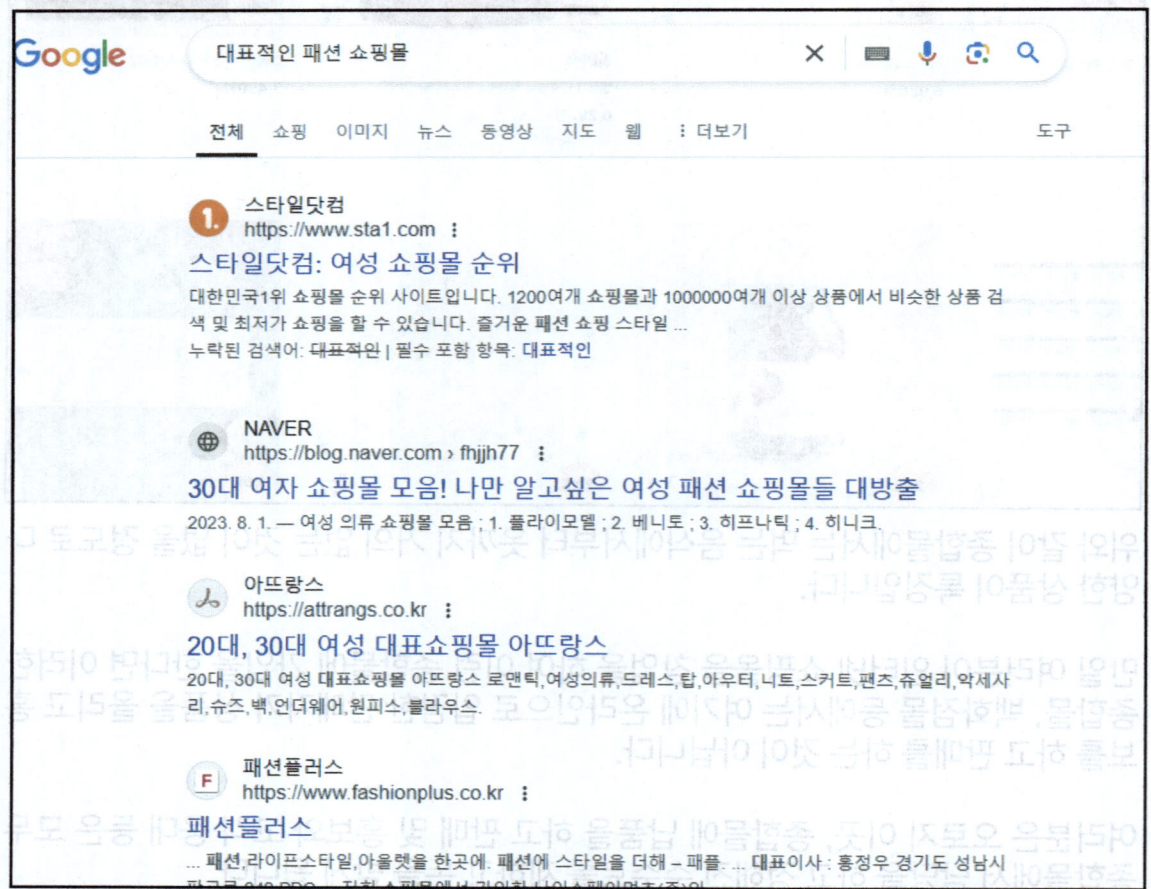

앞의 화면도 방금 구글에서 검색한 것이므로 참고만 해 주시고요, 이런 결과는 그야말로 참고만 해야 할 뿐 절대로 그대로 믿어서는 안 됩니다.

요즘 야바위금병매가 무색하게 그야말로 사기성, 거짓말, 가짜 뉴스가 판을 치는 세상이라는 것을 쇼핑몰을 시작하기 전에 반드시 알아야 합니다.

(3) 온오프라인 병행 쇼핑몰

여러분들이 온라인 쇼핑몰을 창업하고 가장 먼저 부딪치는 장애물이 바로 반품입니다.

예를 들어 인터넷으로 가장 많이 팔리는 상품 가운데 하나인 패션 의류의 경우 반품을 처리할 오프라인 매장을 따로 가지고 있지 않으면 운영이 어려울 정도입니다.

그래서 네이버 쇼핑 윈도의 경우 오프라인 매장과 온라인 매장을 모두 운영하는 사업자만 가입할 수 있습니다.

그러나 예를 들어 필자의 경우 출판사를 운영하며 필자가 집필한 도서를 판매하는 것이 주력 사업이지만, 동시에 인터넷 쇼핑몰을 운영하고 있는데요, 필자는 카메라 교본 책도 펴 냈으므로 카메라를 가지고 여기 저기 다니면서 촬영한 각종 사진을 인쇄를 하여 판매도 하지만, 가끔씩 대표적으로 네이버 중고나라에서 필요 없어진 중고 제품을 판매하기도 합니다.

(4) 중고 마켓

여러분들 중에서는 인터넷 쇼핑몰을 창업하지는 않았더라도 네이버중고나라 등 중고 마켓, 중고 장터에서 중고 제품을 한 두 개 정도 판매를 해 보신 분들이 더러 있으실 것입니다.

필자의 경우 중고 제품은 거의 대부분 네이버중고나라에서 판매를 하는데요, 필자의 경우 우리나라 컴퓨터 1세대이며 네이버 거의 원년 멤버이므로 아주 오랜 옛날부터 네이버중고나라를 이용해 왔지만, 네이버중고나라에 올린 중고 상품이 팔리지 않은 경우는 단 한 번도 없습니다.

아이러니하게도 필자가 정품을 판매하는 인터넷 쇼핑몰에서는 매출이 부진하지만, 네이버중고나라에 올린 상품은 단 한 개도 팔리지 않은 것이 없습니다.

물론 중고 제품의 특성상 매우 저렴하게 판매를 하기 때문에 중고 제품을 무한정 판매하는 것은 아니고요, 필자가 사용하다가 필요 없게 된 물건을 판매하는 것이므로 정품 쇼핑몰과 같은 레벨에서 판단하는 것은 곤란하지만, 네이버는 무려 약 2조 원의 거액을 들여 중고 판매 전문 쇼핑몰을 매입했다는 것을 아시기 바랍니다.

여러분이 이 책으로 공부를 하여 인터넷 쇼핑몰을 창업하기 이전이라도 개인 자격으로 네이버중고나라에서 판매를 할 수 있지만, 개인이라면 판매 수량에도 제한이 있으며 판매 횟수에서도 제한이 있고, 판매 금액에 있어서도 제한이 있으므로 어차피 쇼핑몰을 운영할 계획이라면 사업자등록은 필수입니다.

(4) 오픈 마켓

지금까지 소개한 여러 쇼핑몰들은 이 책은 책이므로 그냥 절차상 소개를 한 것일 뿐, 물론 여러분이 이 책으로 공부를 하여 인터넷 쇼핑몰을 창업을 해서 어느정도 운영을 하면서 인터넷 쇼핑몰에 대해서 터득한 후에 여러분 스스로 판단하여 어떤 쇼핑몰을 선택할지 결정할 몫이지만, 지금부터 설명하는 오픈 마켓이야말로 여러분이 인터넷 쇼핑몰을 창업하여 가장 먼저 입점해야 할 온라인 마켓입니다.

대표적인 오픈 마켓으로는 후발 주자이면서 일약 우리나라 온라인 쇼핑몰의 선두 주자로 떠 오른 쿠팡이 있고요, 저 유명한 야후를 몰아내고 우리나라 토종 포털로 우뚝 선 네이버에서 운영하는 네이버 스마트스토어,...

그리고 우리나라 오픈 마켓 1호이면서 국내 1위를 가장 오랫동안 유지했던 옥션, 그리고 옥션보다 늦게 창업했지만, 옥션을 누르고 국내 1위 마켓으로 오랫동안 군림했던 지마켓, SK그룹을 등에 없고 있는 11번가, 카카오톡으로 유명한 카카오 톡 스토어 등이 바로 여러분이 가장 먼저 입점 해야 할 오픈 마켓들입니다.

이 밖에도 인터파크, 위메프, 티몬, 기타 우후죽순처럼 헤일 수도 없이 많이 생겨나고 있는 수 많은 마켓들이 있지만, 요즘 매스컴을 뜨겁게 달구는 티메프 사태와 같이 수 많은 판매자들을 나락으로 보내는 마켓도 있으므로 이것을 알아보는 혜안이 필요하다고 하겠습니다만, 이것을 알아보는 것은 거의 불가능하므로 문제입니다.

물론 필자의 경우 하도 오랫동안 인터넷 쇼핑몰을 운영해 왔으며 옛날에 이번 티메프 사태와 같이 필자도 돈을 떼인 경험이 몇 번 있으므로 필자 역시 위메프와 티몬 등에 입점해서 판매를 하고 있었으나 이런 사태를 미리 예감을 하고 오래 전에 이들 마켓에서는 일체의 판매를 하지 않아서 이번에 피해를 보지 않았습니다.

사실 이러한 것들은 보이지 않는 것을 보는 혜안이 필요하다 하겠습니다만, 필자와 같이 오랫동안 인터넷 쇼핑몰을 운영하면서 필자가 가입한, 입점한 마켓에 수시로 드나들면서 상품 관리 및 주문 관리 등을 하다보면 이런 사태가 발생할 것 같은 마켓은 직감적으로 느낌으로도 알 수가 있습니다.

정상적인 마켓에 비하여 비정상적으로 운영되는 마켓은 위험하다는 것을 깨닫는 지혜가 있어야 합니다.

오픈 마켓에 대해서는 뒤에 가서 자세하게 다루게 됩니다.

제 2 부 창업 자금

창업 자금은 뒤에서 다루는 사업자등록을 우선 하고 그 다음 순서이지만, 인터넷 쇼핑몰 창업을 쉽게 시작하지 못하는 가장 큰 원인은 바로 창업 자금이기 때문에 이번 단원에서 창업 자금을 다루는 것입니다.

창업 자금에서 가장 좋은 방법은 직장 생활 등을 하면서 저축 등을 하여 종자돈을 마련해서 창업을 하는 것이 가장 좋은 방법입니다.

창업 초기 가장 큰 난관에 부딪치는 것 중의 하나가 창업 자금으로 대출 받은 자금의 원리금 상환 문제입니다.

그래서 이러한 부담에서 벗어나기 위하여 종자돈을 마련해서 창업을 하는 것이 가장 좋은 방법이지만, 요즘은 우리나라 경제 규모가 워낙 커져서 옛날과 같이 소액 창업은 거의 불가능한 것이 문제입니다.

앞에서도 잠깐 언급했습니다만, 이 책에서 다루는 온라인 쇼핑몰 뿐만이 아니라 어떠한 사업을 하든, 기술보다 돈이 우선이고, 사업 자금이 사업의 성패를 좌우하는 거의 전적으로 지배하는 막대한 부분이다보니 대부분의 사람들이 창업을 하지 못하는 것이 현실입니다.

그래서 정부에서는 자격이 있는 창업 준비생에게는 보통 2년 거치 5년 상환 기간의 매우 낮은 저리 대출을 해 주고 있습니다만, 앞에서도 설명한 바와 같이 어떠한 경우이든 정부에서 돈을 직접 주지는 않습니다.

정부에서는 자격 심사를 하여 일정 수준 이상의 자격을 갖춘 사람에게 보증을 해 주고 그 보증을 담보로 시중 은행에서 대출을 해 주는 것이기 때문에 정부에서 보증한 금액이 다 나오는 경우는 거의 없습니다.

필자의 경우 하도 오랫동안 사업을 해 왔기 때문에 그 동안 여러 번 정부의 정책 자금 지원을 받았고요, 가장 최근에 대출을 받은 것은, 정부에서는 2년 거치 5년 상환 조건으로 1억원의 대출 승인이 났지만, 정작 실제 대출을 받은 것은, 여기는 시골이므로 농협 은행에서 대출을 받았고요, 농협 은행에서 2년 거치 기간은 줬지만,

5년이 아니라 3년으로 상환 기간을 앞당겨서 대출을 해 주었습니다.

이것이 처음에는 상환액이 커서 부담이 되었지만, 필자는 아직 단 한 번도 연체 한 적이 없이 상환 중이고요, 5년 상환보다 오히려 3년 상환이므로 상환 기간이 단축되어 더 좋은 조건이 되어 버렸습니다.

어떠한 경우이든지, 종자돈이 있어야 창업을 할 수 있으며 돈이라는 것은 눈덩이와 같습니다.

산 꼭대기에 올라가서 눈을 손으로 뭉쳐서 던지면 그 자리에서 거의 구르지 않고 멈추어 버립니다.

그러나 눈을 뭉쳐서 눈사람을 만들 수 있을 정도로 크게 만들어서 굴리면 데굴 데굴 굴러가면서 눈덩이가 집채만 하게 커져서 엄청난 규모의 눈덩이가 됩니다.

이와 같이 종자돈도 직장 생활 등을 하면서 저축하여 모은 돈이 요즘 시세로는 대략 1억은 가져야 종자돈이라고 할 수 있고요, 이렇게 종자돈이 크면 눈덩이가 불어나는 것과 같이 크게 불어나지만, 종자돈이 적으면 손으로 뭉친 눈과 같이 던져도 굴러가면서 커지지 않고 그 자리에 멈추어 버리고 맙니다.

따라서 어쩔 수 없이 최소한의 자금으로 창업을 하는 경우도 있겠지만, 창업 자금이 적으면 그만큼 어렵다는 것을 알고 창업 자금은 최대한 많이 확보하는 것이 사업 성공의 가장 큰 요소라는 것을 알아야 합니다.

필자의 경우 아주 오랜 옛날 인터넷이 생기기도 이전에 창업을 했으므로 그 때는 오로지 개인이 모은 종자돈 혹은 가족이나 친지들로부터 도움을 받거나 은행 대신 계 모임 등을 통해서 자금을 조달하는 것이 대부분이었습니다.

그러나 지금은 시대가 바뀐 신시대에 사는 신세대이므로 정부 및 각 지자체 혹은 각종 사회 단체나 기업체 등의 지원으로 다양한 창업 자금 조달 루트가 있습니다.

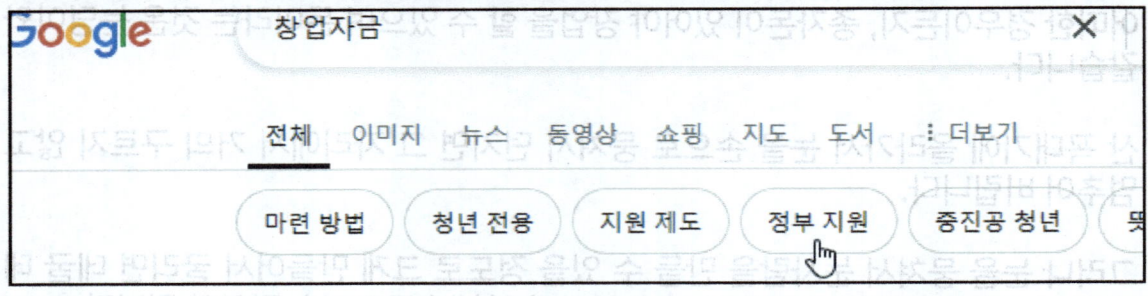

제 1 절 사기꾼 천국

위는 방금 구글에서 검색한 것이므로 참고만 해 주시고요, 문제는 인터넷은 정보의 바다이면서 동시에 쓰레기의 바다이면서 동시에 사기꾼 천국이라는 것을 알아야 합니다.
이러한 사기에 특화된 인간들은 학교 다닐 적에는 지지리도 공부를 못하던 무지리 이른바 루저로 분류되던 사람들이 이상하게 사회에 나와서는 다른 사람을 등치는 사기꾼으로 탈바꿈을 하는 경우가 많습니다.

필자의 블로그에는 '강호에서 살아남기' 시리즈를 연재하기도 했었는데요, 옛날 무협지에 나오는 강호와 요즘 사회 생활을 하는 것 역시 동일하게 강호로 표현을 했고요, 이렇게 강호(사회)는 약육강식의 세상이라는 것을 부각시키고 야바위금 병매, 수 많은 사기꾼들로부터 당하지 않는 방법을 포스팅 한 것인데요..

여러분 역시 눈을 똑바로 뜨고 눈으로 보이지 않는 것을 보는 혜안을 가져야 사기를 당하지 않고 똑바로 나아갈 수 있습니다.
필자는 군생활을 오랫동안 하고 직업군인으로 명예 전역하였고요, 전역한지도 이미 수십 년이 되지만, 지금도 현역 군인 못지 않은 투철한 군인정신과 애국심, 국가에 대한 충성심이 충만해 있는 사람이고요, 이러한 필자의 군에서의 별명은 FM 이었고요, 무슨 일이든지 원리원칙대로 하는 고지식한 고문관이라는 뜻입니다.

물론 실제로 그렇게 꽉 막힌 고문관은 아니고요 오히려 일반인보다 훨씬 유연하고 부드러운 사회 생활을 하고 있지만, 강직한 성품은 바뀌지 않는 것일 뿐입니다.

그래서 필자는 일단 모르는 것은 무조건 원리원칙대로입니다.

예를 들어 여러분도 이 책으로 공부를 하여 사업자등록 등을 하고 사업자가 되면 쉽게 알 수 있겠습니다만, 인터넷으로 무언가 판매를 하는 화면을 보면 필자의 경우 항상 화면 하단에 사업자 정보가 나오는지 확인을 합니다.

요즘 각종 SNS가 발달하여 아직 사회에 어두운 사회 초년생들을 유혹하여 사기를 치는 일이 비일비재하게 일어나는데요, 다 그런 것은 아니지만, 필자의 경험상 정식으로, 이 책에서 다루는, 앞에서도 설명한, 각종 온라인 마켓 등의 플랫폼이 아닌 비정상적인 SNS 판매 등은 필자의 경우 무조건 사기로 봅니다.

정상적인 온라인 마켓 플랫폼에서는 반품 및 교환, 문의, 답변 등이 지극히 정상적으로 이루어지는데 비하여 비정상 SNS 거래 등은 문의 답변 등은 사기꾼들의 특성상 아주 잘 해 주지만, 반품 및 교환 등은 거의,.. 가능, 불가능을 떠나서 돈만 받고 잠적해 버리므로 피해자는 어디에 하소연 할 곳도 없이 피해를 보게 됩니다.

필자 역시 컴퓨터 자격증이 약 10 여 개나 되고 책을 무려 수십 권 이상 썼지만, 이미 여러 번 사기를 당했기 때문에 더더욱 사기에 신경을 쓰고, 그러다보니 이제는 거의 사기를 당하는 일이 없게 된 것 뿐입니다.

특히 필자는 하루종일 컴퓨터 앞에 앉아서 책을 쓰는 것이 일과이므로 사회 물정에 어둡고, 툭하면 사기나 당하곤 하는 사람이고요, 그래서 필자는 일단 남은 절대로 믿지 않습니다.

이래서는 안 되겠지만, 누구도 믿어서는 안 된다는 것이 여러 번 사기를 당한 필자의 방어기재인 셈입니다.

특히 같은 우리나라 사람이 아닌 외국인은 100% 사기라고 생각하는 것이 바로 필자입니다.
오늘날 우리나라는 자타가 공인하는 세계 최고의 선진국이 되었지만, 이러한 세계

세계 최고의 선진국 대한민국에서도 사기가 판을 치고 있는데 우리나라보다 못한 외국인들이야 말 해서 무엇하랴.. 입니다.

여러분도 반드시 이렇게 생각을 해야 사기를 당하지 않습니다만, 필자는 이미 나이가 들어 머리가 허연 사람이고요, 대부분의 여러분들은 필자보다 젊은 사람들일 것이므로 인생을 살아가면서 사기를 당하는 것 또한 일종의 통과 의례와 같이 누구나 당할 수 있는 필수불가결한 요소가 되어 버린지 이미 오래입니다.

예를 들어 필자는 우리나라 컴퓨터 1세대이며 인터넷이 생기기도 무려 10여 년 전에, 옥션이 생기기도 무려 10여 년 전부터 PC통신을 이용한 통신 판매를 시작했고요, 이후 오늘날까지 인터넷 쇼핑몰을 운영하고 있으므로 일찍부터 해외 직구를 많이 했습니다.

아무래도 해외 직구를 하면 가장 큰 매리트가 싼 가격이지만, 결과적으로 국내에서 조금 더 주고 구입한 것보다 훨씬 비싸게 구입하는 결과가 되고 말았습니다.

해외 직구를 하면서 하도 사기를 많이 당했기 때문입니다.

필자가 이번 단원에서는 사기꾼, 사기, 사기를 당한 경험, 사기를 당하지 않는 방법 등에 대해서 약간 장황하게 설명을 하는데요, 이 책에서 다루는, 인터넷 쇼핑몰 창업을 하여 여러분도 일단 사업자가 되면 사기꾼이 그야말로 벌떼처럼 달라붙어서 완전히 발가 벗겨버리고 남은 몸뚱아리마져 콩가루를 만들어서 들이 마시려고 한다는 것을 알아야 합니다.

일단 사업자가 되면 개인 혹은 직장 생활을 할 때와는 비교도 되지 않게 아주 많은 문자 및 전화가 옵니다.

필자의 경우 스마트폰 스펨 전화 필터 앱인 후후 앱을 사용하기 때문에 이런 광고 전화는 대부분 걸러지지만, 이런 것은 아마도 여러분이 필자보다 훨씬 더 잘 알고 있을 것입니다.

오히려 필자는 하루종일 컴퓨터 앞에 앉아서 책을 쓰는 것이 일과이다보니 스마트폰을 많이 사용하지 않기 때문에 스마트폰에 대해서는 여러분보다 더 모릅니다.

거의 모든 것을 스마트폰이 아닌 PC로 처리하기 때문입니다.

다만, 금융 거래는 필자도 지금은 대부분 스마트폰으로만 거래를 합니다.

옛날에는 PC에서 인터넷 뱅킹을 주로 했지만, PC에서 인터넷 뱅킹을 하면 수 많은 보안 프로그램을 깔아야 하며 은행마다, 특히 정부 기관에 접속할 때마다 수 많은 보안 프로그램이 깔리며 이러한 서로 다른 수 많은 프로그램들이 서로 얽히고 섥혀서 결국 이것이 가장 큰 악성 프로그램이 되는 아이러니한 결과가 되기 때문입니다.

(1) 모바일 뱅킹

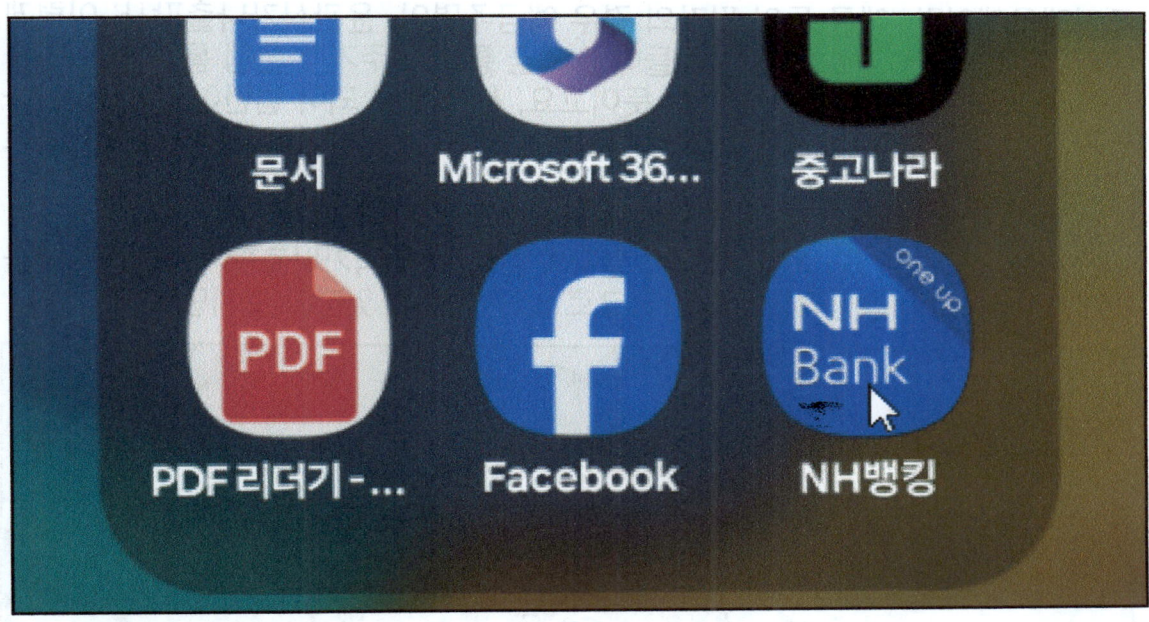

필자는 오랫동안 사업을 해 왔으므로 예전에는 그야말로 국내 시중 은행 거의 대부분을 거래를 했지만, 코로나 19 이후, 지금은 농협 은행과 우리 은행을 주거래 은행으로, 그리고 다른 3~4개의 은행을 거래하고 있는데요, 모두 위에 보이는 것과 같이 스마트폰으로 해당 은행 앱을 깔아서 거의 대부분 스마트폰으로만 거래를 합니다.

특히 모바일 은행은 은행 창구가 없기 때문에 오로지 모바일 거래만 가능하기 때문에 오히려 오프라인 은행 창구가 있는 은행보다 거래하는 것이 더욱 편리합니다.

이 모든 것은 우리나라가 세계 최고의 선진국, 그리고 역시 세계 최고의 IT 국가이기 때문에 가능한 일이며 필자 역시 우리나라 국민의 한 사람으로서 가슴 뿌듯한 일이 아닐 수 없습니다.

아마도 모바일 뱅킹에 대해서는 여러분이 필자보다 더욱 잘 알고 있을 것이므로 여기서 생략하도록 하겠습니다.

다만, 여러분이 이 책으로 공부를 하여 사업자등록을 하고 사업자가 되면 필연적으로 주거래은행을 선정해야 한다는 것은 알아야 합니다.

주거래은행이란, 예를 들어 필자의 경우 예금주명이 '윤관식가나출판사' 이렇게 필자의 이름 뒤에 필자의 상호가 들어간 예금 통장이 주거래 은행 통장이고요, 이러한 주거래 은행이 2개가 있다는 뜻이고요, 사업이 잘 되어 법인이 되면 개인 사업자와는 다른 절차와 단계가 있습니다만, 이 책은 개인 사업자를 위한 책이므로 법인 사업자에 대해서는 다루지 않습니다.

일단 어딘가, 누군가와 거래를 할 때 필자와 같이 '윤관식가나출판사' 와 같은 예금주 명이라면 일단 정상적인 사업자이므로 일단 믿을 수 있다고 보시면 됩니다.

(2) 현금 거래

이번 단원의 주제는 '사기꾼 천국' 이므로 여러분이 장터 등에서 개인간 거래 등을 할 때 부득이 상대방 계좌로 입금을 해야 할 경우 각별히 조심해야 하며 가장 좋은 방법은 개인 계좌로 입금을 하지 않는 것입니다.

필자 역시 인터넷 쇼핑몰을 운영하면서 정상적인 마켓 판매 외에 전화 주문을 받아서 필자의 계좌로 직접 입금을 받는 경우가 많은데요, 필자의 계좌 예금주명이 '윤관식가나출판사' 이렇게 나오므로 상대방이 초면인데도 안심하고 입금을 하는 것입니다.

이 밖에 필자는 네이버중고나라를 자주 이용하는데요, 네이버중고나라의 경우 중고 상품을 판매하더라도 판매자가 오로지 현금 입금 만을 요구하는 경우 일단 사기가 의심된다고 보는 것이 좋고요, 네이버중고나라에서 중고 상품을 거래하더라도 판매자가 상품을 올릴 때 현금 결제가 아닌, 네이버페이 등으로 결제할 수 있는 선택 사항이 있습니다.

사기를 치고자 하는 판매자는 이 때 네이버페이로 결제할 수 있도록 올리지 않고 계좌 번호만 올리고 현금 입금을 유도하는데요, 이러한 제품은 아무리 싸도 일단 의심을 해야 사기를 당하지 않는다는 것을 알아야 합니다.

또한 터무니 없이 싼 가격에 올린 상품의 경우 그렇게 싸게 팔려면 아예 무료로 나눔을 할 것이지 왜 그렇게 싸게 올리는지 일단 의심을 하는 것이 좋습니다.

필자의 경우 사업을 하기 때문에 온통 사방 팔방에 엄청난 물건이 쌓여 있으므로 항상 공간이 부족합니다.

그래서 필요없게 된 물건은 공간만 차지하므로 아주 싸게 올리는데요, 이렇게 올릴 경우 일단 필자는 정상적인 사업자이기 때문에 구매자가 안심할 수 있고요, 이렇게 싸게 올리는 이유를 상세하게 기술하고 올리기 때문에 필자가 지금까지 네이버중고나라에 올린 상품이 팔리지 않은 경우는 단 한 번도 없습니다.

설사 몇 달 걸리더라도 네이버중고나라에 올린 상품은 무조건 100% 팔리게 되어 있습니다.
물론 네이버중고나라에서 제한 없이 판매를 하려면 필자와 같이 사업자 등록은 필수적으로 있어야 하며, 개인 자격으로 판매할 경우 거래 횟수, 거래 금액 등에서 제한이 있다는 것을 알아야 합니다.

그래서 조금 뒤에 다루게 되는 사업자 등록을 반드시 해야 하는 것입니다.

제 2 절 창업 자금

이번 단원은 창업 자금에 관한 단원이지만, 실제로 창업 자금은 뒤에 가서 다루게 되는 정부 정책 자금 단원에서 실질적으로 다루게 되며 이번 단원에서는 창업을 하기 전에 창업 자금 조달에 관한 설명이라고 보시면 되겠습니다.

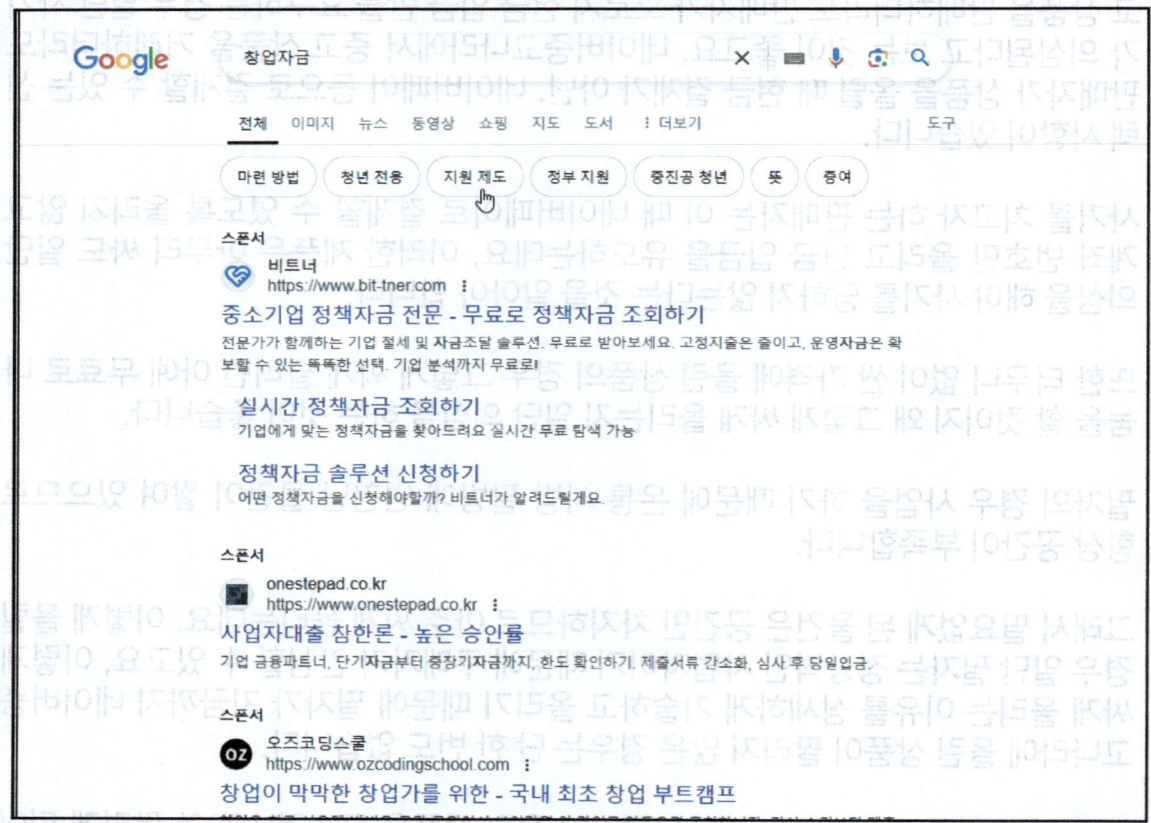

위에 보이는 화면은 방금 구글에서 검색한 것이므로 참고만 해 주시고요, 물에 빠진 사람은 지푸라기라도 잡고 싶은 심정이겠지만, 위에 보이는 화면에 나오는 정보

들도 가짜 정보, 가짜 뉴스, 사기성이 농후한 정보도 많다는 것을 알아야 합니다.

예를 들어 필자가 얼마 전에 이사를 했는데요, 사업장을 옮기는 것이기 때문에 필자는 일반 가정집 이사와는 완전 다른 대형 이사이고요, 그래서 인터넷 검색하여 비교적 인터넷에 잘 올려진 이사짐 전문 업체에 연락을 하여 계약서 없는 계약을 하였고요, 이것부터가 사기를 당하기 딱 좋은 일이었고요..

필자가 머리가 허옇게 된 이 나이에도 이런 사기를 당하니 할 말이 없습니다만, 여러분도 알아야 하므로 기술하는 것입니다.

일단 여러 날 동안 여러 번 통화를 하고 상호간에 신뢰를 쌓은 다음, 27만원을 계약금으로 입금을 하라기에 입금을 했습니다만, 이상한 생각이 들었습니다.

보통 이삿짐 센터에서는 계약금으로 10% 이상 요구하는 경우는 거의 없습니다.

그런데 뜬굼없이 27만원을 입금하고 나머지는 현장에 오는 용달 기사분께 드리면 된다기에 별 의심 없이 입금을 해 주었습니다.

그리고 다음날 용달이 왔는데 그 때부터 문제가 되었습니다.
차량이 부족하다며 다른 차량을 또 불러서 또 왔고요, 이사짐을 다 나르고 돈을 지불할 때 문제가 생겼습니다.

필자가 원래 계약할 때의 금액과 달랐기 때문입니다.

그랬더니 실제 필자의 이사짐을 나른 용달 기사분들은, 인터넷으로 계약한 것은 자기들과는 전혀 상관이 없는 일이랍니다.

다시 말해서 인터넷으로 계약금을 얼마를 주었건 그것은 자기들과는 상관이 없고, 자기들은 용달차를 끌고 와서 이사짐을 옮기는 것이므로 자기들이 요구하는 금액을 줘야 한다는 것입니다.

그래서 이사 비용을 최소한 수십 만원 더 주는 결과가 되고 말았는데요, 요즘 인터넷 천국이 바로 이런 사기를 당하는 사기 천국이기도 한 것입니다.

다시 말해서 인터넷에 기가막히게 사이트를 만들어서 영업을 하는 이사 전문 업체는 실제로는 이사짐 센터와는 전혀 상관이 없는 일종의 중개 업체이고요, 필자에게 처음 요구한 27만원은 일종의 이사짐센터 연결 소개비인 것입니다.

이런 사기를 당하고 보니 할 말이 없습니다만, 이것이 바로 강호에서 살아남기를 배워야 하는 이유입니다.

아니 도대체 필자가 무엇하러 이사짐 중개 업체를 이용하는가 이 말입니다.

그냥 이사집 센터 전화번호 수소문해서 용달 업체에 직접 전화를 했으면 최소한 수십 만원 절약할 수 있었던 귀중한 경험이지만, 이제와서 후회한들 무슨 소용이 있는가 이 말입니다.

남보다 컴퓨터를 잘 하기 때문에, 인터넷을 잘 하기 때문에 인터넷으로 검색하여 멋지게 만들어진 화면에 속아서 무려 수십 만원을 사기를 당했으니 기가 막힙니다.

각설하고, 앞의 화면에 나오는, 인터넷에서 '창업 자금' 검색하여 나오는 대부분의 링크는 창업 자금을 취급하는 은행이나 정부 기관에 연결해서 대출을 받게 해 주고 수수료를 받는 경우가 대부분이고요, 이런 경우 100% 불법이며 사기입니다.

물론 사기 죄로 처벌 받는 경우는 거의 없습니다.
그래서 이런 사기가 판을 치는 것이고요, 사기 죄로 처벌을 받지 않는 이유는 대출을 받는 사람이 사기라고 판단을 해도 고소를 하지 않게 유도를 해서 사기를 치기 때문입니다.

제2 금융권 이상의 정상적인 시중 은행이나 특히 정부에서는 어떠한 경우에도 대출 중개인은 절대로 허용하지 않습니다.

그리고 모든 시중 은행 및 정부에서는 사업자가 마음놓고 사업을 할 수 있도록 대출 제도가 마련되어 있으며 대출의 종류는 책을 한 권 써도 모자랄 정도로 많고도 많습니다.

그래서 금융 공부를 해야 하는 것입니다.

필자 역시 젊었을 때에는 일만 열심히 하면 되는 줄 알고 죽어라 일만 했지만, 그게 정답이 아니라는 것을 나이가 들어 머리가 허옇게 된 뒤에야 깨달았으니 혹시라도 필자보다 젊은 여러분은 그런 우를 점하지 않기를 바라며 이런 내용을 기술하는 것입니다.

일단 창업 자금은 자신이 직장 생활 등을 하면서 푼푼이 모아서 만든 종자돈이 가장 좋지만, 요즘 시세로 1억은 가져야 창업 자금이라고 할 수 있는데 1억이라는 돈이 그리 쉽게 마련되지 않는다는게 문제입니다.

그래서 창업 자금 대출을 받게 되는 것이며 대부분의 시중 은행 및 정부에서는 이런 창업자들의 창업 자금을 거의 무제한으로 대출해 주는 제도가 있지만, 앞에서 본 화면에 보이는 대출 중개인들은 금융 공부를 하여 이런 제도를 잘 알지만, 정작 대출이 필요한 사업자 및 예비 사업자들은 기술도 좋고 사업을 하고자 하는 의욕도 강하지만, 정작 필요한 대출을 받을 수 있는 금융 공부를 하지 않아서 대출을 받지 못하는 것일 뿐입니다.

그래서 여러분들은 사업을 하기 전에 첫 째도 금융 공부, 둘째도 금융 공부를 해야 하는 것입니다.

지금 여기에서 금융 공부를 거론하지는 않고요, 뒤에 가서 정부 정책 자금 편에서 다루게 됩니다만, 정부 정책 자금 대출을 받기 위해서는 무조건 온라인으로라도 금융 강좌를 수강해야만 대출이 나옵니다.

대부분의 사업자들이 그 때가 되어서야 겨우 금융 공부를 하게 되는데요, 그래 보았자 금융 공부의 수박 겉핥기만 하는 것일 뿐입니다.

어차피 사업을 하려는 욕구가 강한 여러분들은 금융 공부를 열심히 하여 앞에서 본 화면에 나오는 수 많은 대출 중개인들과 같이 일종의 금융 사기 행각을 벌이는 일은 하지 않으실 분들입니다.

그래서 여려분들은 금융 사기를 칠 사람이 아니라면 자신이 필요한 최소한의 자금만 대출을 받고, 아무리 정부 정책 자금이라 하더라도 결국은 빚입니다.

이 세상에서 가장 좋은 방법은 어떠한 빚도 없는 자기 자본 100% 사업자이기 때문에 아무리 싼 이자로 빌려주는 정부 정책 자금이라 하더라도 최대한 빠른 시일 내에 상환하고 빚이 전혀 없는 사업자가 되는 것이 가장 좋은 방법이므로 여러분은 뒤에 가서 다루게 되는 정부 정책 자금 편에 나오는 금융 공부만 해도 충분합니다.

다만, 이 책을 마스터 하기 전에 마음이 급해서 대출 중개인 등을 통해서 대출을 받게 되면 불리하다는 것을 아시고요, 특히 사금융을 이용하게 되면 정부 정책 자금 대출시 상당히 마이너스 요인이 된다는 것을 아시기 바랍니다.

따라서 이번 단원에서는 자신이 모은 돈이 가장 좋은 창업 자금이지만, 이러한 종자돈이 없더라도 대부분의 시중 은행 및 정부에서는 예비 창업자들을 위한 창업 자금 지원 제도가 있다는 것을 아시고요, 이러한 지원 자금들은 모두 사업자 등록을 하고 일정 기간 사고 없이 또한 체납 없이 사업을 정상적으로 해야 가능하기 때문에 바로 뒤에 나오는 사업자 등록을 먼저 다루고 나중에 정부 정책 자금을 다루게 된다는 것을 아시고 이 책을 보시기 바랍니다.

제 3 절 소상공인중앙회

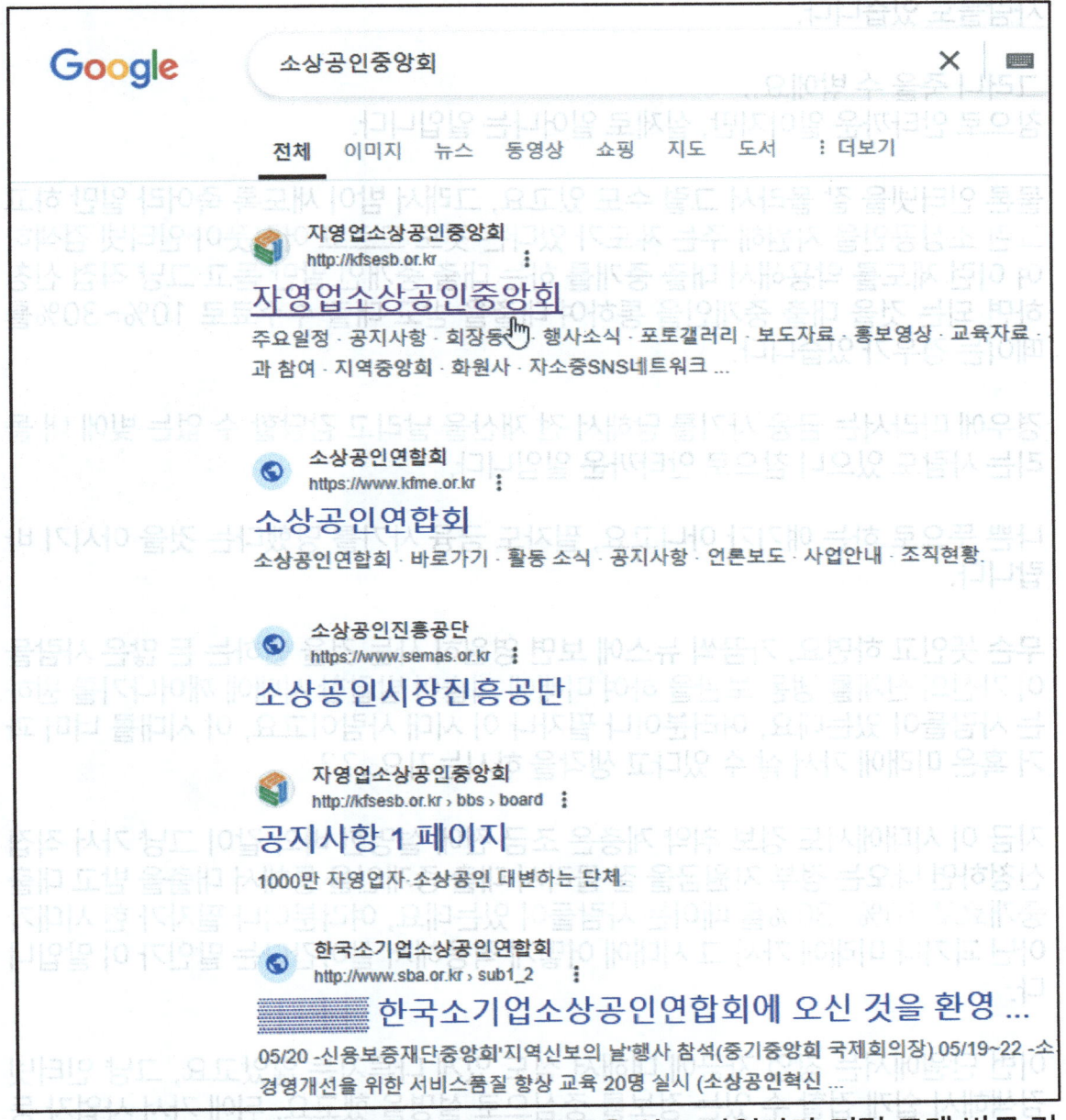

여러분이 이 책으로 공부를 하여 사업자 등록을 하고 사업자가 되면 그게 바로 자영업자이며 소상공인입니다.
그래서 위에 보이는 소상공인중앙회를 뻔질나게 드나들어야 합니다.

그런데, 자영업을 하면서, 개인 사업을 하면서 죽을 때까지, 사업이 망해서 폐업 할 때까지 소상공인 중앙회에는 단 한 번도 안 가보고 그런 곳이 있는지조차 모르는 사람들도 있습니다.

그러니 죽을 수 밖에요..
참으로 안타까운 일이지만, 실제로 일어나는 일입니다.

물론 인터넷을 잘 몰라서 그럴 수도 있고요, 그래서 밤이 새도록 죽어라 일만 하고 그런 소상공인을 지원해 주는 제도가 있다는 것도 모르고 어렴풋이 인터넷 검색하여 이런 제도를 악용해서 대출 중개를 하는 대출 중개인 말만 듣고 그냥 직접 신청하면 되는 것을 대출 중개인을 통하여 대출을 받고 대출 수수료로 10%~30%를 떼이는 경우가 있습니다.

경우에 따라서는 금융 사기를 당해서 전 재산을 날리고 감당할 수 없는 빚에 내 몰리는 사람도 있으니 참으로 안타까운 일입니다.

나쁜 뜻으로 하는 얘기가 아니고요, 필자도 금융 사기를 당했다는 것을 아시기 바랍니다.

무슨 뜻인고 하면요, 가끔씩 뉴스에 보면 영원히 사는 것을 원하는 돈 많은 사람들이 자신의 신체를 냉동 보관을 하여 미래에 의술이 발달한 시대에 깨어나기를 원하는 사람들이 있는데요, 여러분이나 필자나 이 시대 사람이고요, 이 시대를 너머 과거 혹은 미래에 가서 살 수 있다고 생각을 하시는지요..??

지금 이 시대에서도 정보 취약 계층은 조금 전에 설명한 바와 같이 그냥 가서 직접 신청하면 나오는 정부 지원금을 잘 몰라서 대출 중개인을 통해서 대출을 받고 대출 중개료로 10%~30%를 떼이는 사람들이 있는데요, 여러분이나 필자가 현 시대가 아닌 과거나 미래에 가서 그 시대에 어떻게 적응해서 살아간다는 말인가 이 말입니다.

이번 단원에서는 창업 자금에 대해서 심도 있게 다루지는 않았고요, 그냥 인터넷 검색해서 쉽게 접할 수 있는 정보를 중심으로 설명을 했고요, 뒤에 가서 사업자 등록을 한 후 사업을 하면서 정부 정책 자금 지원 정책에 대해서 설명할 때 자세하게 설명을 하고요, 다만 지금은 사업을 시작하기 전이나 초보 사업자이므로 사채를 끌어다 사업을 하는 우를 범하지 않기를 바라는 마음에서 기술한 것입니다.

제 3 부 사업자등록/통신판매업신고

우리나라는 소득이 있으면 예외없이 세금을 내야 하고요, 소득을 올리기 위해서는 직장 생활을 하거나 사업을 해야 하며 사업을 하기 위해서는 사업자 등록이 필수 조건이고요, 인터넷 쇼핑몰을 운영하려면 사업자등록 외에 통신판매업신고를 필수적으로 해야 합니다.

필자의 경우 출판사를 운영하므로 사업자 등록과 통신판매업 신고 외에 출판사 신고도 해야 합니다.

만일 주류 판매 등과 같은 특수한 업종의 경우 정부에서 따로 면허를 받아야 사업을 할 수 있습니다.

제 1 장 국세청 홈텍스

필자가 맨 처음 사업을 시작하던 때는 무려 수십 년 전이므로 그 때는 아직 인터넷이라는 것이 없었고요, 당연히 세무서에 직접 가서 신청하거나 세무사를 통해서 사업자등록증을 발급받았습니다만, 지금은 컴퓨터 시대이고, 우리나라는 자타가 공인하는 세계 최고의 IT 국가이므로 특수한 경우를 제외하고는 대부분 온라인으로 처리됩니다.

이 책의 주제인 인터넷 쇼핑몰 창업 역시 사업이므로 사업자 등록을 해야 하고요, 우리나라 국민이라면 이런 정도는 온라인으로 신청하실 수 있어야 합니다.

정부에서도 납세자의 편의를 위하여 국세청 홈텍스를 만들어서 온라인으로 거의 대부분의 업무를 처리하고 있으며 사업자 등록 역시 국세청 홈텍스에 가입하여 온라인으로 신청할 수 있습니다.

다만, 국세청 홈텍스에 사업자로 가입 및 로그인을 하기 위해서는(아직 사업자가 아닌 사람이 사업자등록을 하는 것 포함) 인증서가 있어야 합니다.

제 1 절 인증서

우리나라는 자타가 공인하는 세계 최고의 IT 국가이고요, 그래서 예를 들어 이번 단원에서 다루는 국세청 홈텍스의 경우 특수한 경우를 제외하고는 거의 모든 것을 인터넷으로 처리할 수 있는데요, 여기시 필수적으로 필요한 것이 인증서입니다.

필자는 개인적으로 인증서를 지극히 혐오하는 사람인데요, 거의 필요 없는 인증서 때문에 년간 수십 만원씩 나가기 때문입니다.

돈만 많이 나가는 것이 아니라 복잡하고 까다롭고 느리고, 불편하고, 이루 말할 수 없이 폐단이 많지만, 대통령부터 말단 공무원까지 모든 공무원이 사업을 해 보지 않아서 이런 폐단을 알 수가 없는 것이 문제입니다.

만일 필자가 대통령이 된다면 가장 우선적으로 인증서부터 모조리 없애겠습니다.

인증서는 인증서 관련 업체의 배만 불려주는 아주 나쁜 제도입니다만, 정부에서는 정부이기 때문에 관련 대학 교수들의 의견을 들어서 인증서 제도를 만들었고요, 그것이 오늘날과 같은 악습을 만들었고요, 더 심하게 표현하면 사업자를 죽음으로 몰아넣을 정도인데도 전혀 없앨 기미가 보이지 않습니다.

그래서 여러분도 무조건, 싫건 좋건 인증서를 만들어야 하고요, 인증서는 또 옛날부터 사용하던 전통적인 공동 인증서와 금융인증서가 있고요, 경우에 따라서는 공동인증서와 금융인증서 모두 가지고 있어야 하고요..

특히 필자는 일반 과세자가 아닌 면세사업자임에도 불구하고 1년에 비싼 돈을 내는 사업자용 인증서가 있으며 이 책도 전자책과 종이책으로 동시에 펴 내는 책이고요, 전자책을 펴 내기 위해서는 또 다시 1년에 11만원씩 내는 인증서가 또 있어야 합니다.

미칠 노릇이지만, 일개 필자가 이런 제도를 고칠 수 없으니 어쩔 수 없이 1년에 무려 수십 만 원의 거액을 내고 인증서를 사용하고 있으며, 여기에 큰 큼액은 아니지만, 4400원씩 내야 하는 범용 인증서도 2개나 있고요, 국세청 홈텍스 및 각 시중 은행 인터넷 뱅킹을 하는 개인용 인증서도 있어야 합니다.

그런데 가장 인증서가 필요할 것 같은 정부 기관에 접속할 때는 필자의 경우 대부분 통신사 PASS를 이용하여 간편인증을 통해서 접속을 하는데요, 참으로 아이러니합니다.

이렇게 간편 인증을 하면 되는 것을 년간 수십 만 원씩 내는 인증서를 2개씩이나 가져야 하고, 기타 인증서를 여러 개 가지고 있어야 하는 이런 불합리한 제도가 고쳐지기는 어렵기 때문에 여러분도 사업을 하기 위해서는 필자의 전철을 밟지 않을 수가 없습니다.

어쨋튼 현재로서는 사업을 하기 위해서는 인증서가 반드시 필요하고요, 다만 간이 과세자는 세금계산서를 발행하지 않기 때문에 사업용인증서는 필요하지도 않고 발급되지도 않습니다.

제 2 절 사업자의 종류

개인용 사업자의 경우 간이사업자와 일반사업자 그리고 필자와 같은 면세사업자 및 영세율 사업자 등이 있습니다만, 여기서는 인터넷 쇼핑몰 창업의 특성상 간이과세자와 일반사업자 그리고 필자와 같은 면세사업자만 다루도록 하겠습니다.

(1) 간이 과세자

사업자등록을 하기 전에 간이사업자로 할 것인지 일반사업자로 할 것인지 결정을 해야 하는데요, 간이 과세자는 세금계산서를 발행하지 않는(못하는) 사업자이기 때문에 부가세를 내지 않아도 되지만, 년간 매출액이 현재 기준 1억 400만원 미만의 사업자가 선택할 수 있고요, 년간 매출액이 1억 400만원이 넘으면 싫어도 일반과세자로 전환해야 합니다.

여기서 큰 차이는 세금계산서를 발행할 수 있는가 없는가의 차이인데요, 우선 세금계산서에 대해서 알아야 합니다.

(2) 세금계산서

전자계산서					공급자 보관용 ( )				승인번호		2024063041000009a0000qar	
									일련번호		20240600005000061184	
공급자	등록번호	680-90-01427		종사업장		공급받는자	등록번호		102-81-11670		종사업장	
	상호(법인명)	가나출판사		성명	윤관식		상호(법인명)		(주)교보문고		성명	안병현,김상훈
	사업장 주소	충청남도 예산군 응봉면 신리길 33-4 (응봉면)					사업장 주소		서울시 종로구 종로 1 (종로1가, 교보빌딩)			
	업태	정보통신업		종목	신문발행업		업태		도.소매		종목	도서

작성일자				공급가액								수정사유
년	월	일	공란수	백	십	억	천	백	십	만	천	백	십	일	
2024	06	30	5					9	2	7	3	6	0	
비고		0132239										

월	일	품목	규격	수량	단가	공급가액	비고
06	30	서적				927,360	

위는 필자의 거래처 중의 하나인 교보 문고에서 발행한 계산서의 하나인데요, 필자는 면세사업자이기 때문에 부가세를 납부하지 않기 때문에 세금계산서라고 부르지 않고요, 위에 보이는 것과 같이 그냥 계산서라고 부르며, 양식은 정식 세금계산서와 똑같습니다.

이러한 세금계산서를 발행하는 이유는 부가세(부가가치세) 때문입니다.

우리나라는 모든 상거래에 기본적으로 10%의 부가가치세를 의무적으로 납부해야 합니다.

여러분이 아직 사업자가 아니기 때문에 부가가치세가 생소하신 분도 있을텐데요, 그러나 사업자가 아니더라도 부가가치세는 우리나라 국민이라면 누구나 내고 있습니다.

단지 잘 모를 뿐이고요, 여러분이 마트 등에서 카드로 결제를 할 때 명세서에 부가세가 표시된 것을 보실 수 있을 것입니다.

이렇게 자신도 모르게 마트, 자동차 공업사, 놀이공원, 식당, 기타 어디를 가서 카드를 사용해도 부가가치세는 어김없이 붙습니다.

국가 재정은 바로 이러한 세금에서 나오는 것이기 때문입니다.

다시 말해서 여러분이 사업자 등록을 하고 인터넷 쇼핑몰을 창업하여 매출을 올리게 되면 기본적으로 매출액의 10%는 모조건 부가가치세로 납부를 해야 합니다.

우리나라는 기본적으로 4대 의무가 있고요, 그 중의 하나가 바로 납세의 의무이기 때문입니다.

그런데 정부에서는 영세 개인 사업자의 세 부담을 줄여주고자 일단 이렇게 납부한 세금을 되돌려주는 제도를 시행하고 있습니다.

(3) 부가세 환급

또한 개인이라고 하더라도 연말 정산을 통하여 자신이 1년 동안 사용한 카드 등으로 지출한 금액 중에서 일정액을 공제 해 주는 제도가 있는데요, 이것이 바로 자신도 모르게 납부한 부가가치세를 돌려주는 것입니다.

이 때 간이과세자는 세금계산서를 발행하지 않기 때문에 부가가치세를 납부하지 않고요, 부가가치세를 납부하지 않기 때문에 부가세를 돌려받지 못합니다.

필자와 같은 면세사업자도 부가가치세가 면제되기 때문에 부가세를 납부하지 않기 때문에 부가세를 아무리 많이 냈어도 돌려받지 못 합니다.

그러나 일반 과세자는 세금계산서를 발행하기 때문에 부가가치세를 납부 해야 하며 부가가치세를 납부하기 때문에 부가가치세를 돌려받을 수가 있습니다.

그래서 처음 사업자등록을 할 때 간이과세자로 할 것인지 일반과세자로 할 것인지 결정을 해야 한다고 했는데요, 간이과세자로 하면 사업 초기 세 부담은 줄지만, 어차피 년간 매출액이 1억 400만원이 넘어가면 자동으로 일반 과세자로 전환이 되므로 사실상 처음 사업을 시작한다 하더라도 결국 일반 과세자로 사업자등록을 하는 것이 유리합니다.

그리고 인터넷 쇼핑몰을 운영하다 보면 전화 주문이 들어오는 수가 있는데요, 이 때 거래 상대방에서 대부분 세금계산서 발행을 요구합니다.

그래서 아예 처음부터 일반 과세자로 사업자 등록을 하는 것이 나을 수 있습니다.

그리고 이렇게 일반 사업자로 사업자 등록을 하게 되면 세금계산서를 발행할 수 있고, 세금계산서를 발행하기 위해서는 사업자용 인증서를 발급받아야 하며 년간 11만원(부가세 포함 - 부가세 1만원은 나중에 돌려 받음)을 내고 발급받아야 합니다.

이렇게 일반 과세자용 사업자 등록과 사업자용 인증서를 발급 받으면 세금계산서를 발행할 수 있으며 옛날에는 4/4분기, 즉, 1년에 4번 부가세 신고를 했지만, 지금은 행정 간소화로 1년에 전반기와 하반기로 나누어 2번만 신고를 하면 되며 신고를 하면 신고하면서 산출된 부가가치세를 납부해야 합니다.

이렇게 납부하는 부가가치세는 모두 사업을 하면서 거래 상대방으로부터 거래 금액과 별도로 10%의 부가세를 받았다가 국세청에 부가세 신고를 할 때 납부하는 것이기 때문에 납부하는 부가세나 환급받는 부가세나 절대로 공돈이 아닙니다.

이렇게 사업을 하면서 필연적으로 발생하는 부가세는 사업을 망하게 하는 가장 큰 원흉이 되기도 한다는 것을 사업자는 반드시 명심해야 합니다.

예를 들어 전국은 물론 해외에서도 유명했던 영등포 목화 예식장이 있었습니다만, 그 유명한 목화 예식장이 세금 체납으로 본관 및 별관 등 부속 건물까지 모조리 정부에 기부 체납을 하여 지금은 영등포 세무서로 사용되고 있습니다.
이렇게 세금 체납은 사업 부진으로 인한 것이 원인이기도 하지만, 평소에 세무서에 분기마다 납부해야 할 부가세를 저축해 두지 않고 미리 써 버렸기 때문에 결국 그만큼 빚을 지게 되는 셈이므로 절대로 부가세를 함부로 썼다가는 영등포 목화예식장과 같이 예식장 건물을 통째로 기부 체납을 하거나 개인 사업자의 경우 체납자라는 멍에를 짊어지고 자신의 자산이 압류되는 등 결국 신용불량자로 전락하게 된다는 것을 절대적으로 명심, 또 명심해야 합니다.

주의 : 일반 과세자의 경우 부가세를 납부하고 다시 환급을 받을 수 있지만, 대부분 1년에 전반기와 하반기로 나누어 부가세 신고를 하고 부가세를 납부할 때 환급 받을 금액을 제하고 나머지만 납부하는 것입니다.

여러분이 이 책으로 공부를 하여 일반 과세자로 사업자 등록을 하고 부가세 신고 기간에 국세청 홈텍스에서 부가가치세 신고를 하는 과정에서 매입 세액을 입력하게 되고, 매출 세액도 입력하게 되며 이렇게 매출 세액과 매입 세액을 입력하면 자동으로 차액이 발생하며 마이너스가 되면 납부를 해야 하고 플러스가 되면 돌려받는 것입니다.

이 때 국세청에서는 아직 사업자 등록을 하지 않은 일반인의 소득에 대해서도 손금 들여다 보듯이 훤히 들여다보고 있다는 것을 알아야 합니다.

더우기 사업자의 소득 및 매입 금액에 대해서도 국세청에서 미리 다 알고 있다는 것을 알고 성실하게 신고를 해야지, 만일 불성실 신고를 하면 상당한 금액의 과태료를 내고 불성실 사업자로 낙인 찍히게 됩니다.

그리고 사업 초기 5년간은 세무 조사가 면제되지만, 이후 세무 조사를 당해서 지난 5년 동안의 매출 세액과 매입 세액이 정밀하게 추적되고 이 때 누락된 매출액이 나오면 이 역시 상당한 금액의 과태료를 내야 합니다.

다만 국세는 시효가 5년으로 5년이 지나면 국가에서 징수할 수 없지만, 만일 체납 세액이 있을 경우 담당 세무 공무원은 자신의 경력에 추가되기 때문에 5년이 넘기 전에 반드시 추징 기간 연장을 합니다.

따라서 대한민국에서 사업을 하기 위해서는 세금은 필수적으로 내야 하며 그것도 정직하게 매출의 10%를 신고하고 납부해야 합니다.

절대로 허위 신고를 했다가는 경을 치게 된다는 것을 명심 또 명심해야 합니다.

(4) 세무사

만일 여러분의 사업이 커져서 매출과 매입이 복잡해질 경우 개인이 세무 업무를 보는 것이 부담이 되고 오히려 세 부담이 커지는 역효과를 볼 수가 있습니다.

이 때는 근처 세무사 사무실에 찾아가서 세무 대행 계약을 하면 세무사가 세무 관련 업무를 대신 해 주므로 편리하고 세금을 절약할 수 있습니다.

그러나 세무사는 상당한 비용을 지불해야 하므로 사업 초기 아직 매출이 크지 않을 때는 자신이 직접 국세청 홈텍스에 접속해서 신고 및 납부를 하는 것이 좋습니다.

그래서 국세청에서는 홈텍스를 만들어서 모든 사업자가 인터넷으로 각종 세금 신고 및 납부를 할 수 있는 제도를 만들어 놓았지만, 사실 이것이 일반인이 하기에는 다소 어렵고 복잡한 부분이 있습니다만, 정직하게 성실 신고만 한다면 자동으로 잘못 된 부분을 고쳐지거나 고치라고 나오며 화면에 나오는대로만 따라 하면 되므로 인터넷을 잘 하는 요즘 시대 사람이라면 그리 어려운 일이 아닙니다.

(5) 사업자 등록

정보력이 부족한 일부 고령층의 경우 국세청 홈텍스에서 온라인으로 신청하는 것이 어려울 수 있으나 이 경우 세무서를 직접 방문하여 신청하면 되고요, 아예 사업 초기에 세무사 사무실을 방문하여 상담을 하고 세무 대행을 하게 되면 세무사 사무실에서 알아서 해 줍니다만, 오늘날은 컴퓨터 시대이기 때문에 국세청 홈텍스에 접속하여 사업자등록을 하는 정도는 누구나 할 수 있습니다.

앞에서 설명한 바와 같이 국세청 홈텍스에 접속하기 전에 미리 시중 은행에 접속하여 어떠한 은행이든지 [인증센터] 메뉴가 있으며 화면의 안내에 따라 인증서를 먼저 발급 받아야 합니다.

옛날에는 이것을 공인인증서라고 불렀지만, 지금은 공동인증서라고 부르며 이와 별개로 웹브라우저에 저장하는 금융인증서도 있고요, 국세청 홈텍스에 로그인하는 용도의 인증서는 은행에서 무료로 발급받는 개인용 인증서가 있어야 합니다.

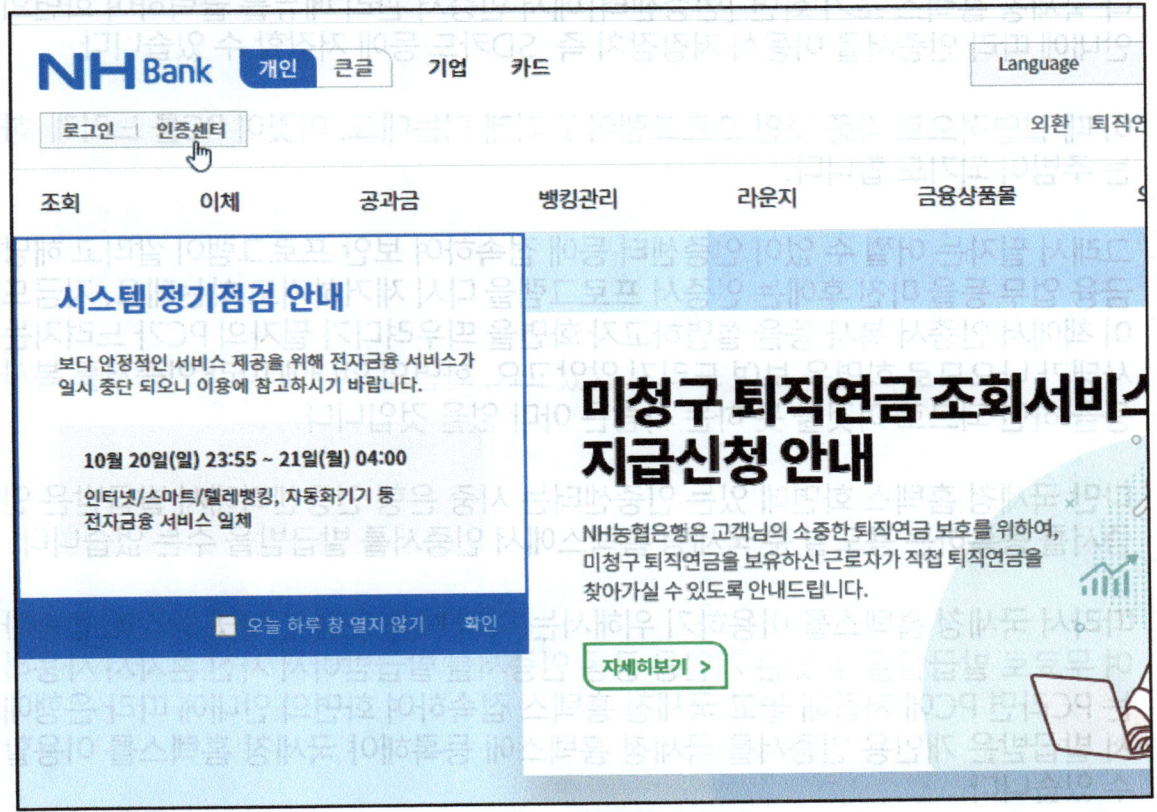

앞의 화면은 필자의 주거래 은행 중의 하나인 농협은행 메인 화면이고요, 상단 좌측 손가락이 가리키는 [인증센터] 메뉴가 있습니다.

여러분은 여러분이 거래하는 은행에 접속하여 [인증센터]에서 무료 공동인증서를 발급 받으면 됩니다.

이 때 사업자가 되면 사업용 인증서도 추가로 발급받아야 하며 범용 인증서 등, 필자의 경우 여러 개의 인증서가 있고요, 이렇게 인증서가 많을 경우, 특히 사업용 인증서는 년 11만원씩 내기 때문에 PC에 저장해 두고 포맷 등을 해서 인증서가 사라지면 은행에서 발급받는 무료 공동인증서는 무료로 재발급이 가능하지만, 사업용 인증서는 한국전자인증에 직접 찾아가거나 비용을 내고 방문 발급을 받아야 하므로 필자의 경우 필자가 가진 여러 개의 인증서를 모든 PC에 복사를 해 놓고, 그리고도 SD카드에 따로 저장을 해 둡니다.

이 때 인증서는 그냥 일반 파일 복사를 하듯이 복사를 하는 것이 아니고요, 은행이나 국세청 홈텍스 초기 화면 [인증센터]에서 인증서 관리 메뉴를 클릭하여 화면의 안내에 따라 인증서를 이동식 저장장치 즉, SD카드 등에 저장할 수 있습니다.

이 때 필연적으로 각종 보안 프로그램이 깔리게 되는데요, 이것이 PC를 느리게 하는 주범이 되기도 합니다.

그래서 필자는 어쩔 수 없이 인증센터 등에 접속하여 보안 프로그램이 깔리고 해당 금융 업무 등을 마친 후에는 인증서 프로그램을 다시 제거하기도 하는데요, 지금도 이 책에서 인증서 복사 등을 설명하고자 화면을 띄우려다가 필자의 PC가 느려지는 사태가 나오므로 화면은 보여 드리지 않았고요, 화면의 안내에 따라 인증서를 복사 등을 하면 되므로 이것을 못 하는 사람은 아마 없을 것입니다.

다만 국세청 홈텍스 화면에 있는 인증센터는 시중 은행 인증센터에서 발급받은 인증서를 등록하는 용도일 뿐 국세청 홈텍스에서 인증서를 발급받을 수는 없습니다.

따라서 국세청 홈텍스를 이용하기 위해서는 미리 시중 은행 인터넷 뱅킹에 접속하여 무료로 발급받을 수 있는 개인용 공동 인증서를 발급받아서 자신 혼자서 사용하는 PC라면 PC에 저장해 놓고 국세청 홈텍스 접속하여 화면의 안내에 따라 은행에서 발급받은 개인용 인증서를 국세청 홈텍스에 등록해야 국세청 홈텍스를 이용할 수 있습니다.

(6) 안랩 세이프 트랜젝션

시중 은행, 국세청 홈텍스 및 각종 정부 기관 등에 접속하여 수 많은 보안 프로그램이 이중 삼중으로 깔리게 되어 PC를 느리게 하는 주범이 되는데요, 그 중에서 챔피언 격인 대표적인 악성 프로그램으로 안랩 세이프 트랜젝션이라는 못된 프로그램이 있습니다.(AhnLab Safe Transaction)

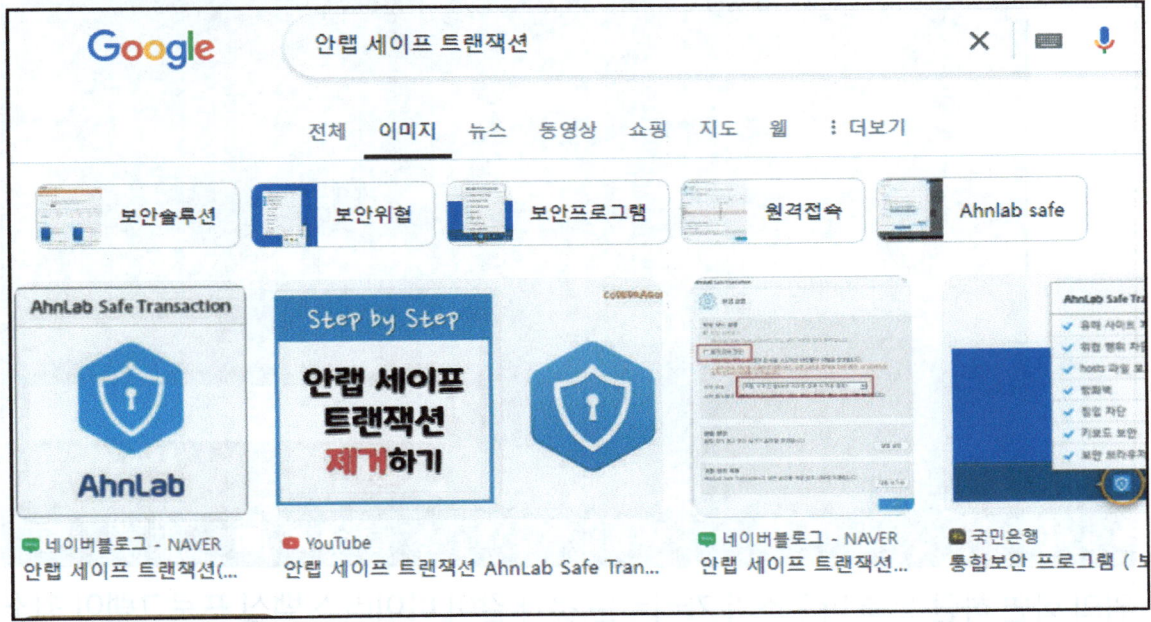

필자의 PC에서는 이 프로그램을 작동 중지(삭제가 안 되고 작동 중지만 가능합니다.)시켰기 때문에 위의 화면은 방금 구글에서 검색하여 보여 드리는 화면이고요, 위에 보이는 보안 아이콘이 생기면 어떤 식으로든 PC가 느려지게 됩니다.

원래 이러한 프로그램들은 보안을 위하여 개발되고 PC에 설치되는 것인데요, 특히 위에 보이는 안랩 세이프 트랜젝션 프로그램은 PC에서 하다 못해 타자 한자를 치는 것까지 검사를 하여 안랩 세이프 트랜젝션 프로그램에서 안전하다고 판단되어야 실행되는 기가 막히는 프로그램입니다.

이렇게 PC에서 수행되는 모든 작업을 검사를 하여 실행되기 때문에 필연적으로 PC가 느려 질 수 밖에 없으며 이들 보안 프로그램들은 1,000만원 이상 수 천 만원씩 조달청에서 돈을 받고 납품을 하기 때문에 이들 보안 업체들은 사활을 걸고 필사적으로 이런 프로그램을 개발을 하고 정부에서 이런 못된 프로그램들을 쓰도록 로비를 한다는 것이 필자의 생각입니다.
물론 PC에 보안 프로그램이 있어야 한다는 것은 당연한 것입니다.

만일 여러분이 사용하는 PC의 바탕 화면 우측 하단에 다음과 같은 아이콘이 없다면 여러분은 죽음 직전, 즉, 임종 상태라는 것을 알아야 합니다.

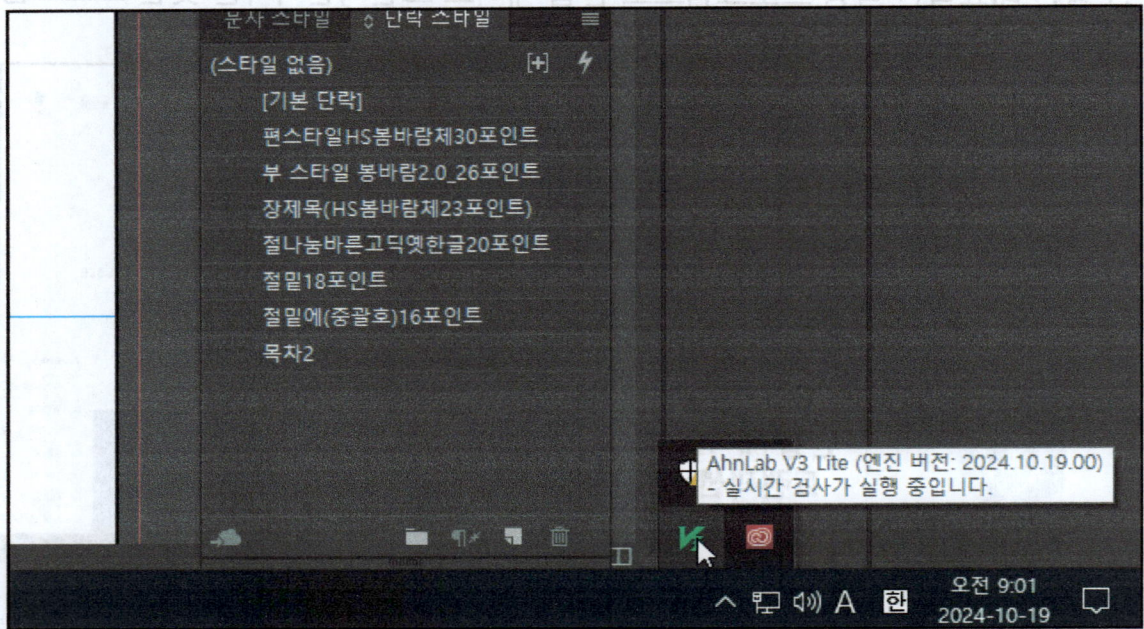

위의 화면 하단 우측 마우스가 가리키는 것과 같이 바이러스 백신 프로그램이 최소한 하나 이상 깔려 있어야 하며 바이러스 백신 프로그램까지 여기서 설명하는 것은 어렵지만, 위와 같이 시스템 트레이에 보이는 프로그램들을 램상주 프로그램이라고 부릅니다.

컴퓨터는 스위치를 켜서 컴퓨터가 켜져서 꺼질 때까지의 모든 것은 바로 램(RAM)에서 이루어집니다.

이렇게 중요하고 편리한 램은 휘발성 메모리로서 전원이 공급될 때만 기억을 하고 전원이 차단되면 기억하고 있던 것을 모두 잊어버리는 휘발성 메모리입니다.

그래서 영구 저장 매체인 SSD나 HDD 등에 저장을 하는 것인데요, 위에 보이는 램상주 프로그램들은 컴퓨터가 켜져서 부팅이 될 때 같이 램에 로드되어 컴퓨터가 꺼질 때까지 램에 상주하면서 PC를 사용하는 내내 PC를 지키는 PC 지키미라고 할 수 있지만, 항상 램에 상주하여 램의 용량을 차지하고 있어서 컴퓨터가 느려지는 주범 중의 하나이기도 합니다.

그래서 필자는 앞의 화면에 보이는 것과 같이 바이러스 백신 프로그램 등 꼭 필요한 램 상주 프로그램 외에는 모두 종료시켜서 앞의 화면에 보이는 것과 같이 시스템 트레이를 눌러도 램상주 프로그램이 거의 보이지 않는 것입니다.

그러나 [Ctrl + Alt + Del] 키를 눌러서 [작업관리자]에 들어가 보면 램상주 프로그램은 가히 벌어진 입이 다물어지지 않을 정도로 많습니다.

앞의 화면에 보이는 그리고 앞의 화면에 보이지 않는 엄청나게 많은 프로세서들이 사용자 몰래 백그라운드에서 램에 상주하여 현재 실행중인 프로그램들입니다.

다시 말해서 이런 수 많은 프로그램들이 돌아가기 때문에 여러분이 윈도우즈 운영체제를 이상없이 사용할 수 있는 것입니다.

이는 이들 램상주 프로그램들이 시스템에 설치된 메모리의 상당량을 차지하고 남은 것을 가지고 사용해야 한다는 뜻이고요, 그래서 가상 메모리라는 기법이 개발된 것입니다.

(7) 가상 메모리

앞에서 설명한 바와 같이 컴퓨터가 켜져 있는 동안의 모든 것은 바로 램에서 이루어지는데 이 램에 상주하는 프로그램들이 상상을 초월할 정도로 많아서 이들 램상주 프로그램에서 램의 일부를 차지하고 남은 램 용량을 사용해야 하는 것이고요, 어차피 시스템에 아무리 돈이 많아도 램을 무한정 많이 설치할 수는 없습니다.

메인보드에서 지원하는 메모리 용량에도 한계가 있고, 운영체제에서 지원하는 용량에도 한계가 있기 때문에 궁극적으로 어떠한 경우에도 메모리는 부족하게 되어 있습니다.

그래서 가상 메모리 기법이 생겨난 것인데요, 시스템에 설치된 램의 용량은 정해져 있기 때문에 컴퓨터에서 작업을 하면서 메모리 부족 현상이 생기면 시스템이 버벅거리다가 결국 멈추어서 먹통이 되어 버리게 됩니다.

그래서 이렇게 시스템이 메모리 부족 상황이 생겨서 먹통이 되어 버리는 것을 방지하기 위하여 시스템에 설치된 대용량의 영구 저장 장치인 HDD(하드 디스크 드라이브)의 용량의 일부를 끌어다가 램처럼 사용해서 아무리 용량이 큰 파일을 다루더라도 시스템이 먹통이 되지 않고 돌아가는 것입니다.

물론 이렇게 할 경우 램은 전기적으로 작동하기 때문에 전기는 빛의 속도로 이동하고요, HDD(하드 디스크 드라이브)는 스테핑 모터가 회전을 하면서 플래터(저장판, 둥근 디스크)를 돌려서 작동을 하기 때문에 현저하게 속도가 떨어집니다.

이런 내용을 기술하면 왜 인터넷 쇼핑몰 창업 책에 컴퓨터 하드웨어에 관한 내용이 있느냐고 항의를 하는 독자들이 있기 때문에 이 부분에 대해서는 생략하고요, 어차피 인터넷 쇼핑몰을 운영하기 위해서는 뒤에 가서 설명하는 상품 촬영 및 편집을 필수적으로 해야 하고요, 그러기 위해서는 컴퓨터 하드웨어에 대한 지식이 있어야 한다는 것을 아시기 바랍니다.

이에 대한 보다 자세한 공부를 하시고자 하시는 분은 유튜브에서 '가나출판사' 검색하여 동그라미 속에 들어 있는 필자의 얼굴을 클릭하여 필자의 [유튜브 채널]에 오셔서 필자의 홈페이지 링크를 클릭하여 필자의 홈페이지에 오셔서 [출판사]를 클릭하여 "PC정비사 교본" 책을 보시기 바랍니다.

종이책을 구입하신 분은 지금 설명과 같이 찾아 오셔야 하고요, 전자책을 구입하신 분이라면 해당 링크를 클릭하면 됩니다.

안랩 세이프 트랜젝션 설명을 하다가 메모리 설명으로 이어졌는데요, 안랩 세이프 트랜젝션 프로그램은 램상주 프로그램으로 실행되며 바탕화면 우측 하단 시스템 트레이에 나타나며 이 프로그램은 제어판의 프로그램 추가 제어로 제거되지 않습니다.

오로지 바탕화면 시스템 트레이를 클릭하여 안랩 세이프 트랜젝션 프로그램을 마우스 우측 버튼으로 클릭하고 자동으로 실행 안함, 세이프 모드 종료시 프로그램 종료를 선택해야 다음부터는 이 프로그램이 실행되지 않아서 컴퓨터 느려지는 것을 방지할 수 있습니다.

지금 설명하는 내용을 제대로 이해를 하지 못 하시는 분이나 나중에 이 설명이 생각이 나시는 분은 앞의 설명 참조하여 필자의 홈페이지에 오셔서 필자의 [네이버 블로그]에 오셔서 관련 검색어로 검색해서 보시면 보다 자세하게 포스팅을 해 놓았습니다.

현재 필자의 컴퓨터에서는 안랩 세이프 트랜젝션 프로그램이 실행되지 않게 조치를 취했기 때문에 필자의 컴퓨터에는 안랩 세이프 트랜젝션 프로그램이 보이지 않기 때문에 화면으로 보여드리지 못 하는 것이고요, 바로 앞의 설명을 두 번 세 번 읽어서 완전히 이해를 하시고 넘어가시기 바랍니다.

은행의 인증센터에서 공동 인증서를 발급받는 과정 등도 필자의 컴퓨터에서 실행을 하면 필자가 사용하는 수 많은 프로그램들에 영향이 있기 때문에 실행하지 않은 것이고요, 사실 인터넷 쇼핑몰 창업을 꿈꾸는 사람이라면 은행 인증서 정도는 아무런 도움 없이 혼자서 발급 받을 수 있어야 합니다.

이번 단원에서는 국세청 홈텍스 및 국세청 홈텍스에서 사업자 등록을 하고 사업자 등록증을 발급 받는 과정 및 간이과세자와 일반과세자의 차이, 소득이 있는 곳에 세금이 있다는 원칙론적인 설명 등을 두루 했는데요, 아마도 제대로 이해를 하시는 분이 있는 반면 제대로 이해를 하지 못 하시는 분도 있을 것입니다.

그러나 이 정도를 혼자서 할 수 없는 실력이라면 인터넷 쇼핑몰 창업은 사실상 어렵습니다.

어차피 요즘은 컴퓨터 및 인터넷 세상이므로 이 정도를 못 하는 사람은 거의 없을 것입니다.

이 책은 인터넷 쇼핑몰 창업이라는 타이틀로 집필하는 책이고요, 인터넷 쇼핑몰을 운영하는 긍극적 목적은 돈을 벌기 위함이고요, 계속하여 진행되는 온라인 판매, 제품 촬영 및 편집, 그리고 이런 과정에 수반되는 각종 프로그램 등에 대한 설명, 그리고 필자와 같은 유튜버가 되어 유튜브에서 수익 창출하는 방법, 마지막으로 정부 정책 자금을 다루도록 하겠습니다.

한 마디로 인터넷 쇼핑몰 창업 및 운영 과정은 사실상 컴퓨터 그래픽 프로그램, 웹서버 프로그램, PC정비사 과정, 금융 전문가 과정 등에 대한 거의 모든 정보를 다루므로 실질적으로 현대인의 최첨단 종합 세트라고 할 수 있습니다.

그래서 어려운 것이고요, 그래서 성공하는 사람도 있고 실패하는 사람도 있는 것이고요, 다만 이 어려운 과정에서 성공하는 사람도 있다는 것을 알고 실패하는 사람은 왜 실패를 했는지 면밀한 분석과 해결 방안 역시 스스로 찾아야 한다는 것을 알고 계속하여 공부를 해 주시기 바랍니다.

(8) 통신판매업 신고

국세청 홈텍스에 접속하여 사업자 등록을 했다 하더라도 인터넷 쇼핑몰을 창업하여 온라인으로 판매 활동을 하기 위해서는 추가로 통신판매업신고를 해야 합니다.

온라인 쇼핑몰 창업

통신판매업신고는 각 지자체 시,군,구청 경제과에서 담당을 하며 지금은 행정간소화로 이것 역시 정부24에 접속하여 온라인으로 신청 및 발급 받을 수 있습니다.

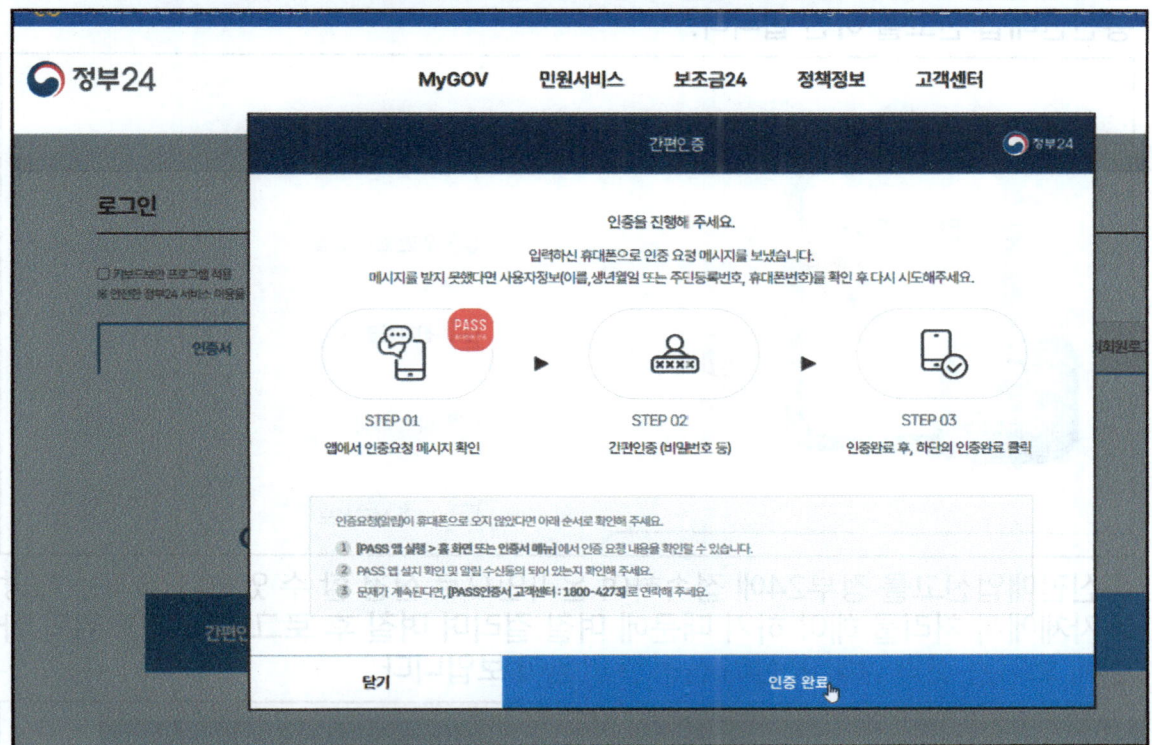

위는 필자가 방금 정부24에 접속하여 간편 인증으로 로그인을 하는 모습인데요, 필자는 통신사 PASS를 이용해서 간편 인증을 하였습니다.

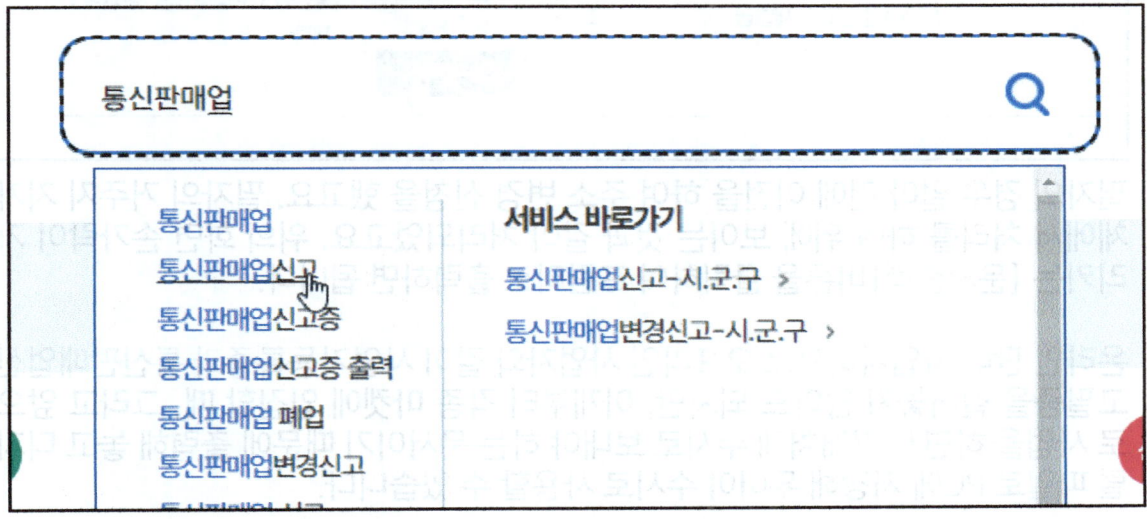

그리고 앞의 화면에 보이는 것과 같이 검색어 '통신판매업' 까지만 입력하고 검색 결과에서 손가락이 가리키는 [통신판매업신고]를 클릭하고 화면의 안내에 따라 통신판매업 신고를 하면 됩니다.

통신판매업신고를 정부24에 접속하여 온라인으로 신청 할 수 있으나 처리는 해당 지자체에서 처리를 해야 하기 때문에 며칠 걸리며 며칠 후 로그인을 하면 위의 화면에 보이는 것과 같이 자신이 신청한 민원이 보입니다.

필자의 경우 얼마 전에 이전을 하여 주소 변경 신청을 했고요, 필자의 거주지 지자체에서 처리를 하여 위에 보이는 것과 같이 처리되었고요, 위의 화면 손가락이 가리키는 [문서출력] 버튼을 클릭하여 프린터로 출력하면 됩니다.

온라인 판매 사업자이므로 오프라인 사업자와 같이 사업자등록증과 통신판매업신고필증을 걸어놓지 않아도 되지만, 이제부터 각종 마켓에 입점할 때, 그리고 앞으로 사업을 하면서 거래처에 수시로 보내야 하는 문서이기 때문에 출력해 놓고 디지털 파일로 PC에 저장해 두어야 수시로 사용할 수 있습니다.

(9) 화면 캡쳐 프로그램

웬 뜬굼없이 갑자기 화면 캡쳐 프로그램이냐고 반문하실 분이 있을 수 있겠습니다만, 앞으로 마르고 닳도록 화면 캡쳐를 해야 하기 때문에 설명을 하는 것입니다.

화면 캡쳐를 모르시는 분은 거의 없겠습니다만, 필자의 경우 윈도우즈 운영체제에 자체적으로 내장된 화면 캡쳐를 선택적으로 사용하고, 그리고 이 책에 헤일 수 없이 많이 삽입된 모든 삽화는 모두 알약과 알집으로 유명한 이스트소프트사의 알캡쳐를 사용합니다.

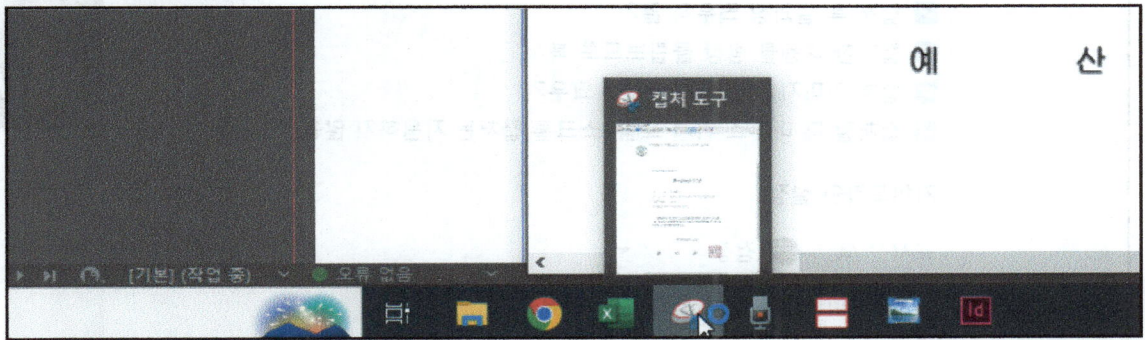

필자의 경우 위와 같이 작업 표시줄에 윈도우즈에 내장된 캡쳐 도구를 꺼내 놓고 사용하고 있고요, 알캡쳐 프로그램을 인스톨하면 기본 값으로 컴퓨터를 켤 때마다 자동으로 실행되어 다음 화면에 보이는 것과 같이 바탕 화면 우측 하단 시스템 트레이에 등록됩니다.

만일 시스템 트레이에 나타나지 않으면 [시작] 누르고 알캡쳐 입력하여 알캡쳐 프로그램을 직접 실행하면 됩니다.

그리고 위의 화면 알캡쳐 아이콘을 마우스 우클릭하여 나타나는 부메뉴에서 환경설정을 클릭하면 다음 화면이 나타납니다.

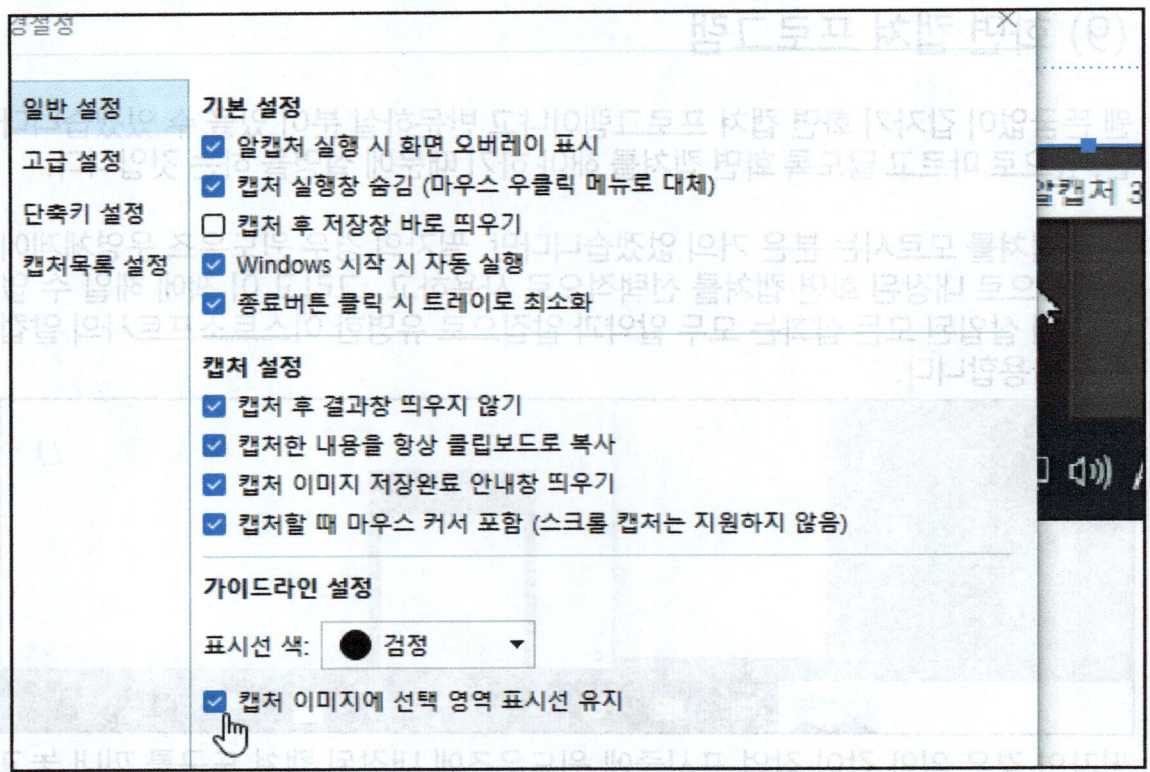

위의 화면 손가락이 가리키는 곳을 잘 보세요.
[캡쳐 이미지에 선택 영역 표시선 유지]에 체크를 하고 바로 위의 [표시선 색]을 필자는 검정색으로 지정해 놓고 사용합니다.

그리고 [단축키] 설정에서 화면 캡쳐 단축키를 [Ctrl + Alt + C]로 지정해 놓고 사용을 합니다.

그러면 화면 캡쳐를 한 이미지의 가장자리에 검정색 테두리가 생기기 때문에 밋밋하지 않고 필자의 블로그 등에 올릴 때 이미지의 경계가 생기기 때문에 본문과 삽입한 그림 파일이 분명하게 구분이 되어 나타납니다.

이 때 화면 캡쳐를 할 때 이미지의 가장자리 경계선이 나타나면 안 되는 문서, 예컨대 A4용지에 인쇄를 하는 용도로 사용할 이미지라면 화면 캡쳐 이미지의 가장자리가 보이면 안 되므로 위의 손가락이 가리키는 체크를 지우면 되지만 다음번 캡쳐 시에 다시 환경 설정에 들어가서 또 다시 위의 손가락이 가리키는 체크를 하는 번거로움이 있으므로 이 때에는 윈도우즈에 내장된 캡쳐 도구를 사용하는 것입니다.

예를 들어 앞쪽의 화면, 필자의 컴퓨터 바탕화면 하단 작업표시줄에 나타난 윈도우즈에 내장된 캡쳐 도구를 마우스로 가리키면 나타나는 이미지를 보세요.

조금 전에 필자가 정부24에 접속하여 며칠 전에 신청한 통신판매업신고증 주소 변경 신고를 한 것을 필자의 거주지 지자체에서 처리를 해서 오늘 발급했고요, 이 때 발급된 화면에서 그대로 화면 캡쳐를 하여 이미지로 저장, 즉, 디지털 파일로 저장을 하였습니다.

이 때는 이미지의 가장자리에 테두리가 생기면 안 되므로 윈도우즈에 내장된 캡쳐 도구를 사용하여 캡쳐를 해서 이미지로 저장을 한 것입니다.

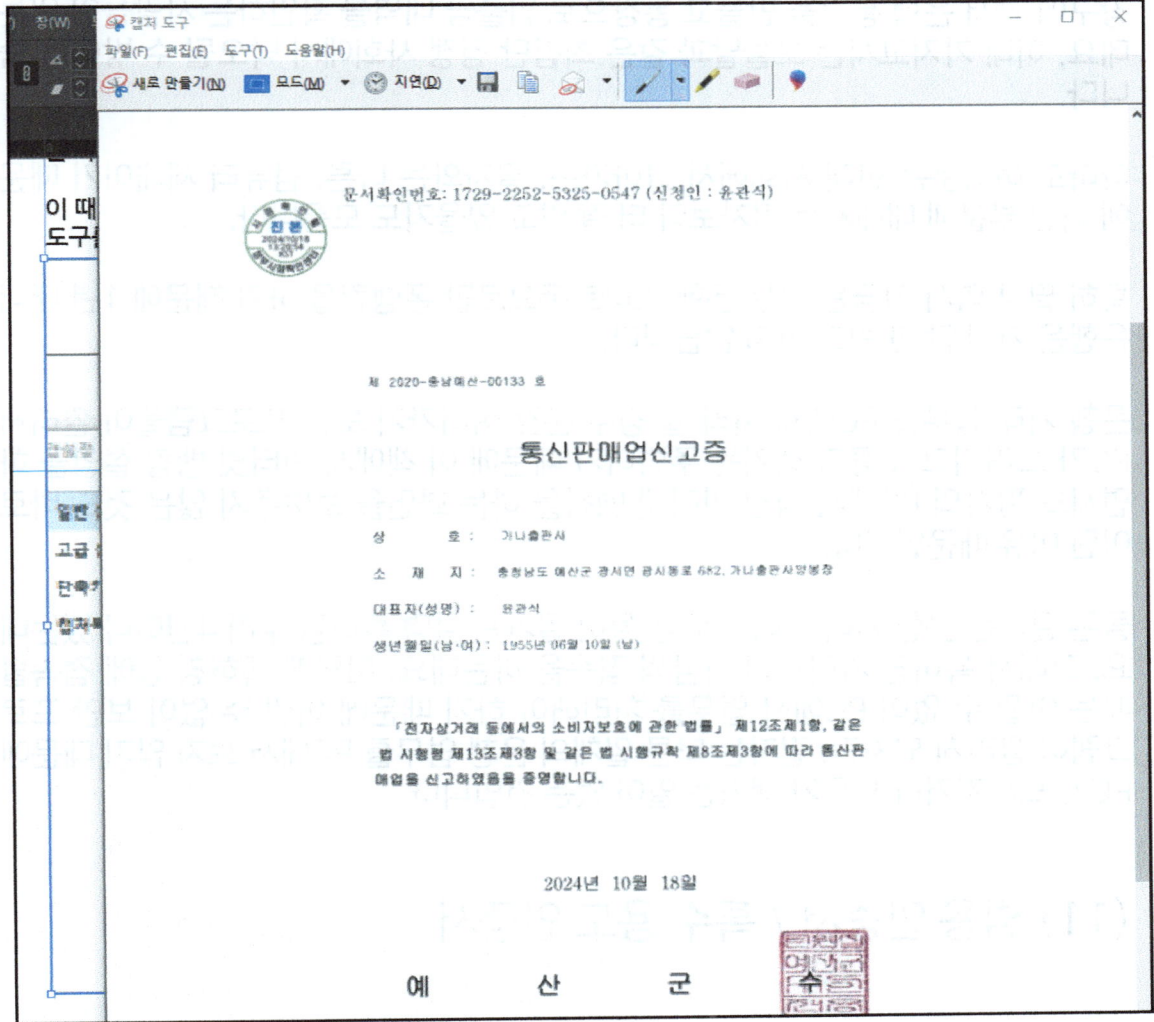

이렇게 저장하는 이유는 지금 저장한 통신판매업신고증, 사업자등록증 등은 대형 마켓에 입점할 때 혹은 거래처 등에 보낼 때 첨부 서류로 보내기 위함이고요, 정부 기관 등에서 다운 받는 문서는 A4용지로 출력을 하는 것이 원칙이기 때문에 정부 기관 등에서는 문서를 그림 파일로 다운로드 할 수 없게 되어 있기 때문입니다.

(10) 은행 거래 무통장 거래

여러분이 만일 신세대 새내기라면 여러분이 아직 태어나기도 전에, 필자는 이미 수십 년 전부터 모든 은행 실물 통장이 없는 무통장 거래를 해 왔는데요, 아직도 은행 창구에 가서 은행 통장을 만들고 통장으로 입출금 내역을 확인하는 사람들이 있는데요, 이래 가지고서는 오늘날과 같은 최첨단 경쟁 사회에서 낙오될 수 밖에 없습니다.

아마도 여러분은 현대 사회에서 살아가는, 필자와는 다른, 컴퓨터 세대이기 때문에 이런 부분에 대해서는 필자보다 더 잘 알고 있을지도 모릅니다.

특히 필자 역시 지금은 모든 은행 스마트폰으로만 폰뱅킹을 하기 때문에 1년 내내 은행은 거의 단 한 번도 가지 않습니다.

은행 거래 업무를 PC에서 처리 할 경우 온갖 여러가지 보안 프로그램들이 깔려서 PC가 느려지고 오류가 생기는 주범이기 때문에 이 책에서 인터넷 뱅킹 설명을 하면서도 필자의 PC에서 직접 인터넷 뱅킹을 하는 화면을 보여주지 않은 것도 바로 이런 이유 때문입니다.

물론 필자는 은행 거래 외에도 예를 들어 필자는 발명 특허를 무려 4건이나 냈는데요, 그래서 특허청 사이트에 가끔씩 접속을 하는데요, 이렇게 특허청 등에 접속할 때는 어쩔 수 없이 PC에서 업무를 처리해야 하기 때문에 어쩔 수 없이 보안 프로그램이 깔리게 되지만, 필자는 다른 일체의 은행 업무를 PC에서 보지 않기 때문에 PC가 느려지거나 오류가 생기는 일이 없는 것입니다.

(11) 범용 인증서 / 특수 용도 인증서

앞에서 인증서 설명을 할 때 누락된 내용이 있어서 지금 설명을 하겠습니다.

인증서의 종류에서 가장 보편적인 인증서가 은행에서 무료로 발급 받는 공동인증서와 브라우저에 저장하는 금융인증서가 있고요, 공동인증서만 가지고 대부분의 금융 관련 업무를 볼 수 있지만, 특수하게 금융인증서를 요구하는 경우도 있으므로 금융인증서도 발급받아야 합니다.

그리고 또 필요한 것이 돈을 4400원 내고 발급받아야 하는 범용 인증서가 있습니다.

물론 큰 돈은 아니지만, 이렇게 여러가지, 여러 개의 인증서가 필요하다는 것이 불편하고 매우 불합리합니다만, 여기에 또 다시 특수용도 인증서라는 것이 있습니다.

필자의 경우 출판사를 운영하기 때문에 정부에서 출판 장려 정책을 펴기 때문에 면세 사업자이지만, 그럼에도 불구하고 필자는 "스마일EDI" 라는 사이트에서만 사용하는 특수용도인증서가 있어야 하고요, 이것도 사업용인증서이기 때문에 적지 않은 돈을 내야 합니다. (1년 총 143,000원을 냅니다.)

여기에 필자는 또 종이책과 전자책을 동시에 펴 내고 있고요, 전자책 관련 대형 서점과 계약을 할 때 사용하는 특수용도인증서가 있고요, 이것도 년 11만원씩 내야 하는 기가 막히는 인증서가 또 있습니다.

역대 정부에서는 한결같이 행정간소화를 부르짖지만 정작 실무에서는 오히려 이렇게 행정복잡화, 소상공인, 개인사업자를 거의 죽음으로 몰아 넣을 정도로 압박을 한다는 것을 정작 정부에서는 모르고 있으니 문제입니다.

이 뿐만이 아닙니다.
필자의 경우 지금도 어음을 주는 일부 대형 서점과 계약을 할 때 어음을 수취할 수 있는 은행이 있어야 하며 이 때 사용하는 범용 인증서가 또 있어야 합니다.

여러분도 범용 인증서가 필요하며 일반 과세자로 개인사업자가 되었을 경우 최소한 은행 개인 인증서와 범용인증서 이렇게 2가지 인증서는 반드시 필요하며 사업을 하다보면 필자와 같이 또 다시 몇 개의 인증서를 추가로 발급 받아야 하며 만일 필자와 같은 사업을 한다면 필자와 같이 매우 많은 인증서가 있어야 합니다.

(12) 사업용 계좌/일반 계좌

그리고 또 한 가지 알아야 할 사항이 있습니다.
여러분이 사업자 등록을 하고 개인사업자가 되고 주거래 은행에서 사업용 계좌를 새로 개설하거나 기존의 개인 계좌를 사업용 계좌로 전환을 하면 예금주명이 필자의 경우 '윤관식가나출판사' 로 예금주명 뒤에 상호가 붙습니다.

일반적인 거래에서는 이 사업용 계좌를 사용하는 것이 맞습니다만, 정부 기관 기타 여러 기관을 거래하다보면 예금주 명 뒤에 상호가 나오는 사업용 계좌로 예금주명이 틀리다고 인증이 안 되는 경우가 있습니다.

그래서 자신의 상호가 나오는 예금주명이 나오는 사업용 계좌 외에 상호가 나오지 않는 사업용 계좌가 아닌 일반 계좌도 필요합니다.

필자의 경우 옛날에는 국내 거의 대부분의 시중 은행을 거래했지만, 지금은 꼭 필요한 은행으로만 거래를 하고 있고요, 이렇게 하는데도 현재 5개의 은행을 거래합니다.

이 중에서 2개는 필자의 상호가 나오는 사업용 계좌이고요(은행 창구에서 신청을 해야 합니다.), 나머지는 필자의 상호가 나오지 않는 일반 계좌입니다.

이 점을 참고하셔서 여러분도 이와 비슷하게 은행 계좌가 있어야 한다는 것을 아시면 되겠습니다.

그리고 필자의 경우 옛날부터 지금까지 모든 은행 실물 통장이 없는 무통장 거래를 하기 때문에 1년 내내 은행에는 거의 단 한 번도 가지 않는 편리함이 있지만, 간혹 계좌 인증 혹은 주거래은행 통장 사본을 요구하는 거래처가 있습니다.

이 때 사용하기 위하여 실물 통장이 없는 무통장 거래를 하더라도 자신의 거래 은행에 접속하여 통장 사본을 다운로드해서 디지털 전자 파일 즉, 이미지 파일로 저장을 하거나(앞에서 설명을 했습니다.) 직접 인쇄를 하여 팩스 등으로 전송할 수 있도록 미리 준비를 해 놓아야 합니다.

필자의 경우 사업자등록증, 통신판매업신고필증, 출판사 등록증 등을 모두 디지털 이미지 파일로 저장해 두어 필요시 언제라도 꺼내 쓸 수 있습니다.

(13) 디지털 서명 파일/디지털 도장

그리고 또 한 가지, 이것은 약간 어려운 부분인데요, 자신의 도장 및 싸인을 이미지로 저장을 해 두어야 할 필요가 있습니다.

여러분이 이 책으로 공부를 하여 사업자가 되면 수 많은 거래처 및 정부 기관 등에 자료를 제출할 경우가 왕왕 발생을 합니다.

이 때 원칙적으로는 다운로드한 양식을 인쇄를 해서 필기로 기록을 하여 다시 그것을 스캔하거나, 요즘은 스캐너로 스캔한 것보다 스마트폰으로 스캔을 하는 것이 훨씬 좋기 때문에 스마트폰으로 스캔 혹은 촬영을 해서 이것을 다시 디지털 파일로 변환을 하여 팩스 혹은 이메일 등으로 전송을 해야 할 경우가 있습니다.

이 때 필자는 미리 필자의 도장 이미지를 배경이 없는 도장 이미지만 배경이 나오지 않게 처리를 하여 배경이 없는 투명한 도장 이미지를 PC에 저장해 두고 거래처 혹은 정부 기관에 제출하는 서류 등에 도장 혹은 싸인을 해서 제출하는 경우 디지털 문서에 그대로 디지털 도장 혹은 디지털 싸인을 넣어서 보내곤 합니다.

그래서 여러분도 여러분의 사업용 도장 혹은 인감 도장, 서명 파일(싸인) 등을 디지털 파일로 만들어서 저장을 해 두어야 할 필요가 있습니다만, 이는 포토샵 중급 이상의 실력이 있어야 하므로 이 책에서 지면이 남으면 이렇게 만드는 방법을 다룰 것이고요, 지면이 부족하여 다루지 않게 되면 유튜브에서 '가나출판사' 검색하여 동그라미 속에 들어 있는 필자의 얼굴을 클릭하여 필자의 [유튜브 채널]에 오셔서 필자의 홈페이지 링크를 클릭하여 필자의 [네이버 블로그]에 오시거나 필자의 [유튜브 채널] 등에 동영상으로 만들어 올려 놓은 것이 있을 수도 있습니다.

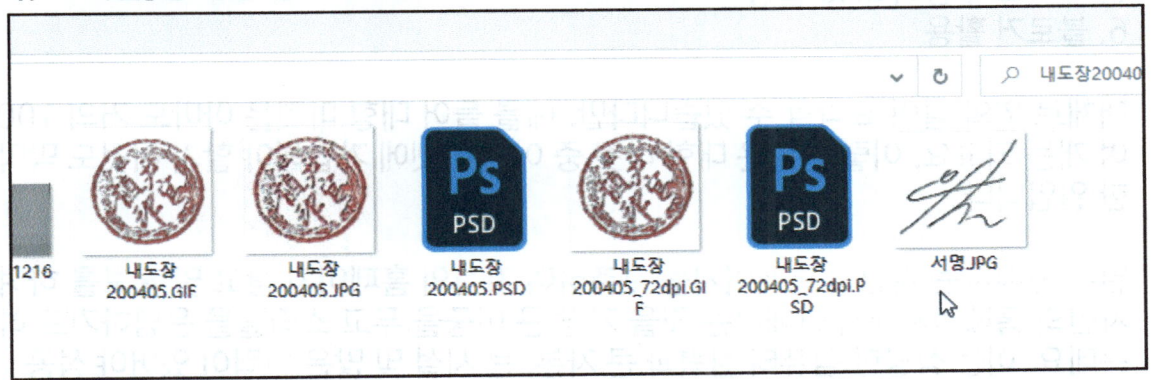

제 2 편 온라인 판매

제 1 부 온라인 판매 루트

현대인으로서 인터넷으로 물건을 한 번도 구입 해 보지 않은 분은 아마 거의 없을 것이므로 인터넷 쇼핑몰을 모르는 사람 역시 거의 없을 것입니다.

그러나 여러분이 아직 창업 전이라면 항상 인터넷으로 구매만 했을 뿐 판매는 하지 않았기 때문에 실제로 인터넷 쇼핑몰을 안다고 할 수 없을 것입니다.

이렇게 인터넷 쇼핑몰 창업을 했다 하더라도 상품을 어디서 어떻게 팔아야 할지 처음에는 이것도 막막할 것입니다.

이렇게 인터넷 쇼핑몰을 창업하여 사업자 등록을 하고 난 뒤에는 실제 물건을 어디서 판매를 할 것인지 이것부터 결정을 해야 합니다.

온라인으로 상품을 판매하는 방법은 대체로 다음과 같습니다.

1. 자신의 쇼핑몰 홈페이지 구축(자사몰)
2. 오픈마켓 가입
3. 백화점몰 가입
4. 유튜브에서 판매
5. 페이스북 등의 SNS 활용
6. 블로거 활용

대체로 위와 같이 요약할 수 있습니다만, 예를 들어 대형 마켓은 아마도 거의 100여 개는 되고요, 이렇게 많은 대형 마켓 중 어떤 마켓에 가입해야 할지 이것도 막막한 일입니다.

일부 판매자는 자신의 홈페이지를 구축하여 자신의 홈페이지 광고 및 홍보를 하여 자신의 홈페이지에서 판매하는 것을 가장 큰 비중을 두고 쇼핑몰을 운영하기도 하는데요, 이는 상당한 컴퓨터 실력과 큰 자본, 큰 시설 및 많은 인력이 있어야 성공

가능성이 높아지지만 창업 초기에 그런 큰 자본 및 인력을 동원하지 않더라도 자신의 힘으로 자신의 실력으로 홈페이지를 만들고 쇼핑몰을 구축하여 운영하는 사람들도 있습니다.

또한 중고 상품 판매하듯이 이렇게 쇼핑몰을 구축하여 어느정도 인지도가 생기고 매출이 늘면 사이트를 판매하는, 이렇게 쇼핑몰 사이트를 사고 파는 사이트도 있으므로 어느정도 자본이 있고, 쇼핑몰 구축에 자신이 없는 사람은 그런 쇼핑몰 사이트를 인수하는 것도 하나의 방법이라고 할 수 있습니다.

어차피 대형 마켓들도 수 조원씩 주고 사고 파는 일이 있으며, 가장 가까운 국내 사례로는 미국의 이베이로 넘어갔던 옥션, 지마켓을 신세계 그룹에서 인수한 사례도 있고요, 미국의 테슬라 CEO 일른 머스크는 트윗을 무려 50조원에 인수한 사례도 있습니다.

그러나 이런 초대형 거래는 그야말로 대기업이 아니면 불가능한 일이고요, 조금 전에 소개한 쇼핑몰 거래 사이트 등에서는 적게는 수 백만원에서 수억원에 이르는 쇼핑몰 사이트가 많이 있으므로 자신의 자본을 고려하여 인수 업체를 선택하는 것도 하나의 방법이 될 수 있습니다.

만일 그런 사이트를 인수한다면, 음,... 그런 사이트를 인수하는 것조차 초보자는 거의 불가능한 일입니다.

왜냐하면 그런 쇼핑몰 사이트를 구축하기 위해서는 서버 프로그래밍을 그냥 아는 정도가 아니라 완전 전문가 수준의 실력이 있어야 하며 서버도 구축해야 하고, 서버를 구축하지 않더라도 서버를 임대하는 웹호스팅 업체를 이용하면 되므로 이것은 상관이 없다 하더라도 인수한 쇼핑몰을 자신의 사업에 맞는 쇼핑몰로 바꾸는 것이나 상품을 수정 하는 등의 작업 또한 초보자는 불가능하기 때문입니다.

따라서 쇼핑몰로 구축된 사이트를 단돈 몇 백만원의 저렴한 가격으로 인수 할 수 있다 하더라도 일단 컴퓨터 실력이 어느정도 있고, 쇼핑몰에 대한 이해가 우선해야 가능하므로 여러분이 아직 초보자라면 이 책을 끝까지 읽고 공부를 하여 인터넷 쇼핑몰에 대한 이해가 완전히 되었을 때 고려하시기 바랍니다.

그렇게 매매되는 쇼핑몰의 성격상 가격이 저렴한 쇼핑몰은 가격이 저렴한 것은 다 이유가 있는 것입니다.

거의 손을 안 대고 그냥 상품 촬영해서 올리기만 하면 판매가 되는 그런 사이트의 경우 최소한 수 천 만원에서 수억을 훗가하므로 그리 만만한 것이 아닙니다.

그러나 돈이라는 것은 컴퓨터를 아주 잘 하는 사람은 아이러니하게도 돈을 잘 벌지 못 합니다.

오히려 컴퓨터 실력은 떨어지더라도 그런 사이트를 헐 값에 인수하여 기가 막히게 운영을 잘 해서 단숨에 거액의 매출을 올리는 사례도 있으니까요..

필자 역시 컴퓨터 자격증이 약 10 여 개나 되며 옥션, PC 119가 생기기도 무려 10여 년 전부터 쇼핑몰을 운영 해 왔지만, 아직까지도 개인 사업자를 벗어나지 못하고 있습니다.

따라서 컴퓨터 실력과 인터넷 쇼핑몰을 운영하여 돈을 버는 것은 거의 별개의 문제라고 할 수 있습니다.

컴퓨터 실력은 다소 떨어지더라도 이 책으로 공부를 하여 성공적으로 인터넷 쇼핑몰 창업을 하고 기가 막히는 홍보 전략으로 일약 매출을 급상승시켜서 단숨에 중견 쇼핑몰 사업자로 올라서는 사람도 있다는 것을 아시기 바랍니다.

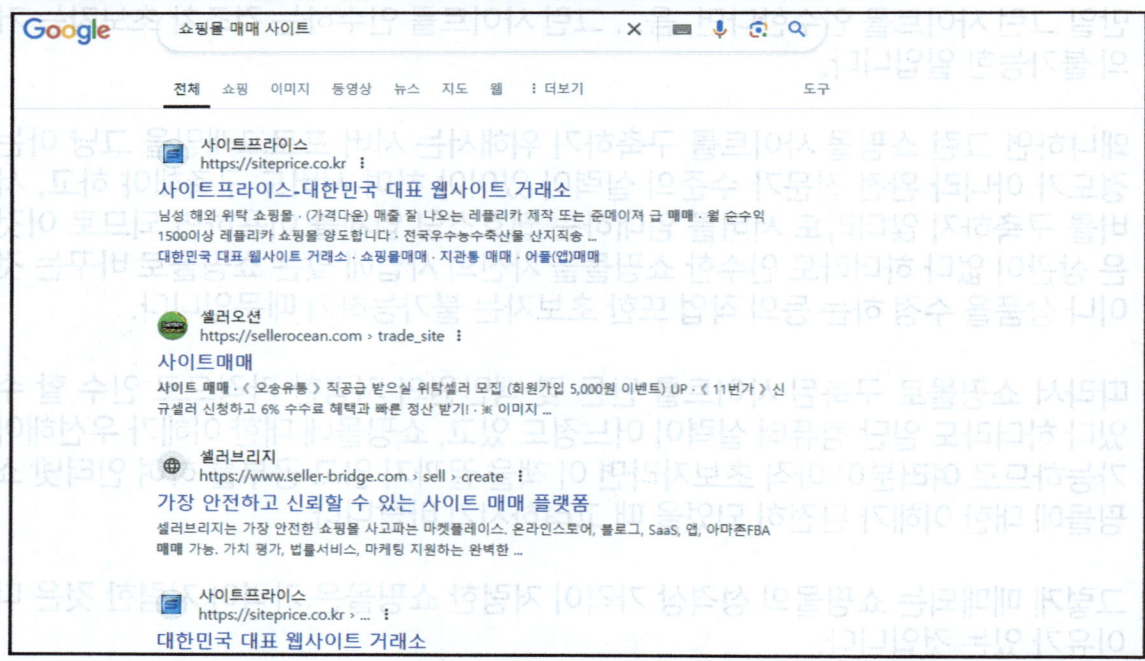

제1장 홈페이지 구축

제1절 홈페이지/서버

여러분이 실제로 웹프로그래밍 공부를 하여 쇼핑몰 홈페이지를 구축하려고 한다면 대학교 4년 전공을 해야 할 정도로 어렵습니다.
따라서 이 책은 그런 전문적인 웹프로그래밍 서적이 아니기 때문에 필자가 필자의 홈페이지를 구축한 것을 모델로 컴퓨터로 타자 치는 정도의 실력만 있어도 홈페이지를 구축하는 방법을 알려 드리겠습니다.

이렇게 홈페이지를 구축 할 경우 자신의 홈페이지에서 상품을 판매하기는 곤란합니다.
물론 현금으로 입금을 받는 형식으로 판매를 할 수는 있지만, 그런 사이트에서는 판매가 제대로 이루어질 수 없습니다.
또 물론 자신의 홈페이지에 결제 시스템을 구축하여 카드 결제 등을 할 수 있게 할 수도 있지만, 이렇게 할 경우 전문적인 마켓에 비하여 뒤지는 사이트가 되기 때문에 판매가 많이 이루어지기가 어렵습니다.

필자는 옛날에는 필자의 서버에 필자의 쇼핑몰 페이지를 직접 만들어서 운영하기도 했습니다만, 보통 서버는 방문객 수에 따라 천차만별 비용 차이가 발생을 하며 방문자가 많아지면 당연히 판매량이 늘어나지만, 방문자가 많아지면 사이트에 트래픽이 걸려서 웹 서버 비용이 폭발적으로 증가하게 됩니다.

물론 이렇게 되기까지는 일 방문객 수가 대략 3,000명을 기준으로 일 방문자가 적을 때는 별 문제가 없지만, 일 방문자가 3,000명이 넘어가면 상당한 비용을 부담해야 하며 그래서 결국은 웹 호스팅을 받게 되는 것입니다.

웹 호스팅이란 개인이 서버를 구축하는 것이 어렵기 때문에 서버를 빌려주는 대형 웹 호스팅 업체에 가입하여 일정액의 사용료를 내고 서버의 일부를 임대해서 사용하는 것을 말합니다.

이렇게 할 경우 개인 쇼핑몰 사업자는 서 비용을 들이지 않고 적은 비용으로 서버를 이용할 수 있으며 웹 호스팅 업체는 웹 서버 임대료를 받고 웹 서버의 보안 및 안정적인 운영을 책임지게 됩니다.

(1) 웹 호스팅/카페24(Cafe24)

국내에는 웹 호스팅 업체가 여럿 존재하며 필자는 예전에는 2군데 이상의 호스팅 업체에서 웹 호스팅을 받았지만, 지금은 카페24 한 군데만 이용하며 카페24는 국내에서 가장 큰 대형 호스팅 업체이며 종업원 수만 수 천 명에 달하는 초대형 웹 호스팅 업체입니다.

이렇게 직원들이 많은 카페24이기 때문에 24시간 년중 무휴로 서비스를 받을 수 있으며 긴급 사태 발생시 1:1 문의, 긴급 문의 등을 게시판에 올리면 거의 즉시 답변 및 도움을 받을 수 있습니다.

제목	글쓴이	작성일
메일 주의 안내	카페24호스팅	2023-12-28 16:09:53
예방 안내	카페24호스팅	2020-06-25 10:57:52
erver 2008 지원 종료 및 업그레이드 권고	카페24호스팅	2019-10-07 09:36:05
넷 자기게시물 접근배제요청권 가이드라인	카페24호스팅	2016-06-17 11:59:38
쇼핑몰 호스팅사업자 상호 표시 의무 안내	카페24호스팅	2012-08-29 13:03:59
.	dreamhouse8	2023-03-10 06:45:26
의입니다.	카페24호스팅	2023-03-10 10:07:49
의에 대한 재 문으입니다.	dreamhouse8	2023-03-10 12:41:34
이전 문의에 대한 재 문으입니다.	카페24호스팅	2023-03-10 13:14:22
리중	dreamhouse8	2021-03-08 14:10:24

위는 필자가 지난 2023년 3월 10일 문의글을 올렸는데 2시간 후에 답변이 달린 것을 볼 수 있습니다.

이런 식으로 카페24에서는 거의 즉시 답변이 이루어지고 기술 지원이 필요할 경우 기술 지원까지 받을 수 있으며 이렇게 신속한 지원이 이루어지는 사이트는 카페24가 유일합니다.

직원이 수 천 명에 이르기 때문에 가능한 일이고요, 다만 카페24에서는 아이디가 복잡하다기 보다는 카페24의 아이디 정책을 제대로 이해 해야 합니다.

(2) 카페24 아이디 정책

카페24에 아직 가입하지 않으신 분들은 지금 설명을 먼저 읽으시고 완전히 이해를 한 다음에 가입하시기 바랍니다.

필자는 예전에는 카페24 아이디가 약 10개 정도 있었고요, 지금은 딱 3개만 가지고 있고요, 이 중에서 맨 처음 가입할 때 만든 아이디는 부(父) 아이디로 카페24에 가입하여 탈퇴할 때까지 변함없이 유지되는 불변의 아이디입니다.

그리고 이렇게 맨 처음 가입 할 때 만든 최초의 아이디, 즉, 부(父) 아이디 밑에 자(子) 아이디는 제한없이 여러 개 만들 수 있습니다.

그래서 필자는 옛날에는(필자는 카페24 거의 원년 멤버이며 무려 수십 년 동안 이용하고 있습니다.) 필자의 카페24 아이디가 무려 약 10개나 되었고요, 이렇게 된 이유가 있습니다.

여러분도 이렇게 될 수 있으므로 지금 설명을 꼼꼼하게 잘 읽으시기 바랍니다.

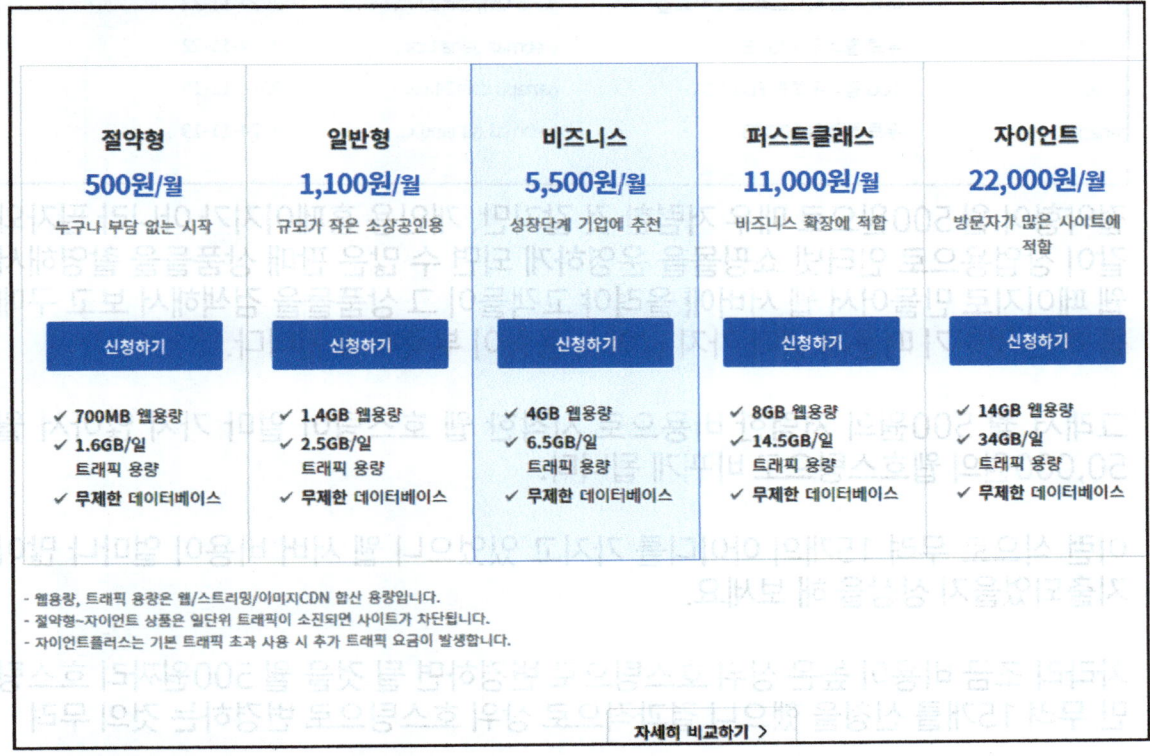

앞의 화면 웹 호스팅 비용이 가장 저렴한 절약형의 경우 월 500원입니다.

이 가격은 필자가 카페24에 처음 가입하여 맨 처음 웹 호스팅을 받을 때의 가격과 동일하고요, 수십 년이 지났어도 여전히 동일하게 월 500원의 사용료로 이용할 수 있습니다만, 이것이 함정입니다.

한달에 500원, 1년이라야 겨우 6,000원이므로 처음에는 이렇게 가입했다가 점점 용량 부족에 월 이용료가 비싼 서비스를 신청하지 않고 자꾸만 월 500원의 절약형만 신청을 해서 여러 개의 아이디를 갖게 된 것이고요, 지금 보니 약 10개가 아니라 무려 15개의 아이디가 있었네요..

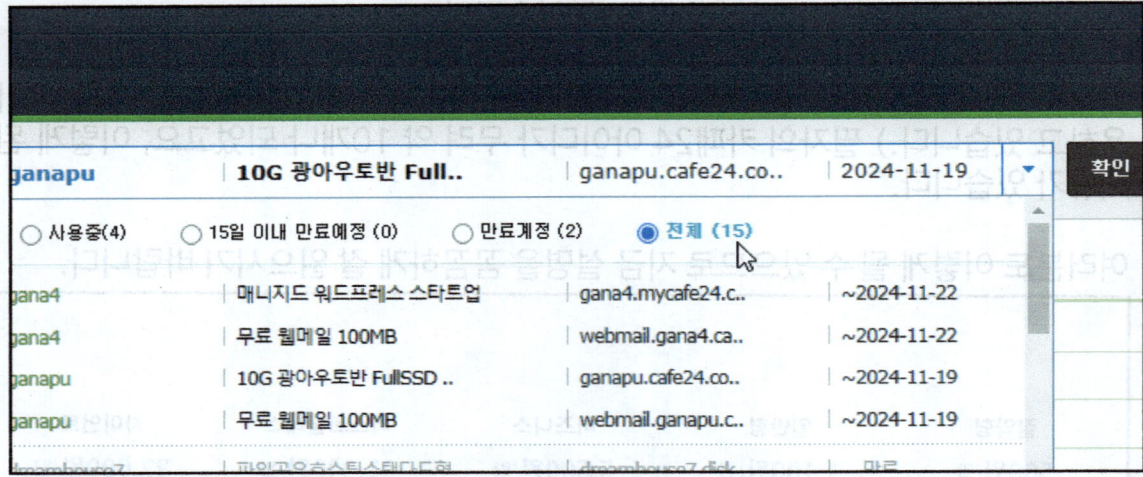

절약형이 월 500원으로 매우 저렴한 것 같지만, 개인용 홈페이지가 아니라 필자와 같이 상업용으로 인터넷 쇼핑몰을 운영하게 되면 수 많은 판매 상품들을 촬영해서 웹 페이지로 만들어서 웹 서버에 올려야 고객들이 그 상품들을 검색해서 보고 구매를 하는 것이기 때문에 얼마 가지 않아서 용량이 부족하게 됩니다.

그래서 월 500원의 저렴한 비용으로 시작한 웹 호스팅이 얼마 가지 않아서 월 50,000원의 웹호스팅으로 바뀌게 됩니다.

이런 식으로 무려 15개의 아이디를 가지고 있었으니 웹 서버 비용이 얼마나 많이 지출되었을지 상상을 해 보세요.

차라리 조금 비용이 높은 상위 호스팅으로 변경하면 될 것을 월 500원짜리 호스팅만 무려 15개를 신청을 했으니 결과적으로 상위 호스팅으로 변경하는 것의 무려 몇 곱절이나 되는 훨씬 많은 비용을 내고 서버를 이용하는 결과가 된 것입니다.
그래서 다시 몇 년 동안 심혈을 기울여서 모든 서버에 올라가 있는 상품들을 하나씩 상위 웹 호스팅을 받는 서버로 옮기고 필요 없는 서버를 하나씩 사용 중지를 하는 방법으로 결국 지금은 부 아이디 하나에 자 아이디 2개로 전체적으로 3개의 아이디만 가지고 있고요, 필자의 경우 부 아이디는 아이디만 있을 뿐 호스팅을 받지 않고 2개의 아이디만 호스팅을 받기 때문에 실제로 웹 서버로 사용되는 서버는 2개이고요, 이렇게 15개의 아이디를 2개로 줄이는데 무려 몇 년의 세월이 걸렸습니다.

말은 이렇게 쉽게 설명을 했지만, 그 과정은 죽음과도 같았습니다.
왜냐하면 필자와 같이 인터넷 쇼핑몰을 운영하게 되면 하나의 상품이라도 필자가 판매하는 모든 사이트에 각자 도생으로 모두 따로 따로 올려야 하며 이렇게 판매 사이트에 올린 상품들은 그 판매 사이트에 올리는 것이 아니라 바로 카페24에 있는 필자의 서버에 올리고 그 상품 주소를 링크하는 것이기 때문에 필자의 서버 주소가 바뀌면 모든 사이트에 올라가 있는 상품들의 웹서버 주소를 바꿔야 하기 때문에 상품 하나 수정하는데도 자칫하면 한 시간, 한 나절, 혹은 하루가 걸리게 됩니다.

그래서 필자의 카페24 아이디가 무려 15개나 되는 것을 2개로 줄이는데 몇 년의 세월이 걸린 것입니다.

여러분들이 제대로 이해를 하셨는지 모르겠습니다만, 이해가 안 되신다면 몇 번을 읽어서라도 이해를 하셔서 저와 같이 카페 24 아이디를 여러 개 만드는 우를 범하지 않으시기 바랍니다.

지금 설명하는 내용과 뒤에 가서 설명하는 웹에디터 프로그램, 웹서버, 도메인, 도메인 포워딩 등은 연관된 내용들이지만, 필자가 여러가지를 고려하여 이렇게 집필을 하는 것이므로 카페 24 가입 역시 뒤로 미루실 분들은 이 책을 마스터 하신 후에 가입하는 것이 좋다고 하겠습니다.

어차피 인터넷 쇼핑몰을 자신이 직접 운영하기 위해서는 이 책의 처음부터 끝까지 완전히 마스터를 해야 가능하기 때문입니다.

특히 제품 촬영, 상품 편집, 웹서버에 업로드 등의 작업은 하나의 분야만 하더라도 책 한 권씩 써야 하는 방대한 분량입니다.

(3) 구글사이트

지금까지의 설명을 어느정도 이해를 하셨다면 자신의 홈페이지를 구축하는 것도 이해를 하셨을 것입니다.

물론 개인 자격으로 개인 홈페이지 용량을 무료로 주는 사이트도 있으므로 지금 현재 자신의 개인 홈페이지를 가지고 있는 분들도 있을 것입니다.

그러나 이제는 인터넷 쇼핑몰 사업자이므로 그런 무료 개인 홈페이지가 아닌 보다 전문적인 홈페이지가 필요하게 됩니다.

그래서 이번 장에서는 필자의 홈페이지를 구축한 구글사이트를 소개합니다.

예를 들어 카페24에 가입하여 유료 호스팅을 받게 되면 자신의 웹 서버 공간이 생기지만, 그 순간부터 웹 서버 임대료가 발생하게 되며 파일은 곧 돈이라는 것을 금방 알게 됩니다.

그래서 자신의 웹 서버가 있어도 함부로 파일을 올리지 못 합니다.
파일은 곧 돈이기 때문입니다.

그래서 필자도 카페24에 있는 필자의 서버에 홈페이지를 구축했다가 다시 무료로 사용할 수 있는 구글사이트에 홈페이지를 구축한 것입니다.

구글을 모르는 사람은 없을 것입니다.
구글은 미국의 메타에서 운영하는 일종의 포털이고요, 우리나라의 네이버도 국내 최대 포털이지만, 미국의 메타에서 운영하는 구글에 비해서는 그야말로 개미 뒷다리에 붙어 있는 먼지같은 존재라고 할 수 있습니다.

구글은 이 정도로 거대한 기업이고요, 아마도 구글에서는 전세계 100억 인구 한 명당 최소한 100만원 이상 투자하는 어마무시한 기업이라고 보시면 됩니다.

그래서 필자는 구글드라이브도 따로 100Gb의 용량을 유료로 사용하고 있고요, 구글 사이트에 가입하면 기본으로 15Gb를 무료로 줍니다.

이렇게 무료로 제공 받는 15Gb 용량 한도 내에서 자신의 홈페이지를 구축하고 만일 용량이 부족하면 필자와 같이 유료로 추가 용량을 구매해야 합니다만, 실제로는 필자와 같이 수 천 종의 많은 상품을 판매하더라도 기본적으로 상품 = 상품 이미지 = 상품 데이터는 어떠한 경우에도 여러분이 카페24에 가입하여 카페24의 웹호스팅을 받을 경우 카페24에 있는 자신의 서버에 올리는 것입니다.

지금 설명하는 구글 드라이브 혹은 앞으로 설명하는 여러 오픈 마켓 등의 수 많은 마켓에 상품을 올리더라도 카페24에 있는 자신의 서버에 상품을 올리고 이 상품의 주소를 링크만 하는 것이기 때문에 지금 설명하는 구글 드라이브 혹은 여러 마켓 등에서는 수 많은 판매자들을 모집하여 판매를 하더라도 그 업체들의 서버에는 그리 큰 부담을 주지 않는 것입니다.

그래서 구글드라이브에 홈페이지를 구축하더라도 상품 이미지 = 상품 데이터는 자신의 카페24 서버에 있기 때문에 구글드라이브의 용량은 거의 차지하지 않는 것입니다.

다만 필자는 헤일 수 없이 많은 저서가 있으므로 수 많은 저서들의 절대로 사라지면 안 되는 자료들, 기타 필자가 사용하는 파일 중에서 중요한 파일들은 구글드라이브 100Gb를 유료로 사용하므로 이곳에 업로드를 해서 보관을 하는 것입니다.

예를 들어 우리나라의 네이버는 국내 최대 토종 포털로 저 유명한 야후를 몰아내고 토종 포털로 우뚝 섰고요, 사실상 국내 1위 사이트이지만, 이런 네이버도 가끔씩 오류가 나고 가끔씩 서버 정비를 한다고 사이트가 일시 닫히는 경우가 있습니다.

그러나 구글은 필자가 구글에 가입한 것은 그야말로 구글 원년 멤버라고 할 정도로 무려 수십 년이 되었지만, 지난 수십 년 동안 구글에서 오류가 난 적은 단 한 번도 없고요, 사이트 점검을 한다고 사이트가 멈춘 적도 단 한 번도 없는 어마무시한 전 세계 유일의 초일류, 초대형 기업입니다.

필자는 네이버도 거의 원년 멤버이므로 그야말로 무려 수십 년 동안 네이버를 사용해 왔으며 네이버에 있는 필자의 블로그에는 무려 6,000 여 개의 엄청난 포스트가 있지만, 여기에 올린 자료가 수시로 사라지곤 합니다.

그러나 구글에 올린 자료는 무려 수십 년 전에 올린 자료도 지금까지 단 한번도 오류가 나거나 사라진 적이 없고요, 앞으로 지구가 흥하더라도 구글 때문이요, 망하더라도 구글 때문이라고 할 수 있습니다.

또한 이 책에서도 뒤에 가서 다루게 되는 유튜브도 구글, 즉 메타에서 운영하는 사이트요 동영상 플랫폼입니다.

그래서 필자는 구글에 필자의 목숨을 맡겨 놓았습니다.
필자의 모든 정보를 모조리 구글에 올려놓고 관리하고 있으며 PC는 물론 스마트폰에서도 필자의 모든 정보를 동기화해 놓고 있습니다.

그래서 혹시 스마트폰이 바뀌더라도 구글에 백업되어 있는 필자가 지금까지 사용하던 스마트폰 데이터를 그대로 복제를 하여 즉시 예전에 사용하던 스마트폰과 똑같이 사용할 수 있기도 합니다.

각설하고 이렇게 구글사이트를 이용하기 위해서는 구글사이트에 로그인을 해야 합니다.
구글 웹 브라우저에서 '구글사이트로그인' 을 검색합니다.

필자는 젊은 시절 직업 학교에서 고3 직업반 담임을 무려 약 5년 정도 했고요, 학생 및 일반인은 물론 초중고교 선생님들까지 가르쳤는데요, 당시 필자가 가르치던 어떤 여성 한 분은 자신의 개인 정보 노출을 우려하여 어떠한 사이트에도 가입을 거부하는 것을 보았습니다만, 현대인으로서 이래가지고는 안 됩니다.

사기 사이트야 당연히 가입하면 안 되겠지만, 구글, 네이버, 정부 기관 등에 접속하면서 회원 가입을 하지 않는 것은 현대인으로 살기를 포기하는 것입니다.

여러분도 당연히 구글에 가입을 해서 로그인을 해야 구글사이트 혹은 구글 드라이브를 이용할 수 있는 것입니다.

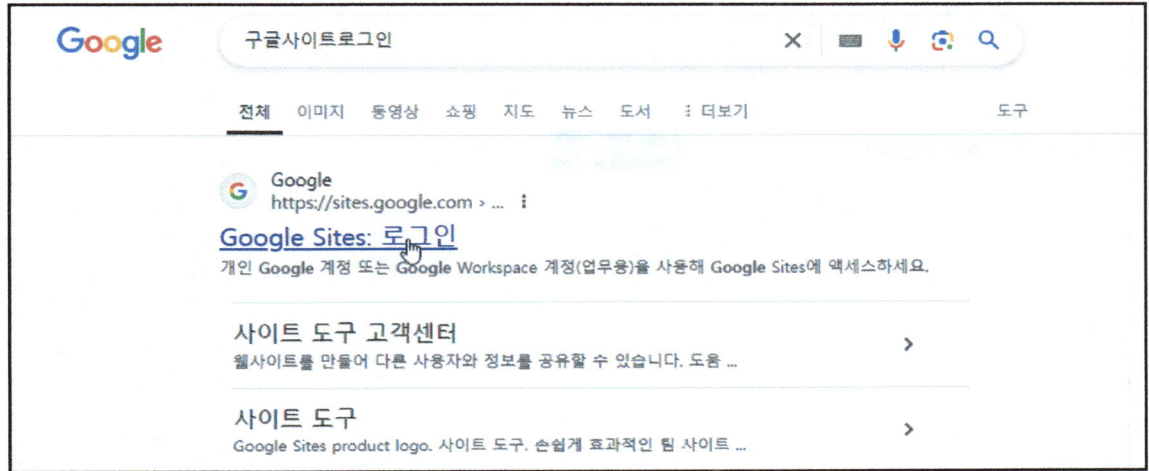

위의 검색 결과에서 손가락이 가리키는 링크를 클릭합니다.

필자는 이미 여러 개의 화면을 만들어 놓았고요, 앞의 화면 손가락이 가리키는 화면이 바로 필자의 홈페이지 초기 화면입니다.

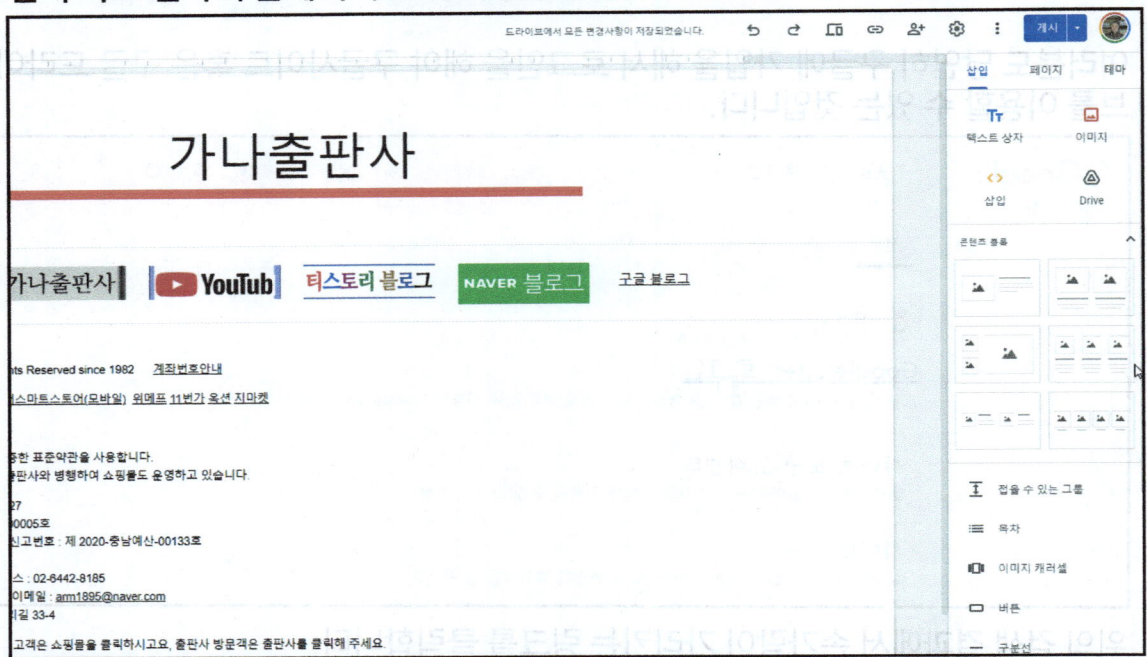

위의 화면은 여러분들이 보는 필자의 홈페이지 화면이 아니라 필자가 필자의 홈페이지를 수정할 수 있는 관리자 화면이며 화면 우측에 화면을 꾸밀 수 있는 메뉴들로 구성되어 있습니다.

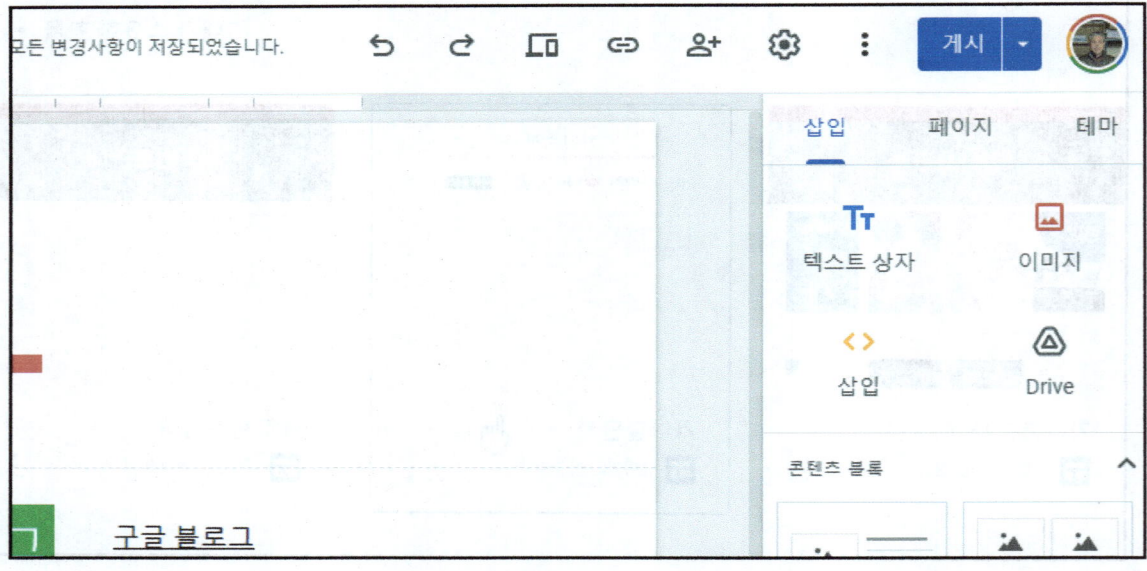

여러분이 아직 아무것도 만들지 않은 상태라면 여러분의 머리를 째 내어 화면을 구상하고 여러분만의 독특한 화면으로 구성하여 홈페이지를 만들면 됩니다.

그리고 화면 우측 상단 [게시]를 클릭하면 우선 수정된 화면이 미리보기 되어 나타나고요, 또 다시 [게시]를 클릭하면 다른 사람들이 보는 페이지로 수정됩니다.

만일 새로운 페이지를 추가하고 싶다면 위의 화면에서 [페이지]탭에서 [홈]우측 손가락이 가리키는 점 3개를 클릭하고 하위 페이지를 만들 수도 있고요,..

완전히 새로운 페이지를 만들고 싶다면 다음 화면에 보이는 것과 같이 화면 우측 하단 + 기호를 클릭하여 새로운 페이지를 만들면 됩니다.

필자는 이런 식으로 [쇼핑몰], [출판사], [필자의 유튜브 채널], 그리고 필자의 네이버 블로그, 구글 블로그, 티스토리 블로그 등의 페이지를 만들어서 메인 홈 화면의 메뉴에 링크를 하여 홈페이지를 구성한 것입니다.
예를 들어 필자의 홈페이지 메인 화면에서 [출판사]를 클릭하면 출판사 페이지가 뜨도록 링크를 하였습니다.

위의 구글사이트 필자의 홈페이지 메인 화면 메뉴 중에서 위의 [가나출판사]를 클릭하면 여기에 해당되는 메뉴가 나타납니다.

위의 화면에서 링크를 수정하거나 다른 링크를 넣을 수 있고요, 만일 위에 보이는 메뉴 외에 더 많은 메뉴를 보고 싶다면 위의 손가락이 가리키는 점 3개를 클릭하면 다음 화면에 보이는 추가 메뉴가 나타납니다.

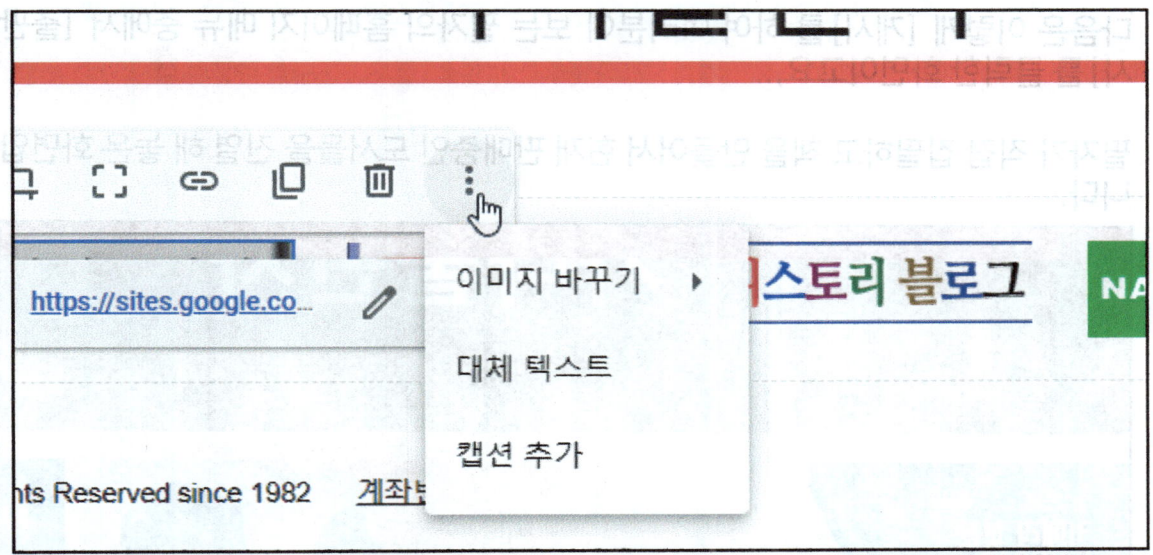

위의 화면에서 링크를 수정하거나 다른 링크를 넣을 수 있고요, 화면에 보이는 이미지를 바꿀 수도 있습니다.

위의 화면 좌측 상단 손가락이 가리키는 [사이트 도구]를 클릭하면 다시 구글사이트 초기 화면으로 돌아가서 구글 사이트에 만들어 놓은 모든 페이지가 보입니다.

여기서 원하는 페이지만 또 다시 수정할 수 있으며 매 페이지 수정을 하고 [게시]를 클릭하거나 미리보기를 하고 또 다시 [게시]를 클릭하여 페이지를 완전히 수정 완료할 수 있습니다.

다음은 이렇게 [게시]를 하여 여러분이 보는 필자의 홈페이지 메뉴 중에서 [출판사]를 클릭한 화면이고요,..

필자가 직접 집필하고 책을 만들어서 현재 판매중인 도서들을 진열 해 놓은 화면입니다.

위의 화면에는 필자가 현재 판매 중인 모든 도서를 볼 수 있고요, 이 중에서 하나의 도서를 클릭하면 다음 화면이 나타나는데요, 여기서 해당 도서를 직접 구입할 수 있는 쇼핑몰 사이트가 열리게 됩니다.

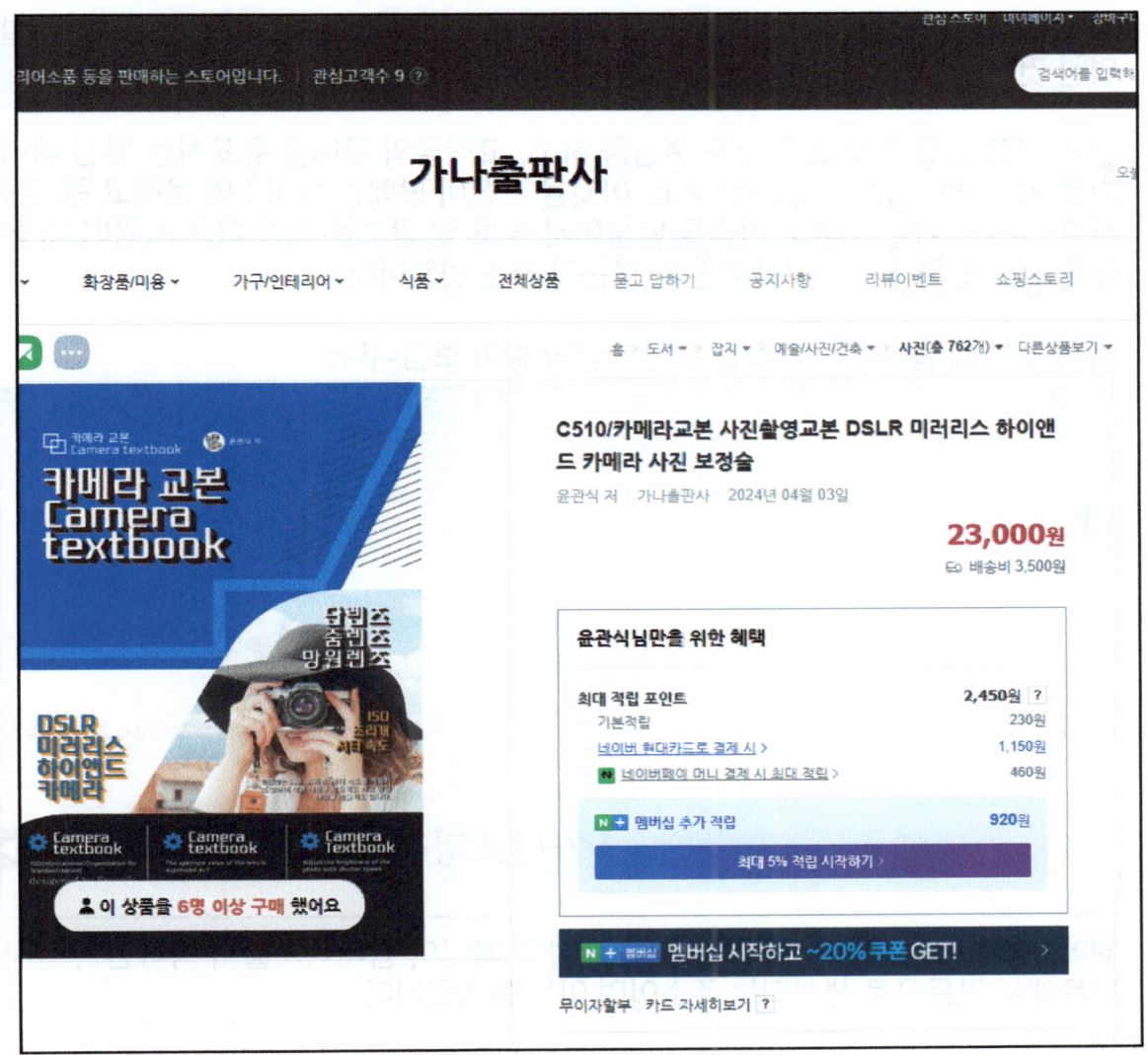

위의 화면은 네이버에서 운영하는 [네이버스마트스토어]에 올린 상품 페이지가 보이는 것이며 이런 식으로 필자의 홈페이지에 직접 결제 시스템을 도입하여 판매를 하는 것이 아니라 필자의 홈페이지에서는 이런 식으로 상품 페이지를 링크를 하고 이 링크를 클릭하면 위의 실제 판매 사이트로 연결되게 해 놓았고요, 여기서 다른 사람들이 구입할 수 있게 만든 것입니다.

이 때 위의 화면에 보이는 상품 페이지는 네이버스마트스토어에 있는 것이 아니라 바로 필자가 웹호스팅을 받는 카페24에 있는 필자의 서버에 업로드한 상품 페이지가 보이는 것입니다.

제대로 이해를 하셨는지 모르겠습니다만, 제대로 이해를 하셨다 하더라도 지금 설명한 것은 그냥 개념을 설명한 것일 뿐입니다.

먼저 제품 촬영을 하고 이것을 편집을 하고, 고객들의 구매를 유도하는 멋진 페이지로 만들어서 업로드를 해야 하고, 이것을 자신이 판매할 사이트에 올리고 링크를 하고 그리고 기발한 홍보 전략을 만들어서 홍보 및 광고를 해야 다른 사람이 내 상품을 보고 클릭해서 구매를 하든지 보든지 하는 것입니다.

이 때 필자의 홈페이지 주소를 보면 다음과 같이 보입니다.

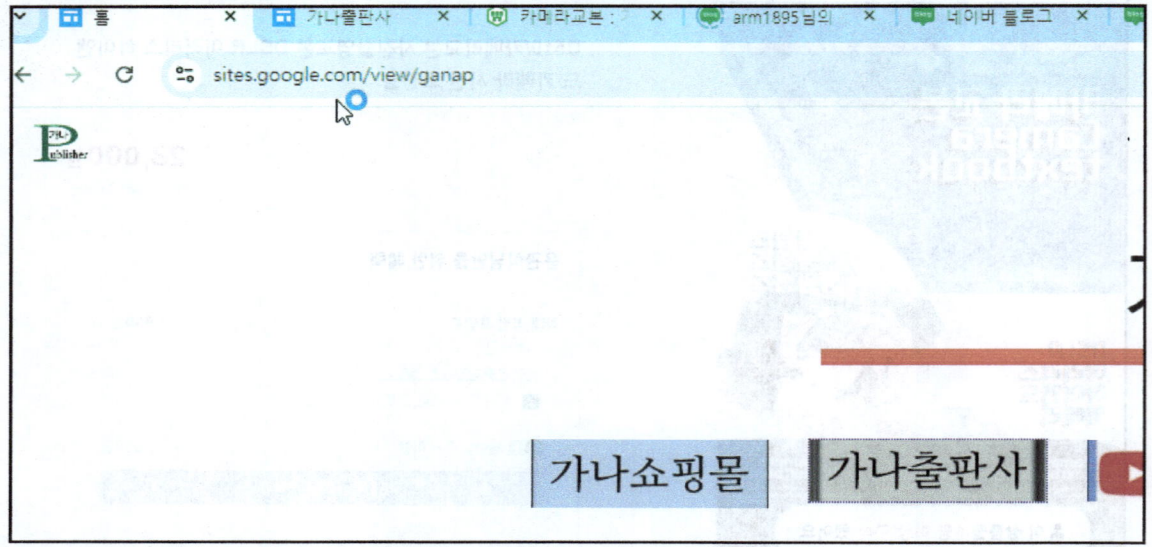

위에 보이는 주소는 구글사이트에 가입하고 자신의 홈페이지를 구축하면 구글사이트에서 자동으로 생성되는 주소이며 이는 불변입니다.

아직은 여러분이 이해를 못 하시는, 도메인 포워딩을 해도 바뀌지 않는 주소라는 뜻입니다.

그런데 위의 주소를 직접 타자를 해서 필자의 홈페이지, 혹은 여러분의 홈페이지를 찾아 올 사람은 아무도 없다는 점입니다.

자신의 홈페이지라도, 필자 역시 필자의 홈페이지를 위의 주소를 입력하여 들어가지는 않습니다.
그래서 도메인이 있어야 하는 것입니다.

제 2 절 도메인

(1) ip Address

여러분이 필자의 홈페이지는 도대체 어떻게 찾아 올 수 있는 것일까요?
자신의 집에 소포 혹은 택배가 오는 원리를 생각해 봅시다.

자신의 집에 마지막 번지수, 지금은 도로명 주소와 건물명이 있기 때문에 우편물이나 택배가 오는 것입니다.

그런데 인터넷이라는 가상 공간에는 무수히 많은 컴퓨터가 있으며, 역시 무수히 많은 웹서버가 있습니다.

이렇게 많은 컴퓨터 중에서 여러분이 사용하는 컴퓨터에만 할당된 고유한 주소가 있기 때문에 여러분에게 이메일도 오고 웹 서핑을 하고 인터넷으로 주문을 하면 택배로 배달되는 것입니다.

이렇게 컴퓨터에 부여된 주소를 ip Address 줄여서 IP 라고 부릅니다.

여러분 컴퓨터의 IP 주소를 한 번 살펴 볼까요?
윈도우즈 바탕 화면 [시작]클릭하고 CMD 입력하고 [관리자 권한으로 실행]을 클릭합니다.

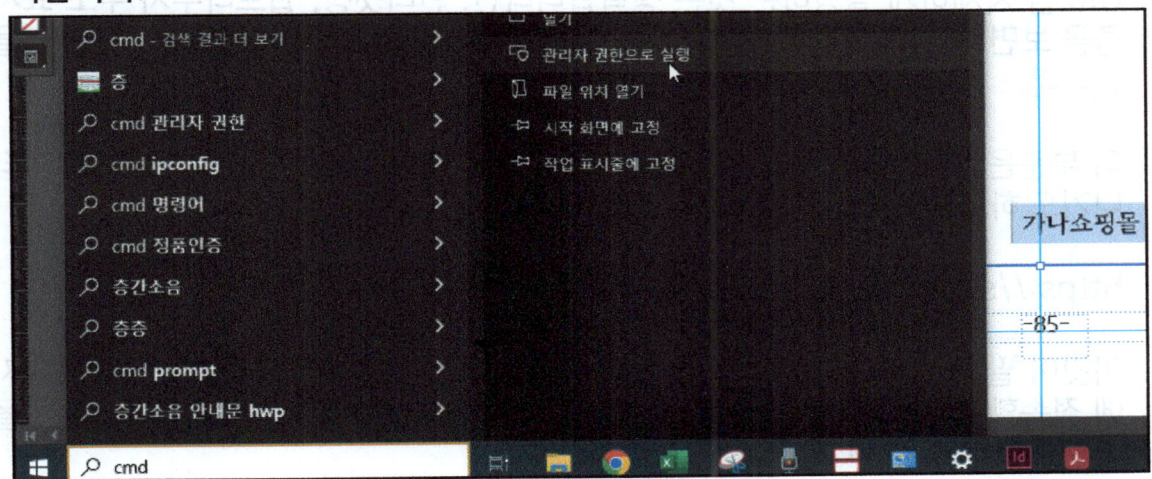

다음 화면에 보이는 도스 창이 나타나며 여기에 ipconfig 를 입력하고 엔터를 치면 다음 화면에 보이는 것과 같이 자신의 컴퓨터의 IP Address 가 보입니다.
(아래 화면에 보이는 192.168.0.58 이 필자의 컴퓨터의 IP 주소입니다.)

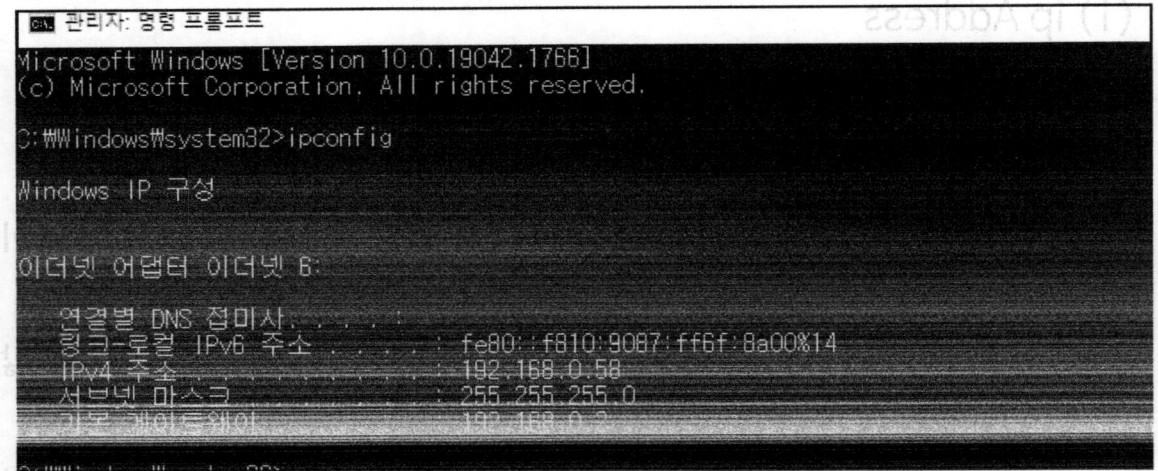

여기서는 네트워크 전문 서적이 아니기 때문에 주소 체계, 2진수, 16진수 등에 대해서는 생략합니다만, 이 주소가 있기 때문에 전세계의 수 많은 컴퓨터들이 모두 식별되고 어떠한 사람에게도 이메일을 보내고 받을 수 있는 것입니다.

그러나 실제로는 IP Address는 사용자가 이 주소를 입력해서 접속하는 것이 아니라 컴퓨터간에 데이터를 주고 받는 주소이고요, 실제로는 컴퓨터 사용자는 URL을 입력해서 접속합니다.

URL을 자세하게 설명하는 것은 생략합니다만, 인터넷창, 웹브라우저 주소 표시줄을 보면 웹 사이트 주소 맨 앞에 http:// 혹은 https:// 이렇게 보이는 것이 있을 겁니다.

이 부분은 생략되어 나타나지 않다가 주소에 마우스를 가져가거나 클릭하면 나타나기도 하고요, 앞에서 본 필자의 홈페이지 url 은 다음과 같습니다.

https://sites.google.com/view/ganap

이것이 필자의 홈페이지 주소 즉, URL이며 이 주소를 입력해야 필자의 홈페이지에 접속할 수 있지만, 실제로는 이 주소를 직접 타자를 쳐서 필자의 홈페이지에 올 사람은 아무도 없습니다.

(2) 도메인

그래서 또 도메인(Domain)이 필요한 것입니다.
점점 더 복잡해 지는 것 같지만, 이제 시작에 불과합니다.

필자의 도메인은 '가나출판사.kr' 과 '가나출판사.com' 이렇게 2개의 도메인을 가지고 있고요, 앞에서 설명한 ip 주소는 숫자로만 구성되어 있기 때문에 쉽게 기억하기 어렵지만, 컴퓨터는 컴퓨터이기 때문에 어떠한 양식만 알려주면 그야말로 번개와 같은 속도로 작동을 하고요, 사람은 인간이기 때문에 또 앞에서 설명한 URL을 직접 입력해서 원하는 사이트에 접속할 수 있지만, 사실상 불가능합니다.

그래서 도메인이라는 것이 생겨난 것이며, 도메인은 돈을 주고 사야 하며 매년 혹은 2년 단위로 계속 돈을 내야 그 도메인이 유지됩니다.

필자와 같이 이런 도메인을 돈을 주고 구입하는 이유는 앞에서 설명한 url을 직접 입력해서 필자의 홈페이지에 올 사람은 아무도 없기 때문에 도메인을 구입하는 것이며 웹브라우저 주소표시줄에 필자의 도메인을 입력하고 엔터를 치면 필자의 복잡한 URL을 대신하여 필자의 홈페이지에 접속되는 것입니다.

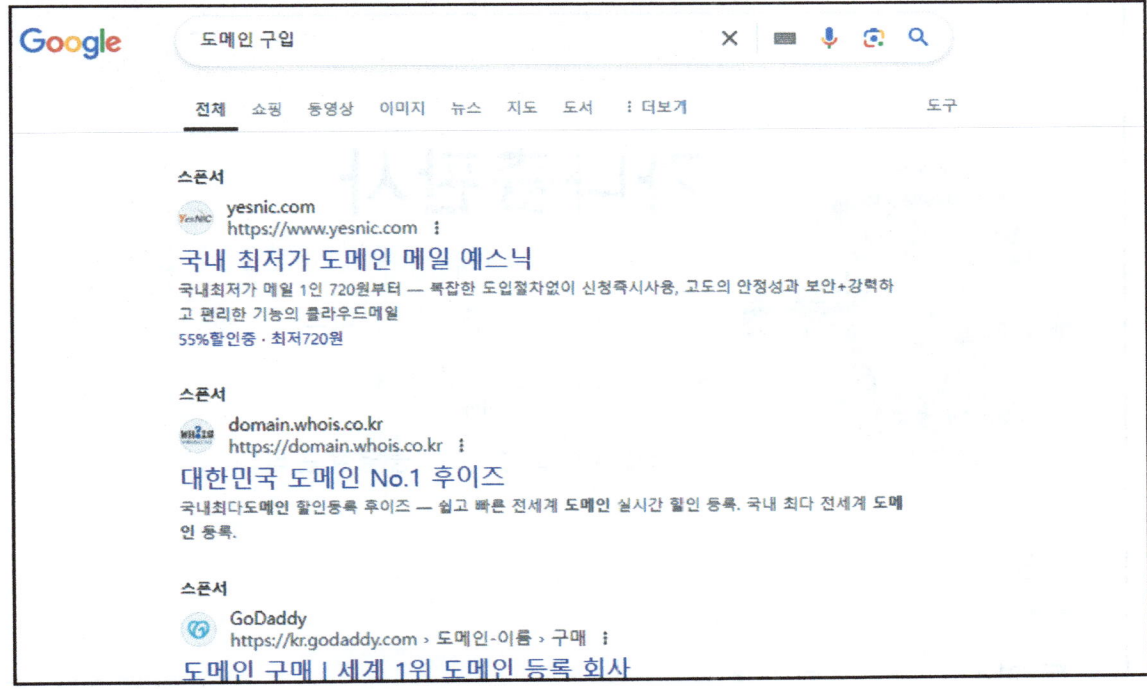

도메인은 ICANN(국제 인터넷 주소 관리 기구)에서 관리되고 각 국가별 도메인은 당연히 해당 국가에서 관리하며 우리나라의 경우 한국인터넷진흥원에서 관리하고 도메인 등록 대행사에서 도메인을 판매 및 관리를 하고 있습니다.

필자는 웹호스팅 업체인 닷홈과 카페24, 이렇게 2군데에서 2개의 도메인을 구입했고요, 필자가 이렇게 2개의 도메인을 구입한 것은 필자의 상호 가나출판사 라는 상호를 다른 사람이 사용하지 못하도록(도메인만 사용하지 못하도록 하는 것이고요, 실제로 가나출판사라는 상호는 전국적으로 헤일 수 없이 많습니다.)하기 위함입니다.

즉, 필자와 같은 상호를 사용하는 전국의 수 많은 동일한 이름의 가나출판사가 여럿 존재하더라도 필자가 구입한 가나출판사.kr 과 가나출판사.com 이라는 도메인은 오로지 필자 혼자만 사용하는 도메인이므로 웹브라우저 주소표시줄에 이 도메인을 입력하고 엔터를 치면 오로지 필자의 홈페이지만 뜨는 것입니다.

그러나 실제로는 필자의 도메인을 웹브라우저 주소표시줄에 입력하고 엔터를 쳐도 필자의 홈페이지가 뜨지 않는 경우도 있습니다.

윈도우즈 운영체제를 업그레이드를 하지 않는 등 보안이 취약한 PC의 경우 구글 크롬 웹브라우저에서 보안상 접속을 허용하지 않기 때문입니다.

그래서 필자의 홈페이지에 오는 가장 쉬운 방법은 유튜브에서 가나출판사 검색하여 동그라미 속에 들어 있는 필자의 얼굴을 클릭하여 필자의 [유튜브 채널]에 접속하여 필자의 유튜브 채널에서 필자의 얼굴 밑에 있는 필자의 홈페이지 링크를 클릭하는 것이 가장 쉽고 확실한 방법입니다.

뒤에 가서 유튜브 관련 단원에서 다시 자세하게 다루겠습니다만, 지금 설명을 이해하신 분이라면 따로 돈을 내고 도메인을 구입하지 않더라도 유튜브만 성공적으로 운영하는 유튜버가 된다면 유튜브 인지도를 이용하여 도메인이 없어도 자신의 홈페이지를 자신의 [유튜브 채널]에 연결하여 효과적으로 홍보하고 활용할 수 있습니다.

물론 재능 있고 유능한 유튜버라면 유튜브만으로도 인터넷 쇼핑몰을 운영하는 것보다 훨씬 많은 수익을 낼 수 있습니다.

참고로 필자의 경우 현재 약 2,600명의 구독자가 있고요, 우리나라는 소득이 있는 곳에는 어김없이 세금을 내야 하므로 수익의 10% 세금 제하고 10만원 이상 누적되었을 때 매달 필자의 통장으로 입금됩니다.

이로 미루어 구독자가 수십만 이상이라면 인터넷 쇼핑몰 운영할 필요도 없이 유튜브 수익만으로도 꽤 높은 고소득을 올릴 수 있습니다만, 그게 그리 쉬운 일이 아닌 것이 문제입니다.

앞의 화면이 유븊에 있는 필자의 [유튜브 채널]이고요, 손가락이 가리키는 곳에 필자의 홈페이지 주소를 링크를 해 놓았고요, 이곳을 클릭하면 필자의 홈페이지에 접속됩니다.

그리고 예를 들어 필자의 도메인은 맨 뒤에 .kr 과 .com 이렇게 상업용 도메인을 사용하고요, 국가 기관은 .go.kr(government - 정부)을 사용합니다.

도메인은 이렇게 간단히 설명해서 될 일이 아니지만, 이 책에서는 인터넷 쇼핑몰을 운영하기 위한 최소한 설명만으로 진행하며 이 책의 주제인 인터넷 쇼핑몰 성공 요인에 대해서 집중적으로 다루는 책입니다.

그렇다면 도메인은 어떻게 구입하는 것일까요?
앞쪽에서 본 화면과 같이 구글링을 하여 도메인 판매 업체에서 도메인을 구입할 수 있으나 필자는 예전에는 닷홈과 카페24 이렇게 2군데서 웹호스팅을 이용하다가 지금은 카페24 한 군데만 이용하고 있고요, 이렇게 자신이 가입한 웹호스팅 업체에서 도메인을 구입하는 것이 가장 좋습니다.

그래야 앞으로 설명하는 도메인 포워딩 등이 원활하고 해당 웹호스팅 업체에서 우대하니까요..

위는 필자가 현재 웹호스팅을 받고 있는 카페24에 로그인 한 화면이고요, 카페24에 로그인 할 때는 부(父) 아이디로 로그인을 하고 위의 화면 우측 상단 손가락이 가리키는 [나의 서비스 관리]를 클릭하면 모든 자(子) 아이디가 나타납니다.

지금은 앞의 화면 상단 메뉴 중에서 손가락이 가리키는 [도메인]을 클릭하면 다음 화면이 나타납니다.

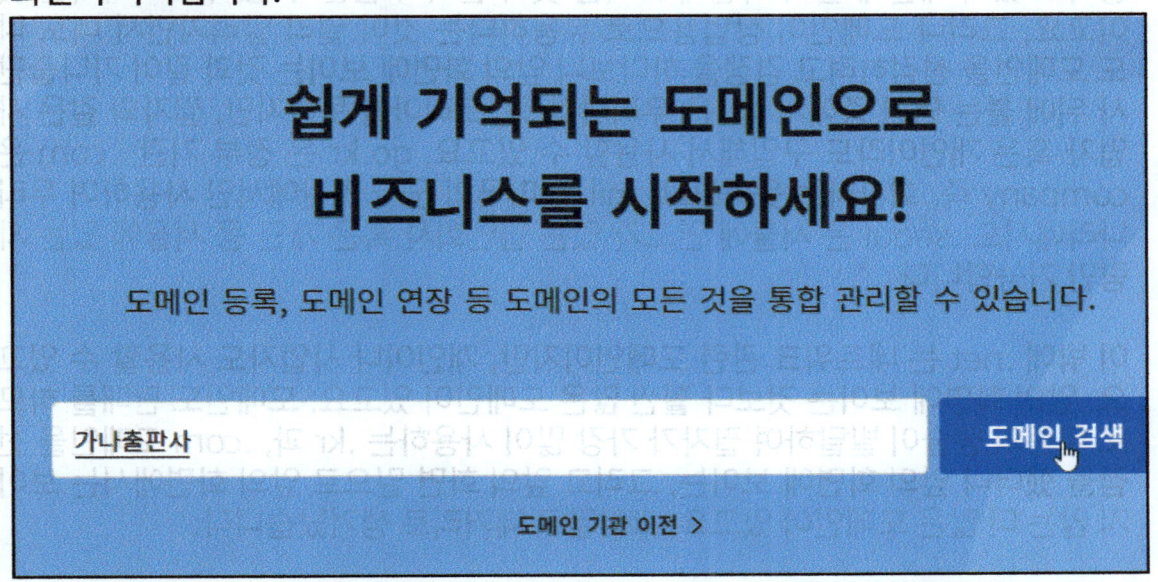

필자의 경우 도메인을 구입하기 전에 먼저 상호를 정했으므로 필자의 상호 가나출판사를 먼저 검색해 봅니다. 다른 사람이 사용하고 있을 수도 있으니까요..

앞의 화면을 보면 가나출판사.kr 과 가나출판사.com 은 이미 필자가 구입해서 사용하고 있기 때문에 앞의 화면에 보이는 것과 같이 구입할 수 없다고 나타나는 것이고요, 그러나 도메인이 상업용으로 유용하다는 것이 널리 알려지면서 너도 나도 도메인을 선점하려고 경쟁을 하다보니 앞의 화면에 보이는 것과 같이 가나출판사 뒤에 붙는 명칭 중에서 .kr 은 우리나라 즉, 코리아를 뜻하지만, 필자와 같은 사업자 혹은 개인이라도 구입해서 사용할 수 있고요, go.kr 은 정부 기관, .com 은 company 즉, 회사라는 뜻이고요, mil 은 미국의 군사 기관에서만 사용하며 우리나라에서도 .seoul 은 서울에 연고가 있는 법인회사 혹은 개인 등 서울에 있는 사람만 가능합니다.

이 밖에 .net 는 네트워크 관련 도메인이지만, 개인이나 사업자도 사용할 수 있고요, 앞의 화면에 보이는 것보다 훨씬 많은 도메인이 있고요, 도메인도 판매를 하므로 일종의 상술이 발달하여 필자가 가장 많이 사용하는 .kr 과, .com 도메인을 선점을 했더니 앞의 화면에 보이는, 그리고 앞의 화면 밑으로 앞의 화면에서는 보이지 않는 더 많은 도메인이 있고요, 그야말로 떼거리로 생겨났습니다.

예전에는 돈이 될만한 도메일은 미리 선점해 놓고 그 도메인과 연관이 있는 대기업에 거액의 돈을 받고 판매를 하던 시절도 있었습니다.

그러나 앞의 화면에 보이는 것과 같이 지금은 도메인 홍수 시대이기 때문에 그런 상술도 이제는 거의 통하지 않고요, 그렇게 여러 개의 도메인을 인지도가 생긴 관련 기업들에서 관심을 가지고 구매 상담이 이루어질 때까지 보유하려면 엄청난 비용이 들어가므로 필자와 같이 필자의 상호 가나출판사에 .kr 과 .com 도메인, 이렇게 2개의 도메인이 가장 인지도가 높으므로 이 정도만 보유하는 것이 좋다고 하겠습니다.

그리고 여러분이 사업을 시작하기 전에 상호를 미리 구상을 하고 있을 것입니다.

필자 역시 출판사 등록을 하기 전에 가나다라.. 사실 필자는 그냥 외우기 쉽게 가나다라.. 가나출판사로 이름을 지은 것인데요, 출판사 등록을 하고 보니 가나출판사라는 출판사가 매우 여럿 있습니다.

그러나 우리나라 컴퓨터 1호인 필자가 가나출판사.kr 과 가나출판사.com 도메인을 미리 구입해서 보유하고 있으므로 가나출판사 라는 상호는 동일하더라도 필자의 도메인은 다른 사람은 사용하지 못하는 것입니다.

자, 필자는 이렇게 가나출판사.com 과 가나출판사.kr 도메인을 가지고 있으므로 웹브라우저 주소표시줄에 이 도메인을 입력하면 필자의 홈페이지에 연결되지만, 웹브라우저는 구글 크롬이 압도적인데, 여러분의 컴퓨터 운영체제를 업그레이드를 하지 않는 등 보안상 취약점이 발견되면 필자의 홈페이지가 열리지 않을 수도 있습니다.

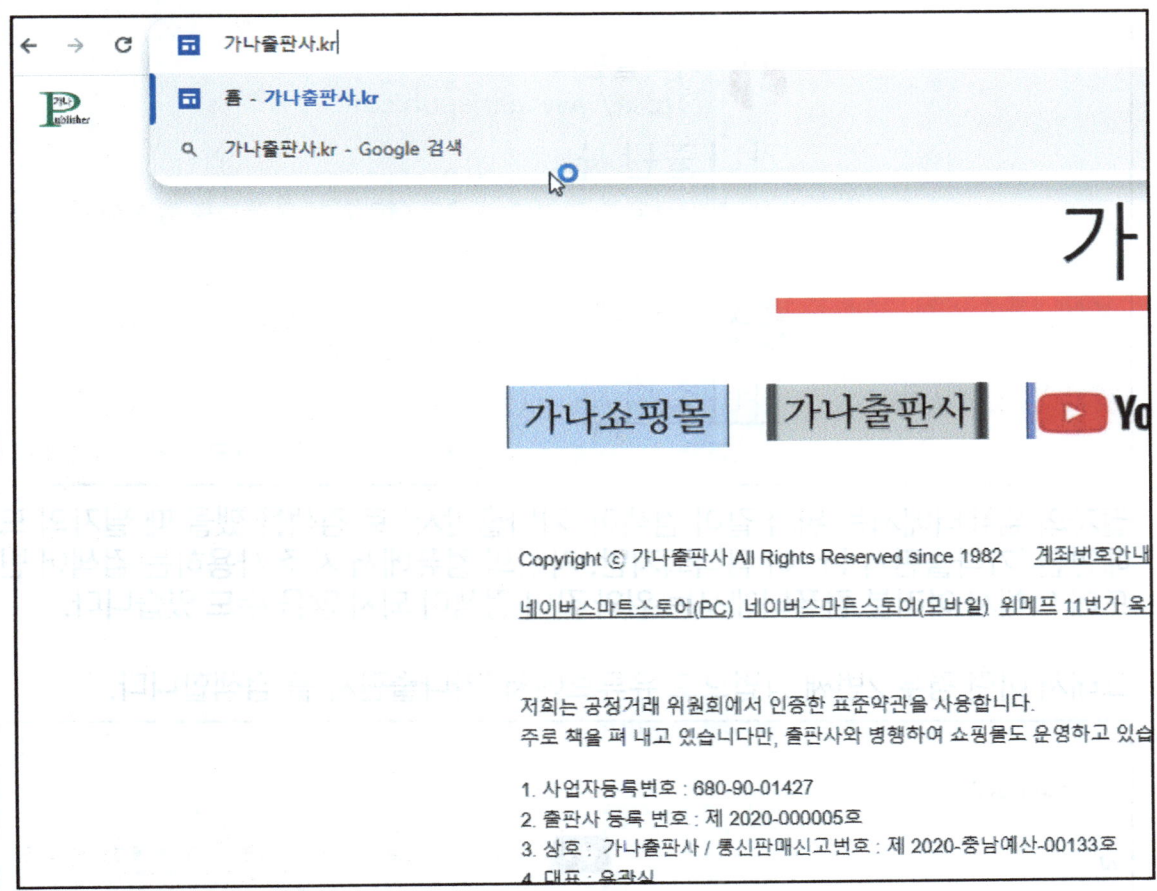

필자의 컴퓨터에서는 위와 같이 웹브라우저 주소표시줄에 필자의 도메인 '가나출판사.com' 혹은 '가나출판사.kr' 을 입력하고 엔터를 치면 위에 보이는 것과 같이 필자의 홈페이지가 바로 뜹니다만, 이렇게 뜨지 않는 사람은 자신의 컴퓨터 운영체제 업그레이드를 하지 않아서 보안상 취약점이 발견되어 구글 크롬에서 연결을 해 주지 않는 것입니다.

이 경우 첫 번 째 방법은 필자의 도메인을 입력하지 않고 검색어 '가나출판사' 로 검색을 하는 것입니다.

필자의 컴퓨터에서는 위와 같이 검색어 '가나출판사'로 검색을 했을 때 필자의 도메인인 '가나출판사.kr'이 검색되지만, 자신의 컴퓨에서 자주 사용하는 검색어 빈도에 의해서 여러분 컴퓨터에서는 위와 같이 검색이 되지 않을 수도 있습니다.

그래서 이런 경우 2번째 방법으로 유튜브에서 '가나출판사'를 검색합니다.

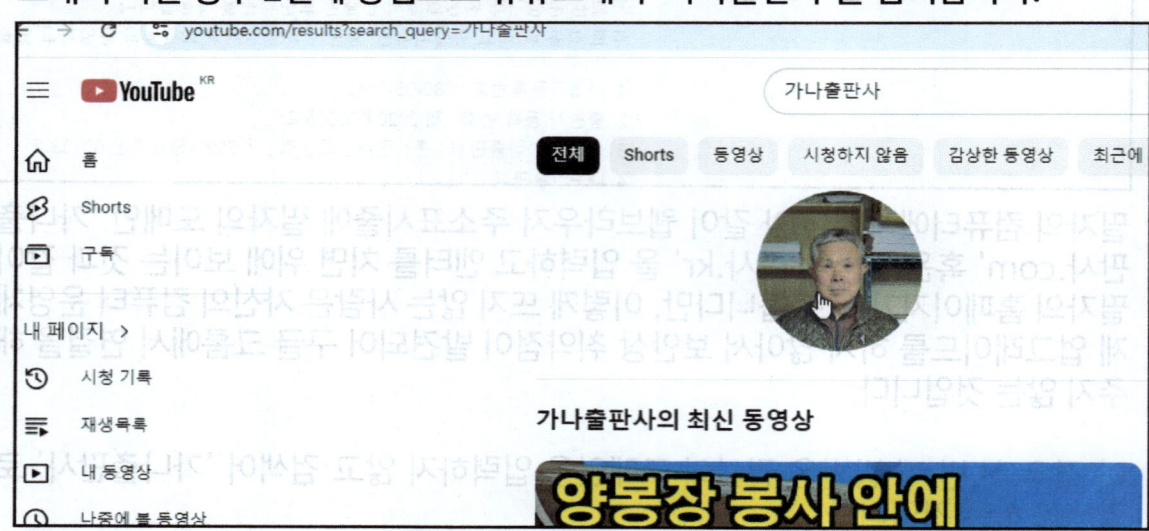

유튜브에서도 가나출판사가 다수 검색되지만, 앞의 화면에서 동그라미 속에 들어 있는 필자의 얼굴을 클릭하면 바로 필자의 [유튜브 채널]에 오실 수 있습니다.

필자의 [유튜브 채널]에는 무려 수 천 개의 동영상이 있으므로 위의 화면에서 필자의 얼굴을 또 한 번 클릭해야 필자의 채널에서 검색을 하실 수 있고요, 이것은 유튜브에서 검색이 아니라 필자의 단독 채널에서 검색하는 방법이고요,..

지금은 위의 필자의 [유튜브 채널]에서 손가락이 가리키는 주소가 바로 필자의 홈페이지 주소가 나타나는 것입니다.

여러분도 유튜브에 가입하여 로그인을 하면 자신의 프로필을 클릭하여 필자와 가 같이 자신의 [유튜브 채널]에 필자와 같이 자신의 홈페이지 주소를 링크할 수 있습니다.

뒤에 가서 유튜브 편에서 다시 자세하게 설명을 합니다만, 이렇게 할 경우 일부러 돈을 내고 도메인을 구입하지 않더라도 자신의 홈페이지를 효과적으로 홍보할 수 있으며 자신의 복잡한 홈페이지 주소를 알려주지 않더라도 유튜브에 있는 자신의 채널을 알려주면 됩니다만, 필자도 아직 유튜버로서는 미미한 수준이지만, 이런 필자의 경지에 오르는 것만도 상당한 노력과 세월이 걸려야 합니다.

그래서 필자의 채널은 쉽게 검색이 되지만, 수 많은 유튜버 중에서 여러분의 유튜브 채널이 필자와 같이 쉽게 검색되기 위해서는 부단한 노력을 해야 하고요, 아마도 이런 분야에 있어서는 오히려 여러분이 필자보다 더 나을 수도 있습니다.

필자는 나이가 있으므로 필자가 학교에 다닐 적에는 컴퓨터라는 것이 없었고요, 필자 나이 중년이 넘어서야 처음 컴퓨터를 접할 수 있었습니다.

그러나 필자는 중년 이후에 컴퓨터 공부를 시작했어도 컴퓨터 자격증을 여러 개 취득하고 관련 서적을 수십 권 이상 집필을 했습니다만, 여전히 필자는 구세대입니다.

이에 비하여 여러분은 태어나면서부터 스마트폰을 손에 들고 태어난 세대도 있고요, 하루 24시간 컴퓨터를 접하는 컴퓨터 세대입니다.

요즘 쯔양 사태로 매스컴을 뜨겁게 달군 사건을 모르는 사람이 없을 것입니다.

단순히 먹방 채널을 운영하던 쯔양.. 솔직히 필자는 나이가 있으므로 이런 채널은 관심 밖입니다만, 그런 쯔양이 사기를 당하고 갈취를 당한 돈만 수 억원이나 되니 실제 수입이 얼마나 될지는 그리 어렵지 않게 짐작할 수 있습니다.

이 책은 인터넷 쇼핑몰 창업 책입니다만, 유튜브 채널을 개설하여 유튜버로 수익을 올리는 것도 포함되고요, 여러분이 그런 분야에 소질이 있다면 아주 짧은 시간 안에 필자를 능히 추월할 수 있을 것입니다.

(3) 도메인 포워딩

앞에서 도메인에 대해서 비교적 자세하게 설명을 했고요, 필자의 도메인은 '가나출판사.kr' 과 '가나출판사.com' 이 있다고 설명을 했습니다.

그렇다면 어떻게 해서 웹브라우저 주소 표시줄에 필자의 도메인을 입력하면 필자의 홈페이지가 뜨는 것일까요?

바로 도메인 포워딩이라는 방법이 있기 때문입니다.

여러분이나 필자나 아무리 용 빼는 재주가 있다 해도 도메인 포워딩을 하지 않으면 절대로 도메인을 입력해서 홈페이지가 뜨게 할 수가 없습니다.

온라인 쇼핑몰 창업   인터넷 쇼핑몰 창업 및 성공 전략

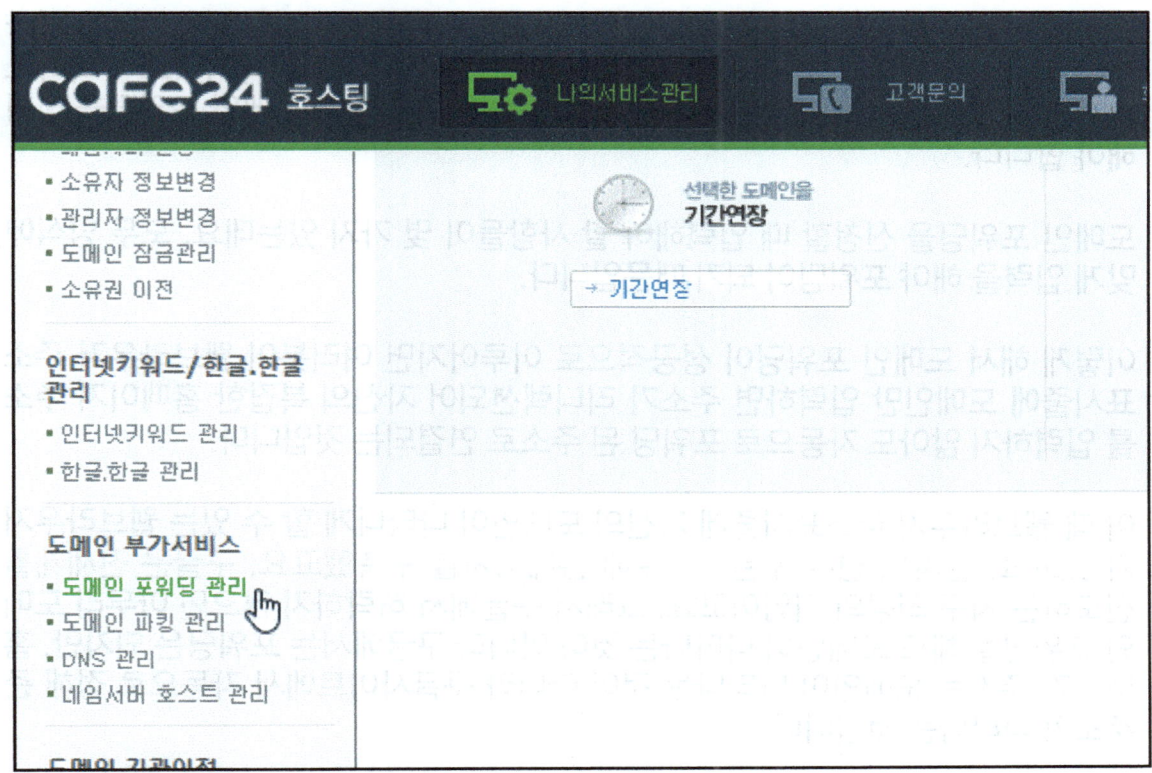

위의 화면은 필자가 현재 웹 호스팅을 받고 있는 카페24에 접속 및 로그인을 하고, 로그인을 할 때는 마스터 아이디로 로그인을 하고 마스터 아이디로 로그인한 화면 우측 상단의 [나의 서비스 관리]를 클릭하여 현재 도메인 포워딩을 하고 있는 아이디 즉, 자(子) 아이디를 클릭한 화면에서 좌측 메뉴 중, 위의 손가락이 가리키는 도메인 관련 메뉴에서 [도메인 포워딩]을 신청해야 합니다.

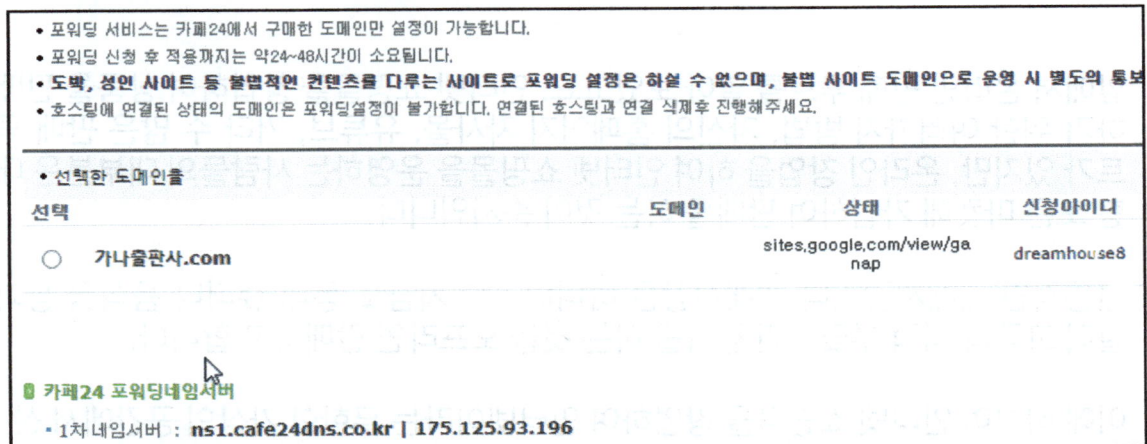

필자는 이미 도메인 포워딩을 하고 있는 상태이기 때문에 앞의 화면에 보이는 것과 같이 나타나는 것이고요, 여러분은 미리 도메인도 구입하고 홈페이지도 구축하고 기타 이 책을 마스터하여 모든 것을 이해하고 있는 상태에서 도메인 포워딩을 신청해야 합니다.

도메인 포워딩을 신청할 때 입력해야 할 사항들이 몇 가지 있는데요, 모두 양식에 맞게 입력을 해야 포워딩이 되기 때문입니다.

이렇게 해서 도메인 포워딩이 성공적으로 이루어지면 여러분이 웹브라우저 주소 표시줄에 도메인만 입력하면 주소가 리디렉션되어 자신의 복잡한 홈페이지 주소를 입력하지 않아도 자동으로 포워딩 된 주소로 연결되는 것입니다.

이 때 웹브라우저 주소표시줄에 자신의 도메인이 나타나게 할 수 있는 웹브라우저가 있고요, 필자의 경우 구글사이트에 홈페이지를 구축했고요, 구글은 전세계를 선도하는 지구 최강의 기업이고요, 그래서 구글에서 허락하지 않으면 아무리 도메인 포워딩을 해도 도메인이 나타나는 것이 아니라 구글에서는 포워딩은 되지만, 홈페이지 주소는 도메인이 나타나는 것이 아니라 구글사이트에서 자동으로 정해 준 주소가 나타나는 것입니다.

제 2 부 오픈마켓 가입

앞에서 온라인 판매 루트를 알아 보았고요, 인터넷 쇼핑몰을 창업하여 상품을 판매하기 위한 여러가지 방법, 자신의 홈페이지 자사몰, 유튜브, 기타 수 많은 판매 루트가 있지만, 온라인 창업을 하여 인터넷 쇼핑몰을 운영하는 사람들의 대부분은 대형 오픈 마켓에 가입하여 판매를 하는 것이 순서입니다.

전통적인 재래시장이나 재래시장은 아니더라도 지금도 동네 슈퍼나 음식점 등과 같이 고객과 직접 부딪치면 장사를 하는 것을 오프라인 판매라고 합니다.

이에 비하여 인터넷 쇼핑몰을 창업하여 인터넷이라는 무한한 가상의 공간에서 상품을 판매하는 것을 온라인 판매라고 하며 온라인 판매는 백화점 판매도 있고, 기타 여러가지 방법이 있지만, 네이버스마트스토어, 쿠팡, 옥션, 지마켓, 11번가 등의 대형 마켓을 오픈마켓이라고 하며 인터넷 쇼핑몰을 창업하여 가장 먼저 판매 시장의 문을 두드리는 것이 바로 이런 오픈마켓에 가입하는 것입니다.

이렇게 오픈마켓에 가입하면 자신의 홈페이지에 쇼핑몰을 구축하지 않아도 상품만 있으면 얼마든지 오픈마켓에 올려서 판매할 수가 있으므로 소자본 창업으로 가장 좋은 판매 루트입니다.

문제는 오픈 마켓에 가입하여 판매하는 것이 일상화되고 쉽다보니 너도나도 인터넷 쇼핑몰을 창업하여 너무나 많은 사람들이 판매를 하다보니 내가 올린 상품이 아무리 좋아도 고객들이 그 상품을 찾을 수가 없다는 점입니다.

그리고 코로나19를 기준으로 세상이 완전히 바뀌었습니다.

과거 예컨대 우리나라의 근대 가장 극심했던 경제난은 IMF이지만, 코로나 19 이후의 세상은 IMF는 비교도 안 될 정도로 세상이 바뀌었기 때문에 코로나 19 이전에 호황을 누리던 업종이나 잘 팔리던 상품이 코로나 19 이후에는 전혀 팔리지 않는 등 지각변동이라는 표현이 무색하게 온라인 시장이 완전히 뒤집어졌다고 보아도 틀린 말이 아닙니다.

그러나 그럼에도 불구하고 우리나라 전체적으로 보아서는 수출도 늘고 각종 경제지표는 가파른 상승세를 보이고 있는 것을 보면 정부 통계가 거짓말은 아닐테고 서민들이 느끼는 경제 상황과는 완전히 딴 판이니 이 와중에 정신을 차리지 않으면 살아남지 못하는 세상이 되고 말았습니다.

여러분이나 필자나 고가의 사치품을 판매하는 것이 아니기 때문에 바꾸어 말하면 서민들을 상대로 판매를 해야 하는데 서민들의 돈줄이 말라서 서민들이 지갑을 열지 않기 때문에 아무리 좋은 상품도 잘 팔리지 않고 가격이 싼 제품만 팔리고 있으니 원가 이하로는 판매할 수 없는 노릇이고요, 무한 경쟁을 해야 하는 판매자로서는 고충이 이만 저만이 아닙니다.

이전 정부 때부터 나온 소득주도성장 정책이나, 아예 서민들에게 예를 들어 월 300만원 정도를 정부에서 무조건 나누어 주면 저소득층의 지출이 늘어나 자연적으로 국가 전체적으로 시중 경기가 살아나면서 결과적으로 국가에서는 세수 증대

효과가 나타나기 때문에 결국 서민들, 저소득층에 월 300만원씩 나누어 주더라도 오히려 세수가 늘어 정부에서는 다시 돈을 거두어 들이는 결과가 되므로 극빈층이나 저소득층이 사라지고 온 국민이 잘 사는 나라가 되는 것은 자명한 이치입니다만, 이런 정책이 실제로 시행될지는 알 수 없는 일이고요, 설사 시행된다 하더라도 그 때까지는 여러분이나 필자나 모두 무한 경쟁을 할 수 밖에 없습니다.

일단 이번 단원에서는 오픈 마켓 가입을 해야 하는데, 그렇다면 어떤 마켓에 가입해야 할까요?

총 91건

연동하기	연동상태	마켓명	판매자
●	연동완료	쿠팡	ganapu
●	연동완료	스마트스토어	ncp_1o1ga
●	연동완료	페이스북 채널	gana6.1
●	연동완료	롯데ON	gana1895
●	연동완료	G마켓	ganapub
●	연동완료	옥션	ganapu
●	연동완료	11번가	gana18
●	연동완료	카카오톡 스토어	gana6
○	연동가능	하프클럽	-
○	연동가능	에이블리	-
○	연동가능	AK몰	-

앞의 화면은 카페24에 로그인하여 [마켓 플러스] 메뉴에 들어가서 마켓 관리 화면에 들어온 화면인데요, 오늘 현재 카페24에서 확인 된 마켓만 91개 마켓이 있습니다.

이 많은 마켓 가운데 도대체 어디에 가입을 하는 것이 좋을까요?
일단 필자의 경우만을 예로 들어 설명을 하겠습니다.

필자는 우리나라 컴퓨터 1세대이며 옥션이나 PC 119 가 생기기도 10 여 년 전부터 쇼핑몰을 운영해 왔으며 어차피 옛날에는 마켓이 별로 없었으므로 마켓이 생긴 순서대로 옥션, 지마켓, 네이버 샵N(지금의 스마트스토어를 옛날에는 샵N이라고 불렀습니다.), 인터파크, 11번가, 롯데ON, 그리고 지금은 사라진 몇 개의 마켓에서 판매를 하다가 오늘날 티메프 사태와 같이 돈도 못 받고 사라진 마켓들이 있었기 때문에 이후 생겨난 앞의 화면에 보이는 수 많은 마켓들 중에서 필자의 경우 어떠한 마켓에도 가입하지 않았고요, 그리고 기존의 마켓 가운데서도 인터파크, 위메프, 티몬 등에서는 판매를 하지 않고요, 그리고 가장 최근에 생긴 마켓 중에서 쿠팡이 일약 옥션, 지마켓, 네이버 등을 누르고 무려 100조원의 기업이 되었으므로 당연히 쿠팡에서도 현재 판매중입니다.

그리고 옥션 지마켓은 미국의 이베이로 넘어가면서 시들해 지기 시작하다가 우리나라의 신세계 그룹에서 인수하면서 더더욱 시들해져서 지금은 옥션, 지마켓에서도 필자는 판매를 하지 않고 있습니다.

그러나 옥션, 지마켓은 티메프 사태와 같은 일이 벌어질까 우려해서가 아니라 미국의 이베이에서 운영하던 옥션, 지마켓을 신세계 그룹에서 인수하면서 어찌나 판매자를 괴롭히는지 괴로워서 판매를 하지 않을 뿐, 이러한 괴로움을 이겨낼 수 있으면 옥션, 지마켓에서 판매를 하는 것도 괜찮습니다만, 필자가 판매를 중단할 정도로 갑질을 하고 있으므로 옥션 지마켓에서는 판매 활동을 하는 것이 어렵습니다.

그래도 현재 옥션, 지마켓에서 판매를 하는 수 많은 판매자들 중에서는 옥션, 지마켓에서 상당히 많은 매출을 올리는 판매자도 있으므로 이것은 오로지 여러분들이 선택할 몫입니다.

필자도 현재 판매만 하지 않을 뿐 옥션, 지마켓에 가입되어 있으므로 당연히 옥션, 자마켓에도 판매자로 로그인을 할 수 있고요, 미국의 이베이에서 사용하던 EMS PLUS 시스템으로 로그인을 해야 합니다.

제 1 절 마켓 가입 전 준비물

이상의 설명을 토대로 여러분이 어떤 마켓에 가입할지는 전적으로 여러분의 몫이지만 아직 잘 모르실 것이므로 필자의 전철을 밟아서 다음에 필자가 설명하는 순서대로 가입하는 것이 좋습니다만, 마켓에 가입전 서류를 먼저 준비를 해 놓아야 합니다.

1. 사업자등록증 사본
2. 통신판매업신고증 사본
3. 신분증(주민등록증이나 운전면허증)
4. 본인서명사실확인서(6개월 혹은 3개월 이내)
5. 인감증명서(6개월 혹은 3개월 이내)
6. 인감도장
7. 주거래은행 통장 사본
8. 주민등록등본(6개월 혹은 3개월 이내)
9. 사업장 임대차 계약서(자기 건물이 없을 경우)
10. 면허증 사본(운전 면허증이 아니라 주류, 총포류 등 면허가 필요한 사업)
11. 출판사등록증 사본(출판사를 운영할 경우)
12. 건강식품 관련 허가증 사본(건강 식품 등을 판매할 경우)
13. 위생 관련 허가증 사본(음식물 등 위생 관련 사업을 할 경우)
14. 면세 사업, 영세율 사업 등의 증명 서류(면세 혹은 영세율 사업자의 경우)

이상 열거한 서류 이외에도 추가로 더 필요한 서류가 있을 수도 있고요, 여러분이 여러 마켓에 가입하다보면 세월아 네월아 정말 답답하고 복장이 터지는 일을 한 두 번 겪는 것이 아닙니다.

오죽하면 이런 번거로운 절차가 까다로워서 창업을 포기하는 사례가 있을 정도입니다만, 이런 절차를 통과하지 못하면 장차 무한 경쟁에서 살아 남을 수가 없을 것입니다.

심지어 카카오에서 운영하는 카카오 톡스토어는 여러 서류 가운데서 어떤 서류가 필요하고 어떤 서류가 필요 없는지 담당자조차 모르는 이런 황당한 마켓입니다.

이 책에서 설명하는 마켓들의 상담원은 필자와 같은 판매자들보다 훨씬 더 마켓에

능통하며 거의 어떠한 질문에도 즉시 답변 가능한 것이 대부분입니다만, 카카오톡스토어는 그 유명한 카카오의 명성에 걸맞지 않게 자신들의 업무에 정통하지 않은 대표적인 마켓입니다만, 여러분은 컴퓨터 세대이므로 오히려 카카오톡스토어가 여러분 취향에 잘 맞을 수도 있겠습니다.

앞에서 열거한 여러가지 서류들은 실물로 우편으로 보내야 하는 수도 있습니다만, 대부분 디지털 파일로 만들어서 온라인으로 마켓에 가입하면서 업로드를 해야 하며 용량의 제한이 있으므로 마켓 가입 전에 서류들을 스캔하여 디지털 문서로 만들 때 가능한 용량이 커지지 않게 작업해야 합니다.

뒤에 가서 제품 촬영 및 편집 편에서 포토샵 등에 대한 설명이 있기는 하지만, 이 책은 포토샵이나 기타 관련 서적이 아니기 때문에 이 책에서 다루는 모든 소프트웨어에 관한 내용은 보다 전문적인 서적을 보셔야 하고요, 이 책을 보시는 여러분은 필자의 다른 저서, 포토샵, 전자책 만드는 방법(탁상 출판의 대명사 어도비 인디자인을 다룬 책), 유튜브책(동영상 편집의 최강자 어도비 프리미어를 다룬 책), Microsoft Expression Web4(인터넷 쇼핑몰에 올려서 판매할 상품을 웹페이지로 만드는 프로그램) 등의 책을 보시기를 권해 드립니다.

[1] 네이버스마트스토어

옛날에는 필자의 홈페이지에 카드 결제 시스템을 도입하여 필자의 홈페이지에서 직접 판매를 하기도 했습니다만, 일일 방문자가 3,000 명이 넘어가자 트래픽이 걸려서 서버 비용이 폭발적으로 증가하였습니다.

그래서 아무리 많이 팔아도 지출이 많은 기현상이 발생하여 이후 필자의 홈페이지 자사몰에서는 카드 결제 시스템을 해지를 하고 여러 마켓에서만 판매를 했고요, 그리고 이후에는 아예 네이버에서 운영하는 네이버스마트스토어 판매 화면을 필자의 홈페이지로 이용하기도 했지만, 최종적으로는 앞에서 소개한 구글사이트에 필자의 홈페이지를 구축하고 다른 마켓들은 모두 링크를 하는 방식으로 운영을 하고 있습니다.

이와 같이 필자가 가장 비중있게 다루는 마켓이 바로 네이버스마트스토어이므로 여러분도 네이버스마트스토어에 첫 번째로 가입하는 것이 좋습니다.
네이버스마트스토어는 모든 마켓의 기준이라고 할 정도로 정통 마켓이기 때문입니다.

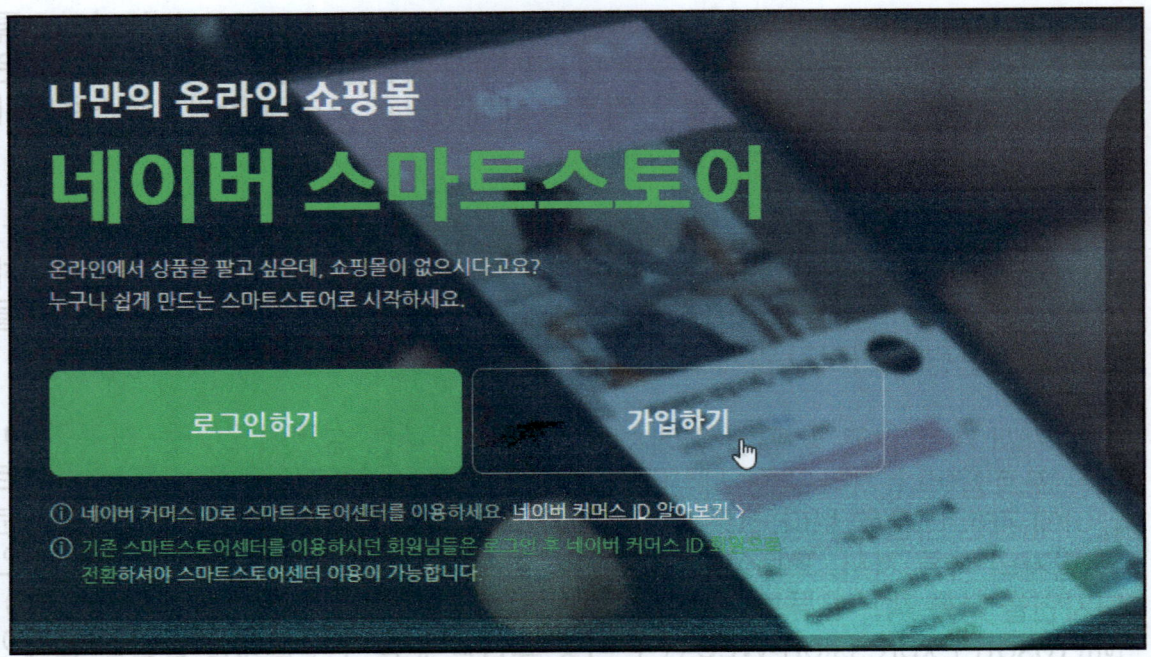

네이버스마트스토어는 우리나라 토종 포털인 네이버에서 운영하는 직영 마켓이고요, 우리나라 사람들은 어떤 경우에는 구글보다 오히려 네이버에 더욱 충성도를 보이는 경향이 뚜렷합니다만, 단순 비교를 한다면 네이버는 구글에 비해서 그야말로 손톱만 하다고 할 정도로 그 차이는 극명하다 못해 비교 자체가 불가합니다.

그러나 여전히 우리나라에서는 네이버가 압도적으로 1위 포털이므로 필자 역시 판매도 네이버스마트스토어가 1순위이고요, 구매 역시 네이버페이에서 압도적으로 가장 많은 구매를 합니다.

필자는 보내는 택배보다 오히려 오는 택배가 더 많을 정도이고요, 어떤 때는 하루에 오는 택배가 10개가 넘기도 하고요, 이렇게 엄청나게 구입하는 상품 중에서 95% 이상 네이버에서 구입합니다.

그러고 보면 필자야말로 네이버에 가장 충성하는 충성 고객인 셈입니다.

이는 필자가 거의 네이버 원년 멤버이기 때문이고요, 저 유명한 야후를 몰아내고 국산 토종 포털로 우뚝 선 네이버를 동경하기 때문이기도 합니다.

웹브라우저에서 검색어 '네이버스마트스토어 가입센터'를 검색하여 위의 화면에 접속해서 손가락이 가리키는 [가입하기]를 클릭하면 다음 화면이 나타납니다.

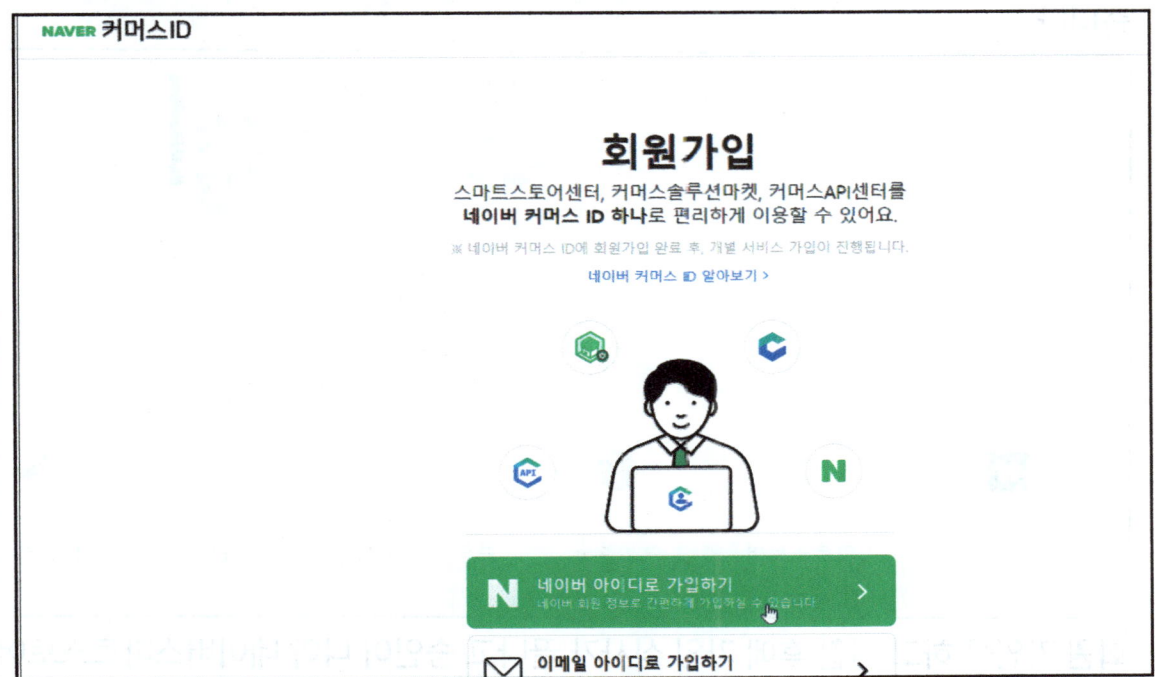

아마도 우리나라 사람이라면 대부분 네이버에 가입되어 있을 것입니다만, 네이버 아이디와 네이버스마트스토어 아이디와는 다르므로 위의 화면에서 손가락이 가리키는 [네이버 아이디로 가입하기]를 클릭하여 화면의 안내에 따라 회원 가입을 가장 먼저 해야 합니다.

필자는 이미 가입되어 있기 때문에 가입 화면을 보여 드리지는 못 하고요, 화면의 안내에 따라 가입을 진행하면 가입 서류가 나옵니다.

이 때 앞에서 설명한 여러가지 미리 준비한 서류들을 미리 디지털 파일로 만들어서 저장해 두었다가 하나씩 해당되는 항목에서 업로드를 하면 됩니다.

이렇게 마켓에 가입할 때 첨부하는 서류 역시 네이버답게 네이버스마트스토어가 모든 마켓의 표준이요 기준답게 깔끔하게 처리가 되는데요, 일부 마켓은 그야말로 입에서 욕이 나올 정도로 지긋지긋하게 요구하는 서류도 많고 퇴짜도 맞는 카카오톡스토어같은 마켓도 있습니다.

그러나 여러분은 대부분 필자 입장에서 볼 때는 신세대이므로 오히려 카카오 톡스토어가 오히려 여러분의 취향에 맞고 매출을 많이 올릴 수 있는 사이트일 수도 있습니다.

회원 가입을 하고 며칠 후에 가입 심사가 끝나고 승인이 나야 네이버스마트스토어 판매자로 로그인을 할 수 있고요, 필자의 경우 자주 접속하는 사이트는 위에 보이는 것과 같이 구글 크롬에 자동으로 등록되어 나타나므로 따로 북마크를 하지 않아도 됩니다만, 필자는 하도 많은 사이트에 접속하므로 가능하면 북마크를 해 놓습니다.

(1) 스마트스토어 상품 등록

여러분이 아직 포토샵, HTML, CSS, 자바스크립트, 어도비 프리미어, 웹에디터, 알FTP 등의 프로그램을 모른다면 이 책의 후반부에 나오는 해당 관련 단원을 먼저 공부를 해야 마켓에 상품을 올릴 수 있습니다만, 여기서는 마켓 가입 및 해당 마켓에서 판매하는 방법을 설명을 해야 하므로 상품 등록 방법을 먼저 설명을 하는 것입니다.

사실 상품 등록 한 가지만 하여도 책 한 권을 써도 모자랄 정도로 방대한 양이지만, 여러분은 컴퓨터 세대이므로 스마트폰을 못 하는 사람은 없을 것이고요, 스마트폰을 크기가 큰 PC에서 사용한다고 생각하면 쉽습니다.

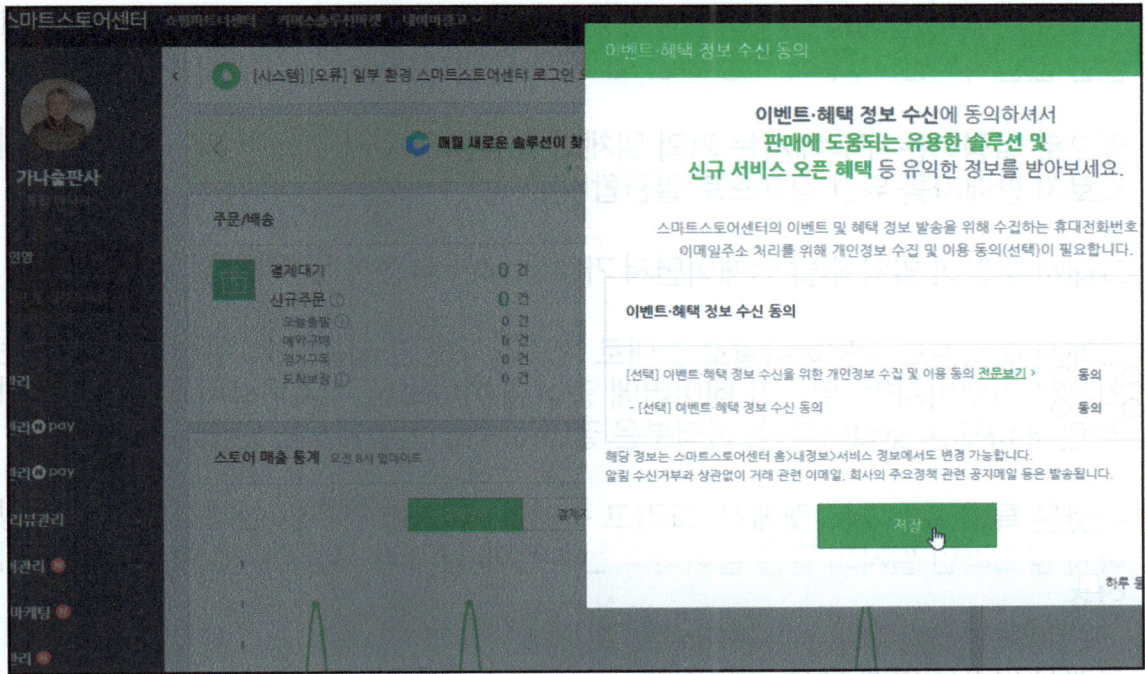

위의 화면은 필자가 필자의 아이디로 네이버스마트스토어에 로그인을 한 화면인데요, 네이버스마트스토어 포함 대부분의 마켓에서는 팝업을 띄우는 것을 죽기 살기로 기를 쓰고 팝업을 띄웁니다.

그것도 경쟁적으로 죽기 살기로 무지하게 많이 띄웁니다.

필자가 그것도 이미 수십 년 전에 기고한 글이 있는데요, 바로 "인터넷 망하는 법"에 나와 있는 완전 그대로 합니다.

한 번이라도 더 클릭하게 하여 찾아오는 사람이 짜증나게 하기..
하나라도 더 많은 팝업을 띄워서 찾아오는 사람에게 짜증나게 하기..
상품 등록도 조금이라도 더 복잡하게 해서 판매자들 괴롭히기..

천하의 네이버도 위에 보이는 로그인 화면에 팝업 무지하게 띄웁니다.

그래서 후발 업체인 쿠팡이 일약 100조원의 기업이 되었어도 네이버는 쿠팡에 비해서는 1,000조원의 기업이 되어 있어야 하지만, 지금도 여전히 그냥 몇 조원의 기업으로 만족하는 것입니다.

바둑의 고수도 옆에서 구경하는 하수가 보는 수를 보지 못하는 수도 있으므로 할 말은 없습니다만, 아무리 그렇다 군 해도, 이건 아닙니다.

앞으로 설명하는 쿠팡에서는 거의 일체의 팝업을 띄우지 않으며 하나에서 열까지 오로지 판매자를 위한 정책으로 일관합니다.

그래서 쿠팡이 일약 후발 업체이면서 가장 강력한 마켓이 된 것입니다.

그래서 여러분도 쿠팡이야말로 절대로 빠뜨려서는 안 되는 가장 우선시 해야 하는 최우선 마켓이지만, 필자가 네이버에 충성을 하다보니 네이버스마트스토어를 가장 먼저 다루는 것입니다만, 여러분은 절대로 쿠팡을 놓쳐서는 안 됩니다.

이것은 특히 옥션 지마켓에서, 그리고 옥션, 지마켓을 인수한 신세계 그룹에서 망하지 않으려면 필자의 말을 들어야 하는데 일개 필자의 말을 대기업에서 들을 리가 없죠..

그래서 필자는 아예 옥션, 지마켓에서는 판매를 중지한 것이고요..

과거 옥션은 우리나라에서 가장 먼저 생긴 마켓이며 가장 오랫동안 1위를 유지했던 마켓이며 당시에는 판매자를 가장 최우선시하는 정책을 펼쳤습니다.

그래서 가장 오랫동안 1위 마켓 자리를 고수할 수 있었던 것입니다.

그러다가 미국의 이베이로 넘어간 뒤로 판매자를 개밥의 도토리 취급을 하기 시작했으며, 심지어 옥션에서는 상품을 한 개 등록하면 6개월 뒤에는 자동으로 그 상품이 복제되어 저절로 2개의 상품이 노출되기도 했었습니다.

당시에는 마켓이 없었으므로 마켓에 상품이 많이 노출되도록 판매자가 올린 상품을 6개월이 지나면 저절로 새끼를 쳐서 하나의 상품이 2개의 상품으로 저절로 노출되었던 것입니다.

그러다가 미국의 이베이로 넘어가더니 이렇게 상품을 중복 노출했다고 필자의 아이디를 정지하기까지 했습니다.

이게 옥션의 진면목입니다.

필자와 같은 판매자는 워낙 바쁘고 시간이 없어서 상품을 중복 등록하라고 해도 하지 못 합니다만, 저절로 새끼를 쳐서 중복 상품이 생긴 것을 가지고 판매를 하지 못 하도록 아이디를 정지를 시켜서 한 동안 옥션에서는 판매를 하지 못 하기도 했었으니 얼마나 기가 막힌 노릇인가 이 말입니다.

이 밖에도 대형 마켓의 갑질은 이루 헤아릴 수조차 없습니다만, 그나마 쿠팡이나 네이버스마트스토어에서는 덜한 편이고요, 특히 네이버스마트스토어에서는 초기 화면 팝업을 징그럽게 띄우는 외에는 예를 들어 가장 빠른 정산 주기로 정산을 해 주고 일정한 수준의 매출을 올리는 판매자의 경우 대출을 해 주는 등 판매자를 적극적으로 지원해 주는 마켓입니다.

아마도 필자 생각에 네이버스마트스토어는 초기 화면 팝업만 징그럽게 띄우지 않아도 당장에 쿠팡과 어깨를 나란히 할 수 있으련만, 누구에게는 식은 죽 먹기보다 쉬운 일이지만, 누구에게는 죽음보다 어려운 일이기 때문에 쉽게 고쳐지지는 않을 것으로 보입니다.

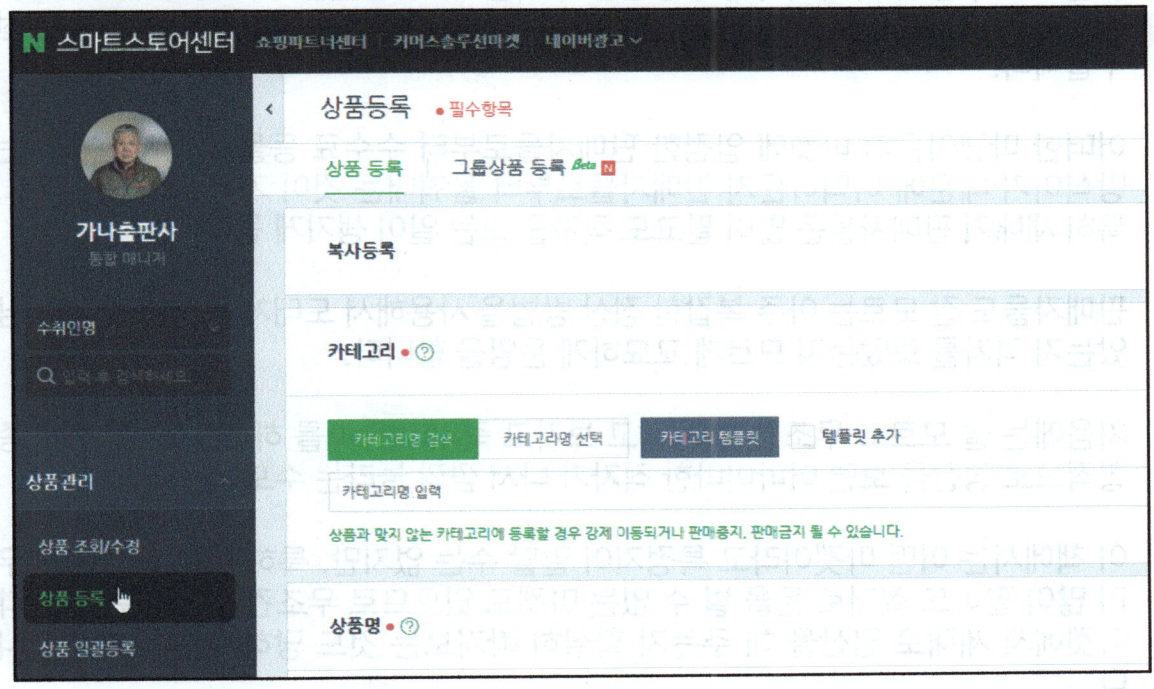

네이버스마트스토어의 상품 등록 메뉴는 위의 화면과 같이 나타나고요, 상품이 하나라도 등록되어 있으면 [상품 조회/수정] 메뉴에서 복사 등록을 할 수 있으나 아직 상품이 하나도 등록되어 있지 않은 새로 가입한 판매자라면 [상품 등록] 메뉴를

클릭하여 신규 상품으로 등록해야 합니다.

① 카테고리 : 가장 먼저 판매하고자 하는 상품의 카테고리를 선택해야 합니다. 이는 어떠한 사이트라도 마찬가지이며 오로지 이베이(옥션 지마켓)만 상품 카테고리를 거의 선택할 수 없게 만들어 놓았는데요, 옥션 지마켓에서는 소수 정예 판매자만 골라서 써 먹겠다는 것인지 도무지 알 수가 없습니다.

상품 카테고리는 원칙상 판매하려는 상품과 가장 유사한 카테고리를 선택하는 것이 원칙이지만, 예를 들어 생활용품이라면 카테고리 끝까지 가지 않고 그냥 생활잡화 혹은 기타생활잡화 카테고리에 등록하면 됩니다.

네이버스마트스토어나 일부 사이트의 경우 이를 교묘히 이용하는 마켓도 있는데요, 판매자들이 상품 카테고리를 정확하게 선택하지 않는 점을 노려서 판매자들이 예를 들어 방금 위에서 설명한 것과 같이 마지막 카테고리까지 선택하면 판매 수수료를 10%, 상위 카테고리에서 생활잡화 혹은 기타 생활잡화로 선택하면 판매수수료를 12%로 책정하는 등 어떠한 경우에도 판매자에게 유리하게 하는 마켓은 전무합니다.

어떠한 마켓이든지 마켓에 입점한 판매자들로부터 수수료 등을 챙겨서 운영하는 방식이기 때문에 어떡하든지 판매자들로부터 울궈내는 것이 가히 도사급이고요, 특히 새내기 판매자들은 많이 팔고도 적자를 보는 일이 생기게 됩니다.

판매자들도 잘 모르는 아주 복잡한 정산 방법을 사용해서 도대체 판매한 상품이 남았는지 적자를 보았는지 모르게 교묘하게 운영을 합니다.

처음에는 잘 모르고 무조건 많이 팔고 보자고 죽어라 판매를 하고 1년 쯤 뒤에 종합적으로 정산을 보면 어마어마한 적자가 나서 깜짝 놀라는 수도 있습니다.

이 책에서는 어떤 마켓이라고 특정지어 말할 수는 없지만, 특히 일부 마켓은 아무리 많이 팔아도 절대로 돈을 벌 수 없는 마켓도 있으므로 무조건 많이 파는 것보다 마켓에서 제대로 정산을 해 주는지 확실히 따져보는 것도 당하지 않는 방법입니다.

이것은 단기간에 알 수가 없습니다.
마켓 정산 주기 및 정산 방법에서 판매자가 잘 모르도록 교묘하게 아주 복잡하고 교묘한 방법을 사용하므로 판매자들은 거의 절대로 알 수가 없습니다.

예를 들어 100원짜리 판매하고 수수료가 10%라면 90원이 입금되어야 하지만, 판매를 하다보면 이런 상품을 100개를 팔았다고 합시다.

단순 계산을 하면 1만원어치 판매를 하고 수수료 1000원을 떼고 9000원이 입금이 되어야 하지만, 이렇게 많이 판매를 하다보면 반품도 들어오고 교환도 들어올 때가 있습니다.

이러한 클레임이 걸리면 마켓에서는 어떠한 경우에도 판매자에게 유리하게 처리하는 마켓은 전무합니다.

심하면 만원어치 팔고 2만원 적자를 보는 경우도 생깁니다.
실제로 생깁니다.

그래서 무조건 열심히 일만 해서는 안 되는 것입니다.
금융 공부도 해야 하고 마켓에서 제대로 정산을 해 주는지 확인을 해야 하는데 확인할 방법이 없습니다.

그래서 필자는 1년이라는 긴 기간을 정해서 그 동안 판매한 총 판매 금액과 수수료 및 광고비 등을 모두 제하고 정상적으로 입금이 되었는지 확인하는 순간 숨이 멎을 것 같은 경험을 한 적이 있습니다.

무려 엄청난 금액 차이가 있었기 때문입니다.

반드시, 반드시, 꼭, 많이 팔았는데도 돈을 벌지 못 한다면 반드시 이유가 있는 것입니다.

반드시 꼭 필자와 같이 1년 정도 꼼꼼하게 기록을 해서 확인을 해야 알 수 있고요, 단기간에는 절대로 알 수가 없습니다.

정산 방식이 아주 복잡하기 때문입니다.

모든 마켓은 이러한 분야에서 타의 추종을 불허하는 최고의 전문가들이기 때문에 새내기 판매자는 무조건 당할 수 밖에 없다는 것을 명심 또 명심해야 합니다.

② 상품명 : 상품명이야말로 판매 요소 중 가장 중요한 요소라고 할 수 있습니다. 판매할 상품을 광고를 하지 않고 구매자들이 검색을 해서 찾을 수 있는 가장 중요한 요소이기 때문입니다.

그러나 일부 마켓의 경우 상품명으로 검색하는 것보다 자체 마켓의 검색 정책에 따라 검색되게 하는 경우도 있으므로 이래 저래 판매자는 이런 여러 마켓의 귀신같은 교묘한 정책을 하루 빨리 파악하는 것이 매우 중요합니다.

참고로 네이버스마트스토어의 경우 네이버에서 운영하는 마켓이기 때문에 뒤에 가서 설명하는 홍보 전략 중에서 네이버 검색 광고가 있고요, 네어버 광고주로 가입을 하여 네이버에 키워드 광고를 게재하게 되면 네이버 광고 센터에서 키워드 검색을 하여 가장 많이 검색되는 키워드를 검색할 수 있는 기능이 있습니다만, 지금은 그 설명까지는 생략하고요, 뒤에 가서 기회가 되면 설명하도록 하겠습니다.

지금은 다만 상품명을 정할 때 가장 검색이 잘 되는 상품명으로 정해야 하며 일부 마켓의 경우(11번가의 징그러운 정책은 넌덜머리가 납니다.) 마켓에서 지정한 방식으로 상품명을 정해야 하는 수도 있으므로 이러한 여러 마켓의 교묘한 정책들을 하루 아침에 파악한다는 것은 거의 불가능하다고 할 수 있습니다.

다음은 필자가 판매하는 상품 중에서 하나의 상품의 상품명입니다.

독수리사진액자 A4 벽걸이액자 포토액자 하늘의제왕 벽장식 풍경화 풍경사진 풍경화그림

아래는 이전에 사용하던 방식 중의 하나입니다.

독수리사진액자/A4 벽걸이액자/포토액자/하늘의제왕/벽장식/풍경화/풍경사진/풍경화그림

그러나 위의 2가지 방식 어떤 방식을 사용하든 실제로 차이는 없습니다.

다만, 상품명의 길이에 제한이 있고, 11번가의 경우 그야말로 판매자를 스트레스를 받아서 죽게 하려고 하는지 정말 짜증납니다.

상품명이라는 것이 검색 빈도가 높은 것으로 정하는 것인데, 예를 들어 액자라는 이름이 2번 들어가면 안 되는 등 말도 안 되는 규제를 하는 대표적인 마켓입니다.

특히 11번가는 옥션을 답습하는 못 된 습관이 있는데요, 옥션의 나쁜 정책까지도 거의 똑같이 그대로 답습을 해서 판매자를 울화통이 터지게 하는 마켓입니다.

옵션은 사이즈, 색상 등의 선택 사항을 입력하는 기능인데요, 여기서 판매자는 또 한 번 죽음과도 같은 고통을 맛 보아야 합니다.

특히 네이버스마트스토어는 다른 것은 다 잘 한다 하여도 옵션 기능은 아프리카 우간다보다 못한 못 된 정책으로 일관하는 대표적인 사이트입니다.

예를 들어 쿠팡의 경우 본품의 가격이 10만원이고요, 옵션 가격이 1,000원이라도 하나의 화면에 상품을 올릴 수 있습니다.

그러나 네이버, 옥션, 지마켓, 기타, 멍텅구리 사이트들은 본품 가격이 10만원이면 옵션 가격은 50% 혹은 40%, 이런 식으로 규제를 해서 여러가지 규격이 있는 상품의 경우 하나의 상품만 올려도 될 것을 이런 식으로 옵션 가격을 규제를 하기 때문에 어쩔 수 없이 여러 개의 상품으로 옵션마다 상품을 등록해야 하는, 기가 막히는, 말도 안 되는 일이 버젓이 일어나는 사이트들입니다.

해당 마켓에서야 그럴만한 이유가 있어서 그렇게 규제를 하겠습니다만, 이는 빈대 한 마리를 잡으려고 초가삼간을 태우는 격이니 그런 우를 범하고도 수 많은 판매자들은 대형 마켓에서는 무조건 을이므로 갑의 갑질에 대항할 수가 없으므로 아무도 이의를 제기하지 않기 때문에 갑인 대형 마켓의 갑질은 한도 끝도 없이 자행되는 것입니다.

그리고 옵션 등록 방식도 사이트마다 다르며, 특히 이베이(옥션, 지마켓)는 그야말로 판매자들을 내 쫓기 위한 방법을 사용하므로 여기에서 판매를 하려면 죽음보다 더한 고통과 압박을 견뎌내야 합니다.

실제로 일부 사이트에서는 자신들의 요구에 반하는 판매자를 공개적으로 나가라고 하지는 않고요, 이런 식으로 판매 활동을 하지 못할 정도로 여러가지 규제를 나갈 때까지 쉬지 않고 자행을 하여 결국 판매자 스스로 그 사이트에서 탈퇴를 하게 만드는 악질 마켓도 있습니다.

그래서 가장 좋은 방법은 자신의 홈페이지에 자사몰을 구축하여 자기 마음대로 판매를 하는 것이 가장 좋지만, 자신의 홈페이지에 쇼핑몰을 구축하는 비용부터 상당히 많이 들어가고요, 무엇보다 대형 마켓과 같이 수 많은 전문 분야 직원들이 분담하는 작업을 혼자 해야 하므로 경쟁에서 뒤질 수 밖에 없습니다.

그래서 울며 겨자 먹기로 대형 마켓에 입점하여 판매를 하는 것이며, 대형 마켓은 마켓에 입점한 판매자가 가장 중요한 대들보이건만 이렇게 자신들의 마켓에 입점한 판매자를 가장 중요한 대들보로 여기는 마켓은 성장을 하고 그렇지 않은 마켓은 도퇴된다는 것을 모르는 대형 마켓이 많이 있으니 문제입니다.

일단 여기서는 네이버스마트스토어의 옵션 등록 방식만 설명을 하고요, 다른 마켓의 옵션 등록 방식은 설명을 누락할 수도 있으므로 여기 설명을 잘 보시고 응용하시면 되겠습니다만, 사이트마다 기상천외한 방법을 사용하므로 이 또한 여러분이 공부를 하여 스스로 터득해야 하는 숙제입니다.

다만, 네이버스마트스토어는 모든 마켓의 기준이 될 정도로 정통 방식을 사용하므로 여기 설명이 없더라도 여러분이 어느정도 실력이 있으면 스스로 터득할 수 있을 것입니다.

만일 여러분이 판매하는 상품이 위에 보이는 것과 같이 소, 중, 대, 특대 사이즈가 있을 경우 각 사이즈별 가격 차이가 적으면 하나의 화면에 모두 등록할 수 있으나 가장 작은 사이즈와 가장 큰 사이즈의 가격 차이가 50% 이상 차이가 나면 등록이 안 됩니다.

이 경우 가격 차이가 큰 상품은 따로 독립된 상품으로 올려야 합니다.

이 경우, 필자가 고객들로부터 받는 문의 전화 중 가장 큰 비중을 차지하는 것이 화면에는 보이는데 구매할 수 없는 사이즈를 어떻게 구매하는가 하는 문의입니다.

그러면 필자는 전화로 자세하게 설명할 수 없으므로 네이버스마트스토어에서 상품을 보고 문의 전화를 한 고객에게 쿠팡에 가서 구매하라고 쿠팡 상품 페이지 링크를 보내줍니다.

쿠팡에서는 소, 중, 대, 특대, 특특대, 등.. 아무리 가격 차이가 많이 나도 구매할 수 있기 때문입니다.

그러나 쿠팡에서도 최근에는 이렇게 가격 차이가 많이 나는 경우 상품 등록시 하나의 화면에 등록은 되지만, 고객들이 보는 페이지에서는 옵션별로 여러 개의 상품으로 쪼개져서 노출되는 기현상을 보이기도 합니다.

그래서 아마도 쿠팡의 매출이 예전보다 줄었을텐데 여전히 고치지 않고 있습니다.

이는 쿠팡의 창업 멤버들은 이제 돈이 많아서 현장에서 손을 떼고 새내기 직원들이 그 자리를 차지하여, 특히 쿠팡 이외의 마켓, 특히 옥션, 지마켓에 근무하던 사람들이 쿠팡으로 자리를 옮겨서 옥션 지마켓과 비슷한 방식으로 프로그래밍을 해서 결과적으로 쿠팡을 망하게 하려고 하는 것이겠습니다만, 쿠팡은 이제 너무나 큰 거대한 기업이 되어서 이런 것을 시정하지 않거나 시정하더라도 아주 오랜 시간이 걸립니다.

쿠팡은 최초의 창업 정신을 얼마나 오래 지속하는가에 따라서 쿠팡의 명운이 달려 있다고 해도 과언이 아닙니다.

오늘날 쿠팡이 단기간에 이렇게 커질 수 있었던 것은 쿠팡의 창업주가 다른 마켓, 예컨대 네이버스마트스토어, 옥션, 지마켓, 11번가 등의 선발 마켓을 벤치마킹을 하여 이들 마켓의 악질적인 방식만 쪽집게처럼 집어내서 쿠팡에서는 그런 악질적인 방식을 전혀 사용하지 않고 쿠팡에 입점한 판매자들을 가능한 규제를 하지 않고 가능한 최대한 자유롭게 판매 활동을 하도록 한데 있습니다.

그런데 이제는 쿠팡이 너무 커져서 인물난에 그런 구태 마켓에 근무하던 사람들을 받아 들이게 되고, 그런 구태 마켓에 근무하던 사람들이 쿠팡에 들어가서 구태 마켓의 전횡을 조금씩 보이고 있습니다만, 아직은 어느정도 시일이 지나면 쿠팡의 창업주가 미국에서 조종을 하는지는 모르겠습니다만, 다시 쿠팡의 초기 창업 정신으로 되돌아가는 모습을 자주 볼 수 있습니다.

그러나 언제까지 그렇게 할 수 있을지는 지금은 알 수 없고요, 만일 쿠팡이 계속하여 구태 마켓의 악질적인 행위를 답습한다면 쿠팡이 지금까지 쌓아놓은 것이 하루 아침에 무너진다는 것을 알아야 할 것입니다.

네이버스마트스토어 역시 지금도 잘 하고 있지만, 지금까지 설명한 것들을 시정하면 더더욱 커질 수 있고요, 지금 설명하는 옵션 가격 제한 역시 당장에 철폐를 하는 것이 마땅하지만, 누구에게는 식은 죽을 먹는 것보다 쉬운 일이지만, 누구에게는 죽음보다 어려운 일이니 문제입니다.

사실 지금 설명하는 옵션 등록 방법 등은 해당 마켓 도움말에 자세하게 나와 있습니다만, 지금 옵션 등록 방법 등에 대해서 각 마켓의 장단점 등을 자세하게 기술하는 내용은 천금을 주고도 보고 들을 수 없는 귀한 정보들이라는 것을 아시기 바랍니다.

이는 필자가 직접 이들 마켓에서 판매 활동을 하면서 평소에 경험하고 느낀 것들을 필자의 생각을 곁들여 설명을 하는 것이므로 여러분은 여러분이 직접 경험 해 보지 않았어도 이 책을 통해서 간접 경험을 하는 것이나 다름이 없습니다.

옵션명, 옵션값을 입력하고 위의 손가락이 가리키는 [옵션 목록으로 적용]을 클릭하면 위의 화면에 보이는 것과 같이 나타나며 수량은 다음 방법으로 수정합니다.

모든 옵션을 선택을 하고 앞의 화면에서 재고 수량을 적당히 입력하고 [선택목록 일괄수정]을 클릭하면 수량이 자동으로 입력되며 가격은 직접 입력하면 됩니다.

재고수량	판매상태	관리코드	사용여부	삭제
9,999	판매중		Y	×
9,999	판매중		Y	×
9,999	판매중		Y	×
9,999	판매중		Y	×

그러나 규격이 여러가지가 있을 경우 가장 적은 가격과 많은 가격의 차이가 50% 이상 차이가 나면 등록이 안 됩니다.

	옵션명 사이즈		옵션가
✓	소	+	0
✓	중	+	500
✓	대	+	1,000
✓	특대	+	1,500

위의 화면에 보이는 항목보다 더 위쪽에 상품 가격이 있으며 위는 상품 가격이 3,000원일 경우 옵션 최대 값이 절반, 즉 50%인 1500원까지 입력할 수 있으며 만일 옵션 가격이 1,600원이면 등록이 안 됩니다.

이 경우 본품 가격 3,000원보다 특대 사이즈는 3,100원이 되기 때문에 등록이 안 되는 것이며 이 경우 특대 사이즈만 따로 독립된 상품으로 등록을 해야 하는 불합리하고 불편하고 짜증나게 하는 시스템이고요, 다른 마켓들도 이런 규제를 하는 마켓이 더러 있습니다.

④ 썸네일 이미지

썸네일 이미지란 고객이 상품을 처음 접할 때 보이는 작은 이미지를 말하며 상품 등록 전에 이 책의 뒷 부분에서 설명하는 제품 촬영 및 편집시 미리 만들어 놓은 썸네일 이미지를 등록하는 것입니다.

썸네일 이미지 뿐만이 아니고 상품 페이지를 완전히 제작을 해 놓고 등록을 해야 하며, 지금은 상품 등록 방식만 설명하는 것이므로 실제 상품 등록은 이 책의 뒷 부분에 나오는 제품 촬영 및 편집 단원을 공부하신 후에 등록해야 합니다.

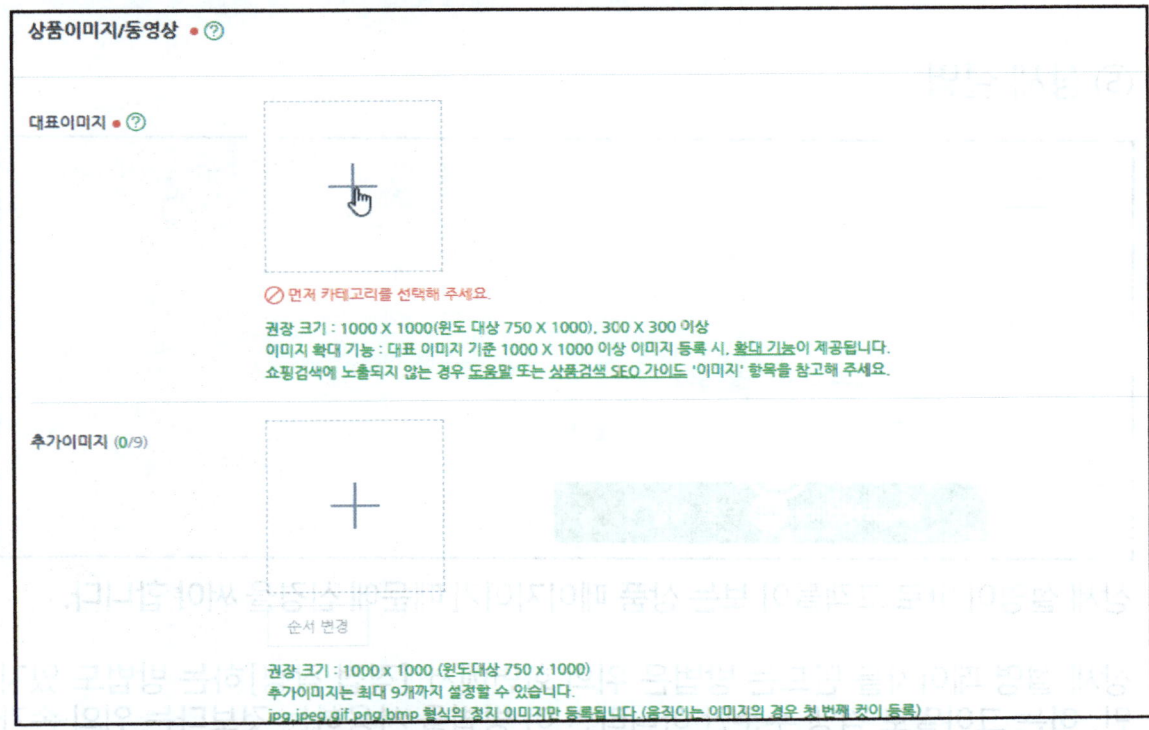

썸네일 이미지는 사이트마다 조금씩 다르기는 하지만, 대체로, 필자의 경우 1000 픽셀 x 1000 픽셀의 이미지로 제작하여 모든 사이트 공통으로 사용하며 대부분의 사이트에서는 옛날에는 사이즈가 작은 썸네일 이미지를 따로 제작했으나 지금은 1000픽셀 x 1000 픽셀의 이미지로 등록하면 자동으로 해당 사이트에서 고객들이 맨 처음 보게 되는 작은 이미지 및 큰 이미지로 변경되어 등록이 됩니다.

특히 네이버스마트스토어는 위의 손가락이 가리키는 대표 이미지를 먼저 등록하고 나면 추가 이미지는 몇 개가 되었든 한꺼번에 복수로 여러 개를 올릴 수 있어서 다른 사이트에 비해서 가장 편리한데요, 그러나 보통 대개 4개 이내의 이미지를 제작하는 것이 대부분이고요, 옥션 지마켓의 경우 추가 이미지는 3개까지만 등록이 가능하며 옥션 지마켓에서 광고를 게재하는 상품만 썸네일 이미지를 더 올릴 수 있습니다만, 썸네일 이미지는 무리하게 많이 올리는 것보다는 1~4개 사이에서 제작하고 올리는 것이 가장 합리적입니다.

앞에서 설명한 바와 같이 썸네일 이미지는 이 책의 뒷 부분에서 다루는 이미지 편집 편을 공부해서 직접 썸네일 이미지 및 상품 데이터가 들어 있는 상품 페이지를 만들어 놓은 다음에 등록을 해야 합니다.

⑤ 상세 설명

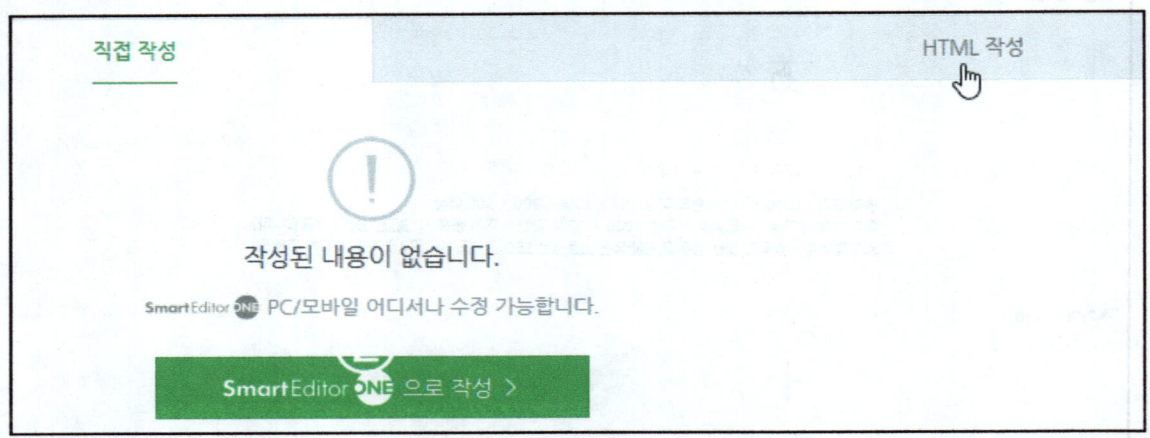

상세 설명이 바로 고객들이 보는 상품 페이지이기 때문에 신경을 써야 합니다.

상세 설명 페이지를 만드는 방법은 위의 화면에서 [직접 작성]하는 방법도 있지만, 이는 그야말로 컴맹 수준만 아니라면 이 방법을 사용하는 것보다는 위의 손가락이 가리키는 [HTML 작성]을 클릭하여 웹 페이지로 만든, 미리 만든 상품 설명 페이지, 즉, 웹문서를 업로드 해야 합니다.

그리고 이렇게 하는 이유가 있습니다.

HTML 이란 하이퍼텍스트 마크업 랭귀지로 웹브라우저에서 문서가 보이도록 구현하는 언어이며, HTML로 페이지를 만들면 웹브라우저가 이것을 해석하여 우리가 보는 페이지로 보여 주는 것인데요, 필자와 같은 판매자가 상세 설명 페이지를

HTML로 제작해서 올릴 경우, 최초에 상품 등록시 발견하지 못 했던 오탈자나 이미지 등을 수정해서 다시 올리기만 하면(자신의 서버에 업로드를 하면), 이 상품이 올라가 있는 모든 사이트의 상품 페이지가 자동으로 수정됩니다.

물론 이것을 지원하는 네이버스마트스토어, 옥션, 11번가 등 일부 사이트만 이렇게 자동으로 수정되고요, 일부 사이트는 필자가 모르는 어떤 이유 등으로 혹은 해당 마켓의 갑질 정책으로 이렇게 자동으로 수정되지 않습니다.

이것은 사실 굉장히 중요한 문제로서 우리 정부의 공정거래위원회 등에서 보다 강력한 제재를 가하여 모든 사이트가 HTML를 지원하도록 해야 마땅한 일이지만, 우리나라는 세계 최고의 선진국이 되어 국민들이 누리는 자유 또한 세계 최고의 자유 민주주의 국가이기 때문에 국가에서는 이러한 일에 간여를 하지 않으니 문제입니다.

그래서 일부 사이트만 HTML을 지원하고 일부 사이트는 지원하지 않는데요, 지원하지 않는 대표적인 사이트로 쿠팡과 카카오톡스토어가 있습니다.

웨메프, 티몬 등 여러 마켓 가운데서 뒤떨어지는 마켓일수록 이런 기능을 지원하지 않고요, 어차피 티메프 사태로 위메프, 티몬 등은 앞으로 여기에서 판매할 판매자가 있을지 의문이고요..

쿠팡은 국내 1위 마켓답게 대부분의 기능에서 최대한 판매자를 규제하지 않고 판매자들이 자유롭게 판매 활동을 할 수 있도록 지원하는 마켓이지만, 상세 설명 페이지에 HTML을 지원하지 않습니다.

다만, 상세 설명 페이지를 올릴 때 HTML 문서를 만들어서 HTML 문서를 올릴 수는 있지만, 네이버스마트스토어, 11번가 등에서는 나중에 오탈자 등을 수정하면 자동으로 수정되지만, 쿠팡, 카카오톡스토어 등에서는 이렇게 자동으로 수정이 되지 않기 때문에 오탈자 한 자 고치는데도 다시 상품 수정 페이지에 들어가서 HTML 문서를 몽땅 업로드를 해야 합니다.

그리고 웹브라우저에서는 쿠키, 캐시 등을 사용하며, 특히 네이버스마트스토어는 네이버에서 운영하는 사이트이기 때문에 네이버는 국내 최대 포털 사이트이기 때문에 서버의 부담을 줄이고자 쿠키를 그야말로 최강으로 매우 매우 아주 강력하게 사용을 합니다.

그렇게 큰 대기업에서 서버를 증설하지 않고 수 많은 판매자들이 죽음과도 같은 고통을 맛보고 있는데도 불구하고 쿠키 및 캐시를 너무나도 강력하게 사용하기 때문에 사용자는 상품을 수정하고도 그 상품이 제대로 수정되었는지 확인하는 것이 어려운 일이 발생을 합니다.

웹브라우저에서 사용하는 쿠키나 캐시는 화면 로딩을 빠르게 하기 위하여 한 번 방문했던 사이트는 그 화면을 쿠키나 캐시에 저장을 해 놓고 사용자가 클릭하면 새로운 정보를 보여 주는 것이 아니라 이전에 저장해 놓은 옛날 정보를 보여주기 때문입니다.

이건 아주 큰 문제입니다.
지금은 사실 대부분 그냥 거의 모르고 지나칩니다만, 일부 사이트의 경우..

요즘은 PC보다 오히려 모바일 주문이 더 많은 시대인데요, PC에서 보는 화면은 그래도 비교적 최신의 정보를 보여주지만, 모바일에서 보는 정보는 무려 1년 전의 정보를 보여주던 시절도 있었습니다.

그래서 필자의 경우 분명히 주문 들어온 대로 정확하게 포장을 해서 발송을 했지만, 고객은 항의를 넘어 분노하면서 반품을 하는 사태가 비일비재하게 일어났던 일이 있는데요, 나중에 알고보니 고객이 보는 페이지는 1년 전 다른 상품 페이지를 보고 주문을 한 것이고요, 필자는 그 상품은 품절되어 비슷한 다른 상품으로 상세 설명 페이지를 수정해서 올렸지만, 일부 사이트에서는 PC에서도, 그리고 모바일에서는 새로 올린 상세 설명 페이지가 보이지 않고 무려 1년 전의 화면을 보여주어 그런 기가 막히는 현상이 벌어진 것입니다.

그래서 웹 사이트에 올려서 판매하던 상품이 품절 혹은 단종되어 다른 상품으로 대체할 때는 그 상품은 완전히 삭제를 하고 새로운 상품으로 다시 올리는 것이 좋습니다.

이전에 판매하던 상품의 반응이 좋아서 판매 이력이 많이 있어서 그것이 아까워서 그 화면을 그대로 두고 상세 설명만 바꾸어 다른 상품을 올리면 이런 사태가 벌어지기 쉽기 때문입니다.

그리고 이렇게 웹브라우저에서 쿠키나 캐시를 이용하여 새로운 정보를 보여주지 않고 이전에 저장된 정보를 보여주는 것을 삭제하는 방법이 있습니다.

⑥ 쿠키 및 캐시 삭제

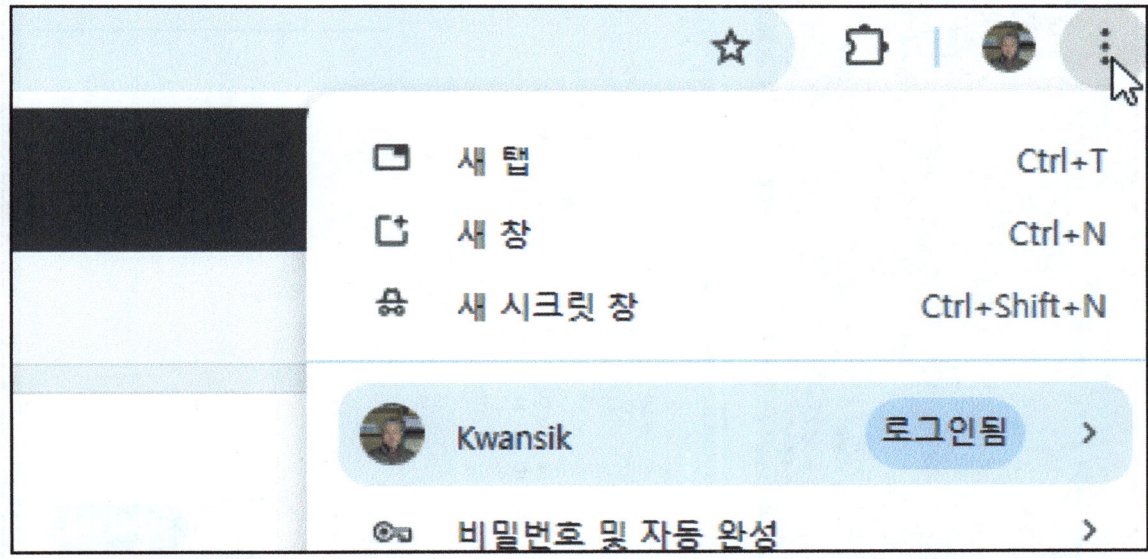

나중에 판매 화면에서 상세 설명을 수정했는데 고객들이 보는 페이지가 제대로 수정되어 나타나지 않으면 위의 구글 크롬 화면에서 위의 화면 우측 상단 위의 손가락이 가리키는 점 3개를 클릭하고 설정을 클릭하면 다음 화면이 나타납니다.

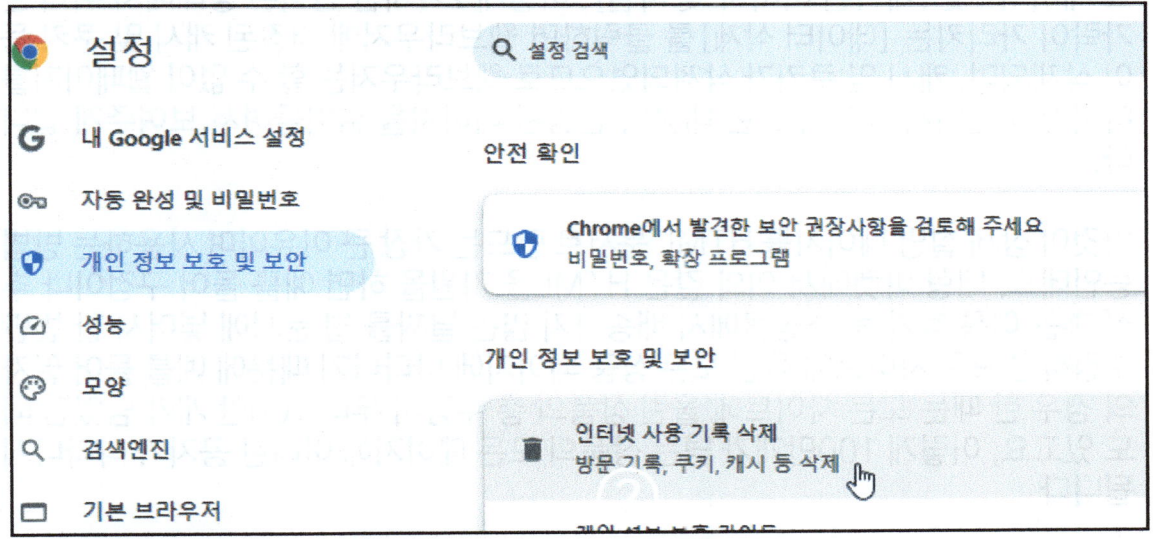

위의 설정 화면 좌측 [개인 정보 보호 및 보안]탭에서 위의 화면 우측 손가락이 가리키는 [인터넷 사용 기록 삭제, 방문 기록, 쿠키, 캐시 등 삭제]를 클릭하면 다음 화면이 나타납니다.

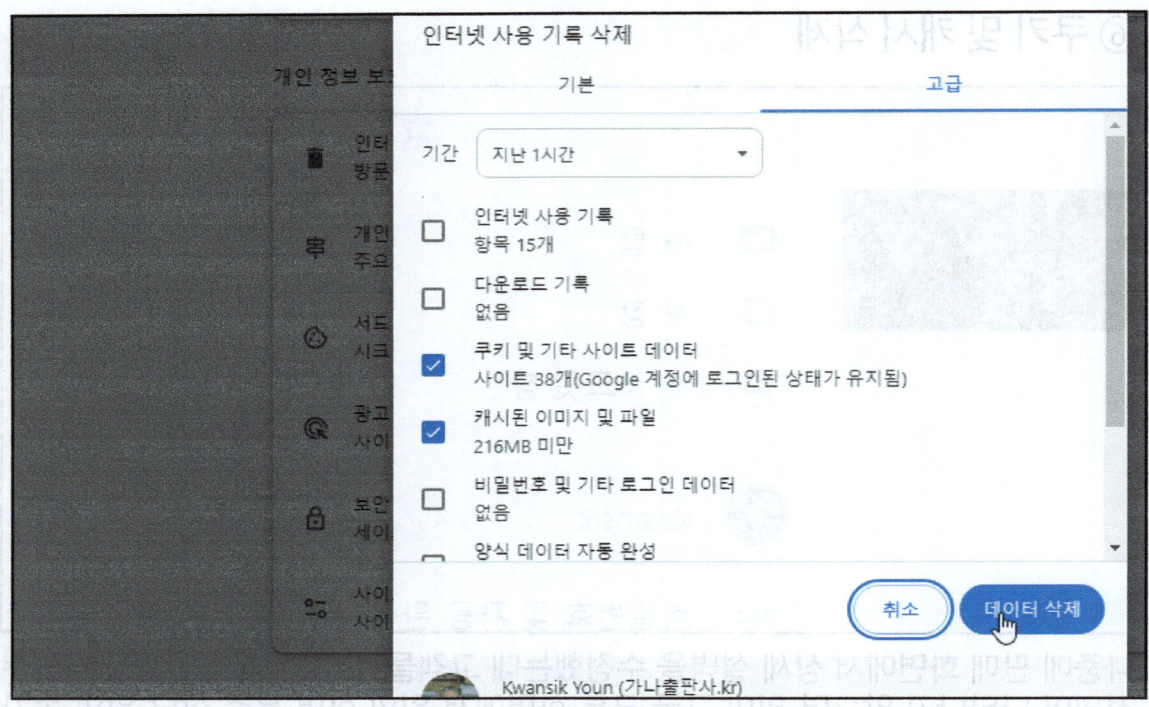

위의 화면을 잘 읽어보시고요, 보통 위에 보이는 기본 값으로 [쿠키 및 기타 사이트 데이터] 및 [캐시된 미미지 및 파일], 이렇게 2가지만 선택된 상태에서 위의 손가락이 가리키는 [데이터 삭제]를 클릭하면 웹브라우저에 저장된 캐시 및 쿠키 등이 삭제되며, 캐시 및 쿠키가 삭제되었으므로 웹브라우저는 할 수 없이 웹페이지를 다시 읽어들여서 새로 수정한 내용이 반영된 페이지를 읽어들여서 보여주게 됩니다.

이것이 상세 설명 페이지를 HTML 문서로 만드는 가장 큰 이유이며 사용하는 방법 등인데요, 대형 마켓에서 이와 같은 HTML을 지원을 하면 예를 들어 구정이나 추석 혹은 여름 휴가 등 쇼핑몰에서 배송하지 않는 날짜를 웹 문서에 넣어서 한 번만 수정하면 모든 사이트에 올린 모든 상품 페이지에 나타나기 때문에 예를 들어 필자의 경우 한 때는 모든 사이트에 올린 상품의 총 수량이 무려 100만 개가 넘었던 때도 있고요, 이렇게 100만개가 넘는 상품의 모든 페이지에 이러한 공지가 나타나게 됩니다.

그래서 필자는 지금도 상세 설명 페이지의 맨 위에는 따로 공지 사항 등을 넣고, 내용을 수정하면 자동으로 페이지가 수정되도록 이 부분만 따로 만들어서 필자의 서버에 업로드를 하고 모든 상품 페이지에 넣어서 링크를 해 놓았습니다.

위의 화면은 필자가 판매하는 상품 중에서 하나의 상품 페이지이고요, HTML 문서로 올린 상품 페이지이고요, 위의 화면 상단 마우스가 가리키는 부분이 모든 상품 페이지에 공통으로 들어가는 부분이고요, 이 부분만 따로 만들어서 필자의 서버에 업로드를 하고 웹 문서를 만들 때 이 부분에 필자의 서버에 업로드한 웹 주소를 링크를 한 것입니다.

이렇게 상품 페이지를 만들어서 올리면, 구정이나 추석, 여름 휴가 등의 공지사항을 올릴 때 이 부분만 수정을 하여 이 부분만 만든 파일을 원래 있는 자리, 필자의 서버에 업로드를 하면 웹 상에 올린 수 많은 마켓에 올린 수 많은 상품들의 모든 상세 설명 페이지의 맨 위에 이 내용이 자동으로 나타나는 것입니다.

이렇게 하는 방법은 뒤에 가서 웹 문서 단원에서 다시 설명하고요, 이렇게 편리한 방법이 있지만, 이것을 지원하는 마켓은 네이버스마트스토어, 11번가 등 일부 사이트만 지원을 하고요, 쿠팡, 카카오 톡스토어, 위메프, 티몬, 인터파크, 롯데ON 등의 대부분의 사이트, 네이버스마트스토어 등의 일류 마켓보다 뒤지는 사이트들은 거의 공통적으로 이러한 기능을 지원하지 않습니다.
그래서 정부에서 공정거래위원회 등에서 이런 것은 강력하게 규제를 해서 모든 마켓이 HTML을 지원하도록 강제를 해야 한다고 필자가 주장하는 것입니다만, 우선 정부에서는 가능한 기업에 규제를 하지 않는 것이 원칙이고요, 그리고 잘 모르기 때문에 규제를 하지 않는다고 보는 것이 타당하고요,..

해당 마켓에서는 개인정보 유출 우려, 또는 HTML 문서에 외부 광고 등의 링크를 삽입하는 우려 등의 말도 안 되는 이유를 들어 이러한 기능을 지원하지 않지만, 1류 마켓은 지원을 하고 3류 마켓은 지원을 하지 않는 것으로 보아 3류 마켓 직원들의 실력이 부족한 것이 원인일 수도 있다는 생각입니다.

그리고 뒤에 가서 다시 설명을 합니다만, 여러분들이 인터넷으로 필요한 상품을 검색을 하다보면 상품 페이지가 기가 막히게 잘 만들어지고 또렷하게 잘 보이는 상품 페이지가 있는 반면에 상품 페이지가 어딘가 어색하고 글씨 등이 약간씩 퍼져 보이는 페이지를 보는 경우가 있을 것입니다.

이는 상품 페이지를 포토샵이나 일러스트에서 제작하여 .jpg 파일 등의 이미지 파일로 올리기 때문인데요, 가장 좋은 방법은 HTML 문서로 올리는 것입니다만, 지원을 하지 않는 마켓이 많기 때문에 그 다음으로 좋은 방법은 HTML 문서에 .svg 파일을 삽입하여 올리는 것이지만, 이 역시 대부분의 마켓에서 지원을 하지 않습니다.

예를 들어 필자는 이 책 포함 모든 책의 표지 뒷면, 뒷 표지에 깨알같이 작은 글씨로 바코드 및 판권지, 가격 등이 적혀 있지만, 매우 또렷하게 보이는 것을 보실 수 있을 것입니다.

그러나 인터넷에서 검색하는 대부분의 상품 페이지에서는 그렇게 깨알같이 작은 글씨들은 또렷이 보이지 않고 읽을 수 없이 글씨의 흔적만 보이는 경우를 많이 보셨을 것입니다.

글씨를 글씨로 보여주지 않고 이미지로 보여주기 때문에 대표적으로 포토샵에서 작업한 이미지로 올리기 때문이고요, 일러스트에서 작업을 하고 .svg 파일로 저장을 해서 웹문서에 삽입을 하면 HTML문서로 올리는 것과 동일하게 아주 깨끗하게 보입니다만, 대부분의 사이트에서는 .svg 파일을 지원하지 않고 대부분의 사이트에서는 거의 대부분 오로지 .jpg 파일만 지원을 하기 때문입니다.

사실 이렇게 해도 수 많은 상품 페이지를 제작 및 업로드를 해서 고객들이 보는 페이지가 약간 퍼져 보이더라도 상품 정보는 충분히 전달 할 수 있기 때문에 대부분의 마켓에서는 그냥 편리하게 컴퓨터 초보자도 .jpg 파일은 알기 때문에 거의 모든 마켓에서는 일부 마켓의 경우 오로지 .jpg 파일로 업로드 하는 것만 지원하기도 합니다.

여러분은 아직 지금 설명하는 내용을 제대로 이해를 못 할지도 모릅니다.
아직 상품을 많이 올려보지 않았기 때문입니다.

그러나 필자의 경우 최대 1,800 여 개나 되는 품목의 상품을 판매를 했고요, 이렇게 할 경우 여러 마켓에 상품을 올리기 때문에 웹 상에 올라가 있는 상품의 총 수는 백 만개가 넘어갑니다.

이렇게 천문학적으로 많은 상품을 관리를 해야 하기 때문에 모든 인터넷 쇼핑몰 판매자들의 공통적인 애로사항이 이렇게 많은 상품을 관리하는 일이고요, 그래서 인터넷 쇼핑몰 경력이 쌓이게 되면 엔터 한 번 덜 치는 것도 큰 도움이 되는 것입니다.

그러나 인터넷 쇼핑몰을 운영하면서 여러 마켓에 입점하여 판매를 하다보면 일류 사이트와 3류 사이트를 누가 알려주지 않아도 저절로 알게 됩니다.

일류 사이트는 뭔가 이러 저러한 기능이 있으면 좋겠다는 생각을 하고, 여기 저기 찾아보면 어김없이 그런 기능이 이미 있습니다.

그러나 3류 사이트는 필자가 이미 수십 년 전에 기고한 인터넷 망하는 법에 나오는 완전 그대로 운영을 합니다.

다음은 필자가 이미 수십 년 전에 기고한 인터넷 망하는 법에 나오는 내용입니다.

화장실에 들어가서 변기에 앉으니 앞에 보이는 글씨가 있어서 읽어보니 옆을 보시오, 이렇게 써 있습니다.

그래서 옆을 보니 뒤를 보시오, 이렇게 써 있었습니다.
그래서 뒤를 보니 위를 보시오, 이렇게 써 있었습니다.
그래서 위를 보니 "뭘봐" 이렇게 써 있었습니다.

이렇게 한 번이라도 더 클릭하게 하고 한 번이라도 더 깊이 들어가게 하고 그냥 엔터만 쳐도 될 것을 반드시 마우스로 클릭하게 하고,..

여러분이 혹시 컴퓨터 프로그래밍 공부를 했다면, If~and(만일 ..하면 ..해라) 는 등의 프로그래밍 문법을 아실 것입니다.

1류 사이트에서는 아주 잘 되는 기능이 3류 사이트에서는 잘 안 되거나 되더라도 1류 사이트와 똑같은 기능인데도 1류 사이트보다 엔터나 마우스를 여러 번 더 클릭해야 작동을 합니다.

이것은 프로그래밍을 하다 보면 알게 되는 이벤트인데요, 즉, 마우스를 클릭했을 때 무언가 이벤트가 발생하도록 프로그래밍을 하게 되며..

설계를 할 때도 가능한 간단하게 설계를 해야 함에도 불구하고 설계 기술이 부족하여 누구도 알아볼 수 없이 복잡하게 설계를 하는 것과 같은 이치로 3류 사이트에서는 1류 사이트와 달리 똑같은 기능인데도 쓸데없이 복잡하고 불필요한 규제가 봇물을 이룹니다.

그래서 필자는 하도 오랫동안 인터넷 쇼핑몰을 운영해 왔기 때문에, 물론 아직도 개인사업자를 벗어나지 못하고 있으므로 할 말은 없지만,..

이런 허접한 사이트에서는 아예 판매 활동을 하지 않고요, 앞에서 보았던 바와 같이 국내에는 여러 판매자들을 모집하여 네이버스마트스토어와 같이 마켓을 운영하는 사이트가 무려 100 여 개가 있지만, 누구나 이름만 대면 알 수 있는 사이트 이외에는 일체 판매를 하지 않는 것입니다.

지금 설명하는 내용들이 어찌 보면 다소 따분하고 지루하실 수도 있습니다만, 이 책은 인터넷 쇼핑몰 창업 책이고요, 이 책을 보시는 분이라면 인터넷 쇼핑몰 창업에 관심이 있는 사람들일 것이고요, 인터넷 쇼핑몰을 운영하려면 반드시 알아야 하는 내용들이고요, 본인 스스로 이러한 내용들을 알기 위해서는 수 년 내지 수십 년 동안 쇼핑몰을 운영해야 알 수 있는 내용들입니다.

그래서 지금 설명하는 내용들이 어떤 사람들에게는 아무짝에도 쓸모없는 정보일지 모르지만, 인터넷 쇼핑몰을 운영하려는 사람들에게는 그야말로 100만불짜리 정보라는 것을 아시기 바랍니다.

⑦ html 문서 삽입

지금까지 설명한 내용을 이해를 하신 분이라면 다음 화면에 보이는 것과 같이 상세설명 화면에서 [html]을 선택하고 이 책의 뒷 부분에서 배우게 되는 무료 웹에디터인 Microsoft Expression Web4 프로그램으로 제작한 HTML 문서를 삽입하게 되는데요, 다음 화면에 보이는 것과 같이 HTML 코드를 복사하면 됩니다.

위의 화면은 이 책의 뒷 부분에서 배우게 되는 무료 웹에디터인 Microsoft Expression Web4 프로그램으로 제작한 HTML 코드인데요, 위의 화면은 코드 보기를 한 화면이고요, 화면 제작은 [디자인]에서 작업을 합니다.

⑧ 미리 보기

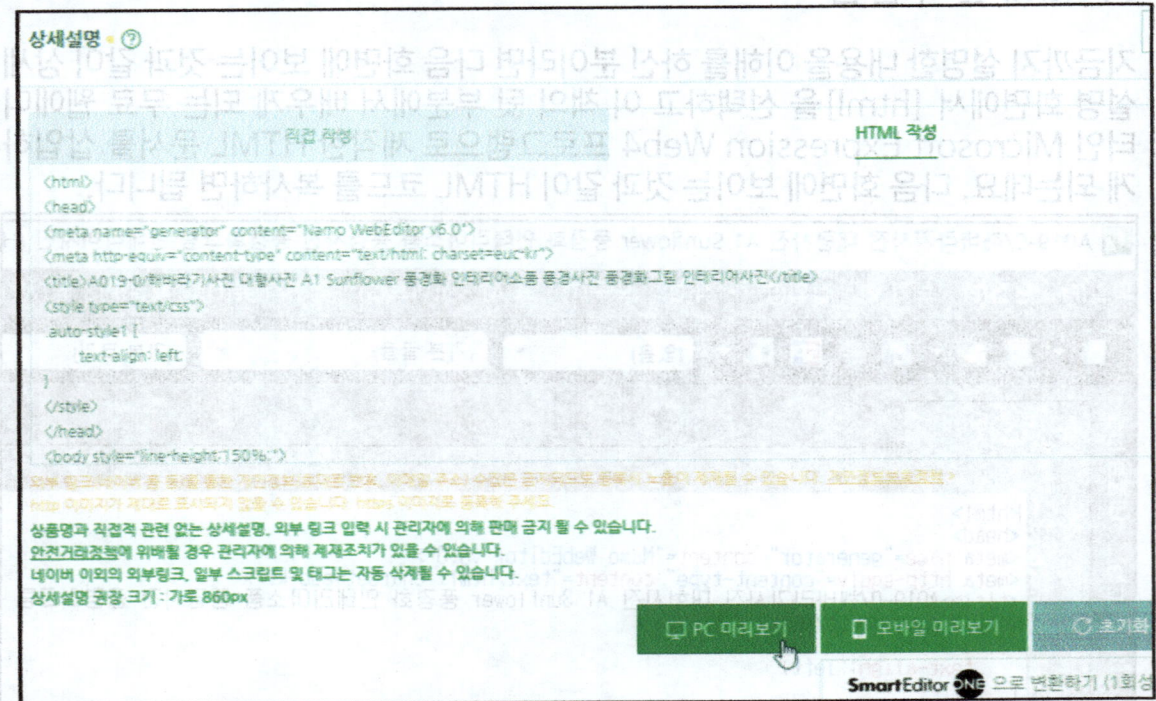

위의 화면은 네이버스마트스토어 상품 등록 화면에서 상세 설명 입력하는 란에 HTML 코드를 삽입한 화면이고요, 위의 손가락이 가리키는 [미리 보기]를 클릭하여 반드시 미리 보기를 해야 합니다.

앞에서 설명한 다소 장황한 설명들을 이해를 하셨다면 왜 미리 보기를 꼭 해야 하는지 아실 것입니다.

다시 상기하자면 웹 브라우저에서는 항상 이전 정보를 보여주기 때문에 지금 HTML 코드를 삽입한 것을 보여주지 않고 이전 정보를 보여주기 때문이고요, 위의 상품 등록 화면에서 미리 보기를 하는 것은 웹 브라우저의 쿠키나 캐시 등과는 전혀 상관 없이 지금 등록한 HTML 코드를 있는 그대로 고객들이 보는 화면으로 보여주는 것이기 때문입니다.

미리 보기는 위의 화면에 보이는 것과 같이 [PC 미리 보기]와 [모바일 미리 보기]가 있습니다만, 어차피 똑같은 화면을 축소해서 보여주는 것이기 때문에 [PC 미리 보기] 한 가지만 확인해도 충분합니다.

⑨ 상품정보제공고시

정부에서는 대부분 업계 자율에 맡기고 가능한 터치를 하지 않습니다만, 지금 설명하는 [상품정보제공고시]는 여러 해 전에는 없던 기능입니다만, 공정거래위원회에서 강제로 넣도록 규정한 고시입니다.

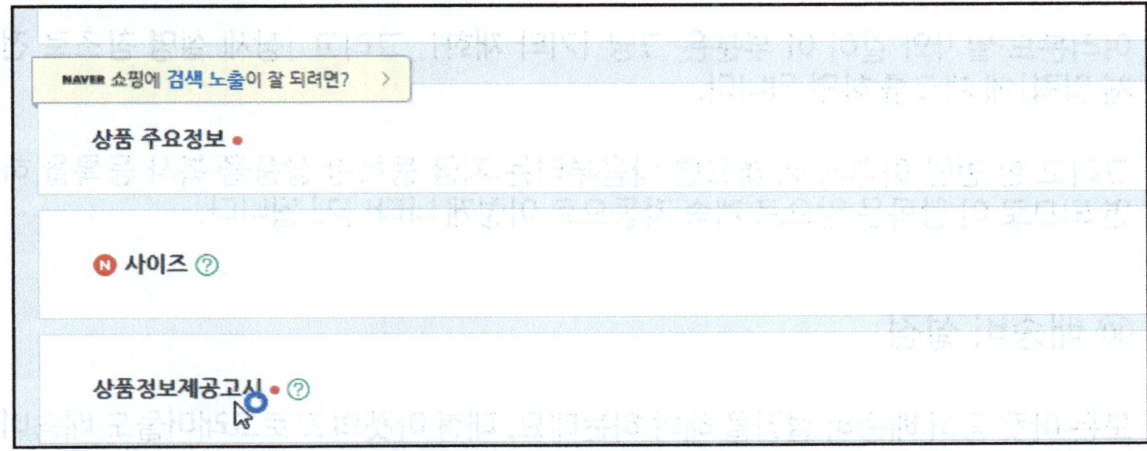

위의 화면에서 [상품 주요 정보] 및 [서비스]는 누락했는데요, 누구나 클릭하고 읽어보면 쉽게 알 수 있는 내용이라 여기서는 설명을 누락했고요, 위의 화면 마우스가 가리키는 [상품정보제공고시]를 클릭하면 다음 화면이 나타납니다.

위의 화면에서 손가락이 가리키는 곳을 클릭하면 그야말로 머리가 지끈 지끈 아플 정도로 엄청난 정보가 있고요, 마켓에서도 정부의 지침을 따르지 않을 수는 없으므로 정부의 방침을 따르되 위의 손가락이 가리키는 우측 네모에 체크를 하여 필자의 경우 [기타 재화] 그리고 모든 항목을 [상세 설명 참조]로 간단하게 넘어 갔습니다.

여러분도 필자와 같이 이 부분은 그냥 [기타 재화], 그리고 [상세 설명 참조로 전체 입력]에 체크를 하면 됩니다.

그리고 한 번만 이렇게 해 놓으면 다음부터는 지금 등록한 상품을 복사 등록을 하면 되므로 이 항목은 앞으로 계속 자동으로 이렇게 나타나게 됩니다.

⑩ 배송비 설정

모든 마켓 공히 배송비 설정을 해야 하는데요, 대형 마켓의 프로그래머들도 배송비 문제로 골머리를 앓지만 판매자도 배송비 때문에 골머리를 앓아야 합니다.

대형 마켓에서 프로그래머로 근무하는 사람이 프로그래밍을 할 몰라서 그러하지는 않을 것입니다.

이는 아마도 해당 마켓의 경영진이나 오너가 전횡을 일삼기 때문으로 보이는데요, 아무리 그렇다군 해도 배송비 항목을 그렇게 밖에 못 만드는 것인지 기가 막힙니다.

특히 쿠팡은 국내 1위 마켓이라는 명성에 걸맞지 않게 배송비 설정을 해 놓은 대표적인 배송 관련 먹통 마켓입니다.

아마도 쿠팡에서는 모든 상품을 배송비 무료로 판매하기를 원합니다만, 판매자에 따라서는 배송비를 무료로 할 수도 있으나 상품 가격이 저렴한 저가형 상품의 경우 배송비와 상품 가격이 별 차이가 없는 상품을 무료로 할 수는 없습니다.

그리고 판매자에 따라서는, 실제로 필자는 현재 주로 필자가 집필하는 책과 필자가 펴 낸 책 중에서 카레라 교본 책도 있으므로 필자는 카메라를 가지고 여기 저기 다니면서 촬영한 각종 사진을 인쇄를 하여 대형 사진 및 중 소형 액자에 넣어서 판매를 하는 것이 대부분이지만, 매출을 좀더 늘려보고자 남들이 잘 하지 않는 대형 다라를 한동안 판매를 했었습니다.

성인이 대형 다라 속에 들어가서 목욕을 할 수 있는 대형 다라인데요, 일반 택배사에서는 받아주지 않기 때문에 꼭 화물 택배사로 싣고 가서 보내야 하며, 배송비가 대형 다라 1개당 1만원이 넘습니다.

일반적인 상품, 대형 액자가 아닌 중소형 액자 및 기타 대부분의 상품은 필자의 거래 택배사와의 계약에 의하여 건당 3,500원에 발송하지만, 대형 다라는 직접 차로 싣고 가서 발송해야 하며 택배비도 무려 건당 1만원 이상 들어갑니다.

이것을 어떻게 무료로 배송을 하는가 이 말입니다.

그리고 이런 경우 자칫하면 배송비가 1만원이 넘는 상품을 배송비 3,500원에 판매할 수도 있습니다.

그래서 대형 마켓에 상품을 올려서 판매할 때는 항상 맑은 정신으로 실수를 하지 않아야 하며 평소에 스스로 함정에 빠지지 않도록 부단히 훈련 및 연습 및 각오 및 다짐을 해야 합니다.

이 말을 이해를 하려면 여러분들이 최소한 1년 이상 판매 활동을 하면서 1만원짜리 주문에 10만원짜리 상품을 잘 못 보내 보아야 아이구 이 책 속에 이런 내용이 있었는데 내가 스스로 함정에 빠졌구나 하는 생각을 하실 수 있을 것입니다만,...

여러분들이 젊고 패기 있고 의욕적이고 그리고 평소에 잦은 실수를 하지 않는 분이라면 이런 실수를 하지 않겠습니다만, 상품 등록을 할 때 옵션 등록을 잘 못하여 스스로 함정에 빠지도록 상품을 등록하면 수 많은 상품을 판매하면서 매일 주문 들어온 주문건 확인하고 엑셀 파일 다운 받아서 송장 입력하고, 그리고 매일 오후 4시 정도 택배 마감 시간 전에 그날 주문 건은 그날 발송하려고 눈코 뜰새 없이 바쁘게 움직이다보면 천하 없는 천재라도 실수를 하지 않을 도리가 없는 것입니다.

그래서 이런 실수를 방지하고자 스스로 함정에 빠지지 않는 훈련 및 연습 및 각오 및 다짐을 하고 실제로 행동에 옮겨야 합니다.

그리고 초등학교 때부터 배우는, '오늘 할 일을 내일로 미루지 마라' 를 평소에 습관화 해야 하며, 필자의 경우 오늘 할 일을 내일로 미루지 않는 정도가 아니라 필자는 이미 나이가 들어 머리가 허옇기 때문에 건망증이 심하여 지금 할 일은 1분 1초도 미루지 않고 즉시 처리하는 습관이 되어 있습니다.

그리고 필자가 자주 사용하는 도구 및 상품 포장 자재 등은 항상 놓아 두는 자리에 항상 놓아두는 습관을 들여서 언제나 손 만 뻗으면 잡을 수 있는, 항상 머리 속에 기억하고 있는 자리에 있도록 하는 습관 역시 빼 놓을 수 없는 습관입니다.

호랑이에게 물려가도 정신만 차리면 살 수 있다는 말은 실제 호랑이에게 물려가지 않더라도 매일 오후 택배 마감 시간에 맞춰서 그날 주문 들어온 주문 건은 그날 발송하기 위하여 동분서주, 눈코 뜰새없이 바쁘게 움직이다보면 택배 박스 포장하면서부터 박스 테이프를 못 찾아서 헤매는 등, 매일 하는 일이기 때문에 한 가지만 어긋나도 그날 스케줄이 엉망이 되어 버리는 일이 허다합니다.

오죽하면 전화 주문은 아예 들어오지 않았으면 할 때도 있습니다.

왜냐하면 매일 여러 마켓의 주문건을 취합하고 엑셀 파일로 정리하는 시간도 꽤 많이 걸립니다만, 매일 하는 일이기 때문에 거의 기계적으로 착착 진행을 하여 택배 마감 전에 그날 주문건 포장을 마치게 되는데요,..

이 때 뜬굼없이 따르릉 전화가 와서 무언가 전화 주문이 들어오면 그냥 스케줄이 엉망이 되어 버립니다.

그래서 필자가 아는 어떤 판매자는 아예 스마트폰을 택배 마감 전까지는 일부러 받지 않는 사람도 있습니다.

괜히 전화를 받아서 전화 주문이라도 들어오면 그날 택배 마감 전에 포장을 다 하지 못할 수도 있기 때문에 그날 스케줄에 펑크가 나기 때문입니다.

물론 여러분이 인터넷 쇼핑몰을 창업하여 이렇게 바쁘게 되기까지는 상당히 시일이 걸려야 합니다.

잘 팔리지 않는 상품을 취급한다면 첫 주문에 엉엉 울음을 터뜨리고 펑펑 눈물을 쏟을 수도 있습니다.
평생 구매만 하고 판매는 한 번도 해 보지 않은 사람은 판매라는 것이 그렇게 어렵다는 것을 내 진정 몰랐었네..를 외치게 됩니다.
요즘 시중 경기가 그야말로 바닥이 아니라 지하로 기어 들어갔습니다.

그러나 난세에 영웅이 나오는 법입니다.

이 어려운 시기에 매출을 늘리고 주문이 많아서 오늘 주문 건을 내일로 모레로 미루는 판매자도 있는 것입니다.

배송비에 관한 설명을 하다가 여러가지 장황하게 설명을 했는데요, 여러분이 실제로 대형 마켓에 입점하여 상품 등록을 하다보면 배송비 문제로 얼마나 속을 썩히고 울화통이 터지는지 모릅니다만, 일단 배송비는 기본적으로 무료 배송, 그리고 필자의 경우 3만원 이상 무료 배송, 3만원 미만 주문은 배송비 3,500원을 기본으로 정해 놓았고요, 제주도 5,000원 추가, 제주도 외 도서 지역 7,000원 추가, 그리고 쿠팡에서는 아예 제주도 주문 불가로 해 놓았습니다.

⑪ 반품/교환비 설정

필자는 거의 반품이 없기 때문에 반품 배송비를 따로 설정하지 않거나 처음 배송비 그대로 둡니다만, 반품 및 교환 배송비는 대부분의 마켓에서 자유롭게 설정할 수 있습니다.

심지어 반품 배송비를 과도하게 몇 만원씩 올리는 판매자도 있는데요, 그런 상품을 누가 구매를 하겠어요?

⑫ AS, 특이사항

필자의 경우 필자가 펴 내는 도서 및 필자가 직접 촬영하고 편집하고 인쇄를 해서 판매하는 사진과 사진액자가 대부분이므로 AS 및 특이사항 란에는 그냥 필자의 전화번호를 적어 놓았습니다.

그러나 여러분이 AS 및 특이사항이 있는 상품을 판매할 경우 이에 대한 상세한 설명을 입력해 놓을 수 있습니다.

⑬ 추가 상품

판매하는 상품의 본품에 옵션으로 선택할 수 있는, 규격 이외에 관련 연관 상품을 추가로 구매할 수 있도록 입력하는 항목입니다.

이 또한 마켓마다 다르지만, 대체로 추가 상품은 판매자가 직접 입력할 수 있게 해놓은 것이 대부분이며 추가 상품 가격 제한을 하는 사이트가 있는 반면 제한없이 자유롭게 올릴 수 있는 사이트도 있습니다.

⑭ 구매/혜택 조건

여기서는, 필자의 경우 일체의 입력을 하지 않습니다만, 소량 상품을 전문적으로 판매하는 판매자라면 이런 메뉴를 적극적으로 활용을 해야 합니다.
최소, 최대 구매 수량, 사은품, 포인트, 복수 구매 할인, 무이자 할부 등등 여러가지 항목들을 자신이 판매하는 상품이나 판매 전략에 따라 자유롭게 입력할 수 있습니다.

주의 할 점은, 필자의 경우 판매 상품이 많기 때문에 이런 기능은 일체 사용하지 않는데요, 스스로 함정에 빠질 수 있기 때문이기도 하고요, 판매 상품이 많기 때문에 어떤 상품에 이런 설정을 해 놓았는지 기억할 수 없기 때문이기도 합니다.

뒤에 가서 자세하게 설명합니다만, 지금 설명하는 네이버스마트스토어 포함, 쿠팡이나 기타 어떠한 마켓이라도 자신들의 마켓에 가입한 판매자들로부터 판매 수수료 10%~25% 등의 수수료만 챙기는 것이 아닙니다.

예를 들어 이베이(옥션, 지마켓)는 썸네일 이미지도 최대 3개까지만 올릴 수 있고요, 자신들의 마켓에서 광고를 진행해야 썸네일 이미지를 추가로 올릴 수 있는 등 대형 마켓에서는 자신들의 마켓에 입점하여 판매 활동을 하는 판매자들로부터 어떻게 하든지 더 뜯어내려고 혈안이 되어 있고요, 진정으로 협치의 정신으로 마켓을 운영하는 마켓은 눈을 씻고 보아도 없다는 것을 알아야 합니다.

사실 광고는 어떤 면에서는 필수불가결한 요소이기도 합니다.

광고를 하지 않으면 헤일 수 없이 많은 판매자들이 올리는 천문학적으로 많은 상품 중에서 자신의 상품이 아무리 좋아도 고객에게 노출되지 않으므로 어쩔 수 없이 광고를 하는 것인데요, 광고를 하면 매출이 올라가는 것은 맞습니다.

그러나 예를 들어 광고비 1,000만원을 지출하면 매출은 1억까지는 아니더라도 최소한 2,000만원 이상의 매출이 발생을 해야 광고를 할 것이 아닌가 이 말입니다.

광고비 1,000만원에 매출은 500만원 밖에 안 되기 때문에 광고를 진행할 수가 없는 것입니다.

약 4~5년 전에 쿠팡이 미국 시장에 상장하여 일약 100조원의 기업이 되었을 때입니다.

하도 쿠팡에서 광고를 하라고 시도 때도 없이 전화, 문자, 이메일, 사이트 등등 하도 괴롭혀서, 일단 쿠팡은 일약 100조원의 기업이 되었고, 대기업이 되었으므로 쿠팡의 광고 관련 상담원이 이러 저러하게 광고를 하면 어떠 어떠하다는 설명을 듣고 광고를 진행을 했습니다.

필자는 우리나라 최고참 판매자이며 한 때는 년 광고비를 3,000만원 이상 지출한 적도 있습니다.

이런 필자가 광고를 할 줄 몰라서 광고 내용을 몰라서, 쿠팡의 광고 관련 상담원의 상담 내용을 몰라서 잘 모르고 광고를 진행을 했겠어요?

분명히 쿠팡 광고 담당 상담원은 일정 금액만 지출하면 광고를 게재해 준다고 했지만, 그 일정 금액이라는 것이 필자가 판매하는 모든 상품의 하나의 상품의 광고비이며 당시 쿠팡에 2,000 여개의 상품을 올려서 판매하였기 때문에 쿠팡 광고 담당자가 말한 광고비의 2,000배가 지출되었습니다.

이상하게 쿠팡에서 판매 대금이 입금이 되어야 하는데 통장에 돈이 들어오지 않아서 확인을 해 보니 모조리 광고비로 빠져 나가서 필자가 판매한 팬매 대금이 받을 것이 하나도 없었습니다.

필자가 무슨 재벌도 아니고, 일개 개인 판매자가 수 천 만원을 못 받았으니 얼마나 기가 막힌 일인가 이 말입니다.

당시 쿠팡의 창업주인지 누군지는 모르겠지만, 쿠팡의 책임 있는 임원과 통화를 하여 약 80% 정도 돌려 받았지만, 그것도 몇 달에 걸쳐서 돌려 받았으며 현금으로 받은 것도 아니고 일부는 부가세로 돌려 받는 등, 얼마나 울화가 치미는지 결국 필자는 심장마비로 쓰러져서 심장 수술을 받고 간신히 살아나기는 했으나 거의 폐인이 되어 사업을 접을 수 밖에 없었습니다.

그래서 지금의 거주지인 시골로 내려 올 수 밖에 없었고요, 지금은 이곳에서 다시 출판사를 개업하여 수 많은 책을 펴 내고 있고요, 이곳은 시골이기 때문에 공기가 좋고 또 부업으로 양봉을 하고 있는 등 건강을 회복하기는 하였으나 심장 수술 후 유증으로 청력이 급격히 떨어져서 다른 사람의 말을 거의 못 알아듣고요, 건강은 회복했지만, 심장에 문제가 있으므로 지금은 여성 한 사람의 힘도 못 쓸 정도로 힘을 못 씁니다.

이 모든 것이 결국은 쿠팡에서 그런 피해를 입었기 때문입니다.

이와 같이 어떠한 마켓도 판매자를 위하는, 판매자와 상생하는 기업은 없다는 것을 명심을 하고 마켓의 광고 권유에 말려들지 않아야 합니다.

물론 이는 어디까지나 전적으로 필자의 경우를 얘기한 것이므로 여러분 모두에게 해당되는 것은 아닙니다.

기본적으로는 광고를 하는 것이 맞고요, 광고를 잘 하는 사람만이 사업에 성공할 수 있습니다.

뒤에 가서 홍보 관련 단원에서 다시 설명하겠습니다만, 필자의 경우 주력 상품은 필자가 집필하고 펴 내는 책이며, 필자가 펴 내는 책은 필자가 직접 판매하는 것도 있지만, 대부분 교보문고나 알라딘, 예스24 등의 대형 서점에서 팔리는 것이 대부분이기 때문에 필자가 직접 광고를 하지 않아도 이런 대형 마켓에서 전문적인 마케팅이 이루어집니다.

그래서 필자의 경우 필자가 직접 광고를 할 필요가 없습니다만, 여러분은 여러분이 판매하는 상품을 적은 비용으로 효과적으로 광고를 잘 하는 사람이 성공한다는 것을 명심하시기 바랍니다.

⑮ 검색 설정

```
검색설정 ?

태그              ✓ 태그 직접 입력(최대 10개)

                 태그를 입력해주세요.

                 # 풍경사진 ×

                 입력하신 태그 중 일부는 내부 기준에 의해검색에 노출되지 않을 수 있습니다.
                 카테고리/ 브랜드/ 판매처명이 포함된 태그의 경우는 등록되지 않습니다.
                 판매상품과 직접 관련 없는 태그를 입력 시 판매금지될 수 있습니다.
                 입력한 태그가 검색에 활용되는 지 궁금하다면?  검색어 적용되는 태그 확인

Page Title ?

Meta description ?


판매자 코드 ?
```

검색 설정은 상당히 중요한 부분입니다.

뒤에 가서 홍보 관련 단원에서 자세하게 다루게 됩니다만, 위에 보이는 상품 등록 화면에서의 검색 설정은 이 상품을 고객들이 검색했을 때 검색 우선 순위에 들도록 검색어를 입력해야 검색 빈도가 높아집니다.

그러나 여기서는 이러한 기능이 상품 등록 화면에 있다는 것만 이해를 하시고요, 여기 들어가는 검색어가 중요한 내용인데요, 뒤에 가서 검색어 관련 단원에서 다시 자세하게 다루게 됩니다.

다만, 앞의 화면에서 페이지 타이틀과 메타 정도 입력하는 것은 매우 중요한 부분이므로 잘 생각해서 입력해야 합니다만, 이 역시 뒤에 가서 검색어 관련 단원을 공부하신 후에 입력하기 바랍니다.

페이지 타이틀이란 해당 상품 페이지의 맨 위 타이틀에 나타나는 정보이고요, 메타 데이터는 눈에 보이지는 않지만, 상품 정보를 검색하는 로봇 프로그램들이 검색하는 정보이기 때문에 반드시 입력해야 합니다.

⑯ 노출 채널

노출 채널은 네이버스마트스토에만 있는 기능이며, 아래 화면에 보이는 것과 같이 [네이버스마트스토어] 그리고 [네이버쇼핑]에 노출되는 것이 기본 값입니다.

⑰ 기타

전시 상태 [전시중]은 상품을 등록 즉시 노출되는 것이고요, 알림 받기, 공지사항 등은 필자는 단 한 번도 사용해 본 적이 없는 메뉴입니다.

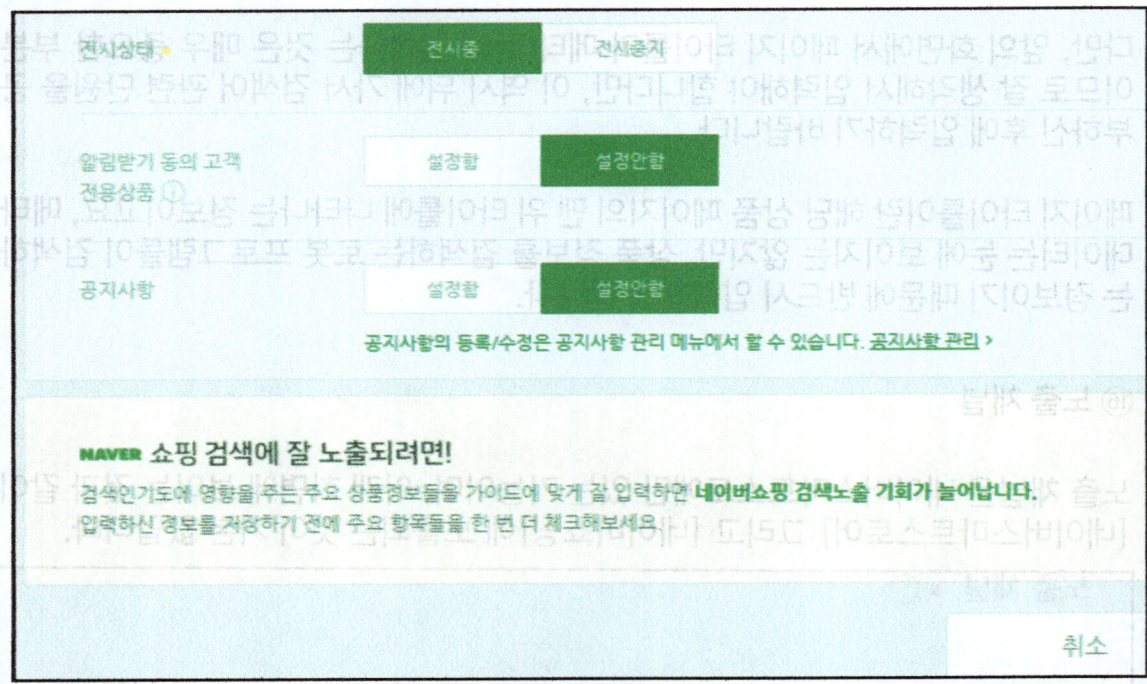

이상 상품 등록은 네이버스마트스토어 하나의 마켓만 설명을 했습니다만, 다른 마켓의 장단점 등도 곁들여 설명을 했고요, 어차피 모든 마켓의 상품 등록 등을 일일이 다루는 것은 불가능합니다.

그리고 여러분이 인터넷 쇼핑몰 창업을 준비하고 있다면 이런 정도는 여기 설명이 없더라도 화면의 안내에 따라 진행하면 되고요, 그것을 못 하실 정도로 컴퓨터에 익숙하지 않다면 인터넷 쇼핑몰 창업과는 별도로 컴퓨터 공부를 하셔야 합니다.

유튜브에서 '가나출판사' 검색하여 필자의 [유튜브 채널]에 오셔서 필자의 홈페이지 링크를 클릭하여 필자의 홈페이지에 오셔서 [출판사]를 클릭하면 컴퓨터에 관한 수 많은 책들을 보실 수 있습니다.

특히 컴퓨터와는 관련이 없을 것 같지만, 필자의 저서 중에는 카메라 교본 책도 있는데요, 인터넷 쇼핑몰을 운영하려면 카메라는 뗄레야 뗄 수 없는 필수불가결한 1호 준비물입니다.

물론 요즘은 스마트폰 화질이 워낙 좋기 때문에 웬만하면 스마트폰 하나만 있어도 카메라는 해결됩니다만 사진 잘 찍는 법을 알아야 하기 때문에 카메라 교본 책을 보셔야 하는 것입니다.

제 3 부 홍보 전략

이 책은 인터넷 쇼핑몰 창업에 관한 책이고요, 인터넷 쇼핑몰에 관련된 여러가지 설명을 하고 있고요, 인터넷 쇼핑몰을 창업하는 이유는 한 마디로 돈을 벌기 위해서입니다.

필자는 컴퓨터 자격증이 약 10 여 개나 되며 관련 서적을 무려 수십권~100 여권 썼지만, 돈을 버는 것은 컴퓨터 실력과는 전혀 상관이 없습니다.

오히려 컴퓨터는 필자만큼 할 줄 몰라도 돈을 잘 버는 사람들은 아주 많습니다.

이렇게 돈을 잘 버는 사람들의 특징 중의 하나는 홍보를 잘 한다는 점입니다.

특히 인터넷 쇼핑몰은 무한 경쟁 마켓이므로 오히려 오프라인 매장을 운영하는 것보다 어떤 면에서는 더 어렵다는 것을 아셔야 합니다.

예를 들어 우리나라는 물론 해외에서 더 인기가 있는 삼성과 같은 글로벌 대기업에서도 광고를 하지 않으면 팔리지 않습니다.

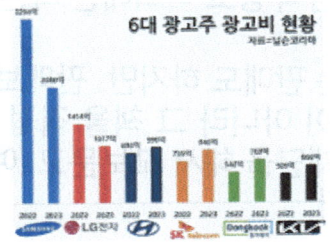

앞의 화면은 방금 구글에서 검색한 것이므로 참고만 해 주시고요,..

앞의 화면을 보면 삼성에서 2022년도에 지출한 광고비는 무려 3294억원입니다.

삼성과 같은 대기업과 인터넷 쇼핑몰을 운영하는 개인사업자를 비교하는 것은 무리가 있습니다만, 삼성과 같은 대기업도 광고를 하지 않으면 팔리지 않는다는 것을 단적으로 보여주는 정보입니다.

제 1 장 광고 채널

광고라면 단연 TV 광고가 Top 이지만, 필자도 TV 광고는 해 본적도 없고요, 여러분도 인터넷 쇼핑몰을 운영하는 개인사업자가 TV 광고를 내기는 어려울 것입니다.

따라서 여기서는 인터넷 쇼핑몰을 운영하면서 실제로 인터넷 쇼핑몰 사업자가 이용할 수 있는 광고 및 홍보 방법에 대해서 알아보도록 하겠습니다.

제 1 절 검색 광고

필자도 한 때는 년간 광고비를 3,000만원 이상 지출한 적도 있습니다만, 일단 필자는 검색 광고 이외에는 다른 광고는 거의 하지 않습니다.

필자는 판매도 하지만, 판매보다는 필자는 책을 쓰는 것이 주 직업이고요, 책만 쓰는 것이 아니라 그 책을 직접 인쇄를 하고 직접 디자인을 하고, 직접 제본을 하고 직접 재단을 해서 교보문고, 예스24, 알라딘 등의 대형 서점에 보내서 주로 판매를 합니다.

그래서 필자는 출판사를 운영하며 동시에 출력소를 운영하며 동시에 제본소도 운영하며 동시에 인터넷 쇼핑몰도 운영을 합니다.

그래서 필자는 출판사, 출력소, 제본소, 인터넷 쇼핑몰 운영에 필요한 각종 상품을 거의 대부분 인터넷으로 구매를 하며 필자가 구매하는 상품이 많을 때는 하루에 오는 택배만 10개가 넘을 때도 있습니다.

예를 들어 책을 인쇄를 해야 하기 때문에 종이가 가장 많이 필요하고요, 여러분 대부분이 사용하는 무한잉크 프린터로 인쇄를 해서 책을 만들기 때문에 리필 잉크를 한 달 평균 약 6리터 사용합니다.

그래서 한달에 6리터의 리필 잉크는 항상 구매를 하고요, 제본을 하기 때문에 제본 풀(제본 본드)도 구매를 해야 하고요, 매일 택배를 보내야 하기 때문에 택배 박스, 박스 테이프, 그리고 필자는 항상 필자가 보내는 택배 박스에 붙이는 스티커를 직접 인쇄를 해서 보내기 때문에 스티커용지, 그리고 필자는 카메라 교본 책도 펴 냈기 때문에 필자가 직접 카메라를 들고 여기 저기 다니면서 촬영한 각종 사진을 인쇄를 해서 판매를 하기 때문에 인화지, 대형 플로터에 사용하는 롤인화지, A3 인화지, A4 인화지, 그리고 대형 사진 실사 코팅용 코팅지,..

프린터도 여러 대, 대형 플로터도 있고요, 제본기, 재단기, 코팅기 등이 있기 때문에 관련 부품도 거의 매일 구입을 합니다.

이렇게 인터넷으로 구매하기 1등 아니면 2등 쯤 되는 필자가 구매하는 패턴.. 이라고 할 것도 없이 필자는 무조건 인터넷으로 검색해서 구매를 합니다.

그래서 필자는 옛날부터 항상 검색 광고 이외에는 한 번도 해 본적이 없는 것입니다만, 이는 오로지 필자의 경우이고요, 필자는 대부분의 여러분과 달리 면세사업자이고요, 주로 책이나 사진에 관련된 상품만 취급을 하기 때문이고요, 여러분은 여러분이 취급하는 상품의 특성에 맞는 광고를 해야 합니다.

이와 같이 오로지 필자가 사용하는 검색 광고는 크게 구글과 네이버로 요약할 수 있고요, 사실상 구글과 네이버 이외에는 검색 광고는 없습니다.

우리나라에서 검색 광고를 하기 위해서는 구글 검색 광고를 이용하거나 네이버 검색 광고를 이용해야 하는데요, 광고 마케터를 이용한다면 상관이 없지만, 자신이 직접 마케팅을 한다면 상당히 공부를 많이 해야 합니다.

우선 구글이나 네이버에서는 개인이 직접 광고를 하는 광고주도 헤일 수 없이 많지만, 어찌 보면 개인이 광고를 하지 못하도록 하는 것인가 할 정도로 어렵습니다.

일단 다음에 설명하는 네이버 광고와 구글 광고 설명을 읽어보시고요, 광고를 제대로 하는 것은 심하게 말하면 거의 불가능할 정도로 어렵기 때문에 광고 대행사를 통해서 광고를 하는 것도 생각해 볼 수 있습니다.

어차피 광고 대행사를 통해서 광고를 하더라도 광고주가 따로 광고 대행사에 돈을 주는 것은 없습니다. (광고 대행사에 돈을 주는 경우도 있습니다.)

광고 대행사는 광고를 대행 해 주고 검색 광고는 클릭당 과금이기 때문에 클릭당 발생하는 과금에 대해서 얼마씩의 대행비를 받는 것이기 때문입니다.

그러나 필자의 경우 광고 대행사는 절대로 이용하지 않습니다.

여러분도 광고 대행사를 한 번이라도 이용해 본 다음에는 필자와 같은 생각이 들 것입니다.
자다가도 깜짝 놀라서 일어날 정도로 징그러울 정도로 징그럽기 때문입니다.

광고 대행사는 자신들의 일이 광고 대행이기 때문에 개인은 불가능할 정도로 어려운 네이버나 구글 검색 광고를 자유자재로 게재하지만, 광고 대행사이기 때문에 인터넷 쇼핑몰 판매자들에게 징그럽게, 자다가도 깜짝 놀라서 깰 정도로 징그럽게 광고를 하기 때문입니다.

문자, 이메일, 카톡, 얼마나 징그럽게 광고를 권유하는지 자칫하면 살인이 날 지경입니다.

그래서 필자는 절대로 광고 대행사를 이용하지 않는 것입니다.

요즘 개인 정보가 전세계적으로, 특히 우리나라에서는 강력하게 보호되지만, 일단 광고 대행사에 단 한 번이라도 광고를 맡기면 자신의 모든 정보가 전세계 특히 중국의 망할 정보 장사꾼에게 넘어가는지 날이면 날마다 지독하게 대출 광고, 광고 권유 문자, 카톡, 이메일 등이 헤일 수 없이 많은 광고 대행사들로부터 연락이 와서 죽음보다 더한 고통을 맛 보게 됩니다.

그래서 심지어 인터넷 쇼핑몰 판매자들은 고객들의 전화는 아예 받지 않는 경우도 있는데요, 필자 역시 오죽하면 전화 보다는 문자를 보내 달라고 안내를 할 정도입니다.

그리고 또 한 가지 생각난 김에 설명을 합니다만, 개인정보 보호를 생활화 해야합니다.

특히 인터넷 쇼핑몰 사업자가 되면 고객들의 정보를 다루게 되는데요, 이렇게 취득한 고객 정보를 유출하면 법적으로도 처벌을 피할 수 없고요, 자신의 개인 정보 역시 지켜야 합니다만, 필자의 경우 하도 오랫동안 사업을 해 와서 그런지 필자의 개인 정보는 전세계에 둥둥 떠 다닙니다.

심지어,..

필자는 오랜 옛날부터 사업을 해 왔으므로 정부에서 지원해 주는 장기 저리 정책 자금을 대출 받아서 사용을 하는데요, 며칠 전에 더 유리한 조건으로 대출 상환 조건을 변경하였습니다.

정부 정책 자금이란, 뒤에 가서 다시 자세하게 설명을 하겠습니다만, 정부에서 보증을 서고, 이 보증서를 가지고 시중 은행에서 대출을 해 주는 방식입니다.

그런데 분명히 이번에 비대면으로 오로지 인터넷으로만 진행을 했는데 요즘 매일 대출 권유 전화, 스펨 전화 때문에 몸살을 앓고 있습니다.

어떤 식으로든 필자의 대출 정보가 새 나갔기 때문에 요 며칠 사이에 이런 악성 대출 권유 스펨 전화가 많이 온다는 생각이고요, 역시 뒤에 가서 자세하게 설명을 합니다만, 정부 정책 자금은 자격만 되면 대부분 비대면으로 진행되며 결격 사유만 없다면 대부분 승인 됩니다.

그런 것을 왜 대출 중개인에게 10%~30%의 커미션을 주고 대출을 받는가 이 말입니다.

그래서 사업을 한다고 죽어라 일만 하지 말고 금융 공부를 해야 하는 것입니다.

각설하고, 인터넷 쇼핑몰 광고를 광고 대행을 하지 않고 자신이 직접 해야 한다는 설명을 하다가 다른 이야기로 이어졌는데요, 여러분이 인터넷 쇼핑몰을 창업하여 사업을 하면서 반드시 알아야 하는 귀중한 정보들입니다.

이 책으로 공부를 하여 인터넷 쇼핑몰을 창업하면 꼭 금융 공부를 해야 합니다.

[1] 네이버 광고

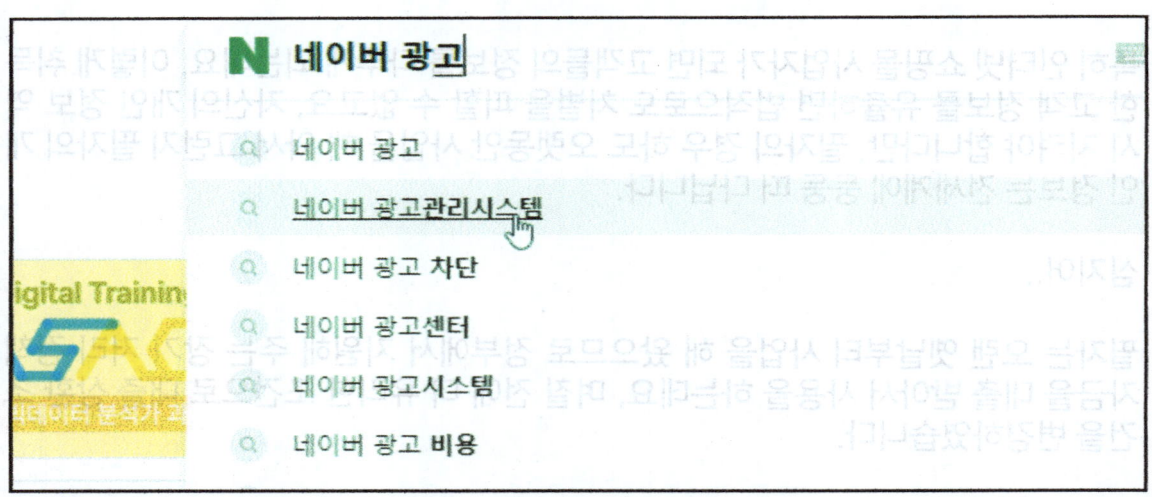

네이버 광고주 센터 및 여러가지 이름으로 바뀌곤 하더니 지금은 네이버 광고관리시스템으로 바뀌었네요..

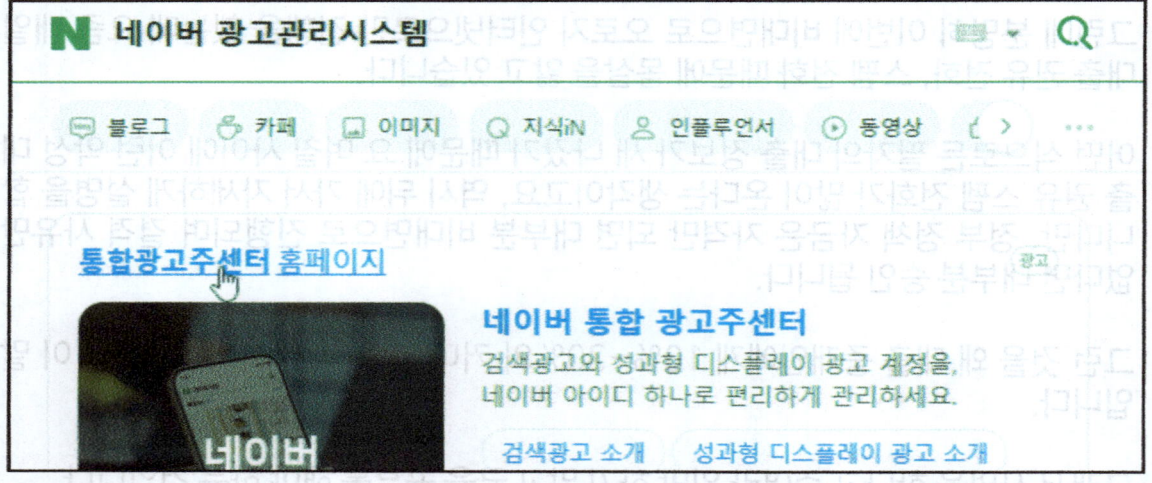

그리고 지금 보니 위와 같이 또 다시 [통합광고주센터 홈페이지]라고 바뀌었습니다.

필자가 이미 수십 년 전에 기고한 인터넷 망하는 법에 나오는 내용 중에, 잘 되는 기능은 100년이 가도 그냥 두라는 내용이 있는데요, 이 세상에 어떠한 사람, 어떠한 업체도 잘 되는 기능을 더 잘 되게 하려고 하고 결국 역효과가 나게 됩니다.

필자가 옛날에는 네이버 검색 광고에 키워드를 무려 수 백개를 내 보냈는데요, 지금은 거의 광고를 하지 않습니다.

날이면 날마다 광고 시스템이 바뀌고, 광고 시스템이 바뀔 때마다 북한 괴뢰군 암호보다 훨씬 복잡한 방법을 사용해서 아이큐 180이 안 되는 사람은 광고를 할 수 없게 만듭니다.

이러고도 네이버가 망하지 않고 운영되는 것은 그래도 광고주가 넘쳐나기 때문입니다.

지금 화면에 보이는 네이버통합광고주센터 역시 필자조차 난생 처음보는 화면이고요 또 얼마나 어렵고 복잡하고 짜증나게 만들었을지 한 번 살펴 보겠습니다.

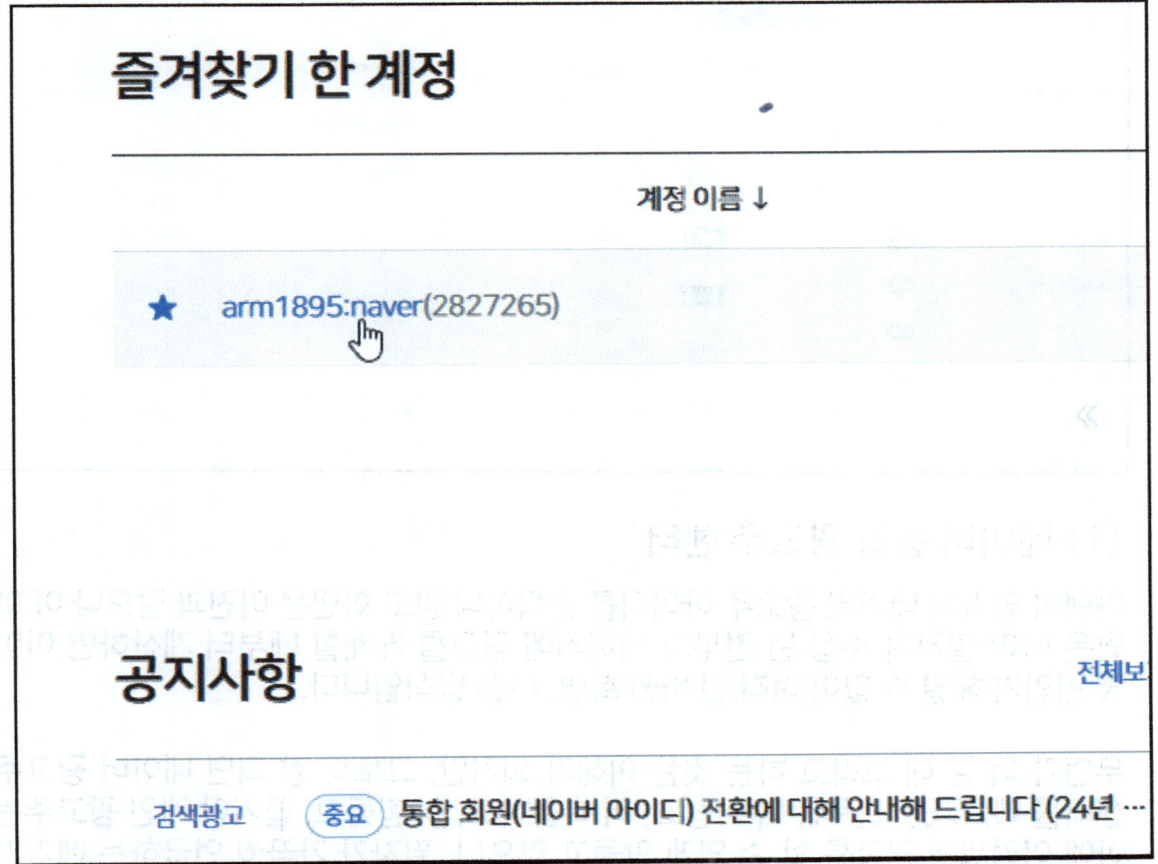

최근에 광고 시스템이 바뀐 것으로 보이고요, 위의 화면에 보이는 것과 같이 통합

회원으로 전환 안내도 있네요..
필자는 이미 네이버에 광고를 많이 게재했던 광고주이기 때문에 앞의 화면 손가락이 가리키는 필자의 광고주 아이디를 클릭합니다.

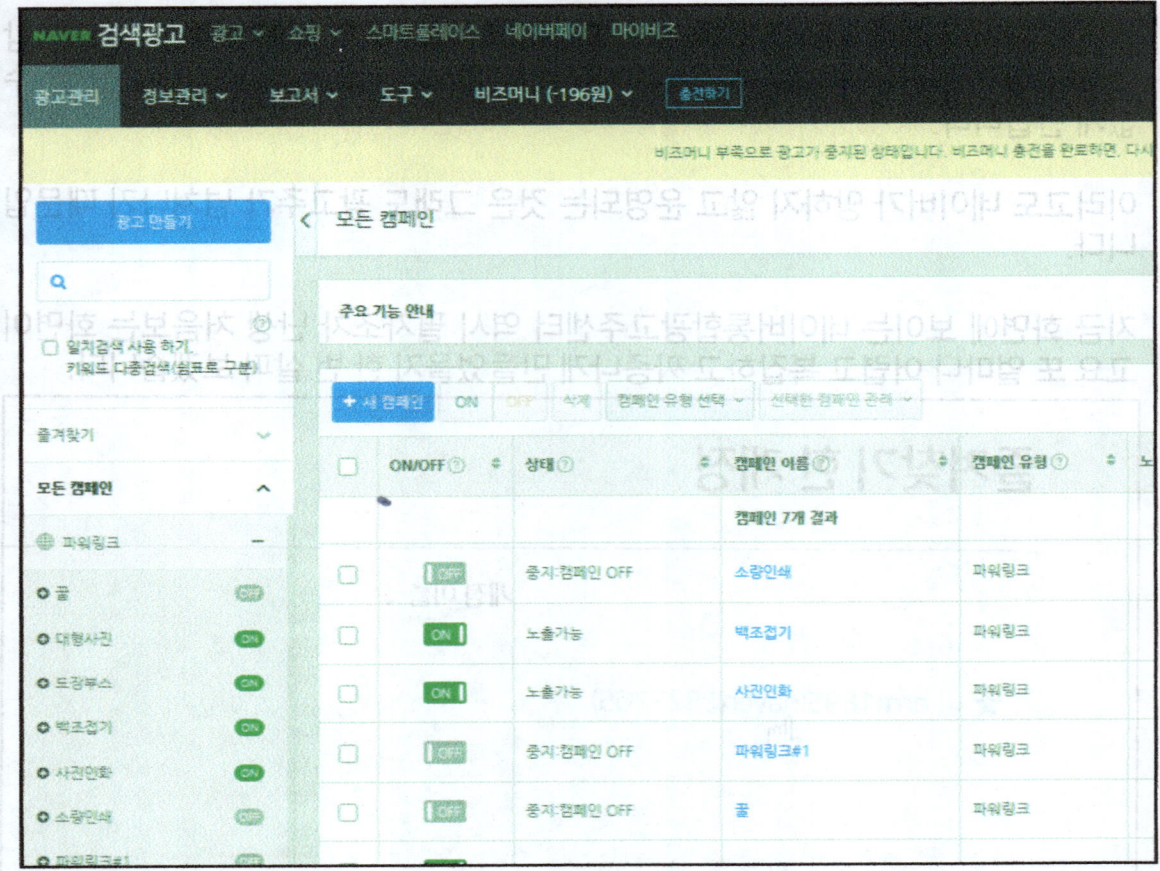

(1) 네이버 통합 광고주 센터

다행히 필자의 네이버 광고주 아이디를 클릭하니 광고 화면은 이전과 같으나 이 화면은 이미 필자가 수십 년 전부터 네이버에 광고를 게재할 때부터 계산하면 이미 몇 번인지 헤일 수 없이 여러 번 바뀐 화면, 바뀐 방식입니다.

무언가 더 잘 해 보려고 하는 것은 이해가 되지만, 그토록 잘 되던 네이버 광고주 센터를 왜, 무엇 때문에, 더 어렵고, 더 복잡하고, 더 힘들고, 급기야 개인 광고주는 아예 어려워서 광고를 할 수 없게 만들고 있으니, 필자가 가끔씩 언급하는 얘기가 있는데요, 세상의 모든 프로그래머는 정도의 차이는 있을 지언정 모두 싸이코 성향이 있고요, 실력 있고 유능한 프로그래머일 수록 싸이코 성향이 강해서 더욱 강력한 프로그래머는 실제로 상상을 초월하는 싸이코 성향을 보입니다.

그 잘 되던 네이버 광고 시스템을 왜 그렇게 어렵고, 복잡하고, 짜증나게 하는가 이 말입니다.

아무튼, 현재 네이버 통합 광고주 센터에서 검색 광고를 하는 방법입니다.

① 광고 만들기

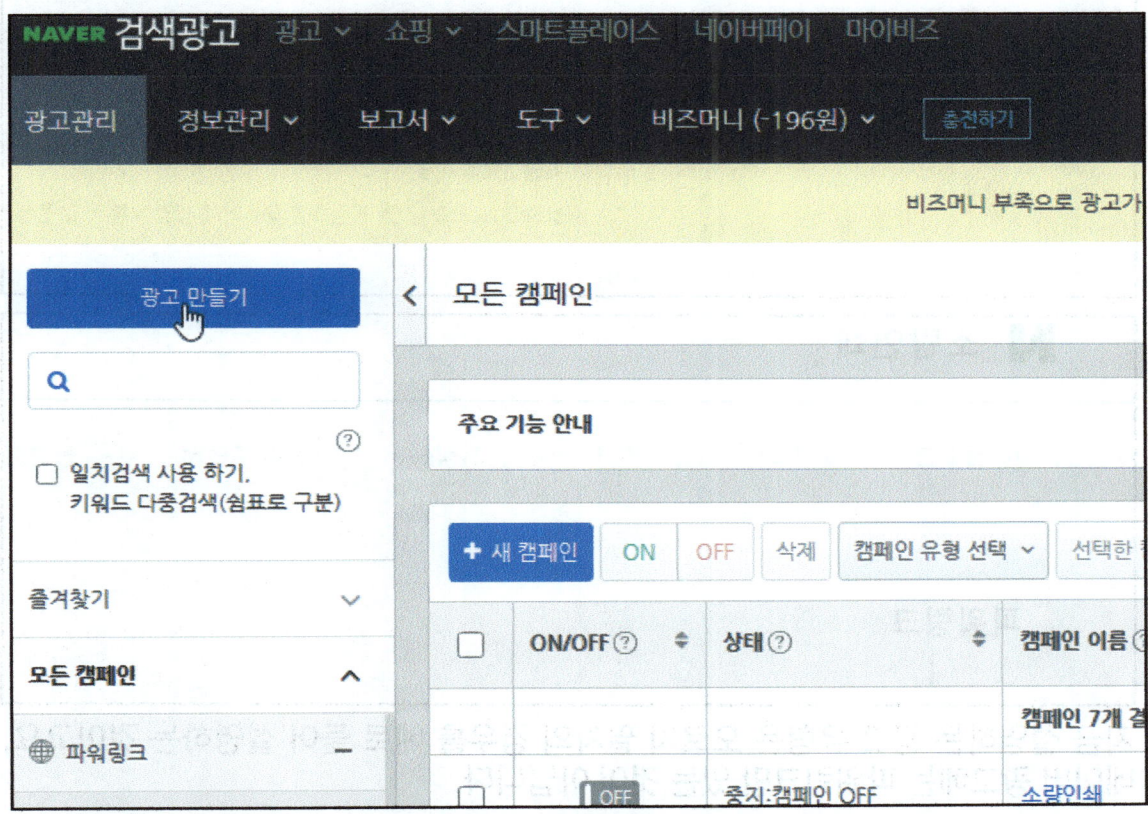

위의 손가락이 가리키는 [광고 만들기]를 클릭하면 다음 화면이 나타납니다.

캠페인 유형은 기본적으로 화면에 보이는 여러가지 유형 중에서 맨 위의 파워링크가 체크되어 있고요, 파워링크란, 네이버에서 예를 들어 필자가 얼마 전까지 광고를 내 보내던 키워드 "소량인쇄"를 검색했을 때 다음과 같이 검색 결과에 가장 먼저 노출되는 영역입니다.

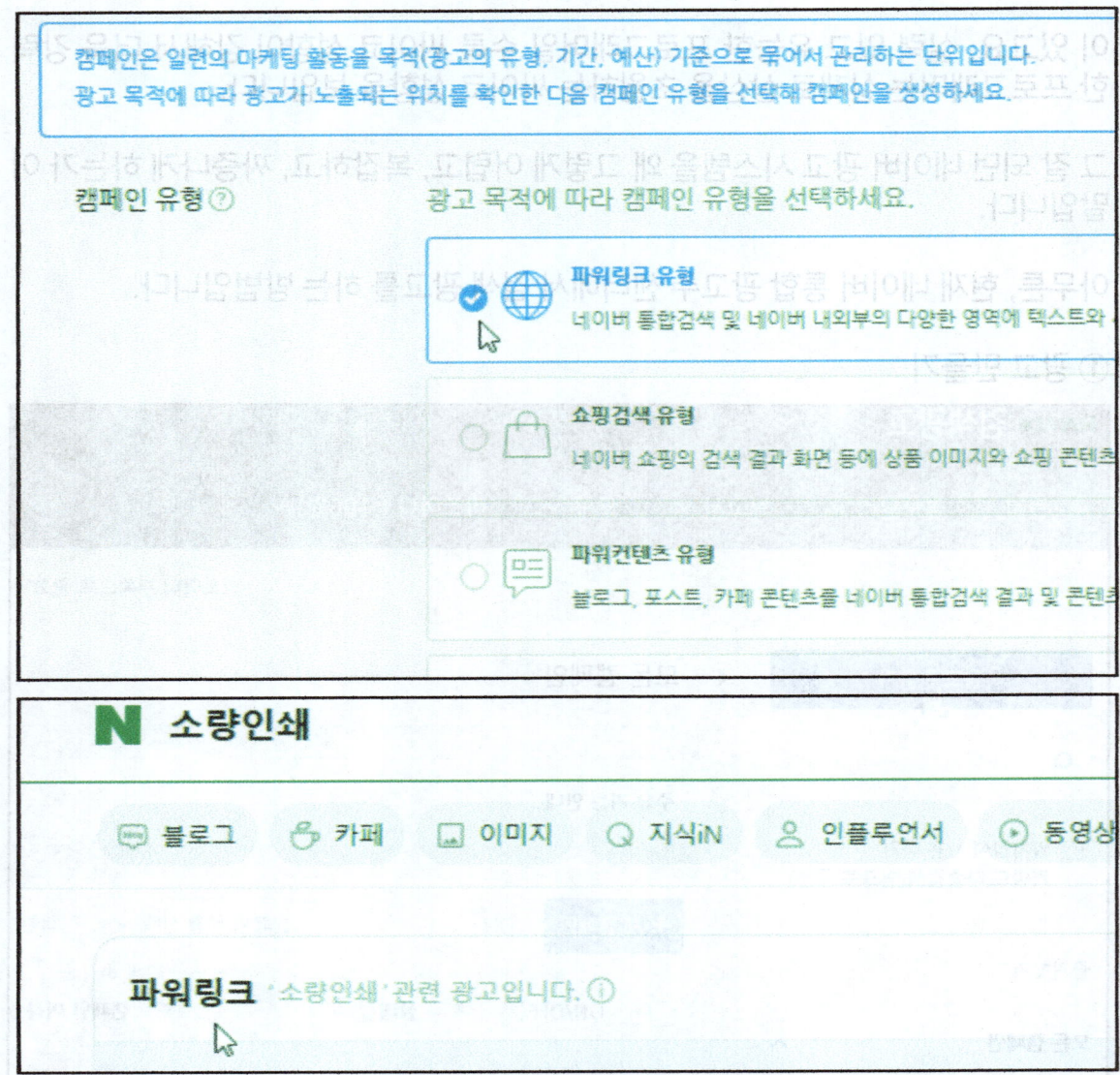

지금 설명하는 광고 유형은 오로지 필자의 경우를 예로 들어 설명하는 것이고요, 네이버 광고에는 파워링크만 있는 것이 아닙니다.

쇼핑 검색 유형, 파워 컨텐츠 유형, 브랜드 검색/신제품 검색 유형, 플레이스 유형 및 지역 소상공인을 위한 디스플레이 광고 상품도 있습니다.

예를 들어 삼성전자나 엘지 등의 대기업에서는 자사에서 생산하는 스마트폰 등의 제품이 아닌 단순히 삼성 혹은 엘지라는 브랜드만 광고하는 수도 있습니다.

위의 화면을 아래쪽으로 스크롤 하면 다음 항목이 나옵니다.

캠페인 이름은 위에 보이는 것이 기본 값이고요, 필자의 경우 한 때는 무려 수 백개의 키워드를 내 보냈으므로 해당 키워드 이름으로 바꾸어 입력했습니다.

그리고 하루 예산이 있는데요, 필자는 5,000원으로 입력했습니다.

이것은 키워드 한 개일때는 5,000원이지만, 키워드를 10개를 내 보내면 5만원, 100개를 내 보내면 하루에 50만원입니다.

따라서 혹시 광고 예산이 충분하더라도 아직 네이버 광고에 익숙하지 않다면 연습 삼아 키워드 한 개당 하루 예산을 5,000원 정도로 게재해 보시기 바랍니다.

이렇게 입력하고 맨 밑의 [저장하고 다음]을 클릭하면 다음 화면이 나타나는데요, 기가 막혀서 말이 나오지 않았습니다.

네이버에 광고를 게재하는 광고주를 얼마나 우습게 보았으면 이렇게 만들었을까 하는 생각에 분노가 하늘을 찌르지만 네이버에서 광고를 하기 위해서는 아니꼬와도 꾹 참고 네이버에서 하라는대로 할 수 밖에 없습니다.

아니 도대체 갑질을 하는 것도 아니고, 사실 따지고 보면 네이버 광고에서는 광고주가 갑이고 네이버가 을이어야 하는데 이건 완전히 반대입니다.

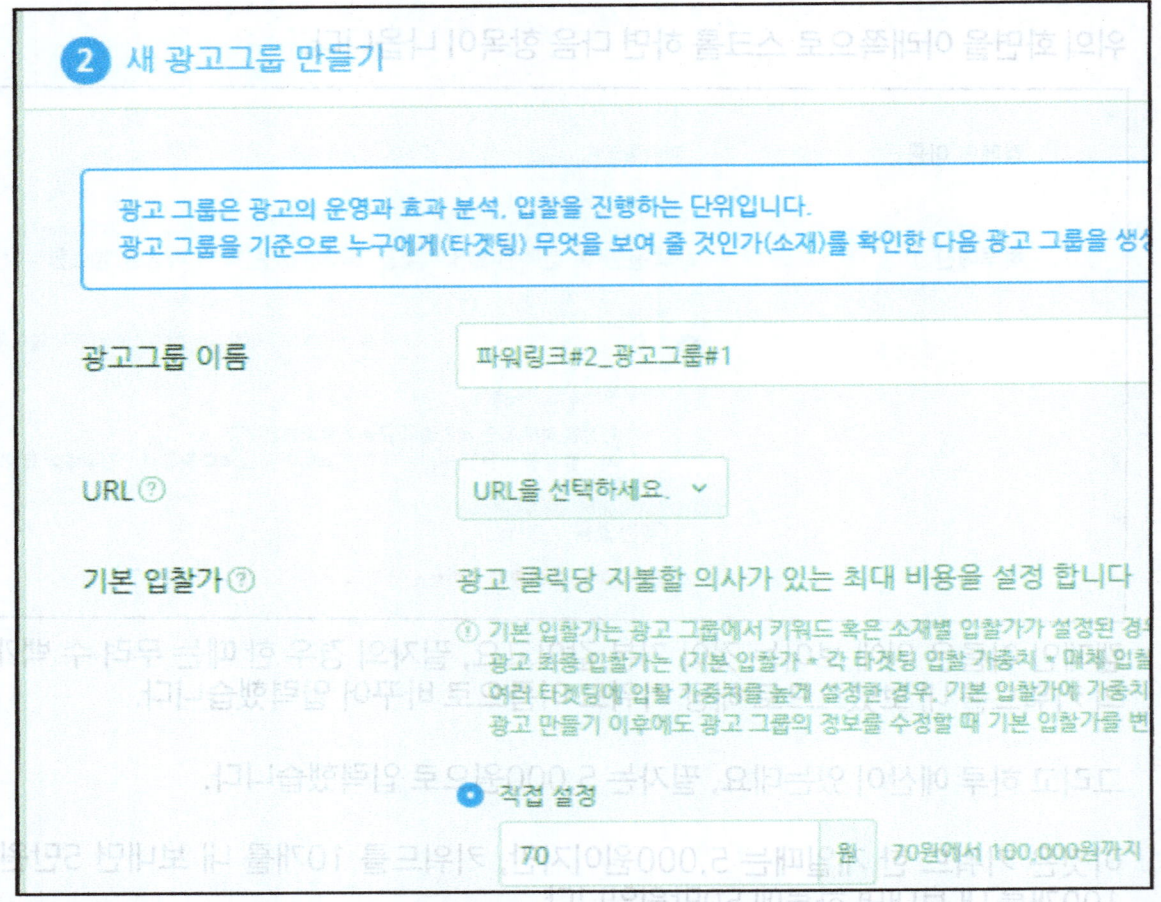

위의 화면에서 필자를 거의 화가 나서 분노가 폭발할 정도까지 몰고 간 것이 바로 최상위 URL 인데요, 필자가 하도 화가 나서 "당신들은 배 부른 돼지 새끼들" 이라고 했습니다.

아무리 배가 부른 돼지같은 네이버이지만, 이런 갑질을 아무렇지 않게 해 대니 기가 막혀서 말이 안 나옵니다.

물론 위의 URL 옆에 있는 물음표를 클릭하면 어떻게 입력하라는 풍선 도움말이 나타납니다.

그러나 컴퓨터 자격증이 약 10 여 개나 되며 관련 서적을 수십 권 이상 집필한 필자가 아무리 노력을 해도, 어떠한 주소를 입력해도 반려를 하고 왜 반려를 하는지는 설명을 해 주지 않으니 배부른 돼지 새끼라는 욕을 먹어도 싼 네이버입니다.

요즘같은 불경기에 네이버같은 갑질을 해 대는 곳도 있으니 기가 막히지만, 결국 알아 냈습니다.

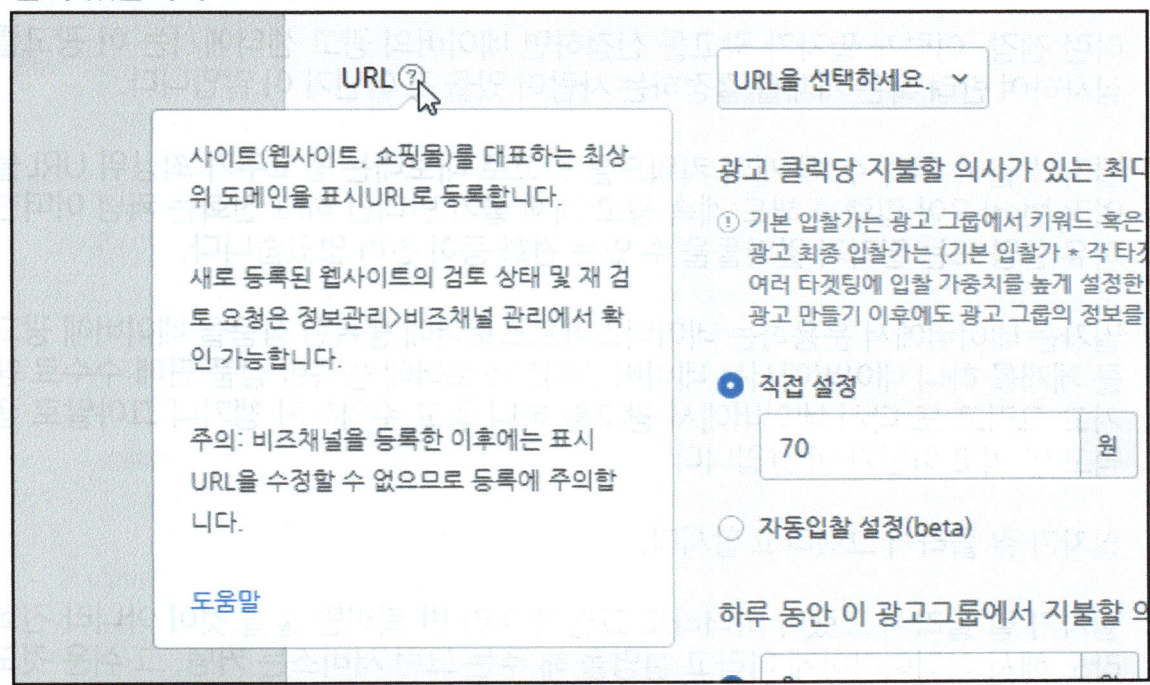

위의 URL 풍선 도움말을 보면 사이트를 대표하는 최상위 도메인을 URL로 입력하라고 되어 있습니다.

필자는 오죽하면 네이버 스마트스토어 화면을 그대로 필자의 홈페이지로 사용할 정도로 네이버에 충성하는 최고 충성 고객임에도 불구하고 네이버에서 이런 푸대접을 받았으니 얼마나 분노가 치밀었는지 모릅니다.

그리고 필자는 네이버에서 운영하는 네이버스마트스토어에 올린 상품을 광고 상품으로 게재를 하는 것이므로, 네이버스마트스토어는 네이버에 있으므로 당연히 최상위 도메인은 네이버가 아닌가 이 말입니다.

그래서 네이버 URL을 입력했더니 최상위 URL이 틀렸다고 광고를 게재할 수 없다고 반려되었습니다.

그래서 URL를 고쳐서 네이버스마트스토어 URL를 입력했더니 또 최상위 URL이 틀렸다고 광고를 게재할 수 없다고 반려되었습니다.

그래서 상품 페이지 URL를 입력해서 다시 신청을 했더니 또 최상위 URL이 틀렸다고 광고를 게재할 수 없다고 반려 되었습니다.

이런 젠장, 이렇게 필자가 광고를 신청하면 네이버의 광고 센터에서는 이 광고를 심사하여 반려 혹은 게재를 결정하는 사람이 있을 것 아닌가 이 말입니다.

필자와 같이 무려 수 백 개의 키워드를 광고로 내보내는 광고주가 최상위 URL을 여러 번 바꾸어 입력을 해도 계속 광고 게재 불가 반려만 하고 전화는 커녕 어떠한 이유 설명 또는 필자가 알아들을 수 있는 전화 등이 전혀 없었습니다.

필자는 네이버에서 운용하는 네이버스마트스토어에 등록한 상품을 네이버에 광고를 게재를 하니 네이버에서는 네이버 스마트스토어에 등록한 상품 판매 수수료 챙기고 그리고 또 다시 네이버에서 광고를 하니 광고 수익까지 챙기니 그야말로 꿩 먹고 알 먹고 아닌가 이 말입니다.

필자가 잘 몰라서 그랬다고 합시다.

필자가 잘 몰라서 그랬다 하더라도 그렇게 여러 번 퇴짜만 놓을 것이 아니라 전화라도 해서 이러이러하게 하라고 설명을 해 주는 그런 서비스는 커녕, 그 쉬운 것도 모르는 멍충한 넘이 무슨 광고를 한다고.. 이런 핀잔이나 주면서 계속 퇴짜를 놓으면서 짜릿한 희열을 느끼는 이런 자들이 무슨 성공을 할 수 있겠어요?

URL이라는 단어가 들어간 책을 무려 100 여 권 집필한 필자가 아무리 URL을 바꾸어 입력을 해도 계속 틀렸다고 광고를 게재할 수 없다고 퇴짜만 놓으니 이 얼마나 기가 막히는지 원..

그것도 어려운 것을 몰랐다면 필자가 몰라서 그런 것이니 할 말이 없지만, 너무나 쉬운 것을 자꾸 틀렸다고 퇴짜만 여러 번 놓은 네이버에 얼마나 분노를 했는지 모릅니다.

이 세상에 영원한 것은 없습니다.

네이버가 야후를 몰아 냈듯이 누군가가 네이버를 몰아낼지 누가 압니까?

네이버가 이렇게 갑질을 해 대고 있지만, 언젠가는 네이버도 사양길이 있을 수 있다는 것을 어찌 모르는가 이 말입니다.
에이 나쁜 네이버..

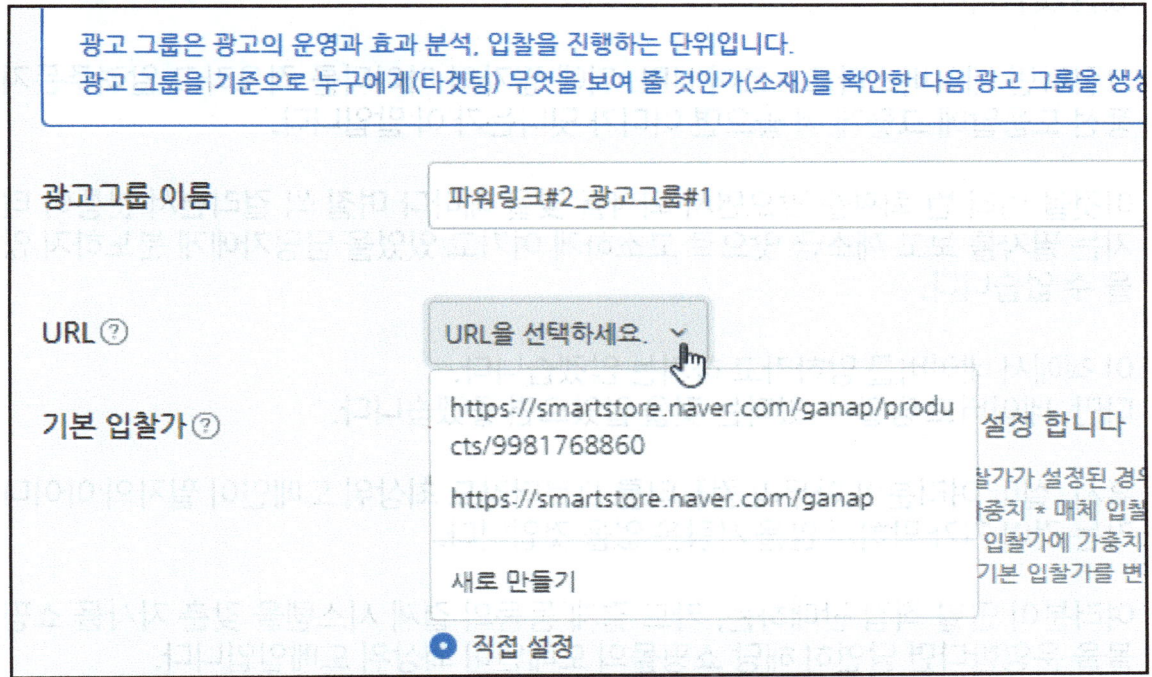

필자가 게재하는 광고의 URL 등록을 여러 번 잘 못 했다고 퇴짜를 놓은 네이버 광고 센터의 담당 직원이 이렇게 쉬운 것을 틀리는 것을 보았으면 당연히 전화를 해서 알려줘야 하건만 요즘 그런 서비스는 기대하는 것 자체가 사치죠..

그래서 필자 스스로 결국 네이버에서 원하는 것을 알아냈습니다.

필자가 광고를 게재하려는 상품의 최상위 도메인은..

필자는 네이버에서 운영하는 네이버스마트스토어에 등록한 상품이므로 처음에는 네이버 URL을, 다음에는 네이버스마트스토어 URL을, 그 다음에는 네이버스마트스토어에 등록한 상품 URL을.. 입력했지만, 그 때마다 퇴짜를 놓았고요, 그래서 위의 화면을 보면 URL이 2개가 보이고요, 위에 보이는 URL은 필자가 잘 못 입력한 네이버스마트스토어에 등록한 상품 URL이고요..

그리고 밑에 보이는 URL은 네이버스마트스토어의 필자의 아이디이고요, 이것을 최상위 도메인을 입력하라고 해 놓았으니 필자가 그토록 골탕을 먹은 것입니다.

그러니까, 최상위 도메인이라는 것이 네이버도 아니고, 네이버스마트스토어도 아니고, 결국 네이버스마트스토어에 입점한 필자의 아이디가 바로 최상위 도메인이었던 것입니다.

그렇다면 네이버스마트스토어 URL 뒤에 필자의 아이디를 적으라고 알려주든지 풍선 도움말에 그렇게 써 놓으면 어디가 덧나는가 이 말입니다.

이것을 여러 번 퇴짜를 맞으면서 퇴짜를 맞을 때마다 며칠 씩 걸리면서 분통이 터지는 필자를 보고 깨소금 맛으로 고소하게 여기고 있었을 담당자에게 분노하지 않을 수 없습니다.

이 책에서 네이버를 망하라고 하지는 않겠습니다.
다만, 네이버도 망할 수 있다는 것을 알았으면 좋겠습니다.

혹시, 설마 여러분이 아무리 컴퓨터를 모르더라도 최상위 도메인이 필자의 아이디라는 것이 기가 막히지 않을 사람은 없을 것입니다.

여러분이 만일 직접 판매하는, 카드 결제 등등의 결제 시스템을 갖춘 자사몰 쇼핑몰을 운영한다면 당연히 해당 쇼핑몰의 도메인이 최상위 도메인입니다.

따라서 이런 경우 네이버 검색 광고에서 최상위 도메인은 여러분이 운영하는 쇼핑몰의 도메인을 입력하면 되고요, 필자와 같이 네이버스마트스토에 입접하여 판매하는 판매자의 경우 네이버스마트스토어 도메인 맨 뒤에 슬러시(/)를 입력하고 그 뒤에 자신의 네이버스마트스토어 아이디를 적어 넣으면 됩니다.

이렇게 간단한 것을 이렇게 설명을 써 놓았어야 하지만, 그냥 막연히 최상위 도메인을 입력하라고 해 놓고, 최상위 도메인일 것으로 생각되는 여러가지 도메인을 입력을 해도 그 때마다 최상위 도메인이 틀렸다고 반려를 반복하는 네이버를 보면서 이런 네이버가 국내 대기업이 되었다는 것이 놀랍기만 합니다.

필자에게 그토록 여러번 퇴짜를 놓은 네이버 광고 센터의 필자의 광고 담당자, 길 가다 개똥이나 밟고 쭈르륵 미끄러져서 뒤로 넘어지지 말고 앞으로 넘어져서 개똥이 입에 들어가서 엉겁결에 개똥이 목구멍 속으로 쏘옥 들어가기를 바라겠습니다.

그러나 함정은 이곳에만 있는 것이 아닙니다.

네이버에 광고를 게재하다보면 뒤에 가서 또 다시 복장 터지는 사건이 몇 번 일어납니다.

지금은 아래 화면에 보이는 항목을 입력해야 하는데요..

지금 네이버 광고 센터에서 검색어 즉, 키워드 검색 광고를 게재하는 것이고요, 광고 유형은 네이버에서 고객들이 검색했을 때 가장 먼저 보여주는 파워 링크 광고이고요, 그래서 고객들이 입력하고 검색하는 키워드를 고객들이 한 번 클릭할 때 얼마를 지불할 것인지 일종의 입찰가라고 할 수도 있고요, 앞으로 머리가 터지도록 다른 광고주들과 경쟁을 해야 할 가격이고요, 위의 기본 값은 70원으로 되어 있습니다.

이 가격은 지금 조절하는 것이 아니고요, 광고를 일단 게재를 하고 광고가 진행되어 클릭 수가 얼마나 발생하는지 확인이 먼저이고요, 인기 키워드는 클릭당 비용이 수 천원이 될 수도 있고요, 이것은 다른 경쟁자들과 무한 경쟁을 해야 하고요, 지금은 그냥 70원 그대로 두든지, 필자와 같이 광고를 많이 하다보면 대략 가격을 알기 때문에 근사치를 입력하고 나중에 경쟁 가격을 조절하면 됩니다.

그리고 하루 예산은 해당 키워드로 광고를 진행하면서 인기 키워드의 경우 광고를 게재하자마자 광고비가 엄청나게 지출 될 수 있으므로 아무리 고객들이 클릭을 많이 해도 하루에 지출하는 광고비 상한가를 정해서 여기서 정한 가격 이상은 지출되지 않게 하는 브레이크와 같은 비용입니다.

물론 이렇게 할 경우 여기에 입력한 금액만큼 소진되고 나면 그날은 더 이상 광고가 진행되지 않고 광고비 클릭당 단가를 두 번째로 높게 입력한 다른 광고주의 광고가 나가게 됩니다.

일단 필자의 경우 기본 클릭당 광고비는 기본 값인 70원, 하루 예산은 5,000원으로 입력하고 저장 후 다음을 클릭하면 다음 화면이 나타납니다.

③ 광고만들기 (키워드/소재) & 비즈머니 충전

자세히 보기

이동하세요.　　　　　　　　　　　　　　키워드 도구

광고그룹기준 연관키워드	키워드기준 연관키워드		
전체 추가	키워드	월간검색수 PC	월간검색수 모바일
추가	사진사이즈	1,840	2,810

앞의 화면에서 중요한 것은, 화면의 설명을 주욱 읽어본 다음, 화면 우측 손가락이 가리키는 [키워드 도구]를 클릭하면 다음 화면이 나타납니다.

'파워링크 캠페인'의 새로운 키워드를 발굴해 보세요. 도움말 보기

조회 기준   원하는 기준으로 '파워링크 캠페인'의 연관키워드를 조회하세요.(다중선택 가능)

| 사진 | | □ 웹사이트 | 체크 후 선택하세요 |
| | | □ 업종 | 체크 후 선택하세요 |

조회하기

조회 결과 (1000개)

연관키워드	월간검색수		월평균클
	PC	모바일	PC
사진	8,070	30,200	43
공모전	17,900	23,000	65.9
이미지사진	1,370	3,360	11.1
대외활동	4,730	6,920	15.3
사진강의	170	260	3.1

여기서 다음 화면에 보이는 것과 같이 키워드를 대형 사진으로 입력하고 검색을 하면 대형사진은 조회수가 20회이지만, 사진인화는 모바일 무려 47,000회입니다.

연관키워드	월간검색수 PC	월간검색수 모바일	월평균클릭 PC
대형사진	20	70	1
사진인화	21,300	47,000	1,014.2
대형사진인화	610	1,050	27.7
그림렌탈	260	710	7.7
풍경사진	1,560	4,140	5.4
대형사진액자	280	880	9.8

그래서 앞에서 설명 할 때 상품명은 지금 보시는 화면에서 키워드로 검색을 하여 어떤 키워드가 검색 빈도가 높은지 알아 본 다음에 정하라고 했고요,..

필자의 경우 그래서 필자가 판매하는 각종 사진의 상품명에는 사진인화, 사진출력, 사진액자, 풍경화, 풍경화액자 등으로 만든 것입니다.

앞에서 최상위 도메인 입력하는 란에서 필자가 하도 골탕을 먹어서 잠시 네이버를 나무랐지만, 지금 보시는 것과 같이 네이버는 국내 최대 포털 사이트이기 때문에 수 많은 사람들이 네이버에서 검색하는 검색어를 추출하여 지금 설명하는 네이버 광고 화면에서 활용할 수 있도록 제공합니다.

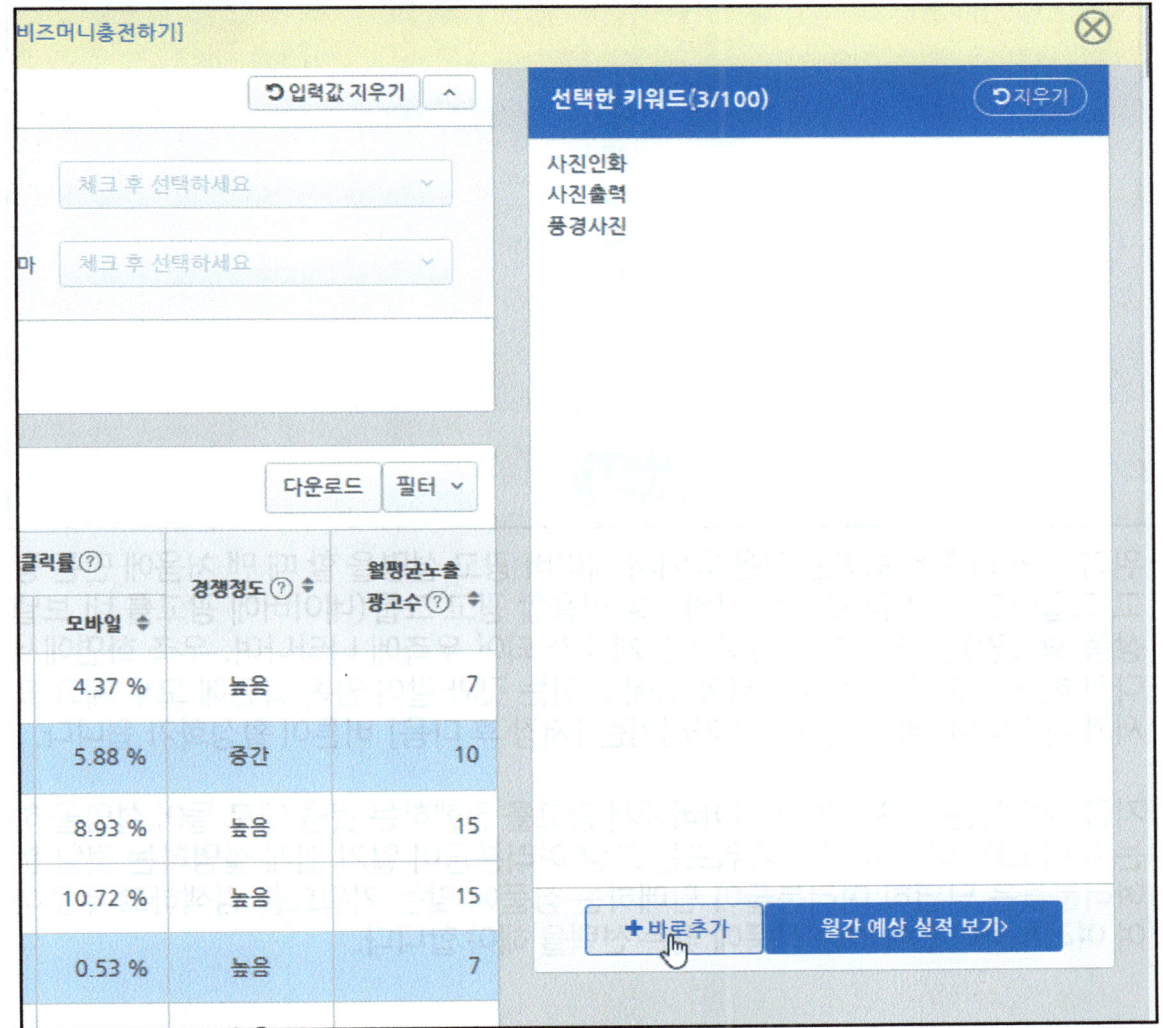

앞의 화면에서 검색어 조회수가 많은 키워드의 좌측 [추가]를 클릭하면 앞의 화면 우측에 추가한 키워드가 나타나고요, [바로 추가]를 클릭하면 다음 화면이 나타납니다.

위의 화면 좌측에 보이는 것은 앞에서 네이버 광고 설명을 할 때 맨 처음에 만든 광고 그룹이고요, 지금 추가한 키워드를 적용할 광고 그룹(네이버에 광고를 내 보낼 상품 광고명)을 클릭하여 선택하면 체크가 되어 우측에 나타나며, 우측 화면에서 다시 해당 광고 그룹을 클릭해야 위에 보이는 것과 같이 양쪽 화면에 모두 체크 표시가 나타나며, 위의 손가락이 가리키는 [저장 후 다음] 버튼이 활성화가 됩니다.

지금 설명하는 것은 필자가 네이버에서 광고를 진행하는 것을 예로 들어 설명을 하는 것이고요, 방금 추가한 키워드는 그냥 여러분들이 알기 쉽게 설명하는 것일 뿐 여러분들은 당연히 여러분들이 판매하는 상품에 맞는 키워드를 검색하고 추출하여 여러분들이 판매하는 상품에 맞는 선택을 해야 합니다.

앞의 화면에서 [저장 후 닫기]를 클릭하면 다음 화면이 나타나는데요, 지금 설명하는 것은 이 책을 집필하면서 현재 단원을 설명 할 때의 화면이고요, 네이버 광고는 시도 때도 없이 바뀌므로 여러분들이 이 책을 보는 시점에서는 현재 화면과 다를 수도 있습니다.

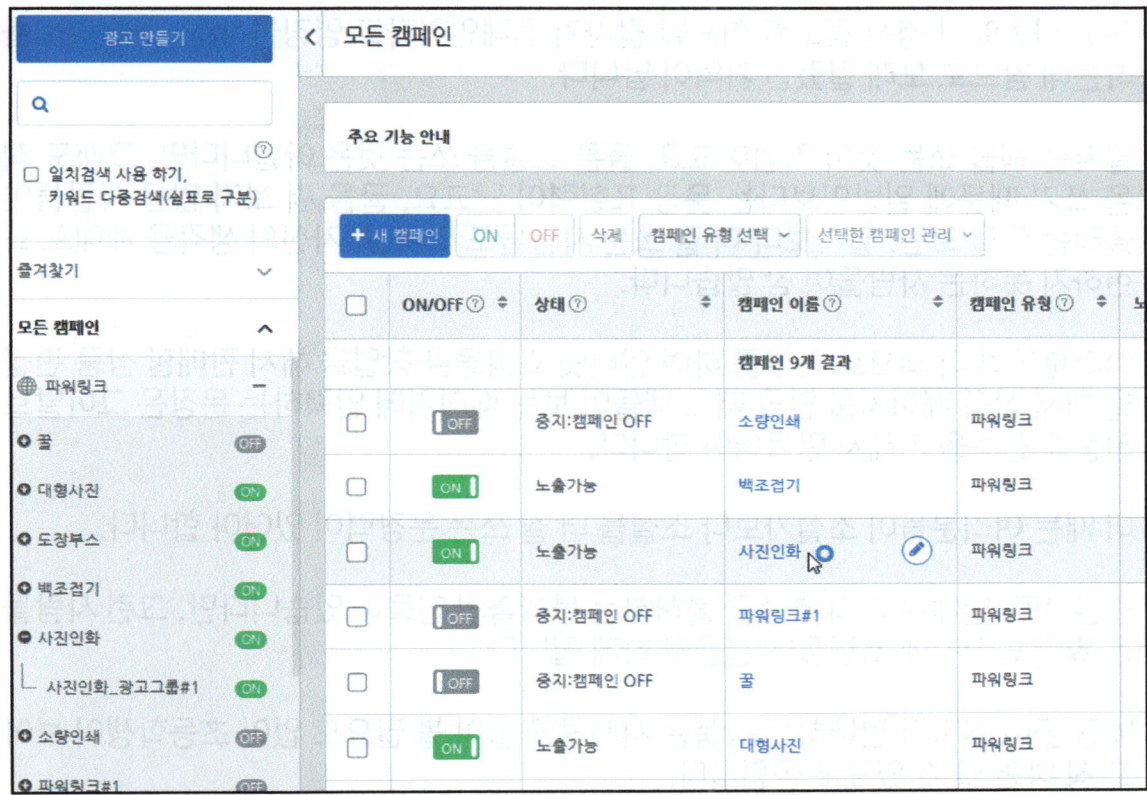

위의 화면은 필자가 네이버에서 진행하는 광고 화면을 보여주는 것이기 때문에 여러분들과는 다를 수 있다는 것을 아시고요, 위의 화면 역시 여러분들이 이 책을 보는 시점에서는 또 바뀔 수도 있습니다.

필자가 이미 수십 년 전에 기고한, 인터넷 망하는 법..에 나오는 내용 중에 잘 되는 기능은 100년이 가도 그냥 그대로 두어야 하건만, 네이버 광고는 100번도 더 바뀌니 네이버에서 광고를 진행하려면 이렇게 하도 자주 바뀌는 네이버 광고 시스템을 이해하는 것도 사업 성공의 비결 및 관건 중의 하나입니다.

아무튼 네이버에서 광고를 진행하려면 이러한 어려움을 이겨 내야 하고요, 위의 화면에서 마우스가 가리키는 것과 같이 해당 캠페인(광고 그룹)에 마우스를 가져가면 이벤트가 발생하여 우측에 연필 모양이 나타나서 해당 광고에 대한 여러가지 설정을 할 수 있습니다.

앞의 화면 마우스가 가리키는 캠페인을 클릭하면 다음 화면이 나타납니다.

광고 화면에서 검색 광고를 어느날 갑자기 캠페인이라고 명칭을 바꾼 것을 이해를 하는데 참으로 오래 걸렸던 기억이 납니다.

필자는 책을 쓰는 것이 직업이고요, 물론 소설을 쓰는 것은 아닙니다만, 그래도 책을 쓰기 때문에 일반인보다는 문장 표현력이 낫고요, 글을 써 보지 않은 사람들이 올리는 글을 보면, 필자보다 더 잘 쓰는 사람들도 있지만, 자신의 생각을 제대로 표현하지 못하는 사람들이 참 많습니다.

여러분들이 이 책으로 공부를 하여 인터넷 쇼핑몰을 창업을 해서 판매할 상품 편집을 해서 상품 페이지를 만들 때 고객들이 보는 페이지에 입력하는 문장은 그야말로 신중에 신중을 기해서 만들어야 합니다.

이 때는 여러분들이 소설가보다 소설을 더 잘 쓰는 문장력이 있어야 합니다.

물론 이런 일에는 타의 추종을 불허하는 불세출의 인물이 있습니다만, 그런 사람들은 일약 단기간에 쇼핑몰에 성공을 하게 됩니다.

예를 들어 필자가 판매하는 상품은 시시콜콜 물어 볼 필요도 없이 초등학생이 보아도 척 하면 알 수 있도록 올립니다.

그래서 필자는 일 년 내내 상품 정보가 아리송하여 문의하는 전화는 단 한 건도 없을 정도로 상품 문의 전화는 거의 없습니다.

누가 봐도 척 하면 알아 볼 수 있도록 올리니까요..

그러나 필자는 앞에서도 언급했습니다만, 인터넷으로 구매하기 1등 아니면 2등 쯤 되는 필자이므로 헤일 수 없이 많은 판매자들로부터 헤일 수 없이 많은 상품을 구매하지만, 도무지, 도대체, 화면만 보아서는 이 상품이 어떻게 작동되고 어떻게 사용을 해야 하는지 도무지, 도대체, 알수가, 아니 알 쑤가 없는 상품이 참으로 많습니다.

여러분들이 인터넷 쇼핑몰을 창업하여 세월이 흐르면 결국은 필자와 같은 길을 가게 될 텐데요, 결국 여러분들도 대부분 엄청나게 많은 상품을 웹 상에 올려서 판매를 하게 될 것입니다.

그 때, 그렇게 판매하는 상품 수 및 여러 마켓에 올린 상품의 수가 천문학적으로 많아졌을 때 상품 정보가 아리송하여 문의하는 전화 때문에 업무가 마비될 수가 있습니다.

그래서 처음부터 초등학생이 보아도 척하면 알 수 있도록 상품 상세설명 페이지를 만드는 것이 매우 중요합니다.

필자는 그렇게 많은 상품을 판매를 해도 1년 내내 상품 정보가 아리송하여 문의하는 전화는 단 한 건도 없을 정도이니까요..

ON/OFF	상태	캠페인 이름	캠페인 유형	노출수
		캠페인 9개 결과		0
OFF	중지:캠페인 OFF	소량인쇄	파워링크	0
ON	노출가능	백조접기	파워링크	0
ON	노출가능	사진인화	파워링크	0
OFF	중지:캠페인 OFF	파워링크#1	파워링크	0
OFF	중지:캠페인 OFF	꿀	파워링크	0

위의 화면은 필자가 내 보내는 광고이므로 참고만 하시고요, 위의 손가락이 가리키는 하나의 캠페인(광고 이름)을 클릭하면 다음 화면이 나타나서 해당 광고에 대한 여러가지 설정 및 변경 및 입찰가 등을 수정할 수 있는데요..

아니 그냥 광고 이름, 광고 유형이라고 하면 어디가 덧이라도 나서 조금 유식한 척 캠페인이라는 이름으로 바꾼 것인지 도대체, 도무지 알 수가 없습니다.

② 캠페인 수정(광고 수정) : 수십 년 동안 줄기차게 사용하던 광고라는 이름을 어느날 캠페인이라고 바꾸었으니 어쩔 수 없이 앞의 화면에서 손가락이 가리키는 [캠페인 수정]을 클릭하면 다음 화면이 나타납니다.

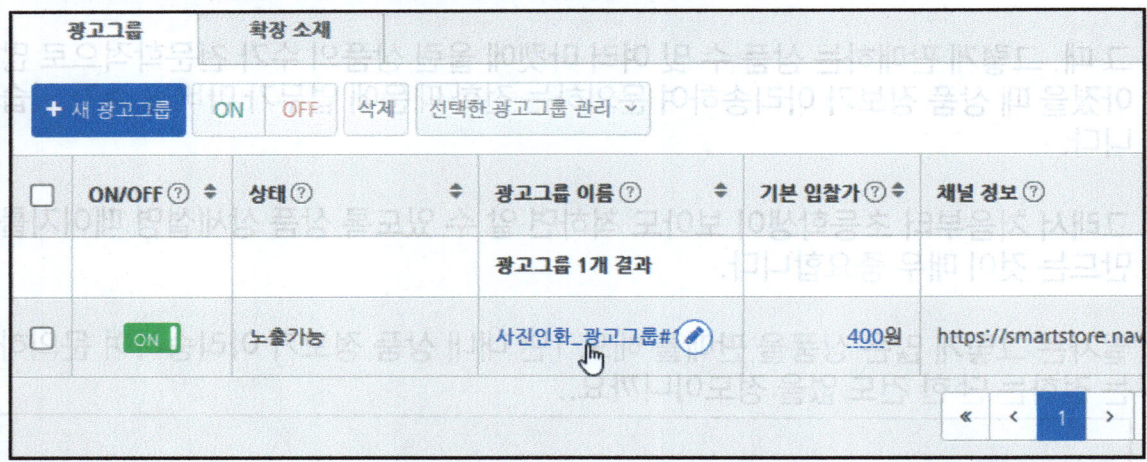

위의 화면에서 광고(캠페인)에 대한 모든 것을 수정 및 설정 등을 할 수 있는데요, 위의 화면에서 손가락이 가리키는 광고를 클릭하면 다음 화면이 나타나며, 처음에는 필자도 어리둥절 했던 기억이 있습니다.

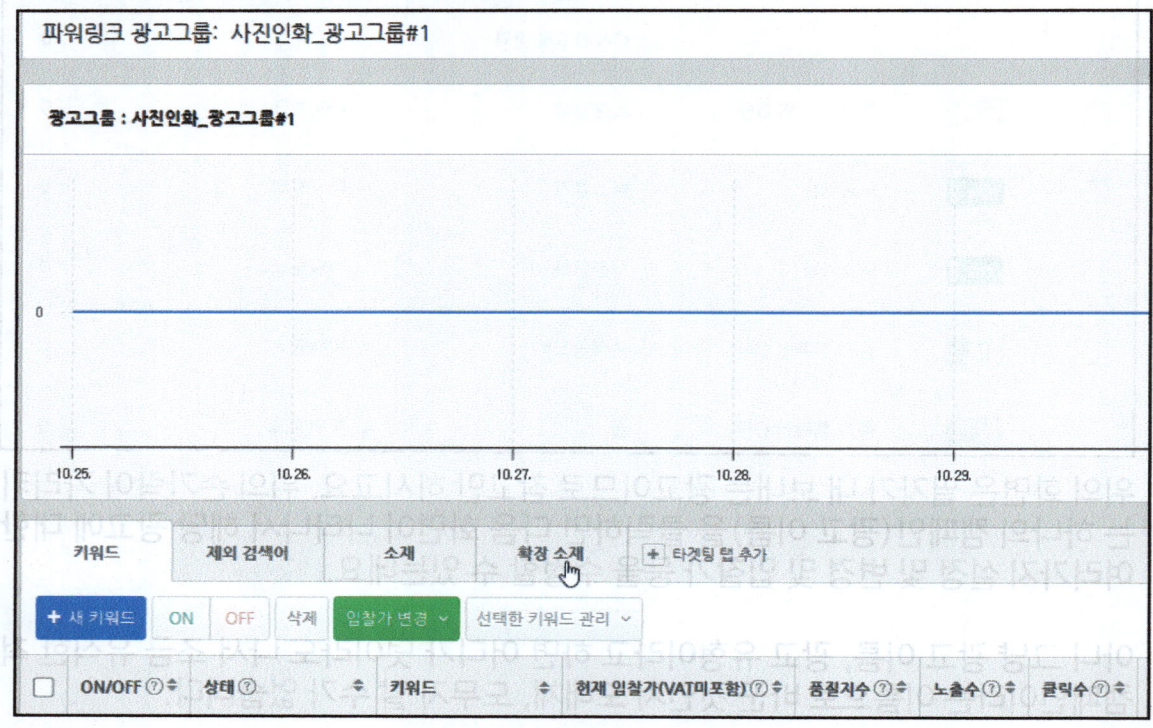

앞의 화면에는 처음에는 아무것도 나타나지 않아서 어리둥절하다가, 앞의 화면 손가락이 가리키는 확장 소재를 클릭하면 다음 화면이 나타납니다.

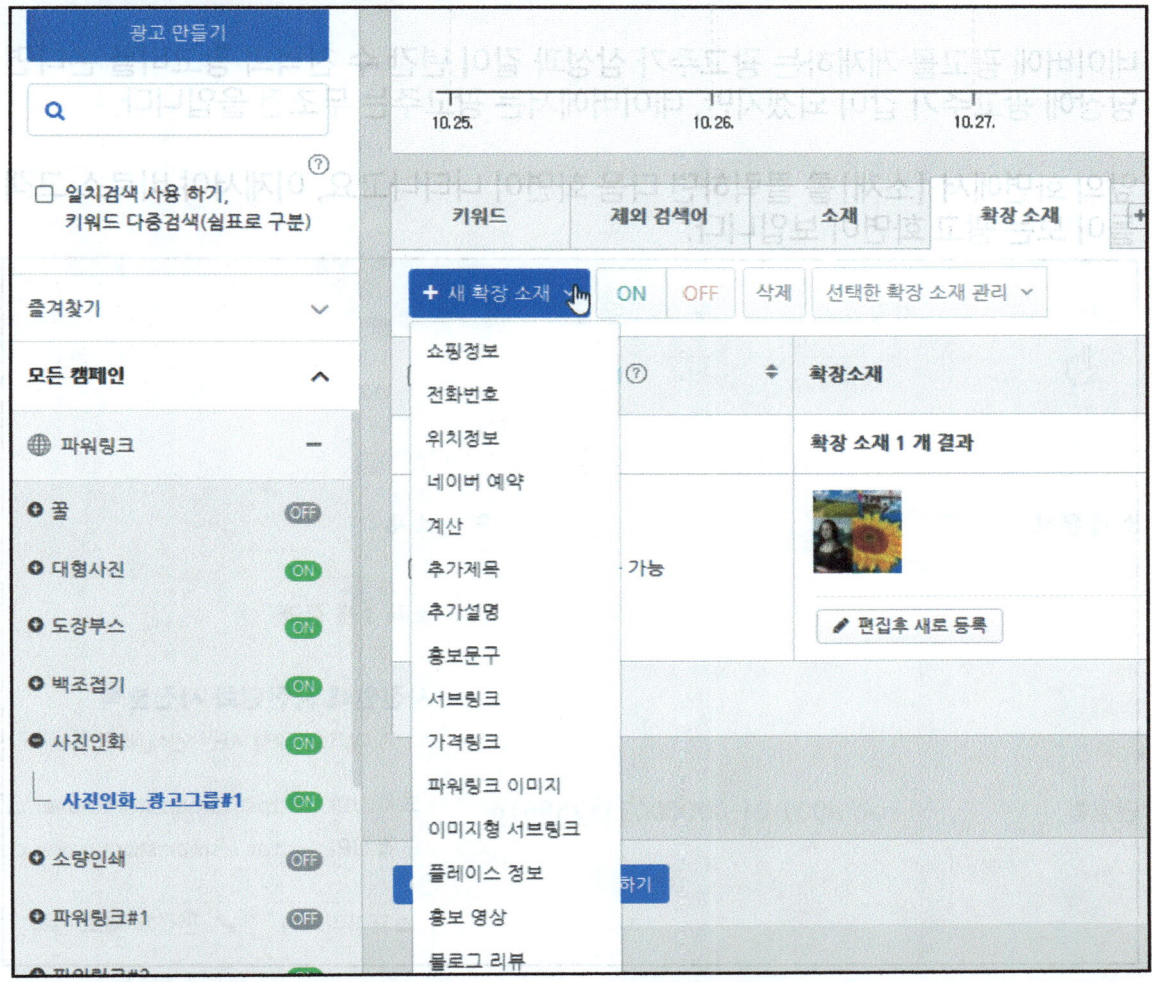

위의 화면을 보면 필자가 현재 내 보내는 광고의 썸네일 이미지(작은 사진)를 한 개 등록한 것이 보이는데요, 이 사진을 등록할 때부터 머리에 쥐가 나고 네이버를 마구 욕을 하기 시작하게 됩니다.

이래도 안 되고, 저래도 안 되고, 이미지에 글씨가 들어 갔다고 안 되고, 이미지에 테두리가 있다고 안 되고, 아니 도대체 네이버에서 이런 프로그래밍을 할 정도면 대단한 실력이 있는 프로그래머일텐데, 앞에서 필자가 세상의 어떠한 프로그래머도 정도의 차이는 있을 지언정 모조리 싸이코 성향이 있다고 했는데요, 싸이코도 이런 싸이코가 없습니다.

그래도 네이버는 갑이고, 광고주는 을 이므로 네이버에서 하라는대로 할 수 밖에 없습니다.

네이버에 광고를 게재하는 광고주가 삼성과 같이 년간 수 천억의 광고비를 쏜다면 당장에 광고주가 갑이 되겠지만, 네이버에서는 광고주는 무조건 을입니다.

앞의 화면에서 [소재]를 클릭하면 다음 화면이 나타나고요, 이제서야 비로소 고객들이 보는 광고 화면이 보입니다.

위의 화면에서도 처음 광고를 게재하는 광고주는 헷갈려서 상당히 오랜 기간 삽질을 해야 합니다.

일단 위의 화면에서 [소재 미리보기]를 클릭하면 광고가 나가는 모습을 미리 볼 수 있습니다.

또한 [편집 후 새로 등록]을 클릭하여 광고를 수정할 수도 있습니다만, 이 또한 네이버에서 하라는대로 해야 하기 때문에 광고를 연습으로 진행하면서 네이버의 광고 시스템을 익히는 수 밖에는 없습니다.

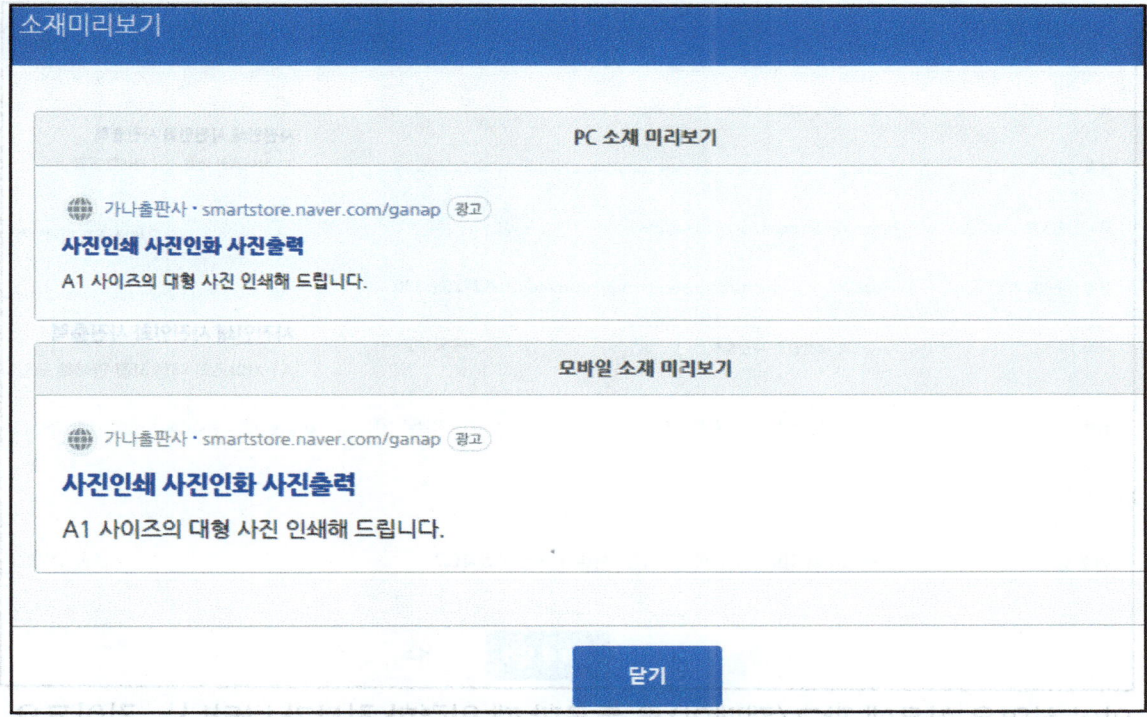

위는 [소재 미리보기]를 클릭한 미리 보기 화면이고요, 그 이전 화면에서 [편집 후 새로 등록]을 클릭하면 다음 화면이 나타납니다.

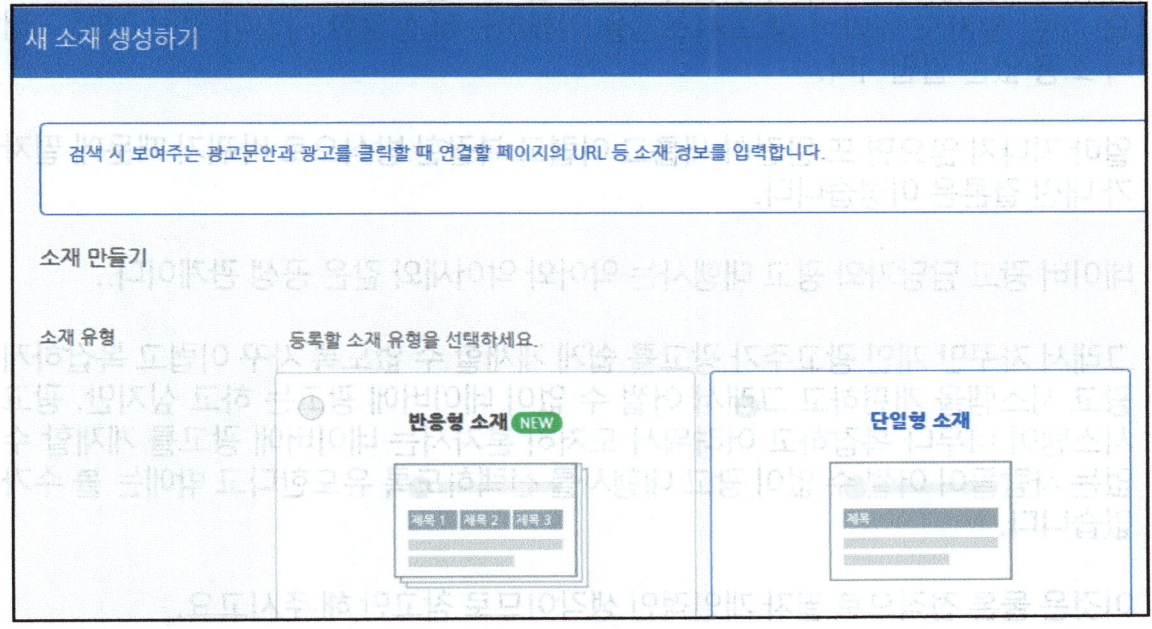

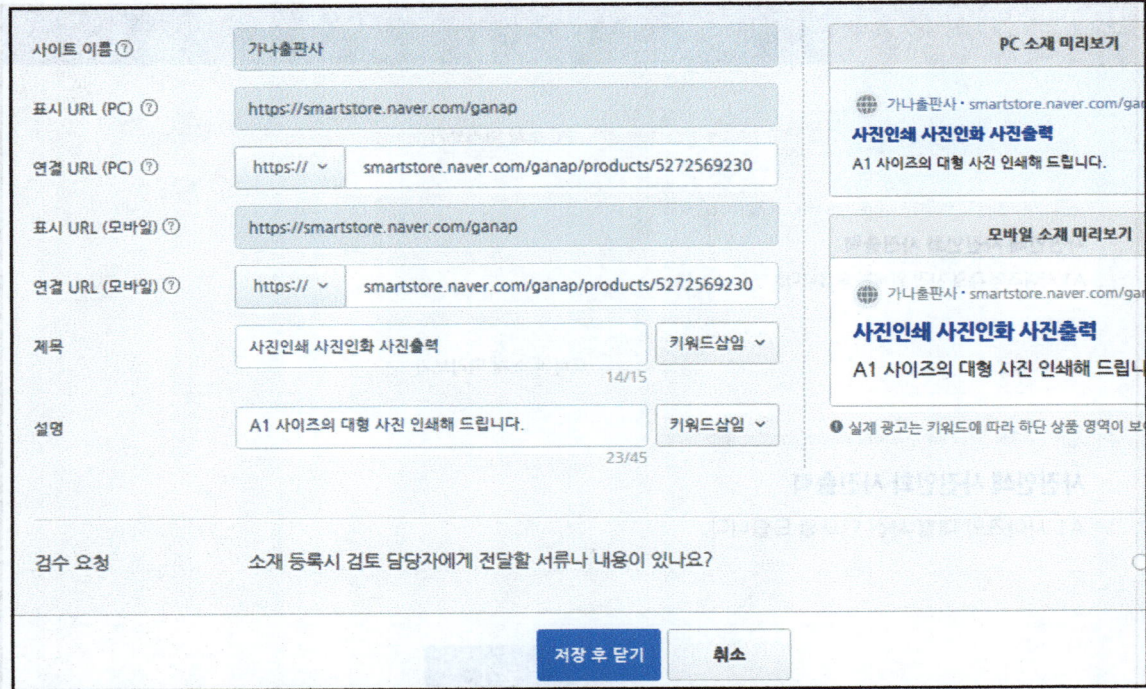

위의 화면은 처음에 광고(캠페인)를 등록할 때 입력한 정보가 나타나는 것이고요, 필자는 중년 이후에 컴퓨터 공부를 시작했어도 거의 40대 후반 50대에 이르러 컴퓨터 자격증을 약 10 여 개나 취득하고 관련 서적을 무려 100권 정도 쓴 사람인데요, 이런 필자도 네이버 광고 시스템을 이해하는데 상당한 시일이 걸렸고요, 그러나 소용 없는 일입니다.

얼마 지나지 않으면 또 완전히 새롭고 어렵고 복잡한 방식으로 바뀌기 때문에 필자가 내린 결론은 이렇습니다.

네이버 광고 담당자와 광고 대행사는 악어와 악어새와 같은 공생 관계이다..

그래서 자꾸만 개인 광고주가 광고를 쉽게 게재할 수 없도록 자꾸 어렵고 복잡하게 광고 시스템을 개편하고 그래서 어쩔 수 없이 네이버에 광고는 하고 싶지만, 광고 시스템이 너무나 복잡하고 어려워서 도저히 혼자서는 네이버에 광고를 게재할 수 없는 사람들이 어쩔 수 없이 광고 대행사를 선택하도록 유도한다고 밖에는 볼 수가 없습니다.

이것은 물론 전적으로 필자 개인적인 생각이므로 참고만 해 주시고요,

앞의 화면에서 [표시 URL]은 앞에서 최상위 도메인을 입력하는 화면에서 필자를 분노하게 만든, 필자의 경우 네이버 스마트스토어에 등록한 상품을 광고하는 것이므로 네이버 스마트스토어 URL 맨 뒤에 슬러시(/)를 하고 필자의 아이디를 넣은 것.. 이것이 필자의 광고 상품 최상위 URL 입니다.

기가 막혀서 말이 안 나오지만, 네이버는 갑이고 광고주는 을 이므로 어쩔 수 없이 네이버에서 만들어 놓은 광고 시스템을 익히는 수 밖에는 도리가 없습니다.

그리고 [연결 URL]이 바로 광고를 내 보내는 상품의 주소 즉, 상품 URL입니다.

PC와 모바일로 나누어 등록할 수 있지만, 필자는 그렇지 않아도 하루 25시간씩 쉬지 않고 일을 해도, 1년 열 두 달 쉬는 날이 단 하루도 없이 소처럼 일을 해도 모자라는 사람이므로 PC와 모바일을 따로 등록하지 않고, 그 대신 PC에서 화면을 크게 만들지 않고 PC와 모바일 겸용으로 작게 제작합니다.

이것은 뒤에 가서 상품 편집 편에서 자세하게 다룹니다.

[제목]은 광고에 나타나는 타이틀이고요, 설명은 광고 문구 밑에 작은 글씨로 나타나는 광고 관련 문구이고요, 문자수는 정해져 있으므로 정해진 길이만큼 입력해야 하며 우측에 미리보기 되어 나타납니다.

모든 것을 확인 한 후 혹시 광고(캠페인)를 수정했다면 맨 하단 [소재 등록시 검토 담당자에게 전달할 서류나 내용이 있나요?]에서 예를 클릭하고 전달사항 등을 입력하면 되며, 없으면 생략하고 저장하면 됩니다.

앞의 화면에서 좌측 상단 손가락이 가리키는 [모든 캠페인]을 클릭하면 모든 광고(캠페인)가 보이며 실제로는 필자는 현재는 광고를 내 보내지 않고 있습니다.

다만, 이 책을 집필하면서 여러분들에게 보여주기 위하여 필자가 등록한 광고를 노출시킨 것입니다만, 여러분이 이렇게 하기까지 많은 노력이 필요합니다.

광고를 등록할 때 여기 설명과 약간씩 다를 수도 있고요, 그것을 익히는데 상당한 시간이 걸리고요, 기껏 익혀도 얼마 지나지 않아서 또 다른 방식으로 개편되기 때문에 이래 저래 네이버에서 광고를 하는 것은 부단한 노력이 필요합니다.

실제로 광고를 해 보면 인기 키워드는 입찰가 수정을 통하여 클릭당 비용이 수 천 원이 되기 때문에 그렇게 비싼 광고비를 지출해서는 어떠한 사업도 타산이 맞지 않지만, 그런 광고가 아니면 문을 닫아야 하는 절박한 사업자는 기를 쓰고 매일 하루 종일 컴퓨터 앞에 앉아서 입찰가를 수정하여 다른 사람보다 입찰가가 높게 유지하여 하루종일 자신의 광고가 맨 앞에 나오도록 합니다.

이렇게 경쟁이 치열하기 때문에 더더욱 네이버에서 광고를 하는 것이 힘이 들고요, 광고에 치중하는 시간이 많아져서 다른 일을 할 수 없으므로 필자 역시 한 때는 광고대행업체를 통해서 광고를 내 보내기도 했습니다.

그러나 앞에서도 설명했습니다만, 일단 광고대행업체는 단 한 번이라도 이용하게 되면 아마도 이러한 광고 대행 업체는 모든 사업자의 정보를 사고 팔고 하는 일에도 가담을 하는 것으로 보이며, 시도 때도 없이 하루종일, 야간에도 광고, 스펨 광고 때문에 죽음보다 더한 고통을 맛 보게 됩니다.

필자는 오로지 그런 이유 때문에 광고대행업체를 이용하지 않는 것이고요, 광고대행업체야말로 광고의 전문가들이기 때문에 정상적이라면 광고대행업체를 이용하는 것이 훨씬 효율적입니다만, 방금 설명한 바와 같이 자신의 개인정보가 유출되어 지긋지긋한 스펨 전화, 스펨 문자, 스펨 메일 때문에 죽음보다 더한 고통을 맛 보게 된다는 것을 아시기 바랍니다.

오죽하면 하도 스펨 전화, 스펨 메일, 스펨 이메일이 많이 오기 때문에 사업을 할 수가 없을 지경입니다.

하루종일 전화에 시달리게 되면 어떻게 다른 일을 할 수 있겠어요?

사업자는 혹시라도 주문 전화를 놓칠까봐 오는 전화는 무조건 받게 되고 전화를 받으면 스펨 전화... 죽을 지경이 될 경험을 아직 하지 않으신 분들은 꼬옥 참고하시기 바랍니다.

이 경우 필자는 스마트폰에 후후 앱을 깔아서 스펨 전화는 걸러지므로 조금은 안심이 되고요, 스펨으로 걸러지지 않는 전화는 스펨으로 신고를 하게 되면 다른 사람이라도 스펨 전화를 알 수 있으므로 이런 스펨 전화나 스펨 문자가 오면 적극적으로 신고를 해야 합니다.

지금까지 네이버 광고를 다루고 설명을 했습니다만, 사실 지금까지 설명한 내용이 부족할 수도 있고요, 이해가 안 되는 부분도 있을 것입니다.

실제로 광고를 직접 진행하다보면 막히는 부분도 있을 수 있고요, 필자 역시 수 많은 난관을 극복하고 앞에서 본 것과 같이 광고를 진행하고 있으므로 여러분도 나름대로 각고의 노력을 해서 광고를 해야 물건이 팔린다는 것을 아시기 바랍니다.

필자의 경우 광고를 하지 않아도, 어차피 필자가 판매하는 상품은 오로지 필자만 만들어서 판매를 하는 제품이기 때문에 다른 사람은 없는 제품이기 때문에 일종의 독과점 품목이라고 할 수 있고요, 광고를 하던 하지 않던 매출에 거의 영향이 없습니다.

특히 필자의 주력 상품인, 필자가 이 책과 같이 집필하고 만들어서 판매를 하는 도서는 필자가 직접 판매하는 것도 있지만, 대부분 교보문고나 예스24, 알라딘, 기타 전국의 유명 서적 도매상이나 유명 서점 등에 보내서 판매를 하는 것이고요, 특히 전자책은 필자가 판매를 하는 것이 아니라 모두 대형 서점의 유통망을 통해서 유통되는 것이기 때문에 필자는 필자의 유튜브 채널이나 홈페이지 및 블로그 등의 각종 SNS에서 홍보하는 수준만 되어도 대형 서점에서 알아서 광고를 하기 때문에 필자가 직접 광고를 하든 하지 않든 매출에 거의 영향이 없는 것입니다.

그러나 여러분은 전적으로 필자와는 다를 것입니다.
필자와 같이 책을 쓰는 분도 있을 수 있겠습니다만, 책을 써서 필자와 같은 수준이 되려면 아마도 많은 시일이 걸릴 것입니다.

따라서 여러분은 아무리 좋은 상품을 가지고 있다 하더라도 광고를 하지 않으면 소비자는 그 상품을 알 수가 없기 때문에 반드시 광고를 해야 합니다.

[2] 구글 광고

우리나라에서는 아무래도 네이버 광고를 이용하는 사람이 많습니다만, 구글 광고 또한 네이버에 못지 않게 구글에 광고를 많이 하는 사업자들도 매우 많이 있습니다.

구글이야말로 전세계를 좌지우지하는 글로벌 초대형 기업 메타에서 운영하는 기업중 하나이고요, 유튜브도 구글, 인스타그램도 구글 메타입니다.

구글은 그야말로 전세계 100억 인구로 치고 필자 생각에 전세계 인구 1인당 약 100만원 이상 투자를 하는 어마어마한 기업 집단이고요, 네이버와는 공룡과 개미 정도로 비교할 수 있습니다.

그래서 필자는 더우기 요즘 유튜버로 필자의 [유튜브 채널]에 헤일 수 없이 많은 동영상을 올려서 유튜브에서도 짭짤한 수익을 내고 있으므로 지금은 네이버와 함께 구글에서도 상품 검색 및 구입을 많이 합니다.

이 때 구글의 상품 검색 등에 나오는 광고는 구글 에드센스에 가입하여 구글 애드센스에서 광고를 진행해야 합니다.

```
                facebook   메타
                           대기업 :

                메타 플랫폼스는 미국 캘리포니아주 멘로파크에 본사를
                둔 미국 정보기술 대기업이다. 세계 5대 정보통신기술 기
                업인 빅테크 중 하나이다. 2004년 페이스북으로 설립되
                어, 2021년 10월 28일 현재의 사명으로 변경되었다.
                위키백과 >



                주가: META (NASDAQ)  US$567.16  -0.42 (-0.07%)
                11월 1일 오후 4:00 GMT-4 · 면책조항

                CEO: 마크 저커버그 (2004년 7월–)
```

(1) 구글 애드센스

구글에서 광고를 하려면 구글에 직접 광고를 하는 것이 아니라 구글 애드센스에 먼저 가입을 하고 구글 애드센스에서 광고를 신청 및 게재를 해야 합니다.

특히 요즘 유튜버로 활동하시는 분들이 많고요, 유튜브에서 고소득을 올리시는 분도 많이 있는데요, 유튜브에서 나오는 수익 역시 유튜브에서 직접 받는 것이 아니라 구글 애드센스에 가입을 하고 혹독한 신고식을 치른 후에 구글 애드센스를 통해서 입금 받는 구조입니다. (제세공과금 보통 10% 공제하고 입금 됩니다.)

필자는 현재 유튜브에서 수익이 발생하고 있고요, 구글 애드센스를 통해서 매달 입금되기 때문에 구글 애드센스를 검색하면 필자의 경우 유튜브용 애드센스로 연결됩니다.

그래서 위의 화면에 보이는 것과 같이 '애드센스 광고' 로 검색을 하여 위의 손가락이 가리키는 메타 광고를 통해 광고하기 - 메타에서 광고 관리하기를 클릭하면 다음 화면이 나타납니다.

구글은 메타가 모기업이고요, 그래서 다음 화면에 보이는 것과 같이 메타 광고로 나오고요, 메타 역시 화면을 그대로 두지 않고 수시로 변경합니다.

위의 [광고 만들기]를 클릭하면 다음 화면이 나타나는데요, 페이스북 화면에 연결되어 나타나고요, 이 역시 과거와는 다른 방식입니다.

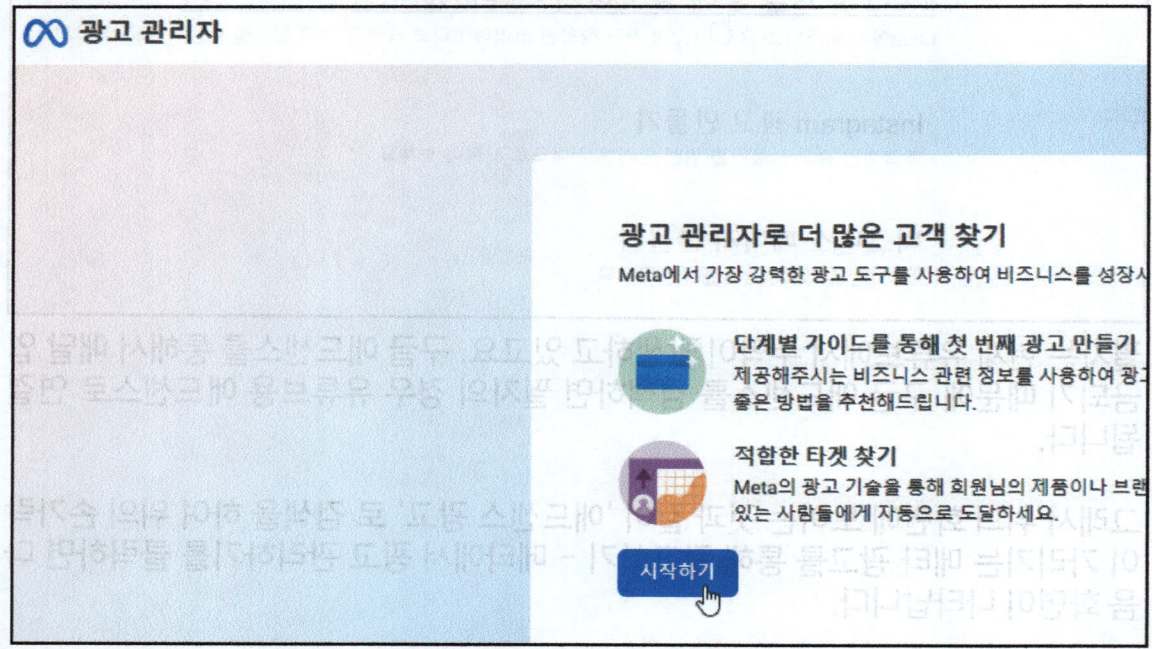

위의 화면에서 손가락이 가리키는 [시작하기]를 클릭하면 다음 화면이 나타나는데요, 다음 화면은 필자의 경우이므로 참고만 하시기 바랍니다.

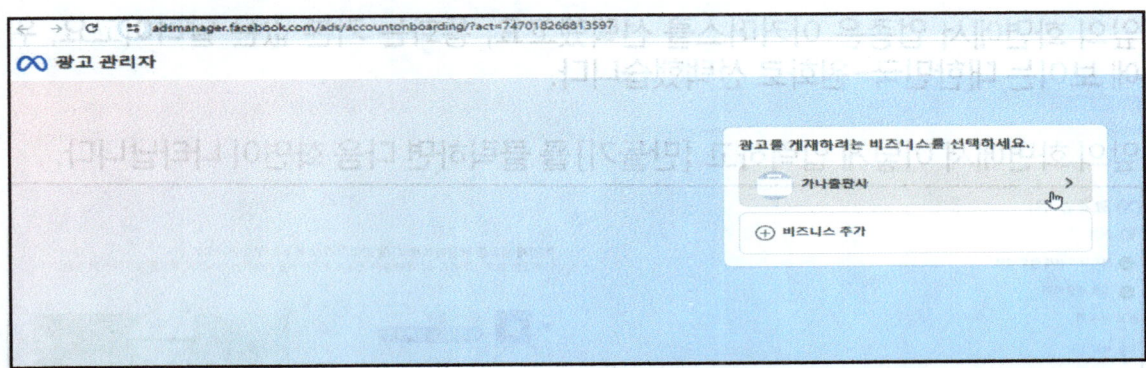

필자는 이미 구글 애드센스에 가입되어 있고 구글에 광고를 게재했기 때문에 위와 같이 나타나는 것이고요, 아직 구글 애드센스에 가입하지 않았다면 회원 가입 화면이 먼저 나타날 것입니다.

위의 화면에서 필자의 경우 필자의 사업자등록상의 상호로 이미 등록되어 있으므로 위의 [가나출판사]를 클릭하고요, 여러분도 여러분 상호로 가입하고 등록을 해야 합니다.

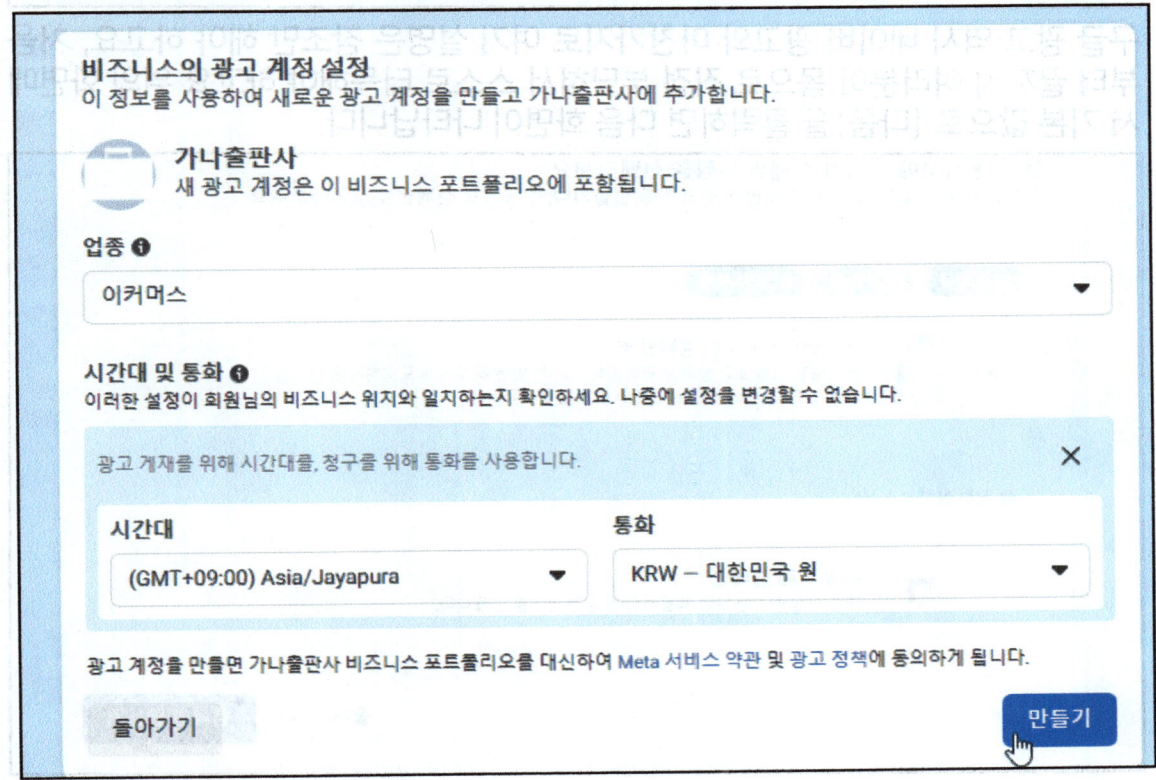

앞의 화면에서 업종은 이커머스를 선택했고요, 통화는 기본 값은 달러이고요, 위에 보이는 대한민국-원화로 선택했습니다.

앞의 화면에서 이렇게 입력하고 [만들기]를 클릭하면 다음 화면이 나타납니다.

구글 광고 역시 네이버 광고와 마찬가지로 여기 설명은 참조만 해야 하고요, 처음부터 끝까지 여러분이 몸으로 직접 부딪혀서 스스로 터득해야 하고요 위의 화면에서 기본 값으로 [다음]을 클릭하면 다음 화면이 나타납니다.

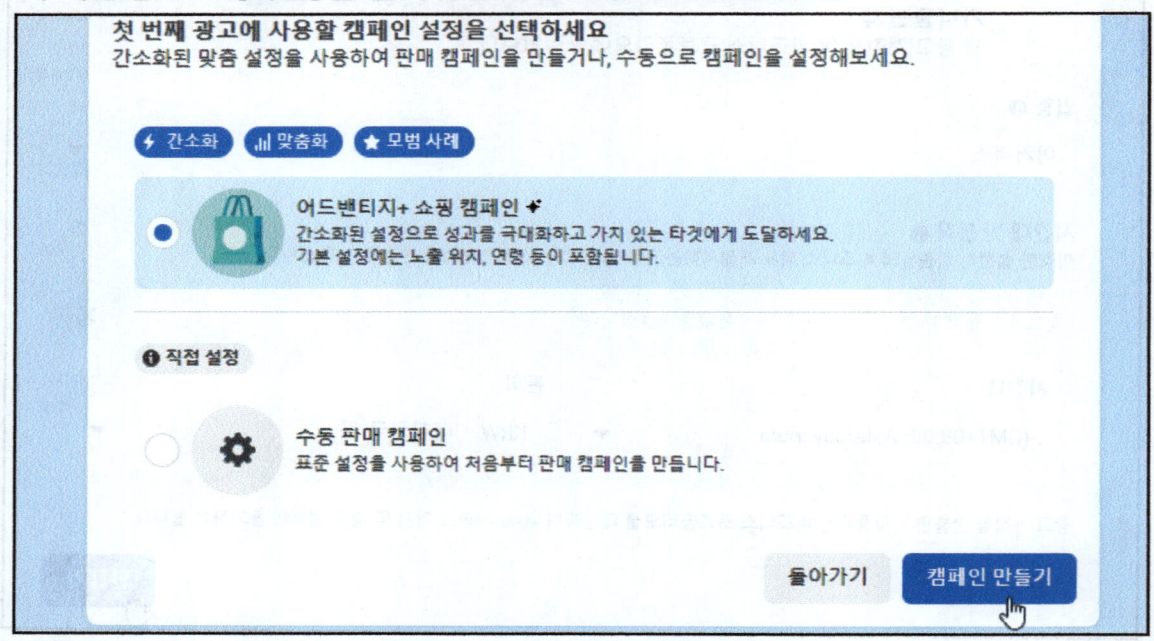

구글은 미국 회사이므로 광고를 캠페인이라고 표현을 하고요, 이것을 본떠서 네이버에서도 광고라고 하다가 캠페인으로 바꾼 것으로 보이고요, 앞의 화면에서 [캠페인 만들기]를 클릭하면 다음 화면이 나타납니다.

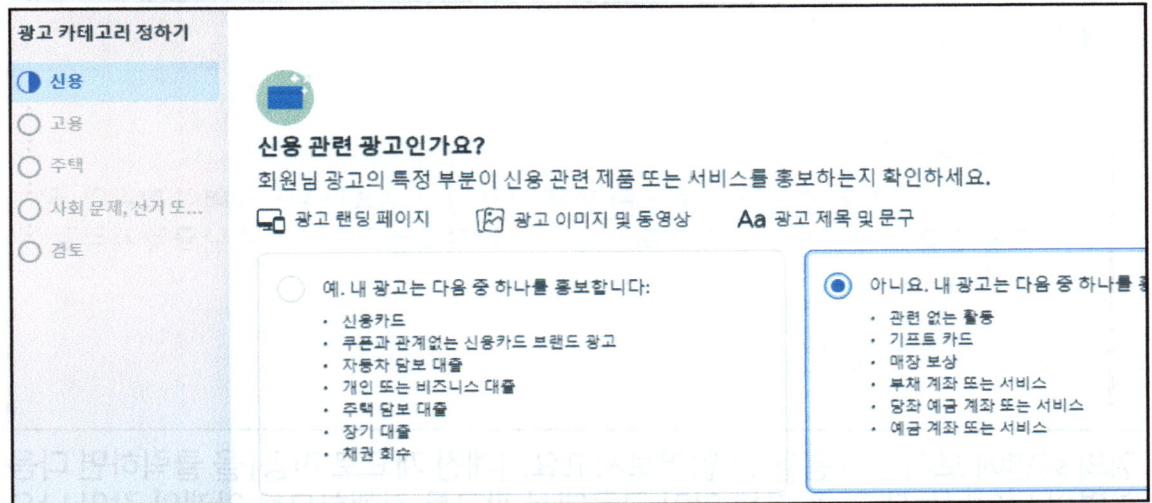

위의 화면에서 필자는 우측 아니요.. 를, 매 단계마다 계속 모두 아니오를 클릭했더니 그래도 신용카드, 대출, 채권 등만 나오며 필자가 판매하는 상품과 관련 있는 내용은 나오지 않아서 중단하고 해당 광고(캠페인)를 삭제를 했더니 광고 메인 페이지가 나타나는데요, 다음 결제 수단 추가를 해야 한다고 나옵니다.

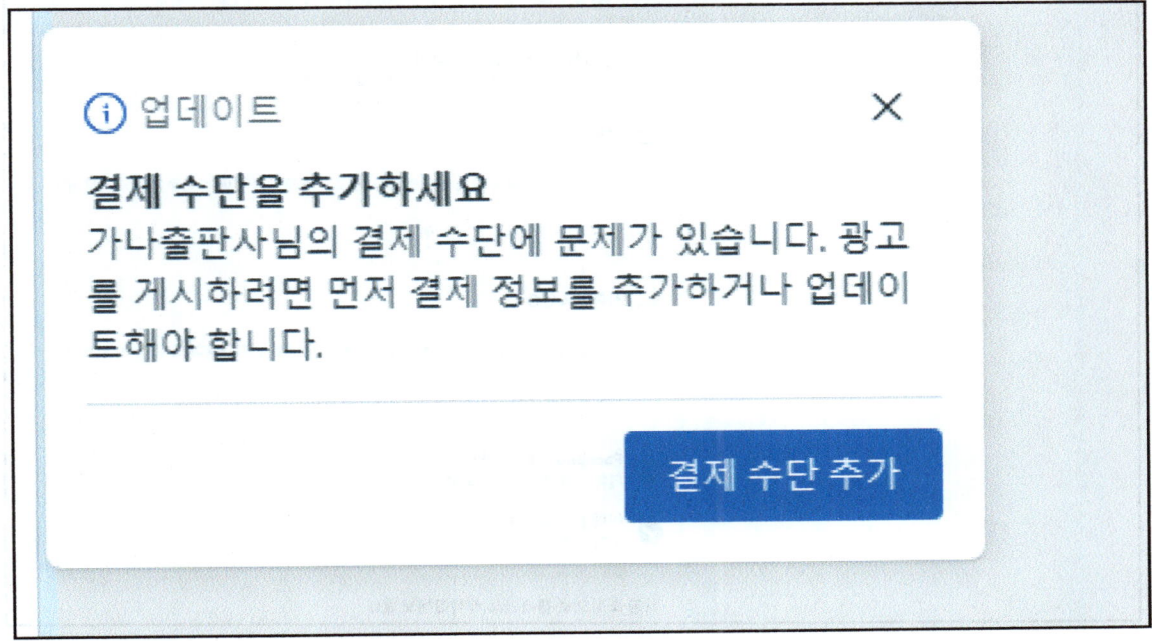

네이버에서는 일단 광고를 먼저 게재를 하고, 그리고 나서 광고비를 결제를 해야 광고가 진행되고요, 구글에서도 일단 결제 수단을 추가하지 않고 먼저 광고를 만들어 보겠습니다.

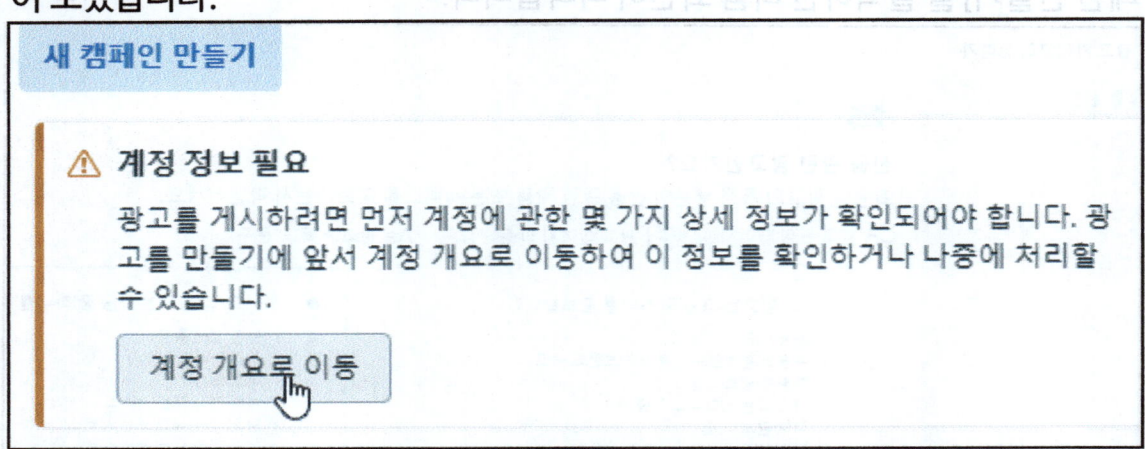

위의 화면에 보이는 내용을 잘 읽어보시고요, [계정 개요로 이동]을 클릭하면 다음 화면이 나타나는데요, 필자는 이미 구글에서 광고를 진행하므로 아래와 같이 나오는 것이고요, 여러분은 여러 단계를 거쳐야 아래와 같은 화면으로 진입됩니다.

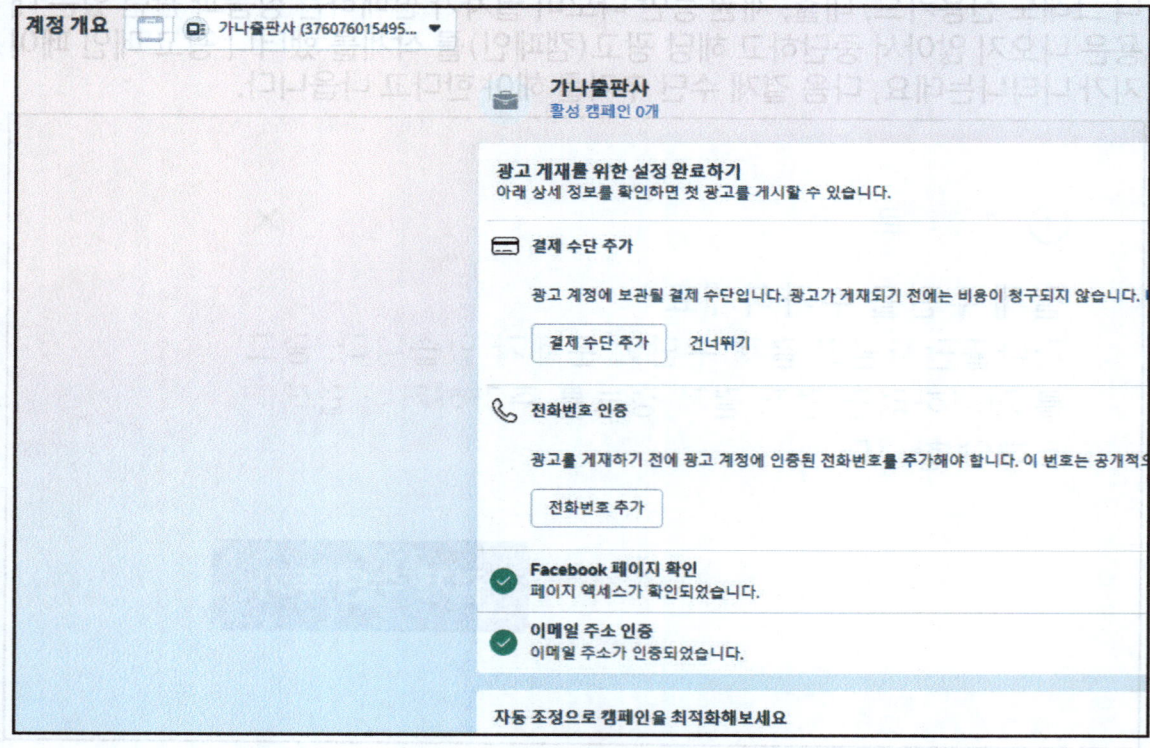

다음 화면에서 참으로 많은 시간을 허비했습니다.
북한도 쉽게 찾고 말리나 인구 10만의 나라도 쉽게 찾을 수 있지만, 세계 최고의 선진국 세계 최강 대한민국을 찾는데 시간이 엄청나게 걸렸습니다.

일본도 금방 찾았습니다만, 구글에서 대한민국을 얼마나 하찮게 취급하는지 금방 알 수 있습니다.

망할 구글 같으니라구, 국가 검색 기능이 있으면 금방 찾을 것을.. ROK로 찾아도 안 보이고, KOREA로 찾아도 안 보이고, SK(South Korea)로 찾아도 안 보이고, 북한은 PK로 표기 되고요, 우리나라는 다음 화면에 보이는 것과 같이 KR로 표기 되어 있는데요, 알파벳 순서도 아니고 한글 가나다 순도 아니고 뒤죽박죽 짬뽕으로 되어 있어서 세계 모든 나라를 하나씩 확인하면서 우리나라를 찾는데 약간 과장하자면 1시간 가량 걸렸습니다.

일단 여기서 구글 광고를 게제하고 싶지 않지만, 이 책에서는 설명을 해야 하므로 계속 진행하는데까지 해 보겠습니다만, 어차피 여러분이 보는 화면과는 약간 다르므로 실제로는 여러분이 직접 진행을 해야 합니다.

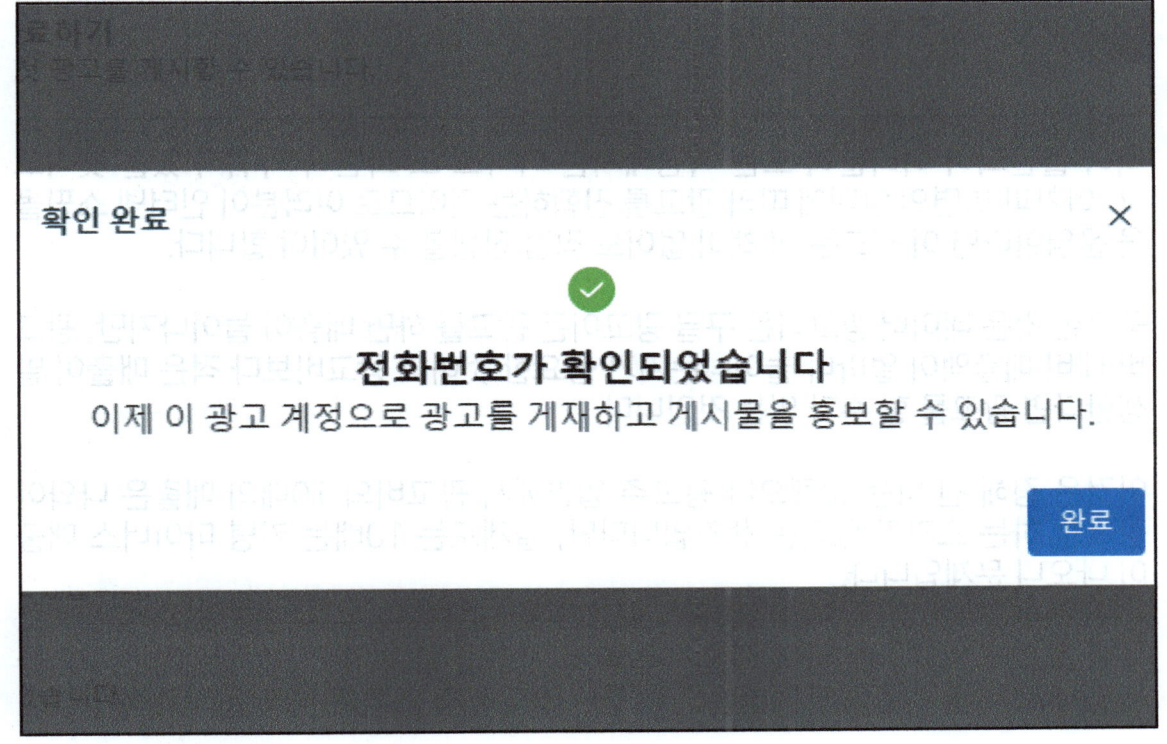

인증 방법 3가지 중에서 필자는 문자 인증을 선택하며 문자로 온 인증 코드를 입력하고 앞의 화면과 같이 인증되었습니다.

 이메일 주소 인증
이메일 주소가 인증되었습니다.

 전화번호 인증
전화번호가 인증되었습니다.

캠페인 트렌드
캠페인 트렌드를 보려면 새로운 캠페인을 게시하세요

축하합니다! 설정이 완료되었습니다. 이제 첫 캠페인을 만들어보세요. 캠페인을 만들고 게재가 시작되면 여기에서 주간 성과 트렌드를 확인할 수 있습니다.

광고 만들기, 성과 등에 대해 자세히 알아보려면 고객 센터로 이동하세요.

고객 센터 찾기
Meta 광고 튜토리얼 사용해보기

위의 화면에 보이는 것과 같이 모든 인증이 완료되면 위의 화면 [캠페인 트랜드] 우측에 [만들기]를 클릭하여 네이버 광고와 같이 광고를 만들 수 있으며 광고비 결제 카드를 등록하고 광고를 게재하면 됩니다만, 이 과정은 여기서 다루지 않겠습니다.

지금까지 설명한 화면 역시 필자가 구글 광고를 게재할 때와는 많이 다르고요, 이 책이 출간되어 여러분이 보는 시점에서는 아마도 또 화면이 바뀌어 있을 것이고요, 어차피 화면의 안내에 따라 광고를 진행하는 것이므로 여러분이 인터넷 쇼핑몰을 운영한다면 이 정도는 이 책이 없어도 직접 진행할 수 있어야 합니다.

중요한 것은 네이버 광고이든 구글 광고이든 광고를 하면 매출이 늘어나지만, 광고비 대비 매출액이 얼마나 늘어나는지가 중요한 것이며 광고비보다 적은 매출이 발생한다면 광고를 할 수가 없는 것입니다.

이것은 정해 진 바는 없겠으나 광고주 입장에서 광고비의 10배의 매출은 나와야 광고를 하는 효과가 있다는 생각입니다만, 실제로는 10배는 커녕 마이너스 매출이 나오니 문제입니다.

특히 코로나 이후 서민들의 돈줄이 말라서 지갑을 열 수가 없으니 돈 많은 사람들을 상대로 비싼 제품을 판매하는 판매자는 매출이 억 소리가 나게 올라가지만, 그러한 자본이 없는 소자본 창업자의 경우 돈으로, 광고비로 승부를 낼 수 없으니 다른 방법을 찾아야 합니다.

[3] SNS 광고

이 책에서 다룰 내용은 많은데 벌써 너무 많은 지면을 사용해서 SNS 광고는 간단한 설명을 대신하겠습니다.

이는 연령별로 다르고 취향별로도 다르기 때문에 필자와는 견해가 다를 수 있겠습니다만, 어차피 대부분의 여러분은 필자보다 젊은 사람들일 것이므로 여러분의 수준 및 취향에 맞는 SNS를 찾아서 홍보를 하면 됩니다.

필자의 경우 블로그 광고를 많이 활용하는데요, 블로그 광고만 전문적으로 취급하는 업체에 광고를 의뢰하면 해당 업체에서는 여러 블로거를 섭외하여 명단을 보내옵니다.

그럼, 그 명단에 적힌 주소로 필자의 경우 책과 사진 등이므로 이러한 제품을 보내고 이 제품을 받은 블로거들이 해당 제품 사용 후기 등을 블로그에 올리는 형식의 광고이고요, 사실 네이버나 구글 광고보다 훨씬 광고 효과가 뛰어나고 매출이 급상승합니다.

필자도 몇 번 이런 광고를 이용했으나 사실 필자는 어떠한 광고도 내보낼 여유도 (시간적), 필요도 없습니다.

필자는 이 책 포함 필자가 펴 내는 모든 책은 옵셋 인쇄를 하는 것이 아닙니다.

여러분 대부분이 사용하는 무한잉크 프린터를 사용해서 인쇄를 하고, 필자가 직접 제본을 하고, 필자가 직접 재단을 해서 책을 만들어서 교보 문고, 예스24, 알라딘 등의 대형 서점에 보내서(배본사를 통해서) 판매를 하며 전국의 유명 서적 도매상과 유명 서점 등에서도 주문이 들어오며, 필자는 여러분 대부분이 사용하는 무한잉크 프린터로 인쇄를 해서 책을 만들기 때문에 대량으로 책을 만들 수가 없습니다.

평균 320페이지 책 하루에 20권 정도가 고작입니다.
그런데 주문은 항상 이보다 많이 들어오므로 지금도 필자 옆에서는 여러 대의 프린터로 인쇄를 하고 있고요, 1년 내내 쉬지 않고 책을 만들어야 하기 때문에 필자의 경우 광고를 할 시간도, 여유도, 필요도 없습니다.

그렇지 않아도 주문이 밀려서 매일 밤을 새다시피 해도 주문량을 만들어내지 못하는데 광고를 할 하등의 이유가 없기 때문입니다.

물론 필자가 직접 책을 만들다보니 대량으로 책을 만들지 못하고 하루에 고작 20권 정도 밖에 만들지 못하기 때문이지만요..

그러나 여러분 대부분이 사용하는 무한잉크 프린터로 하루에 320페이지 책 20권 인쇄를 하면 무려 6400장 인쇄를 하는 것이고요, 하루 최대 12,000장까지 인쇄를 한 적이 있습니다.

그래서 필자는 한 달 평균 사용하는 리필 잉크가 약 6리터 되고요, A4용지 한 달에 약 20박스 소모합니다.

생각해 보세요, 여러분 대부분이 사용하는 무한잉크 프린터로 이렇게 많은 인쇄를 한다는 것을 믿지 못하시는 분이 대부분일 것입니다.

그러나 필자는 프린터 1대로 100만장 인쇄하는 방법이라는 책도 펴낸 사람이고요, 전세계에서 유일하게 프린터 1대로 100만장 인쇄하는 노하우를 가진 사람이기 때문에 가능한 일이고요, 툭하면 고장이 나는 무한잉크 프린터로 책을 인쇄를 하려면 필자와 같이 프런터 1대로 100만장 인쇄하는 노하우를 가져야 하지만, 그게 쉽겠냐고요..??

그래서 지금도 출판사에서는 대부분 대량 인쇄를 해야 하는 옵셋 인쇄를 해서 책을 펴 내고 있고요, 필자가 아는 한 오로지 필자만이 무한잉크 프린터로 책을 인쇄를 해서 만듭니다.

여러분이 보시고 계시는 종이책은 이렇게 무한잉크 프린터로 인쇄한 책이고요, 필자가 직접 제본 및 재단을 해서 만든 책입니다.

이와 같이 필자는 광고를 하지 않아도 미처 주문을 대지 못할 정도로 주문이 밀리기 때문에 광고를 하지 않습니다만, 여러분은 절대로 광고를 하지 않으면 매출이 늘지 않으므로 반드시 네이버 광고, 구글 애드센스를 통한 메타 광고, 메신저 광고, 블로그 광고, 유튜브 광고, 인스타그램 등등 두루 섭렵을 해야 합니다.

제 3 편 제품 촬영

제 1 부 카메라의 종류

앞의 화면에 보이는 것은 필자가 펴 낸 카메라 교본 책이고요, 인터넷 쇼핑몰을 제대로 하기 위해서는, 유능한 유튜버가 되기 위해서는 반드시 필요한 책이지만, 카메라 전문가, 사진 작가가 아닌 바에야 요즘은 스마트폰이 대세이므로 스마트폰으로만 촬영해도 충분합니다.

다만, 카메라의 원리를 이해를 해야만 스마트폰으로 촬영해도 전문가와 같이 촬영할 수 있으므로 카메라의 원리, 카메라의 기초를 다지기 위해서는 앞의 화면에 보이는 카메라 교본 책을 구입해서 공부를 하시기를 권해 드립니다.

제 1 장 카메라의 종류

굳이 카메라의 종류를 따진다면 여러가지 카메라를 들 수 있습니다만, 이 책에서는 일단 DSLR과 스마트폰, 이렇게 2가지로 요약할 수 있습니다.

사실 카메라의 정답은 DSLR이지만, 요즘은 워낙 스마트폰의 화질이 좋기 때문에 단순 화질만 가지고 논한다면 오히려 스마트폰이 더 낫다고 할 정도입니다.

원래 카메라는 당연하고도 당연하게 옛날 필름 카메라가 원조이고요, 오늘날에도 카메라에 관한 한 지금도 옛날 필름 카메라를 기준으로 합니다.

그래서 옛날 필름 카메라의 필름 한 칸에 해당하는 크기의 이미지 센서를 장착한 DSLR 카메라를 풀프레임 카메라라고 부르며 풀프레임 카메라는 비싸기 때문에 DSLR 카메라를 널리 보급시키고자 이미지 센서의 크기를 작게 만들어서 풀프레임 카메라의 이미지 센서를 잘랐다는 의미로 Crop(자르다) 바디, 즉 크롭 바디라고 부르며 잘려진(작아진) 센서의 비율에 따라 1:1.5 크롭 바디 등으로 불리기도 합니다.

여기서 바디란 Body, 즉, 카메라 몸체를 뜻하며 DSLR이란 말 자체가 렌즈 교환식 카메라를 의미하며, 바디만, 렌즈만 따로 구입할 수 있고요, 상황에 따라 여러가지 렌즈를 장착하고 촬영할 수 있는 카메라가 바로 DSLR 카메라입니다.

지금도 방송국이나 신문사의 촬영 기사들은 당연하고도 당연하게 오로지 DSLR

카메라를 가지고 촬영을 합니다만, DSLR은 비싸기만 한 것이 아니라 초보자의 경우 참으로 오랫동안 배워야 하는 난제가 있습니다.

이에 비하여 스마트폰은 카메라에 대해서 전혀 모르는 사람도 언제 어디서나 사진을 혹은 동영상을 촬영할 수 있으므로 스마트폰으로만 촬영해서 만든 영화도 있을 정도입니다.

제 1 절 DSLR

DSLR은 Digital Single Lens Reflex 의 약자로 디지털 일안 반사식 카메라로 불리며 가장 쉽게 이해할 수 있는 것이 렌즈 교환식 카메라라는 뜻입니다.

이는 사실 카메라에 있어서 가장 중요한 부분이며 광곽, 어안(초광각), 표준, 줌렌즈, 망원 렌즈 등으로 구분되는 여러가지 렌즈를 장착하고, 예를 들어 멀리 있는 조류 등을 관찰할 때는 필연적으로 망원렌즈를 사용해서 멀리 있는 피사체를 가까이 끌어들여 촬영을 할 때 사용하는 것이 대표적인 기능입니다.

사실 사진 작가나 필자와 같이 사진을 인쇄를 해서 판매를 하는 목적이 아니라면 요즘 흔한 스마트폰만 가져도 충분하지만, 스마트폰의 화질이 아무리 좋아도 스마트폰으로 안 되는 기능 중의 하나가 바로 망원 촬영입니다.

그러나 스마트폰은 DSLR에 장착하는 망원 렌즈가 없어서 뿐만이 아닙니다. 스마트폰에도 무려 100배율의 줌 기능을 갖춘 기종도 있지만, 이러한 스마트폰으로 원거리 피사체를 촬영한다는 것은 사실상 불가능한 일입니다.

이는 이런 스마트폰으로 원거리 피사체를 당겨서 촬영을 해 보신 분이라면 수긍하실 것입니다.

촬영이 안 되는 것은 아니지만, 차라리 불가능하다고 하는 것이 맞는 스마트폰의 줌 기능은 DSLR과 달리 뷰파인더가 없기 때문입니다.

스마트폰도 굳이 삼각대 거치하고 리모콘으로 고배율 망원 촬영을 할 수는 있지만 스마트폰이 일상적인 스냅 사진은 기가 막히게 잘 나오지만, 그러한 특수한 촬영, 망원 촬영 등은 안 되는 것은 아니지만, 차라리 안 되는게 맞다고 하는 것이 맞는 이유는 스마트폰을 손으로 들고 멀리 들고 촬영을 해야 하기 때문에 안 되는 것입니다.

고배율 망원의 경우 아주 미세한 움직임이나 흔들림에도 고배율이기 때문에 카메라에서 1MM 흔들리면 100배율의 경우 100배 이상 흔들리고 벗어나기 때문에 촬영이 거의 불가능할 정도로 어려운 것입니다.

이에 비하여 DSLR은 뷰파인더가 있기 때문에 카메라를 들고 눈을 뷰파인더에 가져다 대고 피사체를 바라보고 촬영을 하는 것이기 때문에 초음속으로 날아가는 제트기나 고속 질주하는 경주용 자동차, 그리고 필자는 봄철에 벌, 아주 작은 꿀벌 날개짓을 즐겨 촬영을 하는데요, 이러한 촬영은 DSLR이 아니면 불가능합니다.

그러나 DSLR은 빠지면 중독되는 마약과도 같은 특징이 있어서 DSLR에 흠뻑 빠지면 1,000만원을 가져도 모자라고 2,000만원을 가져도 모자라고, 한도 끝도 없이 돈이 들어가도 모자랍니다.

렌즈 한 개에 비싼 렌즈는 수 백만원, 수 천만씩 하기 때문입니다.

고급형 풀프레임 바디의 경우 렌즈 없이 바디만의 가격도 수 백만원~천만원에 육박하고요, 사진 작가들이 사용하는 중형 카메라는 무려 수 천 만원에 이릅니다.

필자도 한 때는 DSLR에 빠져서 그 비싼 DSLR이 열 대도 넘었고요, 렌즈도 수 십 개나 되었지만, 요즘은 거의 대부분 스마트폰으로만 촬영을 합니다.

우선 스마트폰의 화질이 옛날과는 비교할 수 없이 좋아졌고요, 필자의 경우 아주 오랜 옛날부터 책을 써 왔으므로 어떻게 하면 필자가 쓰는 책의 삽화에 질 좋은 사진을 넣을 수 있을까 궁리를 하여 아주 오랜 옛날 필름 카메라 시절부터 사진을 찍어 왔으며 디지털 카메라가 나오자마자 아마도 가장 먼저 구입한 사람 중의 한 사람일 것입니다.

처음 나온 디지털 카메라, 필자가 맨 처음 구입한 디지털 카메라는 고작 10만 화소에 열악하기 그지 없는 화질에 사진의 크기도 작고 형편 없었지만, 필름을 사용하지 않고 메모리 카드에 저장하는 매력에 디지털 카메라가 새로 나올 때마다 구입을 했습니다.
다행히 디지털 카메라는 처음에는 열악했지만, 곧 30만 화소, 100만 화소, 400만 화소, 500만 화소, 1,000만 화소.. 그야말로 하루가 멀다하고 새로운 신제품이 쏟아져 나왔고요, 이러한 제품들을 모두 구입을 하다보니 카메라에 들어가는 돈도 많고, 디지털 카메라로 만족하지 못하는 수준에 도달하게 됩니다.

사실 지금도 카메라는 옛날 필름 카메라를 기준으로 하고 있으며 옛날 필름 카메라는 비록 옛날이지만, 오늘날의 수 백원짜리 DSLR보다 사진은 훨씬 잘 나왔습니다.

옛날 필름 카메라는 필름 카메라 자체가 오늘날의 풀프레임 바디와 같이 풀프레임 카메라이니까요..

그래서 필자는 어느 순간 디카, 즉, 디지털 카메라의 구입을 중단하고 DSLR을 구입하기 시작했는데요, 디카, 즉, 디지털 카메라는 당시 아직 스마트폰이 나오기 이전이므로 휴대폰보다 훨씬 나은 카메라 정도로 인식 및 사용되던 시절이었고요, 그러나 지금 시점에서 본다면 그야말로 원시인이나 사용하는 카메라입니다.

그래서 DSLR을 구입했지만, 실망 또 실망..너무나 실망을 하게 됩니다.
사실 DSLR이라는 것이 필름 카메라와 사실상 똑같은 카메라입니다.

필름 카메라의 필름 대신에 이미지 센서를 장착하여 디지털로 저장한다는 것만 다를 뿐 렌즈 교환식 카메라는 동일하고요(SLR), 단지 디지털로 작동하기 때문에 Digital 의 앞자를 붙여서 DSLR로 불리는 것이지만, 그 때나 지금이나 카메라의 원리는 똑같고요, 그토록 오랫동안 카메라로 사진을 찍어왔던 필자이지만, 처음 구입한 DSLR의 열악한 사진에 너무나 실망했습니다.

이것은 여러분이 지금 비싼 돈을 들여 DSLR을 구입한다 하여도 당시 옛날의 필자와 똑같이 아마도 큰 실망에 빠질 것입니다.

큰 돈을 들여 구입한 DSLR이 스마트폰보다 화질이 떨어지기 때문입니다.

이는 물론 너무나도 당연하게 DSLR에 대해서, 카메라에 대해서 모르기 때문이고요, 그러나 필자와 같이.. 필자는 카메라 교본 책도 펴 냈으므로 일단 필자 정도의 실력이라면 잘 알 수 있는 일이지만, 결론적으로 정지 화상(사진)이나 특히 동영상은 DSLR보다 스마트폰이 압도적으로 우세합니다.

다른 말로 표현한다면 DSLR, 그 비싼 DSLR을, 스마트폰과 같이 고퀄리티 사진을 찍기 위해서 사용한다.. 라는 기가 막히는 현실이 된 것입니다.

바꾸어 말하면 스마트폰이야말로 DSLR보다 훨씬 나은 카메라이다.. 라고 할 수 있습니다만, 이는 어디까지나 고가의 최고급형 플래그쉽 DSLR은 제외한 비교이고요, 그러나 최고급형 플래그쉽 DSLR이라 하더라도 여전히 스마트폰을 따라오지 못 합니다.

이는 참으로 아이러니한 일입니다.

DSLR이 스마트폰보다 나은 이유는 이미지 센서가 크기 때문입니다.

이미지 센서가 옛날 필름 카메라 시절의 필름 한 칸에 해당하는 이미지 센서를 장착한 DSLR을 풀프레임 바디라고 하며 너무나 비싸기 때문에 이미지 센서의 크기를 줄여서 잘랐다는 뜻의 Crop(크롭-자르다)을 써서 크롭바디라고 부릅니다.

이러한 보급형 크롭바디라 하더라도 이미지 센서의 크기가 옛날 필름 카메라 시절의 필름 한 칸의 절반 정도는 됩니다.

그러나 스마트폰은 그 작은 스마트폰 안에 카메라 기능을 집어 넣은 것이기 때문에 단순히 이미지 센서의 크기만을 본다면 그야말로 쌀알 크기 밖에 안 되는 그 작은 스마트폰 카메라가 DSLR 카메라의 성능이 나온다는 것은 이론상 불가능하지만, 실제는 오히려 DSLR을 훨씬 능가하고 있으니 아이러니한 일이라 하지 않을 수가 없는 것입니다.

필자와 같이 오랜 세월동안 카메라를 다루어 온 사람들은 카메라는 이미지 센서의 크기로 평가를 하는데 DSLR의 이미지 센서와는 비교할 수 없이 작은 스마트폰의 이미지 센서에 오늘날과 같은 열광적인 카메라 화질 및 성능을 보여준다는 것을 도저히, 절대로 믿을 수가 없습니다.

더구나 동영상 기능은 오늘날의 보급형 스마트폰이라 하더라도 무려 1,000만원 짜리 DSLR보다 약간 과장하자면 100배는 더 좋습니다.
DSLR은 사진을 찍기 위한 카메라이기 때문에 동영상 촬영 기능은 스마트폰에 비해서 열악하다 못해 필자는 DSLR의 동영상 품질 및 화질 및 기능 등을 종합적으로 평가할 때 DSLR은 스마트폰의 1/10도 안 된다고 단언을 합니다.

바꾸어 말하면 스마트폰이 DSLR보다 10배는 좋다는 뜻입니다.

그렇다면 DSLR보다 스마트폰 카메라가 훨씬 좋은 것이 아니냐 하는 분이 있을 것입니다만, 그렇다와 아니다로 대답할 수 있습니다.

단순 사진의 화질 및 크기 및 특히 동영상의 경우 스마트폰이 압도적으로 우세한 것은 맞습니다.

가장 큰 차이점은 스마트폰의 동영상 촬영 기능은 스마트폰의 배터리와 메모리 용량만 충분하면 하루 종일 촬영해도 충분합니다.

그러나 무려 1,000만원이 넘는 그 비싼 DSLR도 동영상은 우선 스마트폰과 같이 4K나 8K 동영상 등은 되는 기종도 있지만, 안 된다고 보는 것이 맞고요, 그 비싼 DSLR은 동영상을 오래 촬영할 수 없습니다.

고작 몇 십분 혹은 한 두 시간 정도입니다.

이 정도만 촬영해도 DSLR 카메라가 불이 날 정도로 열이 나서 물을 부어서 식혀야 할 정도입니다.

사실 이런 문제는 세계 최고의 카메라 메이커인 일본의 니콘조차 삼성의 발 뒤꿈치에 붙은 먼지보다 못한 영세 업체이다보니 생겨나는 문제입니다.

삼성에서 카메라 사업을 접지 않고 밀어 부쳤으면 니콘은 물론 일본의 기라성 같은 카메라 메이커들이 줄줄이 문을 닫았을 것이 뻔합니다.

일본은 과거 우리나라를 점령하고 동아시아 거의 전부를 점령하고 대 제국을 이루었던 국가이지만, 지금은 대부분의 분야에서 우리가 오히려 앞서고 있습니다.

일본의 니콘 등의 카메라 메이커들이 우리나라의 삼성과 같이 크다면 당연히 DSLR이 스마트폰보다 우세하겠지만, 일본의 카메라 메이커들은 우리나라의 삼성과는 비교할 수 조차 없는 작고 초라하고 보잘것 없는 업체들입니다.

그렇다면 우리나라는 선진국이고 오히려 일본이 후진국이 된 것이 아니냐고 반문하실 분도 있을 텐데요, 단지 카메라 설명을 하면서 일본과 우리나라의 삼성을 알기 쉽게 비교한 것일뿐 일본의 니콘은 미국의 나사에 1억 화소 카메라를 납품한 회사이며 미국의 나사에서는 이렇게 니콘에서 납품 받은 1억 화소 카메라로 먼 우주를 촬영하여 공개하기도 했습니다.

그러나 얼마 가지 않아서 DSLR이 아니라 우리나라의 삼성에서는 카메라 사업을 접고 스마트폰으로 무려 1억 화소 이상 구현을 했습니다.(삼성 갤럭시 s21 울트라)

일본의 니콘에서 1억 화소 카메라를 미국의 나사에 납품한 것은 거대한 카메라 이미지 센서를 갖춘 어마무시한 카메라이고요, 우리나라의 삼성에서는 그야말로 쌀알 크기의 이미지 센서를 장착한 스마트폰으로 1억 화소를 구현했으니 그 기술력에서 원시인과 현대인의 차이 정도가 발생한 것입니다.

각설하고 이 책은 카메라 전문 서적이 아니기 때문에 그냥 글로서 카메라에 대한 설명을 하는 것이고요, 결과적으로 여러분이 인터넷 쇼핑몰을 창업하여 자신이 판매할 상품의 촬영을 하는데는 일단 스마트폰만 있어도 된다는 얘기입니다.

다만 스마트폰으로 촬영을 하더라도 카메라의 원리를 알아야 사진을 잘 찍을 수 있고, 동영상 역시 잘 촬영할 수가 있으므로 DSLR을 사용하지 않더라도 DSLR 공부를 해야 합니다.

앞의 화면에 보이는 모습이 카메라에 달려 있는 뷰파인더에 눈을 대고 촬영을 하는 모습인데요, DSLR을 한 번도 사용해 본 적이 없는 사람들은 스마트폰으로만 촬영을 하기 때문에 스마트폰을 손으로 들고 촬영을 하므로 뷰파인더를 잘 모르지만, 그래서, 스마트폰은 뷰파인더가 없기 때문에 DSLR보다 훨씬 뛰어난 성능을 가진 스마트폰이지만, 움직이는 피사체는 촬영할 수 없는 것입니다.

이 책은 카메라 교본이 아니므로 여기서 카메라에 대해서 자세하게 다룰 수는 없습니다.

그래서 간단히 카메라의 원리만 설명을 하겠습니다.

카메라는 카메라의 3요소가 있습니다.

조리개, 셔터속도, ISO, 이렇게 3가지 요소를 적절히 조합을 하여 작품 사진을 찍기도 하고 망친 사진을 찍기도 합니다.

조리개는 렌즈에 달려 있는 빛 조절 장치이고요, 조리개는 F 값으로 표현을 하고요, F 값이 낮은 렌즈일 수록 밝은 렌즈이고요, F1.2 등의 렌즈는 수 백만원씩 하고요, 보통 보급형 렌즈들은 F3.5 이상이고요, 요즘은 렌즈 만드는 기술이 발달하여 F2.8 등의 렌즈도 저렴한 가격으로 구입할 수 있고요, 스마트폰의 렌즈는 대부분 F1.8~F2.8 정도의 밝기를 가지고 있습니다.

이런 내용이 왜 중요한가 하면요, 사진이란 기본적으로는 자연 그대로 촬영을 하는 것이 목표이고요, 자연 그대로 촬영한다는 것은 눈으로 보이는 그대로, 예를 들어 밝기를 눈으로 보는 밝기 그대로 촬영하는 것을 목표로 촬영을 하는 것입니다.

예를 들어 스마트폰은 DSLR이 아니기 때문에 DSLR의 오토와 같이 자동으로 거의 모든 것을 스마트폰이 알아서 최적의 상황으로 촬영이 됩니다.

이것을 오토, 즉, 자동이라고 합니다만, DSLR을 사용하는 이유는 오토가 아닌 수동, 즉, 메뉴얼 모드, 즉, M 모드로 촬영하기 위해서 DSLR을 사용하는 것입니다.

그 비싼 DSLR을 가지고 DSLR을 사용할 줄 몰라서 그냥 오토로 놓고 팡팡 찍어댄다면 무엇하러 그 비싸고, 무겁고, 불편하고, 어려운 DSLR을 사용하는가.. 라는 딜레마에 빠지게 됩니다.

그래서 M 모드로 촬영하는 것이고요, 이러한 설정들의 궁극적인 목적은 사진을 자연 그대로 혹은 어두운 곳도 밝게 촬영하기 위함입니다.

그래서 조래개가 중요하며 조리개값(F값)이 밝은 렌즈는 수 백만원씩 하는 것이고요, 카메라에서 가장 먼저 렌즈의 조리개값(F값)을 조절하여 밝기를 맞추고, 그 다음에 셔터 속도로 밝기를 조절할 수 있습니다.

즉, 셔터 속도를 느리게 하면 셔터가 열려 있는 시간이 길기 때문에 그만큼 빛을 많이 받아 들여서 사진은 밝아지지만, 흔들린 사진이 나오기 때문에 삼각대 촬영이 아니고 손으로 들고 촬영할 때는 셔터 속도를 느리게 할 수 없습니다.

그 다음에 사진의 밝기에 관계되는 중요한 요소가 ISO입니다.

ISO 값을 올리면 사진은 밝아지지만 입자가 거칠어져서 사진에 노이즈가 많이 생기고, ISO 값을 낮추면 사진의 화질은 좋아지지만, 사진이 어둡게 촬영됩니다.

사진이란, 카메라란, 지금 설명한 3가지 요소가 전부이고, 단지 이 3가지 요소를 얼마나 효율적으로 적절히 조절하고 촬영을 하는가에 따라서 작품 사진이 나오기도 하고 망친 사진이 나오기도 하는 것입니다.

그러나 바둑이나 장기가 정해진 돌이나 말 수를 가지고 무한한 수가 나오듯이 카메라 역시 단지 3가지 요소가 전부이지만, 바둑이나 장기와 같이 무한한 변수가 있기 때문에 어려운 것입니다.

지금 설명한 것을 이해를 하셨다면 ISO 값은 낮을 수록 화질이 좋아진다는 것을 아셨을 것입니다.

다만, ISO 값을 낮추었을 경우 사진이 어두워지므로 ISO가 아닌 다른 요소로 밝기를 조절해야 하는데요, 앞에서 설명한 3요소 가운데 조리개와 셔터 속도가 남아 있습니다.

이 때 조리개를 개방(F 값을 낮춤)하면 사진은 밝아지지만 심도가 낮은 사진이 촬영되고, 조리개는 무한정 개방하는 것이 아니라 어떠한 렌즈이든지 그 렌즈 고유의 조리개 값이 있으므로 그 이상은 낮출 수 없고요, 그래서 사진 기자들이 사용하는 렌즈는 수 백원씩 하는 고가의 렌즈를 사용하는 것입니다.

심도가 낮은 사진이란, 예를 들어 인물 사진 혹은 꽃이나 동물 등을 촬영할 때 피사체 뒤의 배경이 매우 흐리게 처리되어 거의 보케(초점이 맞지 않아서 흐릿한 상태와 비슷) 촬영되어 이른바 뽀샤샤한 사진을 보신 적이 있을 것입니다.

이렇게 일부러 심도가 낮은 사진을 촬영할 경우도 있지만, 그러나 대표적으로 필자가 즐겨 촬영하는 풍경 사진은 그렇게 심도가 낮게 촬영할 경우 사진이 엉망이 되어 버립니다.

그래서 풍경 사진의 경우 조리개값(F값)을 높여서 심도가 깊은 사진으로 촬영하는 것이 대부분이며 이렇게 촬영해야 사진의 가장자리까지 퀄리티 높은 고퀄리티 사진을 촬영할 수 있습니다.

이상의 기본적인 지식을 가지고 다음에 설명하는 스마트폰 촬영 기법을 보시면 많은 도움이 될 것입니다.

이 책은 한정된 지면으로 집필을 하는 것이기 때문에 아직 다룰 내용이 많는데 벌써 이 책의 지면을 너무 많이 사용해서 다소 빨리 진행하겠습니다.

제 2 절 스마트폰

이 책을 종이책으로 보시는 분들은 이 책의 큰 파트를 편, 부, 장, 절로 구성하여 편집을 하고 있고요, 보통 종이 책들은 한 페이지에 편, 부, 장, 절 등의 타이틀을 넣고 다음 페이지에 본문 구성을 하지만, 이 책 포함 지금은 필자가 펴 내는 모든 책을 종이책과 전자책으로 동시에 펴 내며, 원고를 따로 쓰는 것이 아니라 종이책 원고를 먼저 쓴 다음, 이것을 전자책으로 변환을 하는 것입니다.

이 때 종이책을 보시는 분들은 한 페이지에 편, 부, 장 절 등의 타이틀이 들어가고 페이지 여백 없이 바로 그 밑으로 본문을 넣기 때문에 어떤 면에서는 약간 거북하게 느껴지실 수도 있을 것입니다.

그러나 종이책은 옛날 방식으로 한 페이지에 편, 부, 장, 절 등의 타이틀만 넣고 다음 페이지에 본문을 작성을 하는 것이 보편적이지만, 전자책에서는 그렇게 편집을 하면 종이책과는 반대로 전자책 구성이 엉망이 되고 전자책을 보시는 분들은 생뚱맞은 여백과 페이지 구성으로 보이게 됩니다.

그래서 이 책은 종이책과 전자책으로 동시에 출간을 하기 때문에 종이 책으로는 편, 부, 장, 절의 타이틀이 본문과 섞여 보이더라도 전자책을 위해서 이렇게 편집을 하는 것입니다.

참고하여 주시기 바랍니다.

[1] 수동 모드

요즘 스마트폰이 없는 사람이 없으므로 스마트폰 카메라에 대해서 일일이 설명을 하지 않더라도 스마트폰으로 사진 촬영을 할 줄 모르는 사람은 없을 것입니다.

그러나 스마트폰이라도 수동 모드 촬영을 할 줄 알아야 고퀄리티 사진을 촬영할 수 있기 때문에 수동 모드 한 가지만 다루도록 하겠습니다.

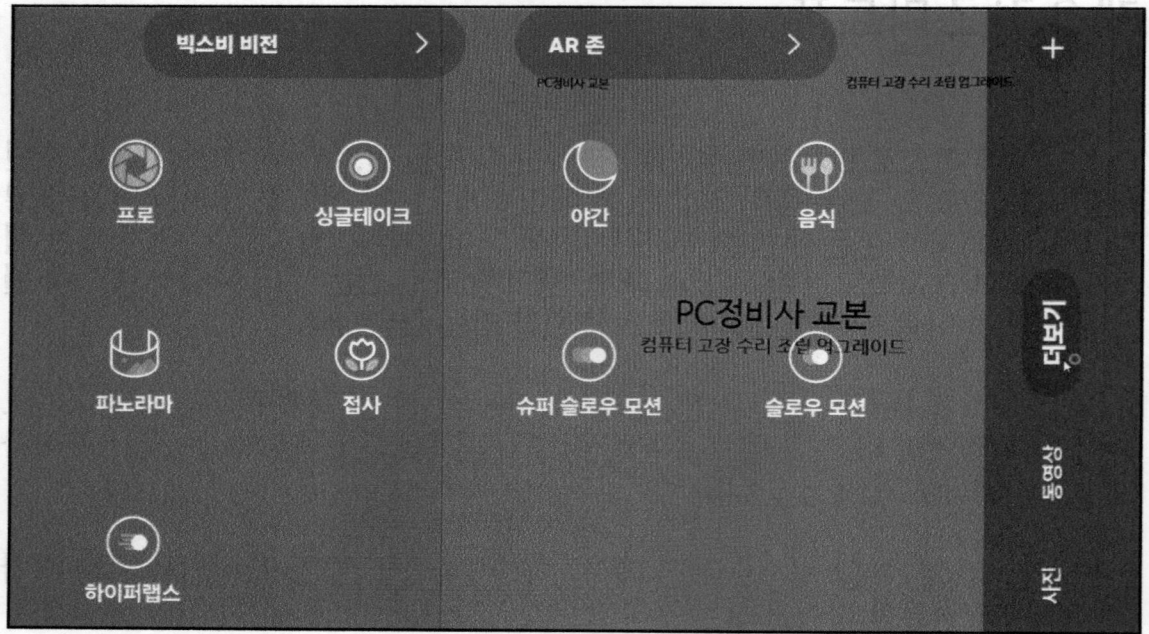

앞의 화면 참조, 스마트폰에서 카메라 어플을 실행시키고 앞의 화면 마우스가 가리키는 [더보기] - [프로] 모드를 클릭하면 다음 화면이 나타납니다.

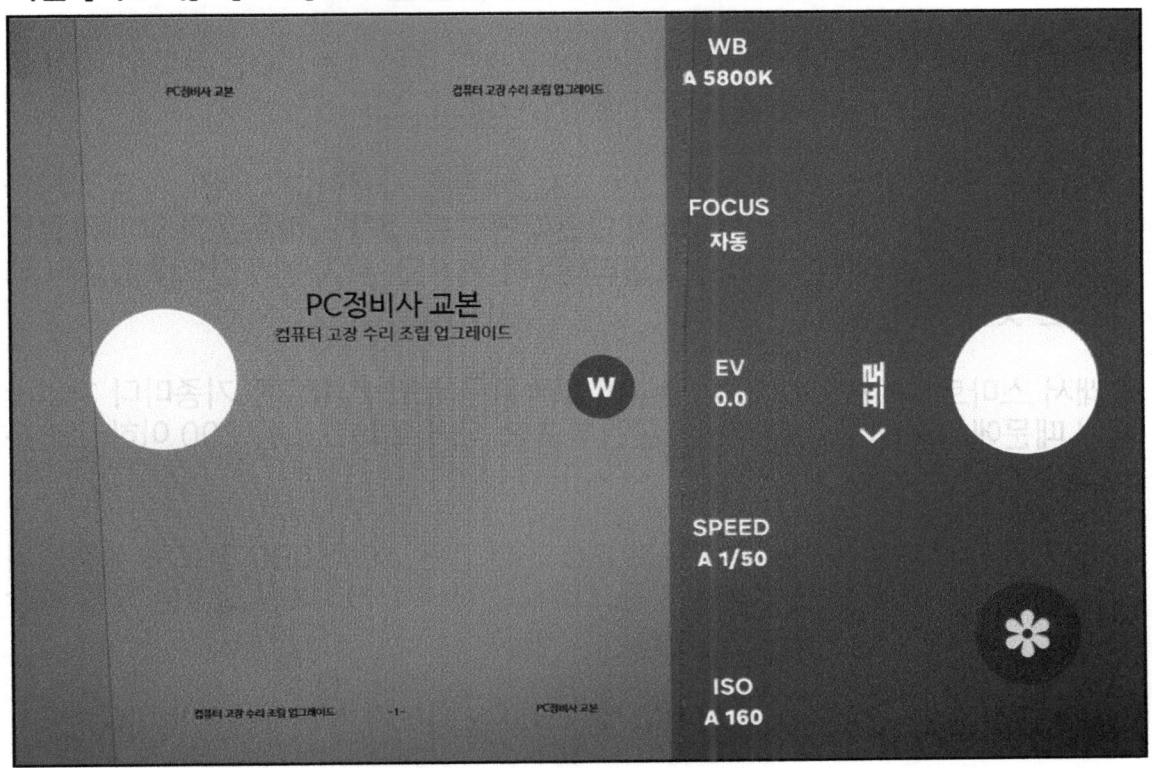

아쉽게도 스마트폰은 스마트폰이기 때문에, DSLR이 아니기 때문에 위의 화면에서 조절할 수 있는 것이 거의 없습니다.

DSLR을 사용하는 진정한 이유는 위와 같은 화면에서 모든 수치를 사용자가 직접 제어를 하는 메뉴얼 모드, 즉, M 모드를 사용하기 위함이라고 앞에서 DSLR 설명을 할 때 설명을 했는데요, 스마트폰에도 위와 같이 앞에서 DSLR 편에서 설명한 카메라의 3요소, 즉, 조리개, 셔터속도, ISO값이 보이기는 하지만, 위의 화면에서는 실질적으로 스마트폰에서 조절할 수 있는 것은 ISO 값 한 가지 밖에 없습니다.

셔터 속도를 빠르거나 느리게 조절할 수 있지만, 이는 DSLR에 대해서 능통한 사람들이 셔터 속도를 빠르게 해서 벌의 날갯짓 등을 순간 포착을 하는 경우, 또는 셔터 속도를 느리게 해서 흐르는 듯한 모습으로 촬영하기 위해서, 등등의 조건이 있지만, 스마트폰은 위의 화면에서 오로지 ISO값만 수정을 하고 ISO 값을 수정을 하면 이 값에 맞추어 스마트폰에서 알아서 셔터 속도와 조리개 값을 맞춥니다.

DSLR이 되었든 스마트폰이 되었든 ISO는 빛에 대한 민감도로서 ISO를 올리면 사진은 밝아지지만 입자가 거칠어지고 노이즈가 생깁니다.

그래서 특별한 경우가 아니면, 특히 광량이 충분한 주간에는 ISO는 무조건 낮게 설정을 해야 사진이나 동영상의 화질이 좋아집니다.

이 때 여러분이 최신의 갤럭시 21, 22, 23, 24 등을 사용한다 하여도 지금 설명하는 프로 모드에서 ISO 값을 수정하지 않았다면 모든 것을 스마트폰이 알아서 촬영을 하기 때문에 스마트폰 고유의 고퀄리티 사진에 약간 뒤지는 사진으로 촬영이 되고 있는 것입니다.

그래서 스마트폰에서 ISO 값을 낮추어주면 좋은데요, 스마트폰 기종마다 차이가 있기 때문에 일률적으로 맞추기는 곤란하고요, 대체로 ISO 값은 200 이하라면 무난합니다.

아마도 아무리 좋은 스마트폰이라도 ISO 기본 값은 400~800 정도로 설정되어 있을 것이고요, 어두운 곳에서는 자동으로 ISO 값이 1600 혹은 그 이상으로 올라갑니다.

그래서 어두운 곳을 촬영하면 화면이 열악하고 노이즈가 작렬하는 것입니다.

그래서 DSLR에서는 이렇게 어두운 곳에 특화된 카메라... 가 아니라 렌즈가 있고요, 그런 렌즈는 가격이 수 백만원씩 하는 것입니다.

예를 들어 신문이나 잡지 방송사 등에서 어두운 야간 경기장 경기하는 모습을 촬영한 사진이나 동영상은 스마트폰으로 촬영한 사진이나 영상과는 비교할 수 조차 없이 맑고 깨끗하고 고퀄리티로 나옵니다.

그러나 그러한 장비는 보통 수 백만원 ~ 수 천만원씩 하고요, 그렇게 많은 돈을 들여 장비를 구입했다 하더라도 그런 장비 사용법을 익히는, 즉, 사진 촬영의 고수, 전문가기 되기 위한 준비 과정이 참으로 오랜 기간 소요됩니다.

그래서 스마트폰이 각광을 받는 것이고요, 스마트폰이야말로 카메라의 카 자도 모르는 사람도 피사체를 향하여 셔터를 누르기만 하면 멋진 사진이 촬영되고요, 삼성 등의 스마트폰 제조사에서는 이렇게 카메라의 카 자도 모르는 사람들이 사진을 촬영하더라도 사진이나 동영상이 잘 나오도록 미리 프로그래밍을 하여 노이즈는 깔아 뭉개고 상황에 맞는 적절한 노출값과 셔터 속도 및 ISO 값을 조절하여 촬영되도록 오토 촬영 기능을 탑재하는 것입니다.

그리고 카메라에 대해서 어느정도 중급 사용자 이상이 되면 이 기능의 한계를 깨닫고 DSLR로 눈을 돌리거나 스마트폰의 고급 기능 중의 프로 모드로 촬영을 하게 되는 것입니다만, 아쉽게도 스마트폰은 앞에서 설명한 것과 같이 실질적으로는 ISO 값 한 가지밖에 수정할 수 없고요, 그러나 이렇게 ISO 값을 단 한 번만이라도 낮은 값으로 수정을 해 놓으면 다음에 오토 모드로 촬영을 하더라도 ISO 값이 낮아져서 어떠한 촬영을 하더라도 사진이나 동영상의 퀄리티가 이전보다 낮게 촬영됩니다.

물론 스마트폰 기종이 워낙 많기 때문에 필자의 설명과 맞지 않을 수도 있고요, 필자는 여러 스마트폰을 사용해 보았지만, 그래 보았자 전체 스마트폰 기종의 1%도 안 될 것이므로 참고하시기 바랍니다.

제 2 장 동영상

특히 동영상에 관한 한 스마트폰이 DSLR보다 압도적으로 우세하므로 바쁘고 시간이 없는 사람은 동영상은 무조건 스마트폰으로 촬영하면 됩니다.

그러나 시간이 있고 체계적으로 공부를 하실 분은 이번 단원 역시 중요한 내용이므로 잘 읽어 보시기 바랍니다.

필자 역시 우리나라 국민의 한 사람으로 삼성을 너무나 사랑하여 그 비싼 삼성 카메라를 그야말로 매우 여러 대 구입을 했고요, 마지막으로 미러리스 카메라인 삼성 NX-200, NX-10, NX-20 까지 구입을 했고요, NX-1은 미러리스 카메라이지만, 당시 세계 최고의 단연 1등 카메라로 각광을 받았고요, 미러리스라는 것은 미러 즉, DSLR의 미러(DSLR은 바디 내에 있는 미러, 즉, 거울로 피사체를 비춰서 뷰파인더로 보이게 합니다.)가 없기 때문에 미러리스 카메라라고 부르지만, 삼성 NX-1, NX-10, NX-20 등은 DSLR의 광학식 뷰파인더보다 100배는 더 좋은 디지털 뷰파인더가 있기 때문에, 근본적으로는 미러리스나 DSLR은 동일한 카메라이지만, 삼성 카메라는 DSLR보다 훨씬 좋은 미러리스 카메라입니다.

그래서 삼성에서 카메라 사업을 접었을 때 가장 아쉬워 했던 사람 중의 하나가 바로 필자였습니다만, 이후 삼성 스마트폰에 내장된 스마트폰 카메라가 세계를 제패하는 것을 보고 왜 삼성에서 카메라 사업을 접었는지 이해하게 되었습니다.

물론 요즘은 삼성 뿐만이 아니고 애플이나 중국의 화웨이 등에서 나온 스마트폰도 삼성과 어깨를 나란히 하고 있기 때문에 지금은 스마트폰 춘추전국시대이고요, 이렇게 뛰어난 스마트폰이지만, 스마트폰 카메라는 기본적으로 스마트폰에 카메라 기능을 추가한 것이므로 근본적으로는 DSLR을 넘을 수는 없습니다.

DSLR이 스마트폰 카메라에 뒤지기 때문에 일반적인 사진이나 동영상 등은 스마트폰이 훨씬 낫지만, 스마트폰으로 안 되는 기능, 예컨대 망원 촬영은 스마트폰은 아예 안 되기 때문에 망원 촬영을 하려면 어쩔 수 없이 DSLR을 사용해야 합니다만, 말이 쉽지 만족할만한 망원 촬영을 하려면 최소한 천만 원에 가까운 돈을 투자를 해야 하고요, 전문 사진 작가 수준이라면 렌즈 한 개의 가격만 수백 만원을 넘어 수 천만원짜리 렌즈를 사용하기도 하므로 일반인은 그림의 떡입니다.

참고로 요즘 젊은이들이 공연장 등에서 멀리 있는 무대의 배우나 가수 등을 가까이 촬영하고자 저가형 보급형 DSLR에 저가형 보급형, 이른바 헝그리 망원 렌즈를 가지고 촬영을 하기도 합니다만, 방금 설명한 바와 같이 만족할만한 결과물을 얻기 위해서는 최소한 1,000만원 가까운 돈을 들여야 하며 사진 작가 수준이라면 수 천만원을 투자해야 합니다.

따라서 카메라 공부를 위하여 저가형 DSLR을 구입해서 공부를 하는 것은 좋지만, 카메라에 한 번 빠지면 마약과도 같아서 좀처럼 헤어나기 어렵습니다.

카메라에 한 번 빠지면, 1,000만원을 들여도 부족하고 2,000만원들 들여도 부족하고.. 결국 필자와 같이 그 비싼 DSLR을 열 대도 넘게 갖게 되고 그 비싼 렌즈도 수십 개를 사게 됩니다.

그래서 카메라는 어느정도 선에서 멈출 줄 알아야 합니다.

이런 자제력이 없는 사람은 DSLR에 입문하는 것을 권하지 않습니다.

어차피 특별한 경우가 아니면 인터넷 쇼핑몰에서 사용하는 제품 촬영 및 필자의 경우 요즘 유튜브에 동영상을 많이 올리는데요 100% 스마트폰으로 촬영한 영상을 동영상 편집의 최강자 어도비 프리미어 프로 CC 프로그램으로 편집을 하여 올립니다.

그리고 사진 편집의 최강자 어도비 포토샵이라는 중화기가 있기 때문에 저가형 DSLR이나 보급형 스마트폰으로 촬영한 사진이라도 1,000만원짜리 카메라로 촬영한 사진 못지 않게 만들 수 있는 방법이 있으므로 특별한 경우가 아니면 차라리 잠시 후에 설명하는 포토샵을 배우는 것이 훨씬 낫습니다.

제 2 부 사진 편집

이 책은 카메라 교본 책이 아니므로 카메라에 대해서는 앞에서 설명한 정도로 마쳤고요, 카메라에 대해서 깊이 공부하실 분은 필자의 다른 저서 '카메라 교본' 책을 보셔야 하고요, 지금부터 설명하는 사진 편집 역시 이 책은 포토샵 책이 아니므로 한 가지 예를 들어 설명을 하는 것으로 진행을 하겠습니다.

제 1 장 어도비 포토샵 CC

앞의 화면은 필자의 저서 중에서 가장 잘 팔리는 PC정비사 교본 책을 집필하면서 책의 삽화에 사용하기 위하여 랜카드를 촬영한 사진입니다.

앞의 화면에 보이는 것과 같이 탐색기에서 파일을 선택해도 되고요, 앞의 화면에 보이는 것은 탐색기에서 미리 보기를 한 다음, 미리 보기 화면에서 마우스 우측 버튼을 클릭한 것이고요, 연결 프로그램을 어도비 포토샵 CC 로 선택하면 포토샵이 실행되면서 해당 파일이 포토샵에서 열리게 됩니다.

당연히 자신의 PC에 미리 포토샵이 인스톨 되어 있어야 하고요, 포토샵은 크게 어도비 포토샵 CC 이전과 이후로 나눌 수 있고요, 이전과 이후는 장님이 눈을 뜬 것과 같은 정도의 차이가 있으므로 여러분은 어떤 수를 쓰든지 어도비 포토샵 CC 버전을 사용해야 하고요, 어도비 포토샵 CC 이후 버전은 버전에 상관없이 동일하다 해도 과언이 아닙니다.

필자의 경우 어도비 포토샵 CC 2018 버전을 인스톨 했습니다만, 자동으로 업데이트가 되면서 버전은 올라갔고요, 아쉽게도 AI 기능이 있는 어도비 포토샵 CC 2024, 2025, 베타 버전 등은 사용 해 보지 못 했습니다.

AI 기능이 있는 포토샵 버전은 컴퓨터 사양이 부족하면 아예 설치 자체가 안 되기 때문입니다.

필자는 조립 PC를 무려 수 천 대를 조립 판매한 경험이 있지만, 그래서 필자가 사용하는 PC는 현재 가장 사양이 좋은 PC도 인텔 i3-7 세대 PC가 있지만, 그래픽 카드 사양이 딸려서 AI 기능이 있는 포토샵 버전은 인스톨이 안 됩니다.

그리고 필자가 주력으로 사용하는 PC는 지금 이 책을 집필하는 PC이고요, 사양은 인텔 i7-2 세대 PC이고요, 시스템에 장착된 메모리는 DDR3 8Gb입니다.

이 정도 사양이라면 그야말로 10년도 더 된 컴퓨터라고 보시면 되고요, 필자가 인텔 i3-7세대 PC가 있는데도 2세대 PC를 쓰는 이유는 시피유 때문입니다.

필자가 사용하는 PC 중에서 i3-7세대 cpu는 가격이 저렴한 i3-7100 시피유를 사용했고요, 지금 이 책을 쓰는 PC는 인텔 제온 E3-1270 cpu 이고요, 서버용 시피유이기 때문에 매우 안정적이며 가장 큰 차이점은 4코어 8쓰레드라는 점입니다.

이에 비하여 인텔 i3-7세대 시피유는 비록 7세대이지만, 2코어 4쓰레드 밖에 안되기 때문에 7세대 시피유이므로 연산 속도는 빨라서 단순 PC 사용에서는 우위에 있지만, 코어수와 쓰레드 수에서 밀리기 때문에 필자와 같이 포토샵, 프리미어, 3D 프로그램 등을 돌리는데는 인텔 제온 E3-1270(인텔 i7-2세대와 동급 - 샌브릿지)이 코어수와 쓰레드 수에서 압도적으로 우위이기 때문에 그 무거운 포토샵, 프리미어 등의 육중한 그래픽 프로그램들을 동시에 돌리고 인터넷 창을 수십 개 띄워도 끄떡 없기 때문입니다.

컴퓨터 하드웨어에 대해서 잘 모르시는 분은 이게 무슨 말인지 이해가 되지 않겠습니다만, 코어와 쓰레드는 PC가 동시에 몇 가지 일을 할 수 있는지를 결정하는 멀티태스킹 능력입니다.

그래서 2코어 4쓰레드인 인텔 i3-7 세대 PC는 단순 작업, 예컨대 워드나 웹 서핑 등에서는 빠른 속도를 보이지만, 이렇게 웹 서핑을 하면서 동시에 포토샵이나 프리미어를 실행시키면 버벅거려서 편집이 거의 불가능합니다.

그러나 필자가 현재 주력으로 사용하는 인텔 E3-1270(인텔 i7-2세대와 동급) 컴퓨터는 4코어 8쓰레드이기 때문에 포토샵, 프리미어 등의 무거운 프로그램을 동시에 돌리고, 그리고도 이 책의 삽화에 사용하는 각종 참고 자료 등을 얻기 위하여 다른 프로그램, 탐색기 여러 개, 인터넷 창 수십 개를 띄우고 작업을 해도 끄떡없는 것입니다.

그러나 컴퓨터를 조금이라도 아시는 분이라면 필자와 같이 컴퓨터 자격증도 많고 책도 100 여 권이나 쓴 사람이 어째서 이렇게 구닥다리 10년도 더 된 컴퓨터를 사용하는지 의아할 것입니다.

결론부터 얘기하자면 필자는 우리나라 컴퓨터 1세대로서 아주 오랜 옛날부터 컴퓨터를 해 왔으며 컴퓨터 자격증이 그렇게 많고 관련 서적을 그렇게 많이 집필했지만, 게임이라고는 단 한 번도 해 본 적이 없습니다.

즉, 게임을 하지 않기 때문에 필자가 사용하는 PC는 모두 장터에서 토탈 10만원도 안 되는 가격으로 중고 부품을 구입하여 필자가 직접 조립을 해서 사용하고 있고요, 그래서 최신의 AI 기능이 탑재된 포토샵 최신 버전은 아예 인스톨이 안 되기 때문에 필자도 아직 사용해 본 적이 없고요, 그러나 필자는 게임을 하지 않기 때문에 포토샵 CC, 동영상 편집의 최강자 어도비 프리미어 CC, 그리고 PC에서 가장 힘든 3D 프로그램까지 충분히 돌릴 수 있는 것입니다.

제 1 절 컴퓨터 하드웨어

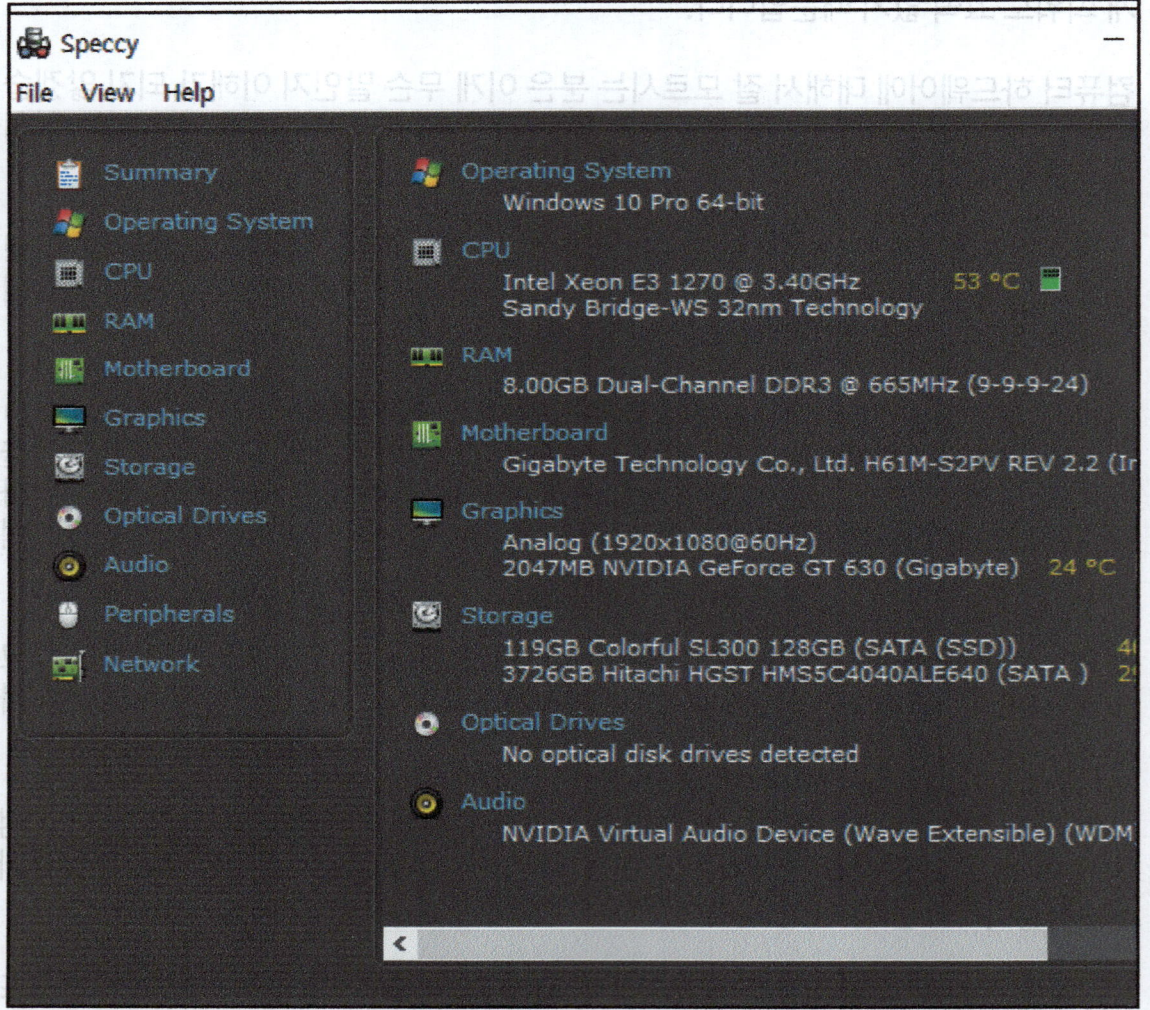

[1] Speccy(PC 스펙) 프로그램

앞의 화면은 컴퓨터를 뜯지 않고도 PC의 사양을 알아 볼 수 있는 프로그램이고요, 유명한 CPU-Z 라는 프로그램이 있지만, 앞의 화면에 보이는 프로그램이 시스템을 요약해서 한 눈에 볼 수 있으므로 소개를 하는 것이고요,..

앞의 화면을 보면 현재 이 시스템은 윈도우10 프로 64비트 버전이고요, CPU는 인텔 제온 E3-1270 3.4GHz 라는 것을 알 수 있습니다.

여기서 3.4GHz 라는 것이 이 시피유의 동작 클럭, 즉, 속도이며 이 수치가 높을 수록 빠른 시피유이지만, 컴퓨터의 속도라는 것은 단순히 클럭 수만 높다고 빠른 것이 아닙니다.

오히려 이 클럭 수가 높으면 고열이 발생하기 때문에 여러가지 문제가 발생을 합니다.

그래서 최신의 시피유라도 클럭이 높지 않고요, 다른 방법으로 속도를 올립니다.

앞의 화면에 램은 DDR3 8Gb 램을 장착했으며 듀얼 채널을 구성했다고 나오며 이것은 많은 설명이 필요하므로 여기서는 생략합니다.

스토리지는 119Gb 컬러풀 128Gb SSD를 장착했고요, 보조저장장치(영구 저장장치-하드디스크드라이브-HDD)는 4Tb 용량의 HDD가 장착되어 있다고 나옵니다.

광드라이브, 즉, 시디롬이나 DVD 등은 달려 있지 않다고 나옵니다.
사실 필자는 옛날에 사용하던 DVD 멀티(DVD나 CD를 구울 수 있는 장치)가 있습니다만, PC에 직접 장착하지 않고 usb에 연결해서 필요시에만 사용하기 때문에, 현재 PC에 장착되지 않았기 때문에 없다고 나오는 것입니다.

그리고 그래픽 카드는 엔비디아 지포스 GT 630 메모리 2Gb 짜리라고 나옵니다.

여기서 최신의 AI 기능이 있는 포토샵은 일단 그래픽 카드부터 돈으로 치면 대략 100만원대의 그래픽 카드를 사용해야 합니다.

스폰서 · 지포스 RTX 4090 둘러보기

GIGABYTE 지포스 RTX 4090 Gaming OC D6X 24GB 피...
₩7,000,000
쿠팡
무료 배송

지포스 Rtx 4090 트리니티, Gddr6x G-p-u, 24gb, 100% 베...
₩579,400
AliExpress.com - ...
무료 배송

HP 2023 오멘 데스크탑 45L 코어i7 인텔 14세대 지포스 RT...
₩5,500,000
쿠팡
무료 배송

위는 방금 구글에서 검색한 결과이므로 참고만 해 주시고요,..

필자는 PC 전체를 몽땅 10만원도 안 되는 가격으로 조립한 PC인데요, 그래픽 카드 한 개의 가격만 위의 화면에 나오는 가격을 투자한다는 것은 필자 사전에 죽어도 없습니다.

최신의 고사양 게임을 한다거나 포토샵 AI 생성형 기능을 이용 해 보고 싶다면 이렇게 엄청난 투자를 해야 하기 때문에 필자는 그냥 어도비 포토샵 CC 2018 버전을 사용하는 것이고요, 포토샵 CC 버전만 하더라도 이전 버전에 비해서는 장님이 눈을 뜬 정도로 신세계를 경험할 수 있습니다.

필자가 판매하는 모든 사진은 이렇게 포토샵 CC 2018 버전으로 편집해서 판매를 하는 것이므로 여러분도 돈이 많은 사람이 아니라면 필자와 같이 포토샵 CC 이상의 버전을 사용하면 무난합니다.

참고로 포토샵은 상업용 프로그램이기 때문에 돈을 내고 사용해야 하고요, 지금은 대부분의 프로그램들이 돈을 내고 사는 것이 아니라 일종의 임대 형식으로 판매되고 있습니다.

필자 역시 어도비 플랜을 이용하여 매달 비용을 내고 사용하고 있으며 인터넷에서 어도비 플랜을 검색하면 자신에게 맞는 플랜을 선택할 수 있습니다.

학생이나 교사라면 위와 같이 어도비 모든 플랜을 월 26,400원에 이용할 수 있고요, 포토샵 한 가지만 사용한다면 다음 플랜을 이용하면 됩니다.

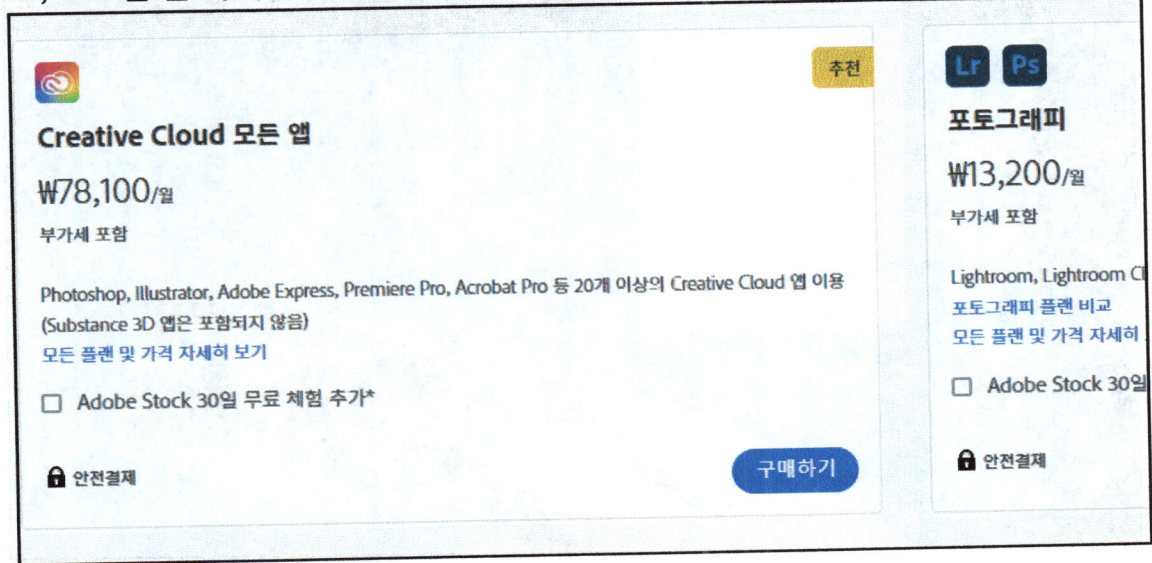

학생이 아닌 일반인의 경우 앞의 화면에 보이는 플랜으로 모든 앱은 월 78,100원 라이트룸과 포토샵이 결합된 포토그래피는 월 13,200원입니다.

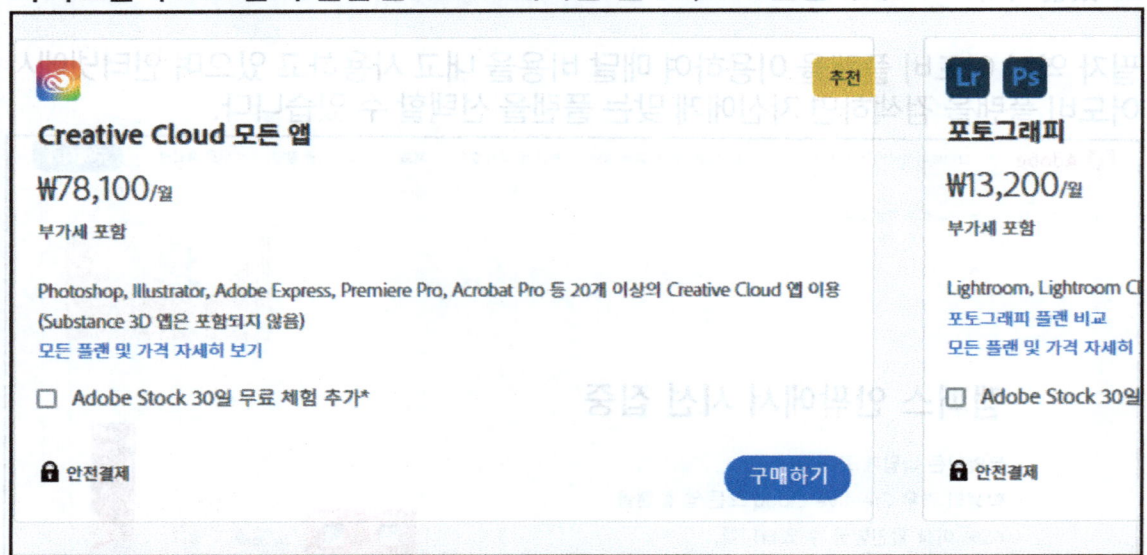

이상 어도비 플랜을 알려 드렸으므로 필자에게 포토샵을 구할 수 있는지 문의 하지 마시고요, 이상 소개한 어도비 플랜을 이용하든지 기타 어떠한 방법을 사용하든 일단 자신의 PC에 포토샵이 깔려 있어야 공부를 할 수 있습니다.

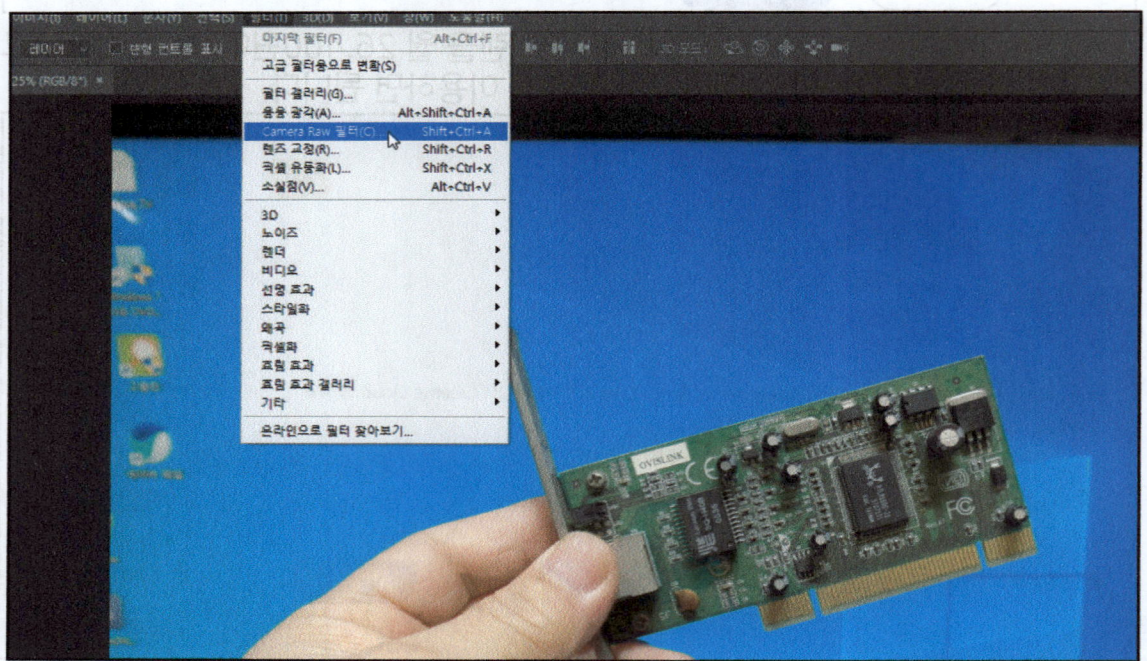

앞의 화면은 포토샵으로 사진을 불러온 화면이고요, 포토샵 메뉴 [필터] - [Camera Raw] 필터를 클릭하면 다음 화면이 나타납니다.

사진이 대체적으로 잘 나왔기 때문에 우측 화면 참조하여 [세부] 항목에서 [어두운 영역]과 [검정 계열]만 슬라이더를 우측으로 움직여서 밝게 해 줍니다.

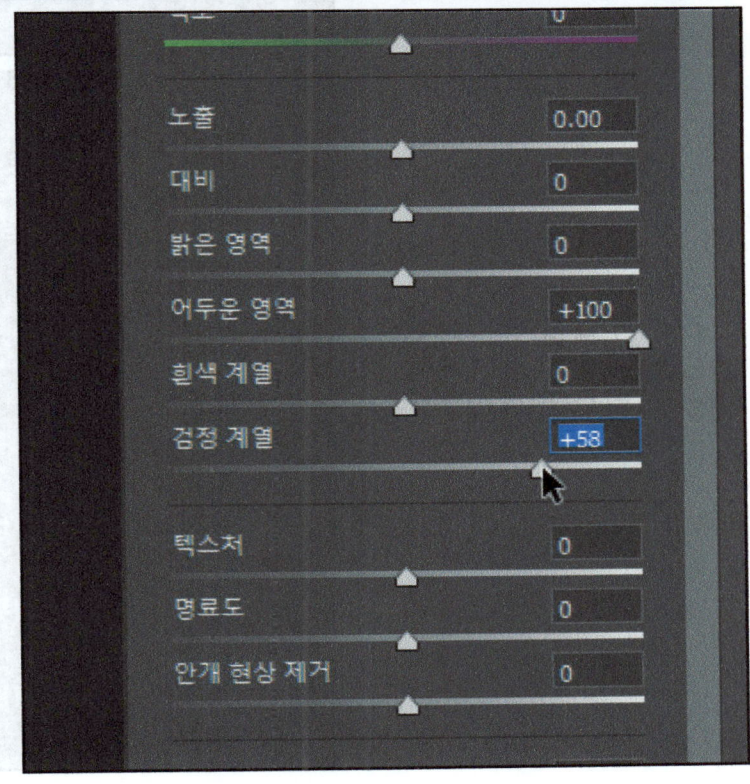

우측 화면 참조, 텍스처와 명료도의 슬라이더를 우측으로 조절하며 사진을 보다 선명하게 조절합니다.

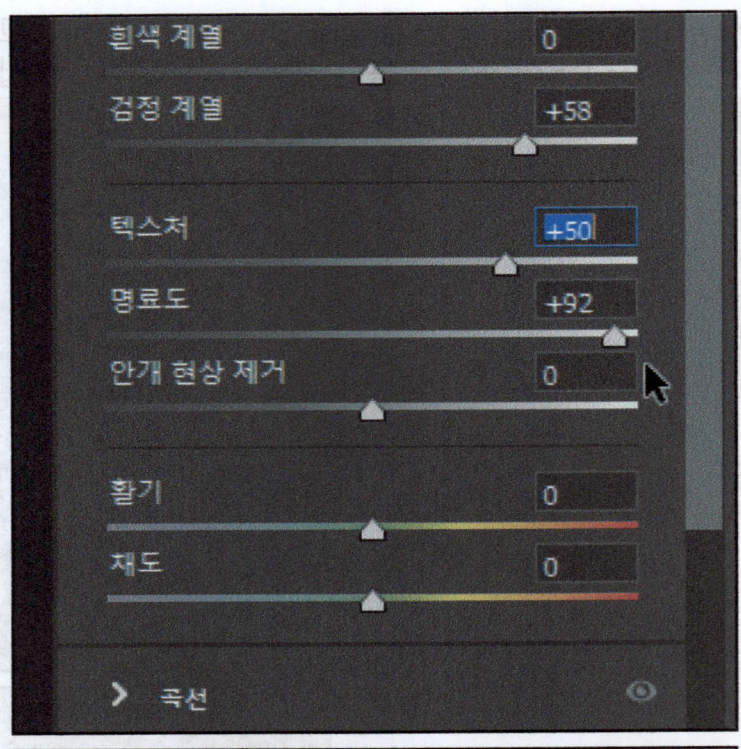

그리고 우측 화면 마우스가 가리키는 [세부]항목을 클릭하면 다음 화면이 나타납니다.

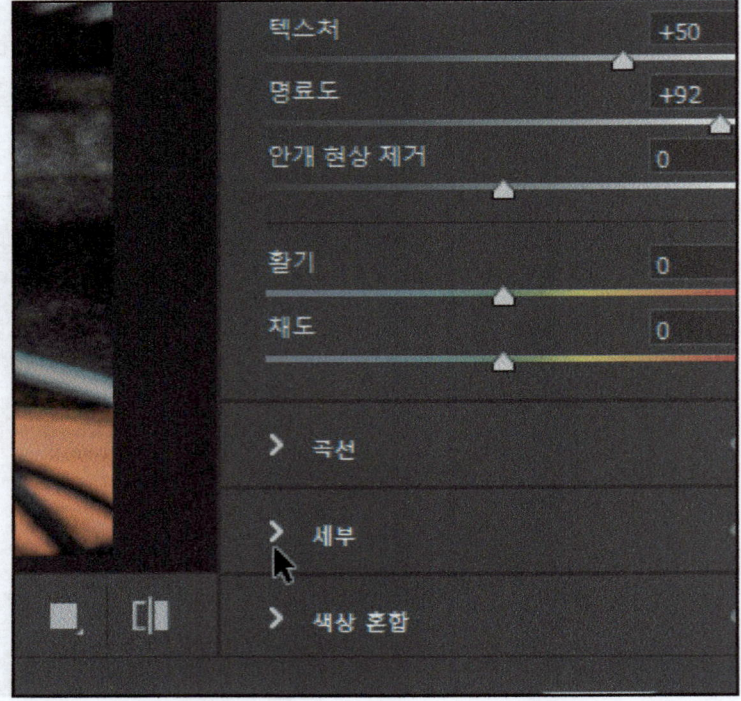

우측 화면 참조 [선명 효과], [노이즈 감소], [색상 노이즈 감소]의 슬라이더를 우측으로 조절하여 사진의 노이즈를 없애 줍니다.

이상과 같이 조절하고 확인을 클릭하면 다음과 같이 노이즈 없이 깨끗한 고퀄리티 사진으로 바뀝니다.

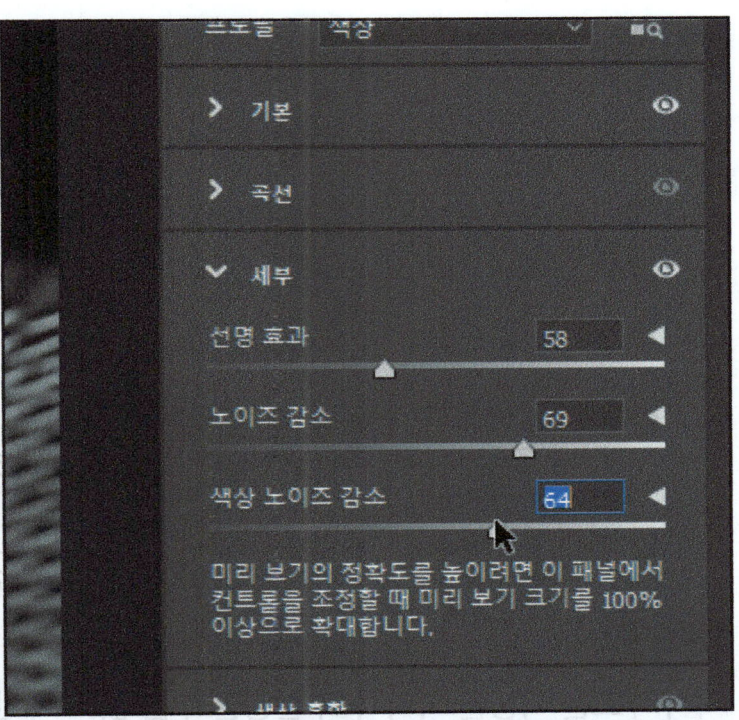

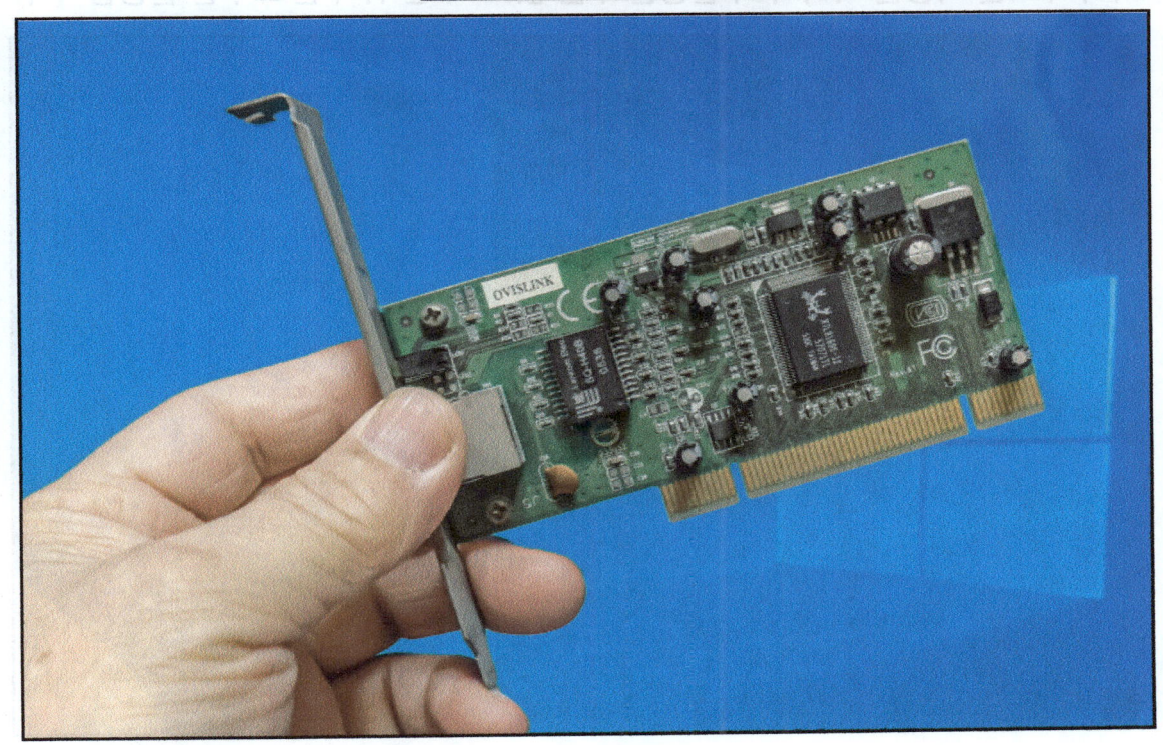

[2] 펜툴 사용법

포토샵을 사용하면서 펜툴 사용법은 필수적으로 익혀야 하는 기능입니다.

현재 모니터 화면을 배경으로 랜카드를 손으로 들고 촬영을 했기 때문에 제품의 배경이 깔끔하지 않습니다.

그래서 랜카드를 손으로 잡고 있는 모습만 펜툴로 따 내 보겠습니다.

포토샵을 처음 배울 때 난관을 겪게 되는 것이 바로 지금 설명하는 펜툴 사용법인데요, 그러나 조금만 사용 해 보면 그리 어렵지 않다는 것을 알 수 있습니다.

포토샵 화면의 좌측에는 툴박스(도구 상자)가 있고요, 이 도구 상자에서 펜툴을 선택하고 마우스로 꾹 누르면 다음 화면에 보이는 여러가지 펜툴 관련 도구들이 나타납니다.

각각의 모든 기능을 여기서 다 설명할 수는 없고요, 맨 위의 펜 도구만 설명합니다.

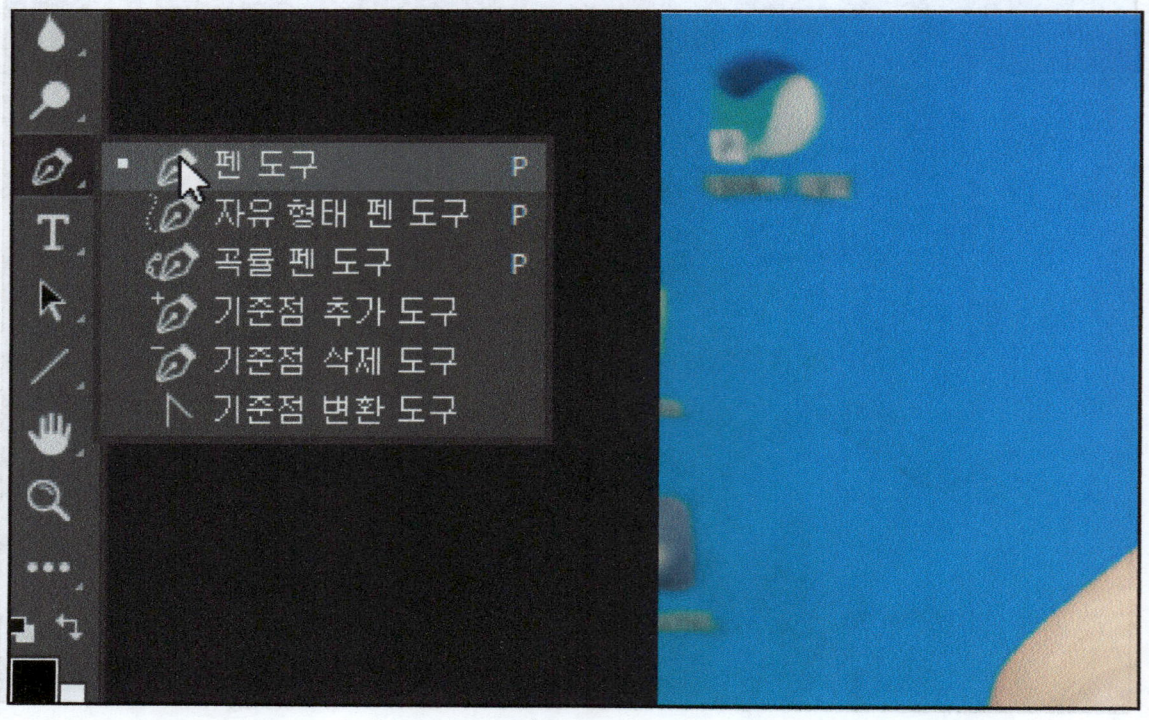

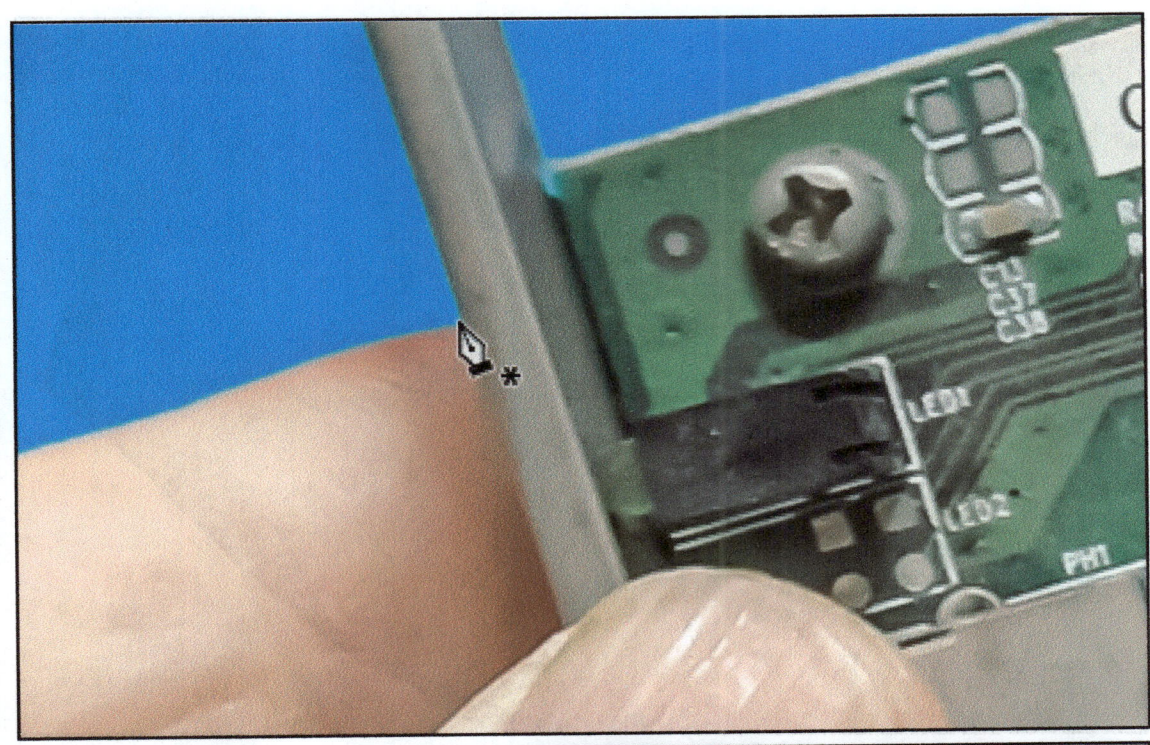

화면을 충분히 확대를 하고(도구 상자에서 돋보기 툴을 선택하고 화면을 클릭하거나, [Ctrl + +]를 눌러서 확대) 위의 화면에 보이는 것과 같이 펜툴을 사진의 명확하게 잘 보이는 지점을 선택하여 한 번 만 클릭을 합니다.

이 때 현재 펜툴을 선택했기 때문에 포토샵 화면 상단을 보면 우측과 같이 나타나고요, 우측 마우스가 가리키는 곳을 클릭해서 나타나는 화면 하단 [고무 밴드]에 체크가 되어 있어야 합니다.

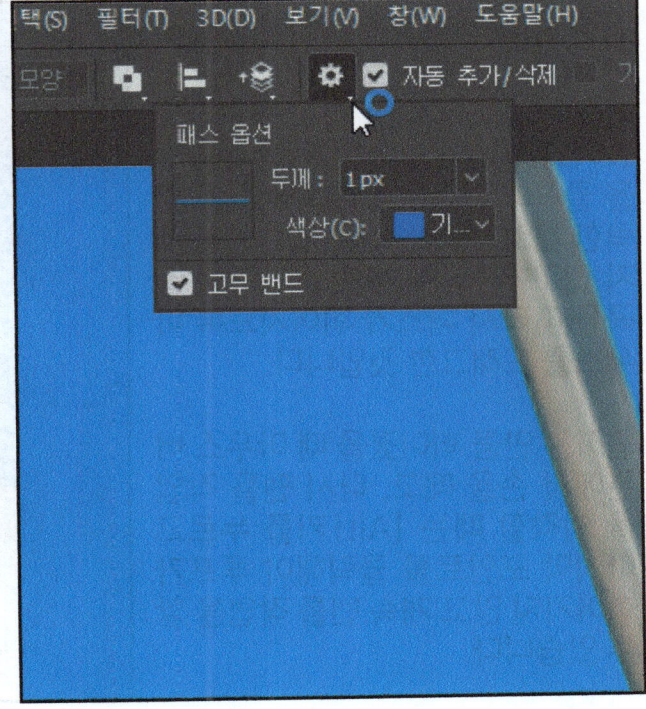

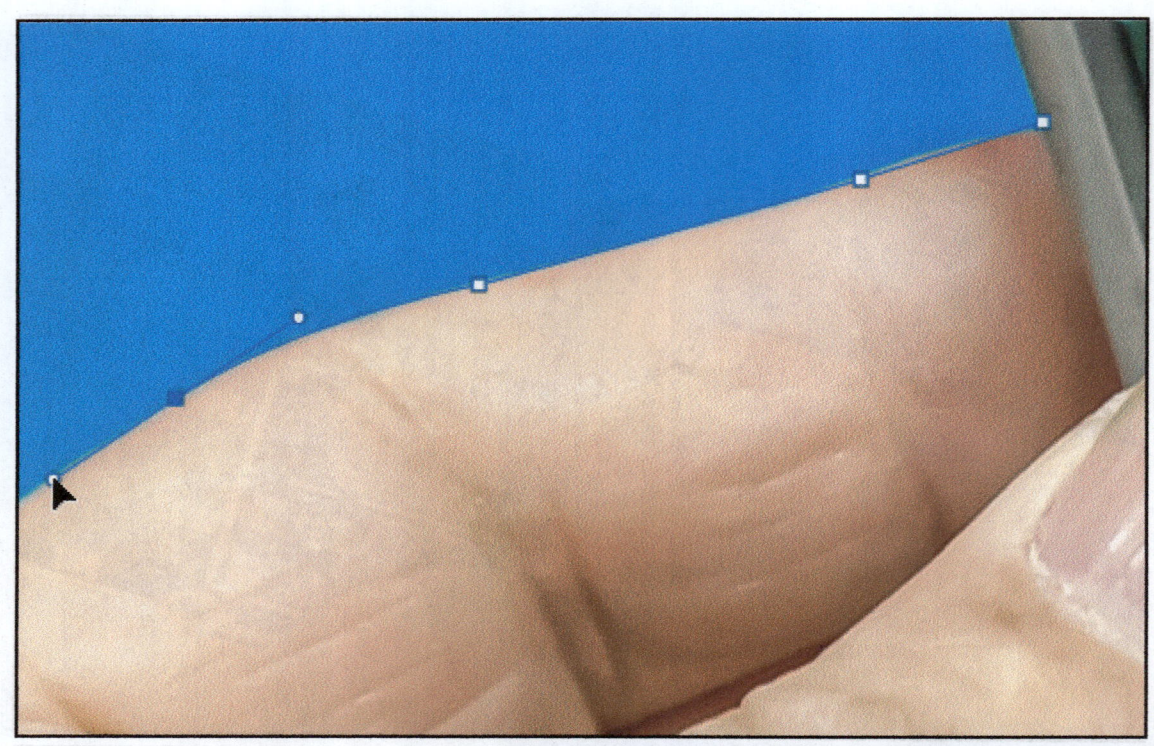

위의 화면은 펜툴로 클릭하고 다음 굴곡이 있는 곳을 클릭하고 약간 드래그하고 다시 다음 점을 클릭하고 그리고 좌측에 보이는 맨 마지막 점을 클릭하고 마우스 좌측 버튼을 클릭한 채로 마우스 버튼에서 손을 떼지 않고 꾹 누른 채로 손가락의 굴곡을 따라서 패스가 휘어지도록 마우스를 드래그한 것입니다.

원하는 만큼 휘어졌을 때 마우스 버튼에서 손을 떼고, 다시 펜툴 작업을 시작할 때는 [Alt] 키를 누르고 마지막 포인트를 클릭해야 루프가 휘어지지 않고 계속 펜툴 작업을 할 수 있습니다.

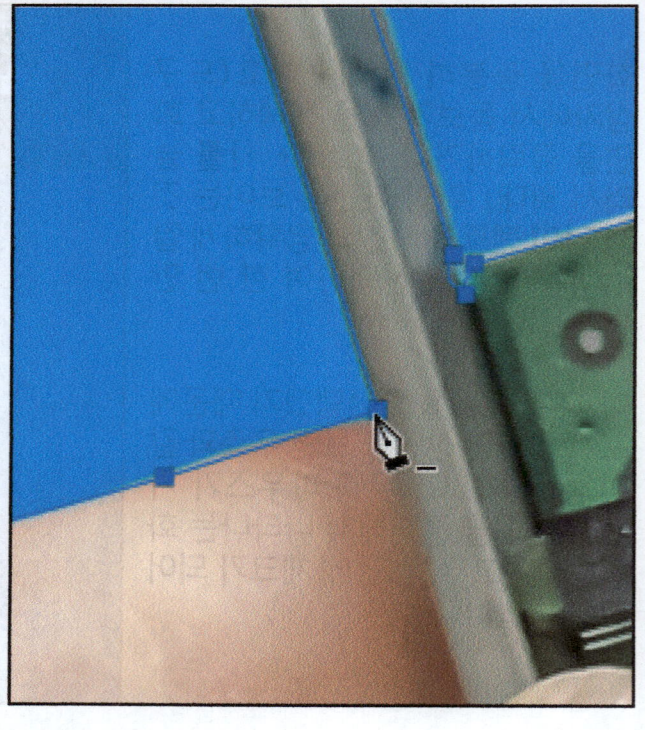

앞의 화면은 패스를, 앞의 설명과 같이 펜툴을 사용해서 손으로 잡고 있는 랜카드 모습을 패스로 연결하고 마지막에는 맨 처음 시작한 점에 마우스를 가져가면 작은 동그라미가 나타나며 이 때 클릭하면 패스가 닫히면서 앞의 화면, 그리고 다음 화면에 보이는 것과 같이 패스가 완성됩니다.

사실 포토샵을 모르는 사람이라면 이 정도 설명으로 될 일이 아닙니다만, 여기서는 포토샵의 모든 기능을 설명할 수는 없으므로 포토샵은 인터넷 쇼핑몰을 운영하기 위해서는 반드시 필요한 필수 제 1호 프로그램이므로 반드시 익혀야 하고요, 필자의 다른 저서인 어도비 포토샵 책을 보시고 공부를 하셔야 합니다.

특히 필자가 펴 낸 포토샵 책은 2021년 판 이후 2023년 판의 원고 집필은 완료했으나 앞에서 설명한 바와 같이 필자가 사용하는 PC 사양이 딸려서 최신 포토샵의 AI 기능을 넣지 않아서 실제 출간은 하지 않은 포토샵 2023년판 원고를 인쇄를 해서 보내 드립니다.

위에 보이는 포토샵 책은 포토샵의 최신 기능인 AI 기능을 다루지 않았기 때문에 고민을 많이 했지만, 실제 출간은 하지 않은 도서입니다.

그래서 지금 포토샵 책을 주문하시면 2021년도 ISBN이 들어간 판권지가 인쇄되어 판매되고요, 어차피 포토샵의 최신 기능인 AI 기능만 빠지고 다른 것은 모두 최신 기능이므로 최신의 고사양 PC를 사용하는 사람이 아니라면 어차피 포토샵의 AI 기능은 실행이 안 되므로 이 책으로 공부를 하셔서 포토샵 CC 를 사용하는데는 전혀 문제가 없고요, 나중에 본인의 여력이 생겼을 때 고사양 PC를 구입해서 포토샵 AI 기능은 스스로 공부를 하시면 됩니다만, 고사양 PC는 가격이 만만치 않습니다.

위는 필자가 포토샵 AI 기능을 직접 테스트를 하고 책 속에 넣기 위하여 알아 본 컴퓨터 사양인데요, 위의 가운데 보이는 198만원짜리 PC가 필자가 원하는 PC이고요, 이 가격도 그나마 최저 가격입니다.

거의 무한대의 PC는 최소한 500만원 이상 거의 1,000만원에 육박한다는 것을 아시기 바랍니다.

따라서 포토샵 전문 디자이너가 아닌 바에야 이런 비싼 PC를 구입할 사람은 그리 많지 않을 것으로 생각은 됩니다만, 최신의 고사양 게임을 즐기시는 분이라면 의외로 이런 고사양 PC를 사용하는 사람들이 더러 있습니다.

다만, 필자는 전자에 언급한 바와 같이 게임이라고는 일체 하지 않기 때문에 저사양 PC를 가지고도 이 책을 집필하고도 남는 것입니다.

[3] 배경 치환(누끼 따기)

다시, 포토샵에서 패스를 완성한 뒤에 포토샵 화면을 보면 위에 보이는 패스 팔레트가 있고요, [Ctrl] 키를 누른 채 패스를 클릭하면 패스가 셀렉션으로 바뀝니다.

앞의 화면에 보이는 것과 같이 패스가 셀렉션(선택)으로 바뀌면 [Ctrl + J]명령을 내리면 셀렉션된 부분만 복제되어 새로운 레이어에 나타납니다.

우측에 보이는 [레이어 팔레트]에서 위에 보이는 [레이어 1]이 방금 복제한 패스로 따 낸 이미지이고요, 우측 화면에서 손가락이 가리키는 아래쪽의 배경 레이어를 선택합니다.

앞의 화면 좌측에 보이는 툴 박스(도구 상자)에서 전경색을 흰색으로 지정하고 [Alt]를 누르고 [Del]키를 2번 누르면 앞의 화면에 보이는 것과 같이 패스로 따 낸 이미지의 배경이 흰색으로 채워집니다.

이제 깔끔하게 배경이 없는 이미지를 상품 페이지로 만들어서 여러가지 설명 및 홍보 문구 등을 입력하여 웹페이지로 만들고 웹 상에 업로드하여 판매 상품으로 올리면 됩니다.

필자는 옆에 있는 컴퓨터에 따로 목차를 미리 만들어서 이것을 보면서 집필을 하고 있고요, 책을 쓰기 전에 미리 편, 부, 장, 절 등을 구상을 하여 예상 목차를 만들고 예상 페이지를 입력해 놓고 작업을 하기 때문에 현재 이미 계획된 페이지를 넘겼다는 것을 압니다.

그래서 사진 편집도 이 정도로 설명을 마치고요, 다시 강조합니다만, 포토샵은 필수이므로 반드시 필자의 다른 저서인 포토샵 책을 구입하셔서 따로 공부를 하셔야 하고요, 다음에 설명하는 동영상 편집 역시 하나의 예만 들어서 설명을 진행하도록 하겠습니다.

제 3 부 동영상 편집

이 책에서는 동영상 편집까지는 다루지 않으려고 했습니다만, 뒤에 나오는 유튜브 관련 단원이 있고요, 유튜브는 동영상 공유 사이트이므로 동영상을 업로드 해야 하고요, 이 책은 인터넷 쇼핑몰 창업 및 성공 전략이라는 책이고요, 유튜브야말로 유튜트 자체로 유뷰버로서 수익을 창출 할 수 있는 수단이면서 동시에 자신의 사업과 연계하여 효과적으로 홍보 할 수 있는 가장 좋은 매체이므로 동영상 편집을 다루는 것입니다.

동영상 및 나아가 3D 프로그램은 포토샵의 달인이라도 어려워하는 컴퓨터에서 가장 높은 최고봉이라고 할 수 있습니다.

그래서 동영상 편집 및 3D프로그램(인체 모델링, 가상 현실, 영화의 한 장면 등을 만드는 프로그램 등)은 일부 최고급 유저들만 사용하는 특권과 같은 기능이라고 할 수 있지만, 누군들 처음부터 잘 하는 사람은 없습니다.
천리 길도 한 걸음부터.. 라고 누구나 처음부터 차근 차근 공부를 하면 됩니다만, "태산이 높다 하되 하늘 아래 뫼이로다, 사람이 제 아니 오르고 뫼만 높다 하더라.."

하고 어렵다고 포기를 하면 결국 인터넷 쇼핑몰 역시 성공하기 어렵습니다.

제 1 장 동영상 편집 프로그램

우측에 보이는 것은 필자의 또 다른 저서인 '유튜브책' 인데요, 유튜브에 대해서 다루고 유튜브에서 수익 창출하는 방법까지 다룬 책이지만, 사실상 어도비 프리미어 프로 책입니다.

유튜브는 동영상 공유 사이트이고요, 사진이나 그림이 아닌 동영상만 올려서 수익을 창출하는 사이트이므로 동영상 편집이 필수이고요, 그래서 동영상 편집의 최강자 어도비 프리미어 프로 사용법을 수록한 책입니다.

여러분이 꼭 보셔야 할 책입니다.

제 1 절 동영상 카메라

필자는 필자 스스로 곰이라고 칭합니다.

재주는 곰이 부리고 돈은 사람이 가져간다.. 라는 그 재주 부리는 곰 말입니다.

여러분이 인터넷 쇼핑몰을 창업하여 사업을 시작해서 필자와 같은 경지에 오르면 여러분 모두 여러분 스스로 곰이라는 생각을 떨쳐 버릴 수가 없을 것입니다.

사업을 하면 분명히 돈은 많이 들어옵니다.
그러나 돈이라는 것이 수입보다 지출이 적어야 흑자가 발생하는 것인데 대한민국 거의 모든 사업자는 수익 구조가 적자 구조입니다.
그래서 돈을 벌지 못 하는 것입니다.
왜 적자 구조인가 생각을 해 보세요.

일단 사업자가 되면 직장인이 아닙니다.
사업자입니다.
사업은 기술로 하는 것이 아닙니다.
사업은 돈으로 하는 것입니다.

그래서 기술자들은 사업을 잘 못 합니다.
그래서 오히려 기술은 없고 자본만 있는 사람들이 사업을 잘 하는 것입니다.

이 공식에 대입해 보면 여러분들이 충분한 자본을 가지고 사업을 시작하는지 가장 먼저 따져 보아야 합니다.

사업은 기술로 하는 것이 아니라 돈으로 하는 것인데 적은 자본으로 소자본으로 창업을 했으니 시작부터 사업 구조가 적자 구조인 것입니다.

여기에 일단 사업자가 되면 대한민국에서 사업을 하려면, 심지어 필자와 같이 유튜브에서 수익이 발생하는 유튜버는 어김없이 수익의 10%를 부가세로 공제하고 입금을 받습니다.

이것은 사업장이든 아니든, 개인이라도 어김없이 적용되는 불문률이요 우리나라 상법이 그러하니 지키지 않을 도리가 없는 것입니다.

여러분이 사업을 시작하면 가장 먼저 부가세가 무섭다는 것부터 깨달아야 합니다.

서울 영등포에 그 유명한 목화 예식장이 있었습니다.
국내는 물론 해외에서도 유명했던 그 유명한 목화 예식장이 세금 체납으로 5층인가 7층인가 예식장 건물과 별관 등을 모조리 기부 체납하여 지금은 영등포 세무서로 사용되고 있습니다.

대우그룹 창업주 고 김우중 회장은 무려 22조원이라는 천문학적인 체납액을 안고 눈도 감지 못하고 타계하였습니다.

세금에 관한 한 국가는 악귀야차와 같다는 것을 제발 깨달아야 합니다.

필자 역시 과거 서울에서 사업을 할 때 세금 체납으로 국민 연금까지 해약을 해서 세금을 냈다는 것을 아시기 바랍니다.

부가세는 옛날에는 4/4분기로 1년에 4번 신고 및 납부를 했으나 지금은 행정간소화로 전반기와 후반기, 이렇게 2번만 신고 및 납부를 하는데요, 그 동안에는 부가세를 사업자가 가지고 있다가 매 분기마다 납부를 하는 것이고요, 이 기간에 자금이 부족하면 부가세를 사용하게 되고 이것이 결국 부가세 체납으로 이어지며 불성실 납세자로 낙인 찍히고 불성실 가산세를 얹어서 납부를 해야 하는 불이익을 받게 되며 자칫하면 목화 예식장이나 고 김우중 대우그룹 창업주와 같은 신세가 될 수 있습니다.

부가세를 제대로 이해를 못 하는 사람들이 있어서 쉽게 설명을 하겠습니다.

여러분이 인터넷 쇼핑몰을 창업하여 네이버스마트스토어, 쿠팡, 11번가 등의 대형 마켓에 입점하여 판매를 하고 판매 금액을 정산(본인의 사업자 통장으로 입금) 받는 돈의 10%는 부가세입니다.

그래서 매일 혹은 매주 입금되는 정산액의 10%는 부가세이므로 따로 저축을 해 놓아야 하는데, 자금이 부족해서 이 돈을 쓰게 되면 국세를 부정 사용하는 결과가 되는 것입니다.

물론 1년에 1월과 7월, 즉, 전반기와 후반기 매 분기마다 성실하게 신고를 하고 납부를 하면 상관 없지만, 사업 시작부터 부족한 소자본으로 창업한 사업자는 자금

부족으로 허덕이기 때문에 납기일 이전에 부가세를 따로 모아 놓지 않고 써 버리지 않을 도리가 없는 것입니다.

사업을 시작하자마자 주문은 자꾸 들어오는데, 주문이 자꾸 들어오기 때문에 상품을 자꾸 들여오지 않을 수가 없으며, 이 경우 1,000원어치 팔고 10,000원어치를 구매하는 결과를 초래하게 됩니다.

상품 재고는 계속 쌓이기 때문에 계산을 해 보면 분명히 흑자는 흑자인데 돈으로 흑자가 아니고 물건으로 흑자가 쌓이게 됩니다.

그래서 매일 혹은 매주 판매처에서 입금되는 돈보다 많은 돈을 지출하게 되고 이것이 결국 파산으로 이어지는 것입니다.
즉, 흑자 부도가 나는 원인입니다.

왜냐하면 판매할 물건을 싼 값으로 가져와야 쇼핑몰에서 판매를 해서 이익이 남는 것인데 도매상이나 수입품은 가격이 싼 대신에 대량으로 들여와야 하기 때문에 만원짜리 1개 주문이 들어왔을 때 만원에 판매하는 상품의 도매가 즉, 원가는 5,000원이라도 도매상에서는 박스 단위로만 판매를 하며 그 박스라는 것이 적정한 수량이 들어 있지 않고 터무니 없이 엄청나게 많은 단위로 포장을 하여 결국 만원짜리 주문 한 개에 100만원 어치를 들여와야 하는 경우가 비일비재합니다.

이것은 판매할 상품 수량이 적다면 어찌 해 볼 도리가 있겠지만, 필자의 경우 최대 1,800 여 종의 상품을 판매했고요, 웹 상에 올린 전체 상품 수는 무려 100만 개가 넘어 갔고요, 인터넷 쇼핑몰 제대로 한다는 사업자는 보통 이정도는 판매를 합니다.

그래서 소자본 창업을 할 때는 절대로 다품종, 대량 판매를 하면 판매를 하면 할 수록 손해를 보게 되는 구조로 사업을 하게 된다는 것을 명심 또 명심해야 합니다.

그래서 소자본 창업을 할 때는 절대로 다품종, 대량 판매를 하면 안 되고요, 자신의 전문 분야, 자신이 잘 아는 상품을 골라서 특정 연령층, 남성 혹은 여성 등 타켓 고객을 정해서 대자본, 대량 판매를 하는 백화점식 업체와 차별을 꾀해야 합니다.

그리고 한 가정을 예로 든다면 가장인 남성은 돈을 벌어다 주는 주체이지만, 그 돈을 쓰는 주체는 주로 부인인 여성이 쓴다는 것을 잊지 말아야 합니다.

이상 동영상 카메라 설명을 하다가 다른 설명까지 곁들였는데요, 지금까지 설명한 내용을 토대로 동영상을 멋지게 촬영하고 싶어서 값비싼 카메라 혹은 캠코더 및 방송용 캠코더 등에 눈독을 들이지 말라는 뜻입니다.

예를 들어 동영상은 당연히 방송용 캠코더가 최고의 카메라이지만, 그것도 최소한 1,000만원에 가깝거나 수 천 만원짜리 방송용 캠코더가 아니면 스마트폰이 오히려 훨씬 낫습니다.

따라서 카메라는 자신이 카메라의 전문가가 아니라면 무조건 100% 스마트폰만 사용해도 됩니다.

다만, 스마트폰으로 촬영하더라도 앞에서 설명한 DSLR의 기초는 있어야 제대로 촬영을 할 수 있고요, 특히 유튜브에 보면 스마트폰을 세로로 들고 촬영한 영상도 많이 보이는데요, 필자는 아무리 조회수가 많은 영상도 스마트폰으로 세로로 촬영한 영상은 절대로 보지 않습니다.

이는 스마트폰 카메라가 잘 못 된 것이 원인이지만, 스마트폰 카메라는 기본적으로 영상을 가로 혹은 세로로 선택해서 촬영할 수 있고요, 이것이 카메라를 들고 있는 방향에 따라 저절로 바뀌기도 합니다.

그래서 의도치 않게 가로로 촬영한 영상이 결과적으로 세로로 촬영되는 비극이 비일비재하게 일어납니다.

우리나라의 삼성이나 미국의 애플은 세계 최고의 스마트폰 메이커이면서도 이런 부분은 신경을 쓰지 않아서 참으로 아쉬운데요, 그런 세계 최고의 스마트폰 제조사의 연구원이나 기타 관련 직원들의 무지에서 비롯된다는 것이 필자의 생각입니다.

물론 스마트폰 메이커에서는 가로 세로 모든 기능을 넣어서 사용자가 선택할 수 있다고 항변 할 수도 있지만, 참으로 멍충한 항변입니다.

스마트폰 카메라에 가로로 고정, 이런 기능을 만들면 가로로 촬영한 영상이 의도치 않게 세로로 촬영되는 비극은 일어나지 않을 것이 아닌가 이 말입니다.

그러나 걱정할 것은 없습니다.

스마트폰은 그야말로 스마트한 기계이므로 거의 무한한 앱이 있고요, 거의 무한할 정도로 많은 앱 개발자들이 거의 무한한 앱을 만들어 내고 있으므로 앱스토어에서 원하는 앱을 골라서 깔기만 하면 됩니다.

[1] 회전 제어 어플

앱스토어에서 우측 마우스가 가리키는 회전 제어 어플을 다운 받아서 스마트폰에 설치하면 되는데요, 필자는 [Play 스토어]에서 다운 받아서 설치를 했고요, 우측 화면 마우스가 가리키는 [회전 제어] 앱을 터치하면 다음 화면이 나타납니다.

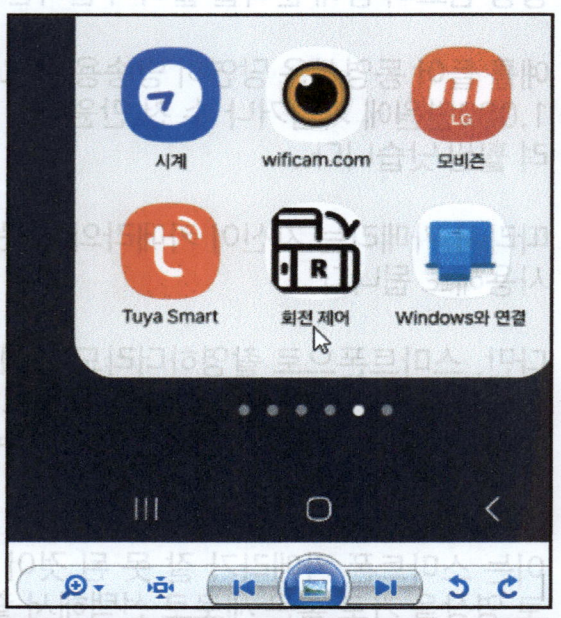

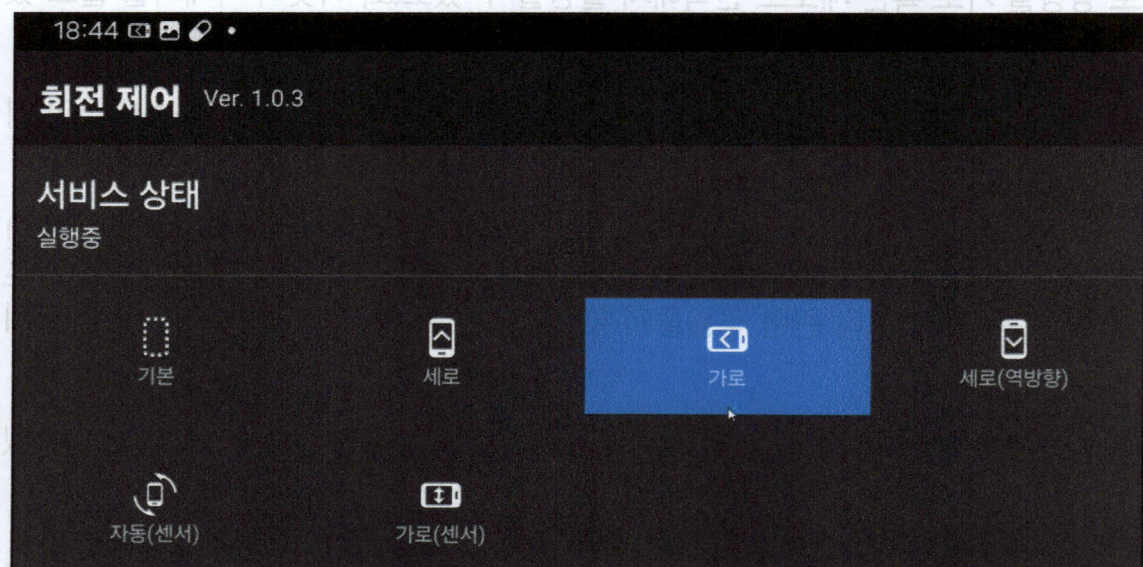

위의 화면에서 마우스가 가리키는 [가로]를 터치하면 다시 맨 좌측의 [기본]을 터치하기 전까지는 무조건 스마트폰이 가로로 고정되기 때문에 자연히 스마트폰 카메라도 사진이든 동영상이든 무조건 가로로 촬영이 됩니다.

[2] 동영상 편집

동영상을 편집할 수 있는 프로그램은 어도비 프리미어 외에도 여러가지 프로그램이 있습니다.

오히려 초보자의 경우 어도비 프리미어 프로가 어렵기 때문에 다른 프로그램이 더 쉬울 수도 있지만, 어차피 유튜버가 되려면 어도비 프리미어는 필수로 배워야 합니다.

여기서는 필자가 촬영한 영상을 프리미어로 불러들여서 편집하는 과정을 통하여 어도비 프리미어 사용법을 설명을 합니다만, 여러분이 동영상 편집을 제대로 하려면 어도비 프리미어 프로를 배워야 합니다.

그래서 필자의 다른 저서인 '유튜브책' 을 보셔야 하고요, 유튜브에서 '가나출판사' 검색하여 동그라미 속에 들어 있는 필자의 얼굴을 클릭하여 필자의 [유튜브 채널]에 오셔서 필자의 홈페이지 링크를 클릭하여 필자의 홈페이에 오셔서 [출판사]를 클릭하여 [유튜브책]을 클릭하면 자세한 내용을 보실 수 있고요, 유튜브책이 사실상 어도비 프리미어 프로를 다룬 책이고요, 직접 구입하실 수도 있습니다.

[1] 스마트폰 영상 PC로 옮기기

필자 역시 요즘은 DSLR을 사용하지 않고 거의 대부분 오로지 스마트폰으로만 촬영을 하며 당연히 스마트폰으로 촬영한 사진이나 동영상을 와이파이를 이용하여 PC로 전송을 하며,...

특히 필자는 책을 쓰기 때문에 항상 컴퓨터를 2~3대 켜 놓고 작업을 하는데요, 이렇게 여러 대의 컴퓨터를 네트워크로 연결을 하는데, 윈도우즈 운영체제에서는 네트워킹이 제대로 안 되는 수가 많습니다.

마이크로소프트사에서는 보안 때문이라고 하지만, 날이 가면 갈수록 PC끼리 네트워킹은 점점 어려워지지만, 스마트폰을 이용하면 PC에서 네트워킹이 안 되더라도 전혀 상관이 없습니다.

PC끼리의 네트워킹도 스마트폰을 이용하면 되기 때문입니다.

특히 개인용 PC의 네트워크는 대부분 RJ46 단자로 연결되며 랜 케이블 또한 엄청나게 비싼 기가 비트 랜선을 사용하지 않고 거의 다 라고 해도 과언이 아닐 정도로 대부분 UTP 케이블을 사용하기 때문에 네트워킹 속도가 스마트폰을 이용하는 네크워킹 속도나 별 차이가 없습니다.

어차피 PC에서는 현재 5G가 가장 빠르며 여기는 시골이지만, 5G가 들어오고요, 스마트폰 역시 요즘은 대부분 5G 폰을 사용하며, 5G는 5세대 이동 통신이지만, 중요한 것은 전송 속도이고요, 5G는 이론상 최대 20Gbps의 어마어마한 속도이지만, 필자는 서울에서도 5G, 지금 시골에서도 5G를 쓰고 있지만, 실제 전송 속도는 불과 20Mb~50Mb밖에 나오지 않습니다.

이것은 예를 들어 스마트폰으로 PC에 파일을 전송할 때 스마트폰에 파일 전송 속도가 나오고요, 인터넷으로 동영상 등 용량이 큰 파일을 다운로드할 때 다운로드 속도가 나오기 때문에 금방 알 수 있습니다.

물론 파일을 제공하는 서버 측 속도가 느려서 다운로드 속도가 느릴 수도 있지만, 중요한 것은 현재 5G를 사용하더라도 5G 속도는 터무니 없이 나오지 않는다는 점입니다.

그래서 PC끼리 네트워킹을 하는 것이나 스마트폰을 이용해서 네트워킹을 하는 것이나 별 차이가 없는 것입니다.

참고로 아직도 5G 폰이 아니라 구형 2.4GHz를 사용하는 옛날 스마트폰을 사용한다면 5G보다 현저하게 느린 속도로 데이터가 전송되는 것은 감수해야 합니다.

자신이 사용하는 공유기가 5G를 지원하는지 알아보는 방법은 자신의 공유기 설정에 들어가 보면 금방 알 수 있습니다.

인터넷 주소 창에 필자의 경우 192.168.0.2를 입력하면 공유기 설정 화면이 나오는데요, 이는 여러분 모두 다를 것입니다.(기본 값은 192.168.0.1)

이것이 공유기 아이피(IP) 이고요, 여기서 이러한 네트워크에 대해서 자세하게 설명할 수는 없으므로 일단 필자의 공유기 설정을 보겠습니다.

(2) 공유기 설정

간혹 필자의 책을 구입한 독자들로부터 책 속에 관련 없는 내용이 들어갔다고 하시는 분이 있는데요, 필자는 절대로 관련 없는 내용을 가십 거리로 넣지 않습니다.

특히 지금 설명하는 공유기 설정은 관련이 없을 것 같지만, 여러분이 인터넷 쇼핑몰을 창업하여 사업자가 되는 순간부터, 혹은 그 이전부터 반드시 알아야 하는 사항들입니다.

필자의 경우 인터넷창, 웹브라우저 주소 표시줄에 192.168.0.2를 입력하고 엔터를 치면 우측과 같이 나타나고요, 필자는 구글에 목숨을 맡겨 놓았기 때문에 클릭하면 아이디와 비번이 자동으로 입력되고요, 로그인을 클릭하면 다음과 같이 공유기 설정 화면이 나타납니다.

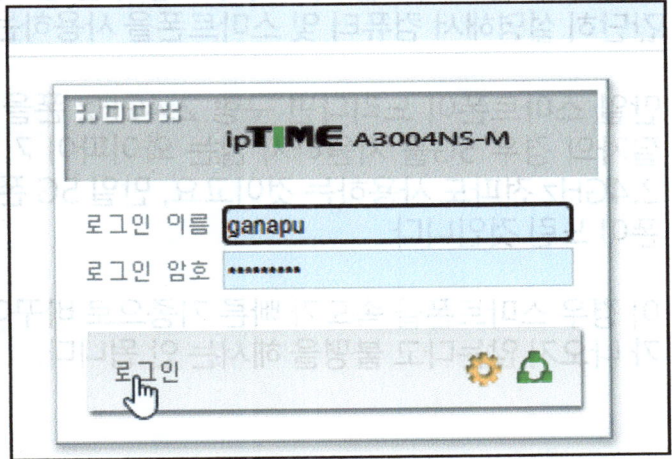

내부 네트워크 정보	
내부 IP주소	192.168.0.2
DHCP 서버 상태	DHCP 서버 동작 중
동적 IP 할당 범위	192.168.0.1 - 192.168.0.254
무선 정보 5 GHz	
무선 동작 모드	동작중 - 암호화 사용
네트워크 이름(SSID)	5555G
☐ 무선 암호 보기	********
무선 확장 설정	중단됨
무선 정보 2.4 GHz	
무선 동작 모드	동작중 - 암호화 사용
네트워크 이름(SSID)	iptime
☐ 무선 암호 보기	********

앞의 화면은 필자가 사용하는 12G 공유기 설정 화면이고요, 앞의 화면을 잘 보시면 5G와 2.4GHz를 모두 사용하고 있으며 공유기이므로 다른 사람이 접속하지 못하도록 암호를 사용하고 있다고 나타납니다.

필자의 공유기는 무려 12G를 지원하지만, 여기는 시골이지만, 서울이라도 아직 인터넷은 5G가 가장 빠른 속도이지만, 실제로는 5G라 하더라도 5G 속도의 1/10의 속도도 나오지 않습니다.

그러나 이 정도 속도만 나오더라도 영화 한 편 다운 받는데 불과 몇 분이면 되고요, 간단히 설명해서 컴퓨터 및 스마트폰을 사용하는데 느려서 불편한 점은 없습니다.

만일 스마트폰이 느리다면 구형 2.4GHz 폰을 사용하기 때문에 느린 것이고요, 필자의 경우 5G를 지원하지 않는 와이파이 기기가 무려 수십 개는 되기 때문에 2.4GHz 전파도 사용하는 것이고요, 만일 5G 폰을 사용하는데도 느리다면 스마트폰이 느린 것입니다.

이 경우 스마트폰을 속도가 빠른 기종으로 바꾸어야 하므로 느린 폰을 가지고 속도가 나오지 않는다고 불평을 해서는 안 됩니다.

(3) 공유 설정

앞의 화면에 보이는 것은 공유기 설정 화면을 보신 것이고요, PC끼리, 혹은 스마트폰을 이용해서 PC 네크워킹을 하더라도 PC에서, 탐색기에서 공유 설정을 해야 합니다.

네트워크에서 상대방 PC가 보이는 것은 보안상 상대방 PC에서 공유 설정을 한 폴더만 보이는 것입니다.

드라이브는 공유할 수 없고요, 파일도 공유할 수 없습니다.

오로지 폴더만 공유할 수 있으므로 공유할 폴더를 미리 공유 설정을 해야 합니다.

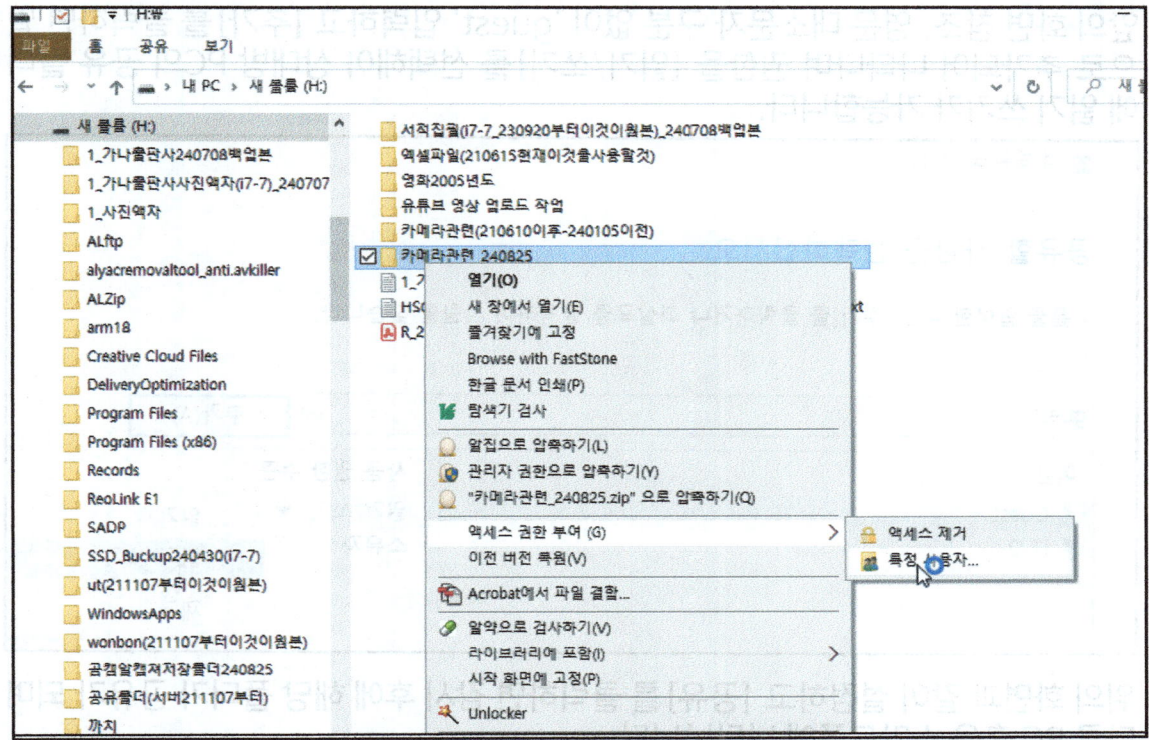

위의 화면 참조, 공유할 폴더를 선택하고 마우스 우클릭하여 [엑세스 권한 부여] - [특정 사용자]를 클릭합니다.
윈도우즈 버전이 다르면 다르게 나타날 수 있고요, 혹시 아직도 윈7을 사용한다면 이와는 전혀 다르게 나타납니다.

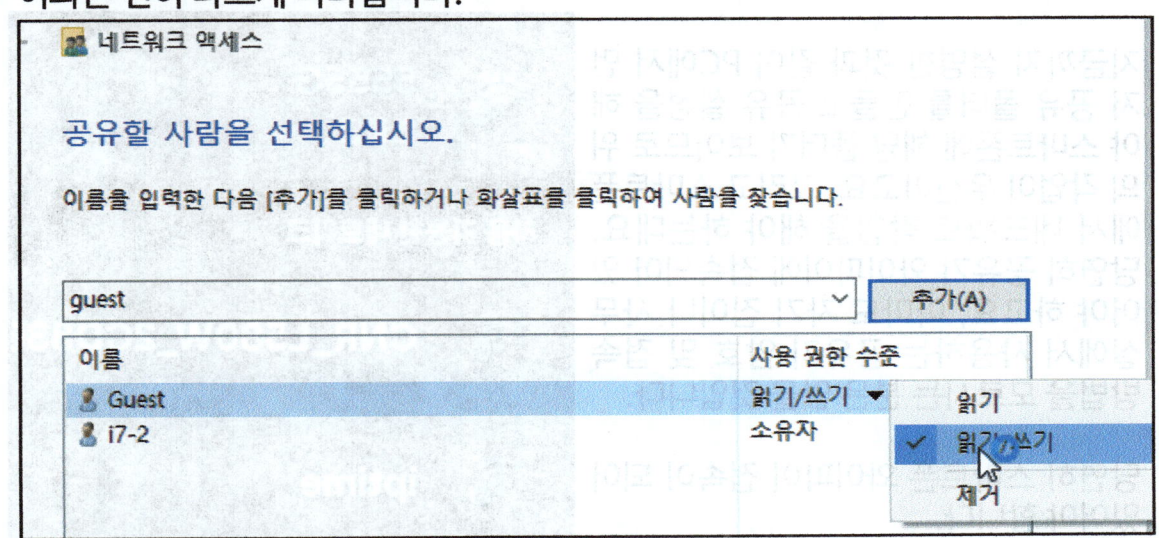

온라인 쇼핑몰 창업　　　　　　　　　인터넷 쇼핑몰 창업 및 성공 전략

앞의 화면 참조, 영문 대소문자 구분 없이 'guest' 입력하고 [추가]를 클릭하면 밑으로 추가되어 나타나며 권한을 [읽기/쓰기]를 선택해야 상대방 PC의 공유 폴더에 읽기 쓰기가 가능합니다.

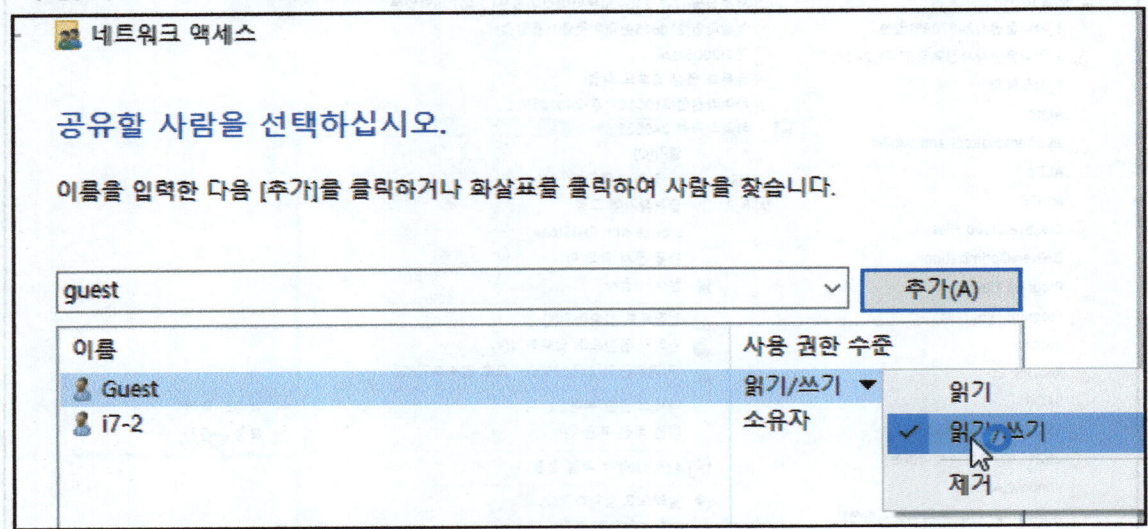

위의 화면과 같이 설정하고 [공유]를 클릭하면 잠시 후에 해당 폴더가 공유가 되며 다른 PC 혹은 스마트폰에 나타납니다.

(4) 스마트폰 네트워크 설정

지금까지 설명한 것과 같이 PC에서 먼저 공유 폴더를 만들고 공유 설정을 해야 스마트폰에 해당 폴더가 보이므로 위의 작업이 우선이고요, 그리고 스마트폰에서 네크워트 작업을 해야 하는데요, 당연히 공유기 와이파이에 접속되어 있어야 하고요, 아마도 자기 집이나 사무실에서 사용하는 공유기 암호 및 접속 방법을 모르시는 분은 없을 것입니다.

당연히 스마트폰 와이파이 접속이 되어 있어야 합니다.

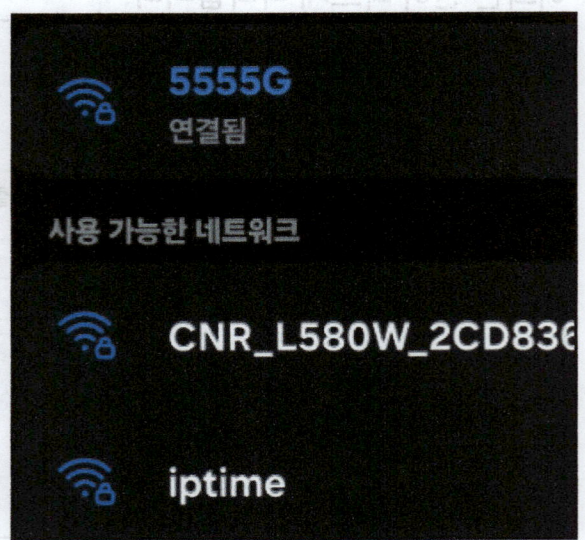

필자의 경우 앞의 스마트폰 화면 설정-와이파이를 보면 5G와 iptime 가 보이는데요, 555G는 5G, iptime 2.4GHz 이고요, 현재 5G에 접속되어 있다는 것을 보여 드리는 것입니다.

그리고 스마트폰에서 [Play 스토어]에서 검색하여 우측 화면에 보이는 [CX 파일 탐색기]를 검색하여 앱을 설치 해 놓아야 합니다.

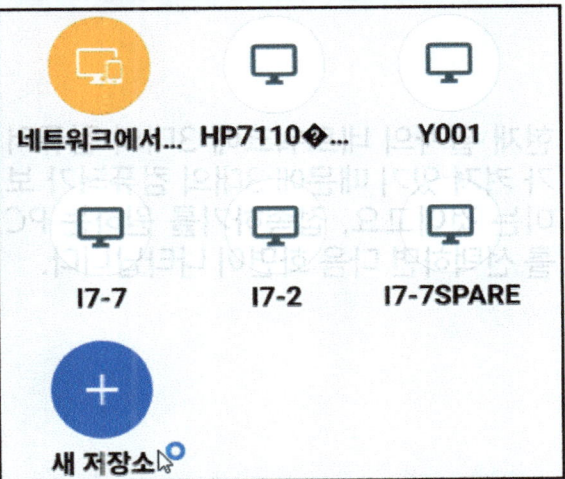

스마트폰에 [CX 파일 탐색기] 앱을 설치하고 실행을 하면 초기 화면에 우측과 같이 보이는데요, 우측 화면은 필자의 스마트폰 화면이고요, 여러분은 아직 이렇게 안 보이므로 우측 화면 마우스가 가리키는 [새 저장소]를 클릭하면 다음 화면이 나타납니다.

우측 화면에서 마우스가 가리키는 [원격 저장소]를 클릭하면 다음과 같이 나타납니다.

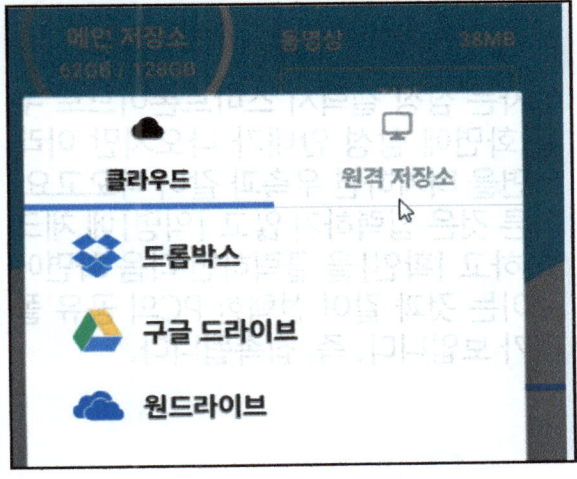

우측 화면에서 마우스가 가리키는 [로컬 네트워크]를 클릭하면 다음과 같이 나타납니다.

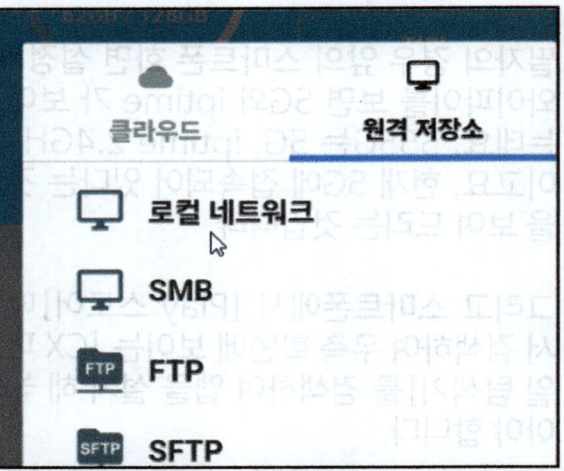

현재 필자의 네트워크에 3대의 컴퓨터가 켜져 있기 때문에 3대의 컴퓨터가 보이는 것이고요, 접속하기를 원하는 PC를 선택하면 다음 화면이 나타납니다.

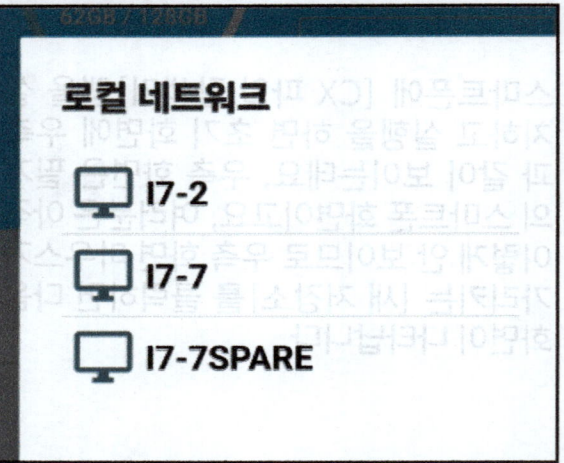

필자는 삼성 갤럭시 스마트폰이므로 우측 화면에 삼성 안내가 나오지만 아래 화면을 터치하면 우측과 같이 나오고요, 다른 것은 입력하지 않고 [익명]에 체크를 하고 [확인]을 클릭하면 다음 화면에 보이는 것과 같이 선택한 PC의 공유 폴더가 보입니다. 즉, 접속됩니다.

우측 화면 맨 위를 보면 현재 접속한 PC 이름이 보이고요, 해당 PC에서 미리 공유 설정을 해 둔 폴더들이 보이는 것입니다.

이 때 PC에서 파일을 복사하여 다른 PC로 붙여 넣을 수도 있고요, 스마트폰으로 붙여 넣을 수도 있고요, 스마트폰에서 촬영한 사진이나 영상을 먼저 선택하고 PC로 붙여 넣을 수도 있습니다.

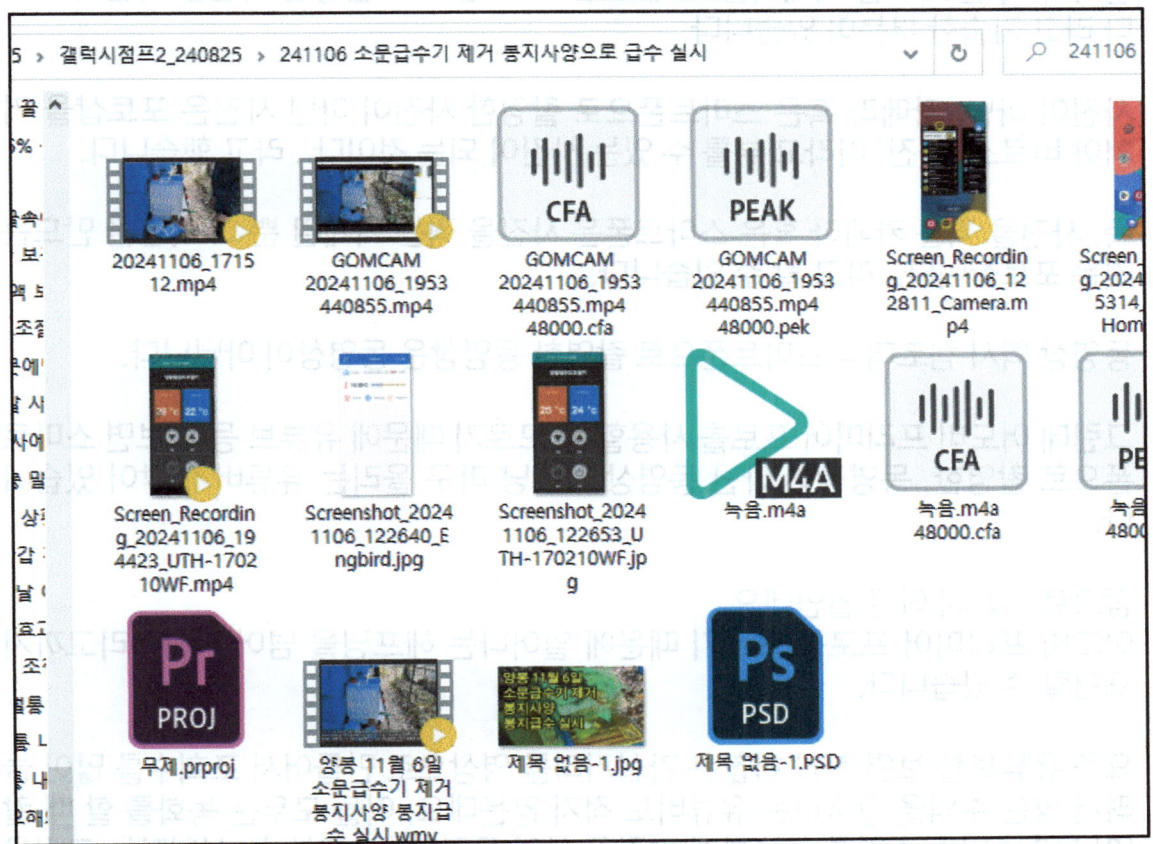

위의 화면은 이렇게 어제 스마트폰으로 촬영한 영상을 PC로 옮기고 이 영상을 어도비 프리미어 프로로 편집한 파일들입니다.

제 2 절 곰캠

웬 뜬굼없이 곰캠이냐고 하실 분도 있겠습니다만, 지금 동영상 편집의 최강자 어도비 프리미어 프로를 설명하는 단원이고요, 어도비 프리미어 프로는 동영상을 편집하는 소프트웨어이고요, 동영상은 캠코더나 스마트폰으로 촬영한 동영상 원본을 의미하며 이것은..
음..
설명을 하다보면 아들 설명, 그리고 새끼 설명에서 사촌 설명까지 하지 않을 수가 없습니다.

필자가 펴 낸 포토샵 책에서는 카메라나 스마트폰으로 촬영한 사진은 사진이 아니다 라고 기술한 부분이 있습니다.

사진이 아닌, 카메라 혹은 스마트폰으로 촬영한 사진이 아닌 사진은 포토샵을 거쳐야 비로소 "사진" 이라고 부를 수 있는 사진이 되는 것이다.. 라고 했습니다.

즉, 사진을 찍은 카메라 혹은 스마트폰은 사진을 찍는 기계일 뿐 그 사진을 만드는 것은 포토샵이다.. 라고 할 수 있습니다.

동영상 역시 캠코더나 스마트폰으로 촬영한 동영상은 동영상이 아닙니다.

그런데 어도비 프리미어 프로를 사용할 줄 모르기 때문에 유튜브 등에 보면 스마트폰으로 촬영한, 동영상이 아닌 동영상을 그냥 마구 올리는 유튜버가 많이 있습니다.

참으로 가슴이 아픈 일인데요..
어도비 프리미어 프로를 모르기 때문에 일어나는 해프닝을 넘어 비극이라고까지 표현할 수 있습니다.

요즘 유튜브를 보면 한낱 하찮은 가십거리를 영상으로 만들어서 조회수를 많이 늘려서 많은 수익을 창출하는 유튜버도 적지 않은데요, 이들 모두는 녹화를 할 때 촬영된 영상 및 목소리를 교묘하게 편집을 하여 동영상을 시청하는 시청자는 그것을 모르고 동영상 속의 나레이션(설명)도 방송국 아나운서와 같이 주저하지 않고 냇물이 흐르듯이 줄줄 말이 흘러 나오는 것을 볼 수 있는데요, 이 모두가 어도비 프리미어 프로에서 그렇게 편집을 해서 올리기 때문에 가능한 것이고요, 그 이전에 어도비 프리미어 프로에서 편집하기 이전에 동영상을 먼저 PC에서 재생을 하면서 다시 그것을 동영상 녹화, 즉, 동영상을 다시 녹화를 하는 어플로 녹화를 하면서 옛날 무성 영화에서 변사가 영상을 해설을 하듯이 나레이션을 곁들여서 다시 녹화를 하는 것이고요, 이것을 프리미어에서 불러들여 편집을 해서 올리는 것입니다.

그래서 동영상 속에 동영상을 촬영하면서 같이 녹음된 자연의 소리, 잡소리 등이 전혀 들리지 않고 영상 속의 설명만 또렷하게 들리는 것입니다.

이렇게 해서 올려야 그게 동영상이지, 스마트폰으로 촬영을 하면서 원치 않는 영상 및 잡소리와 잡음, 헛기침 등이 들어간 영상을 그대로 올리는 것은 그야말로 보기 민망한 것입니다.

그래서 어도비 프리미어 프로를 배우기 전에 먼저 동영상 캡쳐 프로그램을 알아야 하는 것입니다.

필자 역시 동영상 캡쳐 프로그램을 여러가지를 사용 해 보았지만, 곰플레이어로 유명한 곰랩에서 만든 동영상 녹화 프로그램인 곰캠이 가장 좋습니다.

그래서 이 책에서도 곰캠을 소개를 하는 것입니다.

참고로 필자는 유튜브에 동영상을 많이 올리기 때문에 곰캠 정품을 사서 정품 등록을 해서 사용하고 있고요, 이렇게 해야 동영상 녹화 시간 제약이 없고요, 영상 속에 보기 싫은 워터마크도 보이지 않습니다.

곰캠 구 버전, 무료 버전은 20분까지 녹화 제한 시간이 있었습니다만, 아쉽게도 이 버전은 지금은 배포되지 않습니다.

지금 배포되는 무료 버전은 10분까지만 무료로 녹화가 되고요, 정품을 구입해야 제한 없이 녹화를 할 수 있습니다.

어차피 곰캠 정품 버전은 가격도 몇 만원 안 되는 저렴한 가격이므로 유튜브에 동영상을 많이 올린다면 필수적으로 필요한 유틸리티입니다.

곰캠 무료 버전이나 오캠, 반디캠 등의 무료 버전이 있으나 필자가 이미 경험을 하고 알려 드리는 것이므로 웬만하면 곰캠 정품을 구입하시기를 적극 권해 드립니다.
혹시 필자는 곰캠 개발사와는 전혀 눈꼽만큼도 관련이 없다는 것을 아시고요, 곰캠을 실행하면 다음 화면이 나타납니다.

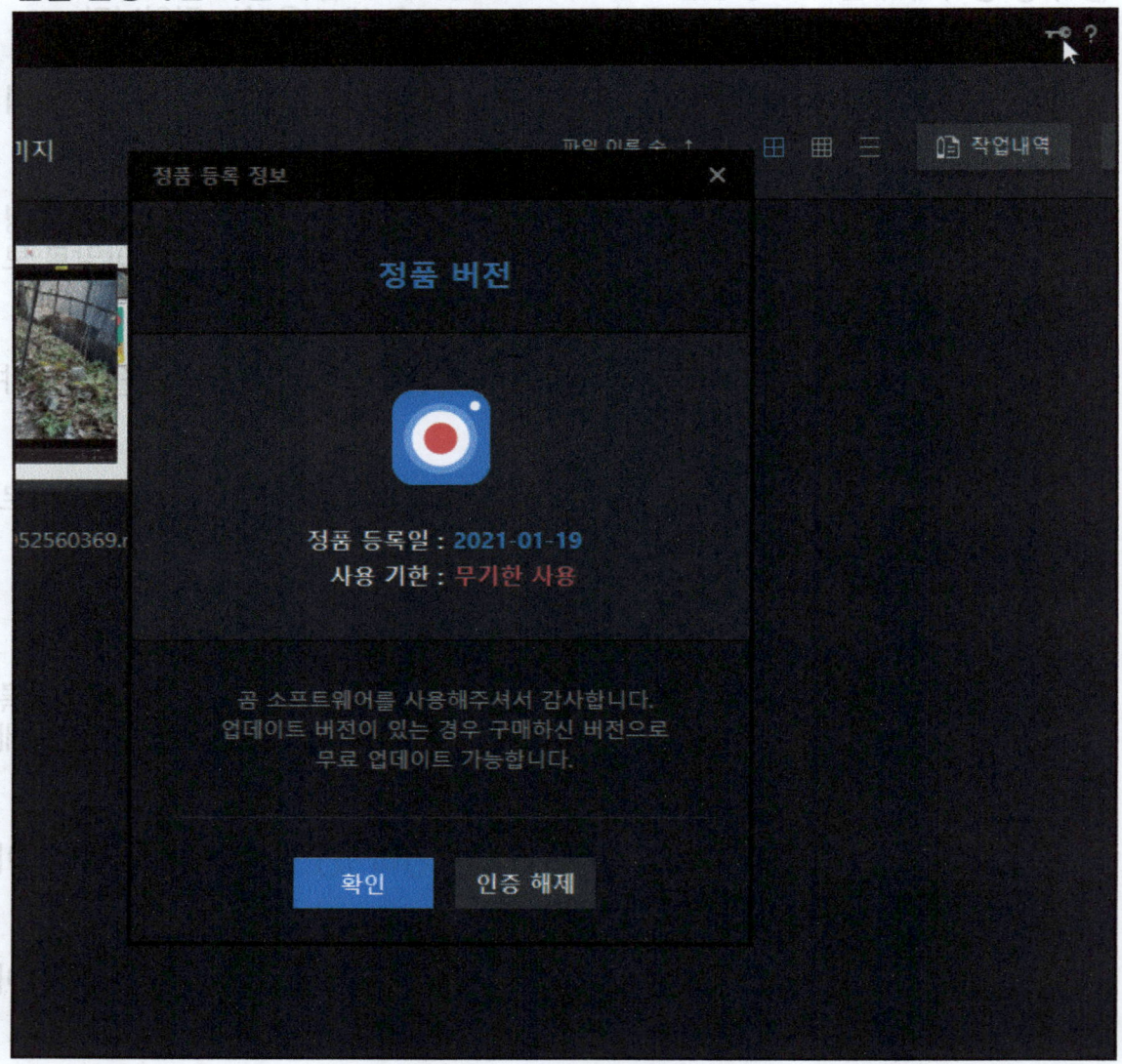

위의 화면 우측 상단 마우스가 가리키는 곳을 클릭하면 위의 화면에 보이는 것과 같이 필자는 정품을 구입했고, 정품 등록을 했기 때문에 무기한으로 사용할 수 있는 정품 버전이라고 나오고요, 정품이 아니라도 녹화는 가능하지만, 구 버전은 20분, 신 버전은 10분까지 밖에 녹화가 안 되고요, 구 버전은 구할 수 없습니다.

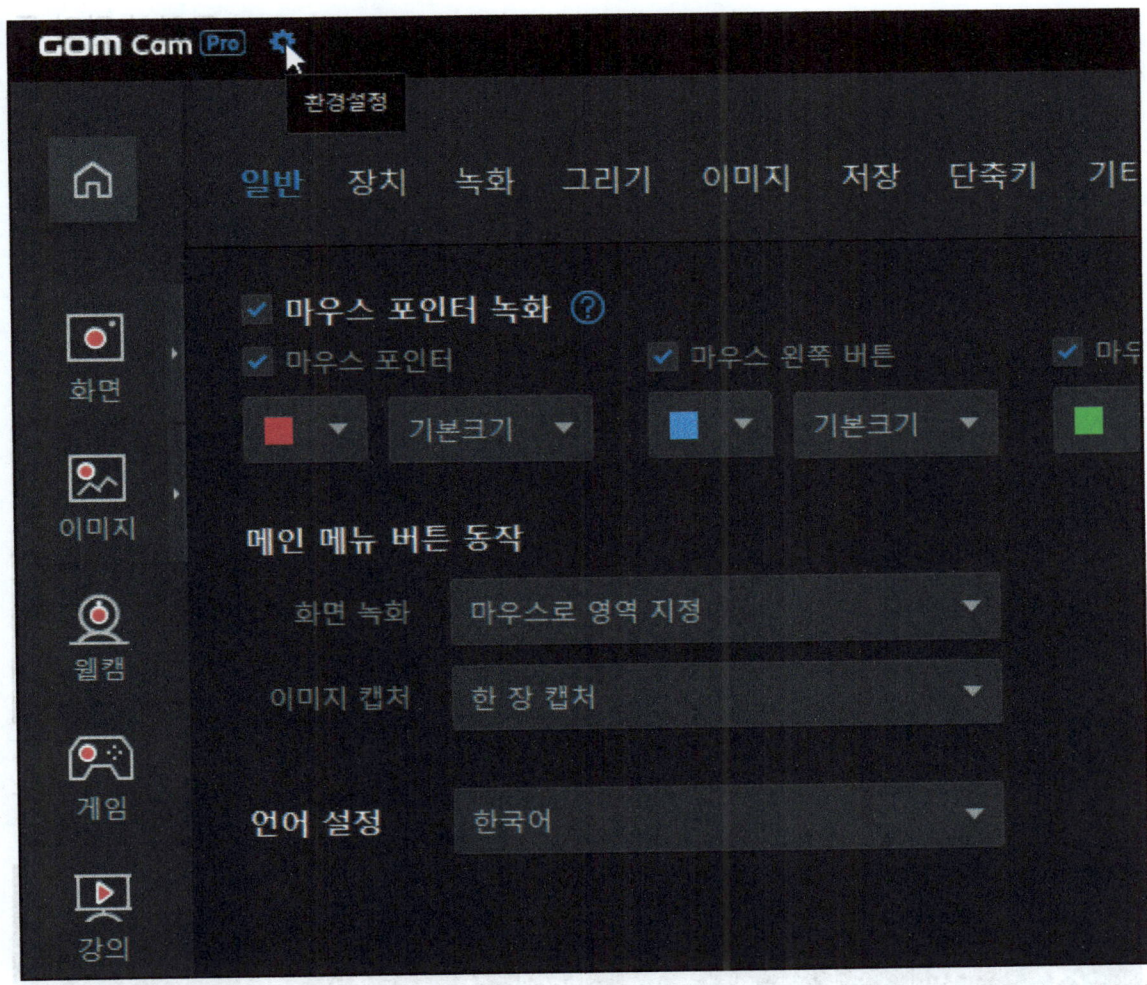

위의 화면 좌측 상단, 마우스가 가리키는 톱니 바퀴 모양이 환경 설정이고요, 환경 설정을 클릭하고 [일반]탭을 보면 위와 같이 마우스 포인터 녹화 및 그 밑의 마우스 포인트가 체크되어 있어야 합니다.

원래 이것이 기본 값이지만, 필자는 수시로 컴퓨터를 조립하고 바꾸고 1년이면 10번 정도 이러한 작업을 반복을 합니다.

하도 싼 부품을 구입해서 조립을 해서 사용하다보니 고장이 나는 수도 있고요, 필자 스스로 업그레이드를 해서 새로 조립하는 경우도 있는데요, 언젠가는 곰캠을 실행하면 위와 같이 마우스 포인트 녹화를 체크를 해도 다음 번 실행할 때는 체크가 지워져 있어서 애를 먹었습니다.

화면 녹화시 마우스 포인터가 같이 녹화가 되지 않으면 예를 들어 동영상 강좌 등을 만들어서 올리거나 강좌는 아니더라도 유튜브에 동영상을 올릴 때 설명을 하면서 마우스 포인터로 가리켜야 하는데 마우스 포인터 녹화가 안 되면 맹탕 동영상이 되기 때문입니다.

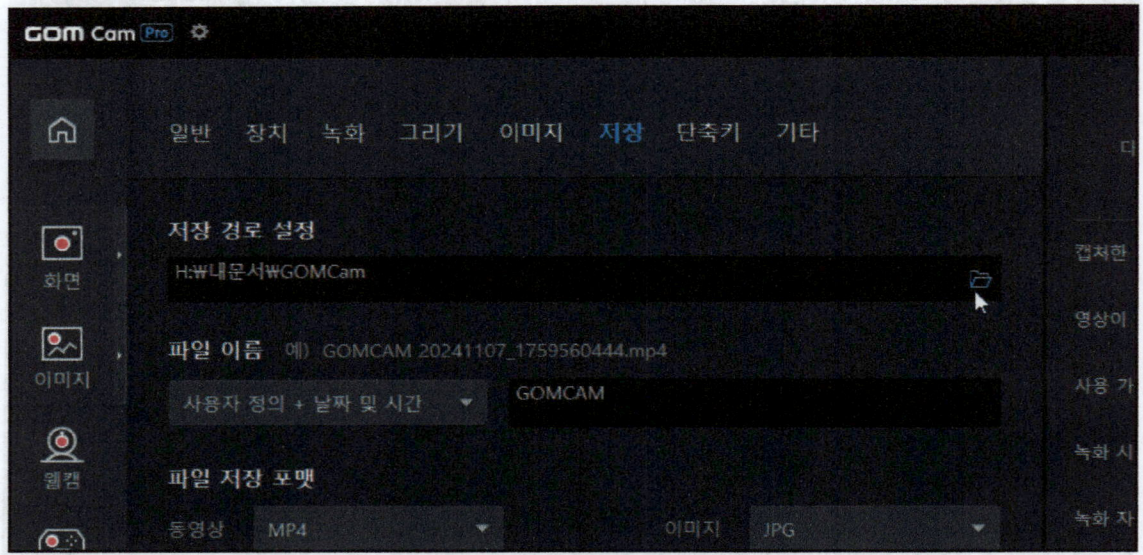

그리고 위의 화면 참조, 환경 설정의 [저장]탭을 클릭하고 위의 마우스가 가리키는 곳을 클릭하여 동영상 저장 위치를 지정할 수 있고요, 지정하지 않으면 C 드라이브의 내 문서 폴더 안에 곰캠 폴더가 저절로 만들어지고 저장이 됩니다.

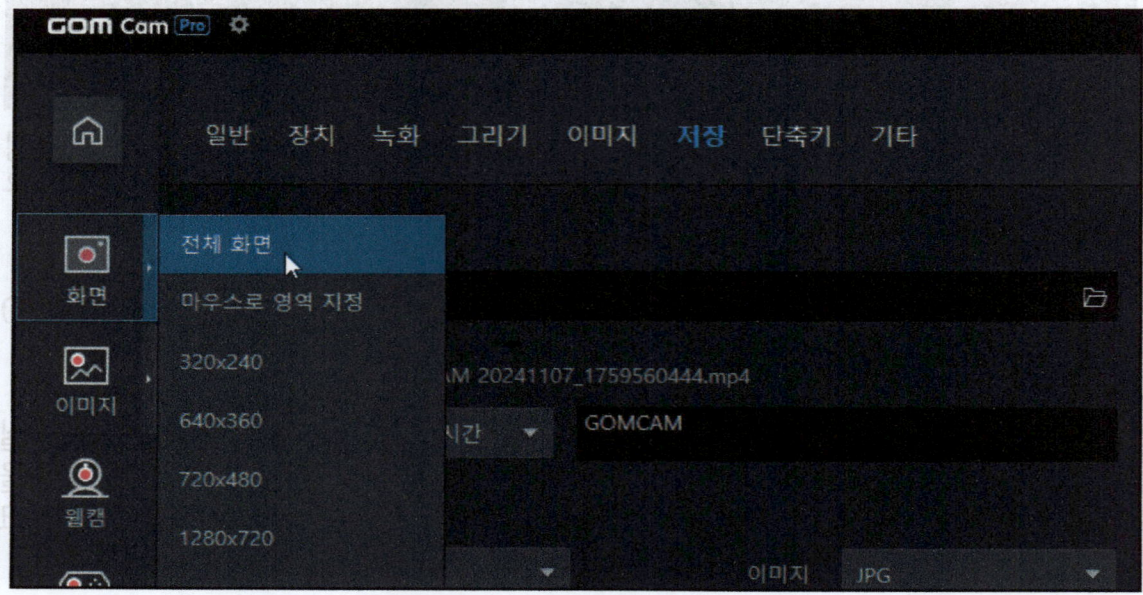

다른 것은 거의 만질 필요가 없고요, 앞의 화면 참조, 곰캠 좌측 메뉴에서 [화면]을 클릭하고 나타나는 메뉴에서 필자의 경우 거의 대부분 [전체 화면]을 클릭하며 바탕 화면 전체를 화면 녹화를 합니다.

앞의 화면에서 마우스가 가리키는 [전체 화면]을 클릭하면 다음과 같이 녹화 준비 상태가 됩니다.

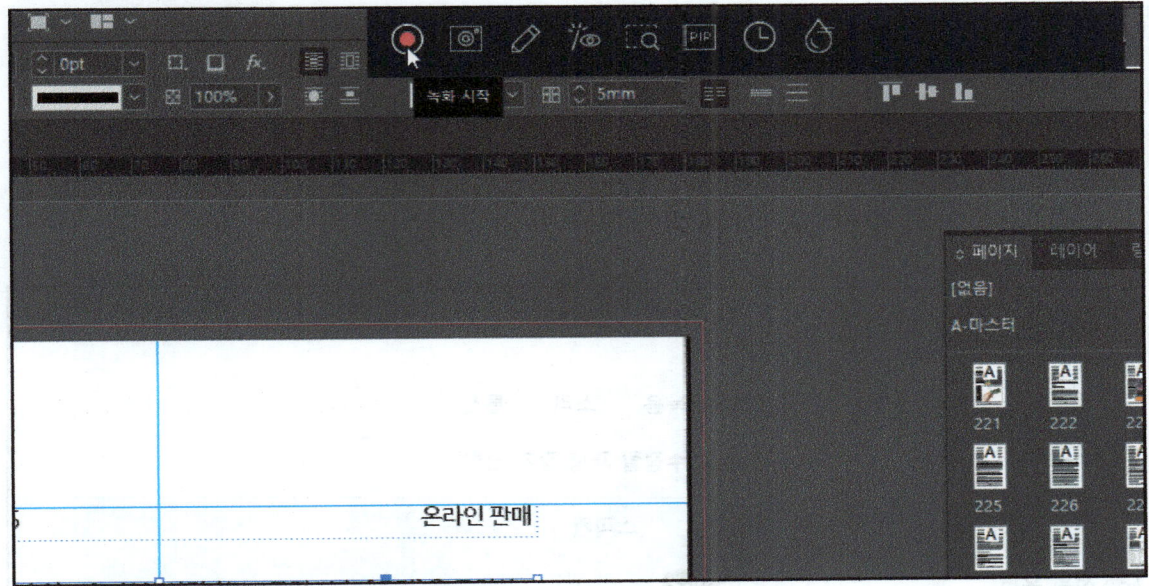

위의 녹화 시작 버튼을 누르면 이제부터 컴퓨터에서 작업하는 모든 것이 그대로 녹화되어 동영상 파일로 저장이 됩니다.

제 3 절 녹음

지금까지 열심히 곰캠에 대해서 설명한 것은 스마트폰으로 촬영한 동영상을 PC로 옮기고, 그 동영상을 PC에서 재생을 하면서 나레이션(설명)을 추가하여 새로운 동영상을 만들기 위함입니다.

따라서 방금까지 설명한 곰캠으로 화면 녹화를 하는 동시에 자신이 스마트폰으로 촬영한 동영상을 설명하는 말 소리가 녹음이 되어야 합니다.

이것도 저것도 모르겠다.. 하시는 분은 그냥 스마트폰으로 녹음을 해도 됩니다.

그러나 여러분이 스마트폰으로 녹음한 소리와 필자가 만들어서 올린 동영상의 필자의 목소리를 비교를 하면 스마트폰으로 녹음을 하고 싶지 않을 것입니다.

그래서 필자가 녹음하는 방법을 알려 드리는 것입니다.

[1] 제어판-소리

녹음 및 재생을 하려면 당연히 PC에 스피커와 마이크가 연결되어 있어야 하고요, [시작]-[제어판]에서 [소리]를 클릭하여 스피커 소리와 마이크 녹음 관련 설정을 해야 합니다.

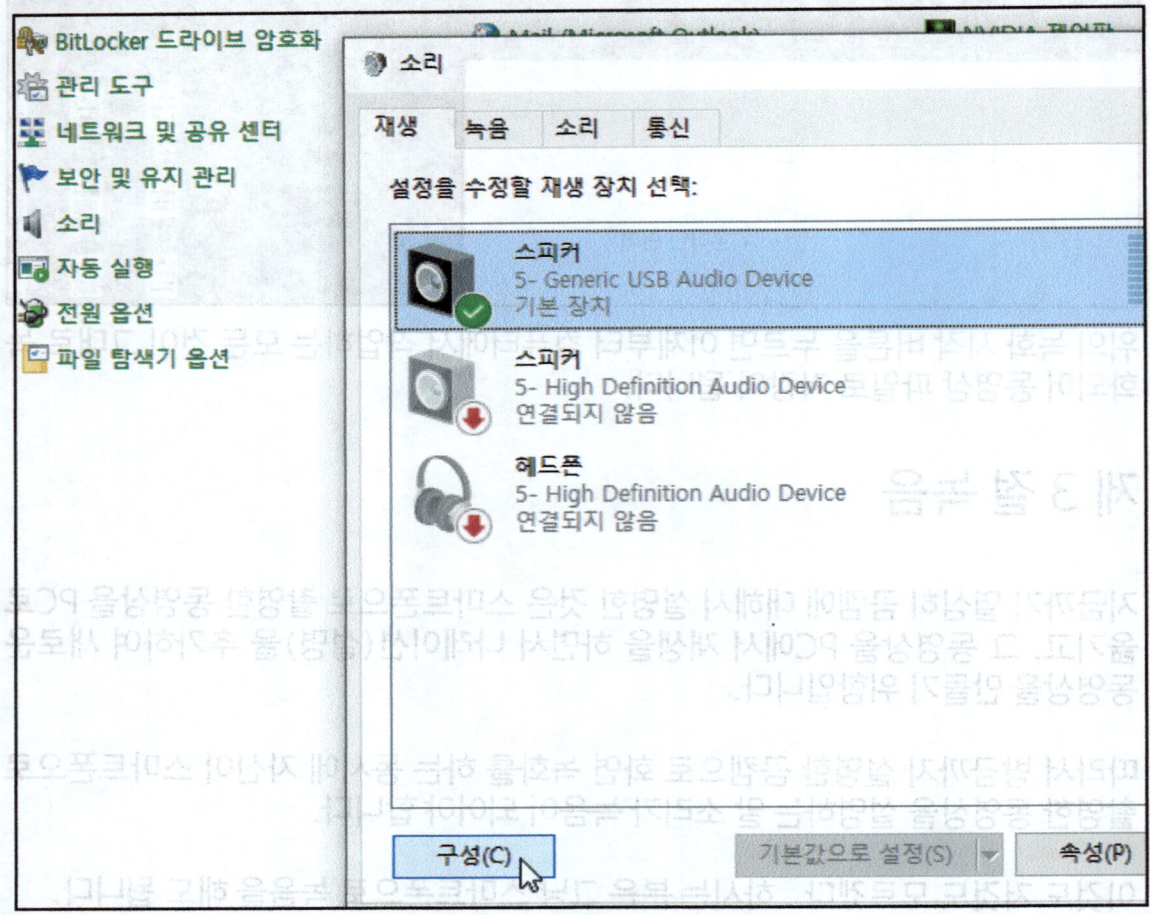

앞의 화면 참조 제어판에서 소리를 클릭하여 나타나는 소리 설정 화면에서 가장 먼저 [스피커]를 선택하고 앞의 화면 하단 좌측 마우스가 가리키는 [구성]을 클릭합니다.

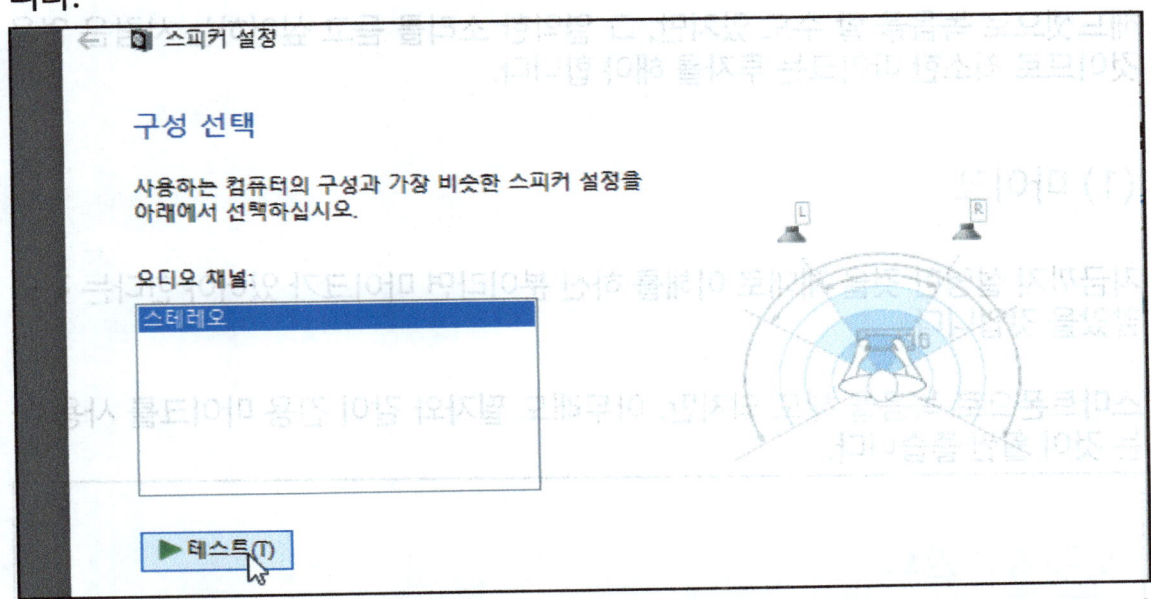

위의 화면에서 테스트를 클릭하여 스피커에서 소리가 난다면 더 이상 만질 필요가 없습니다.
아마 평소에 소리가 났다면 당연히 위의 테스트를 클릭 했을 때 소리가 납니다.

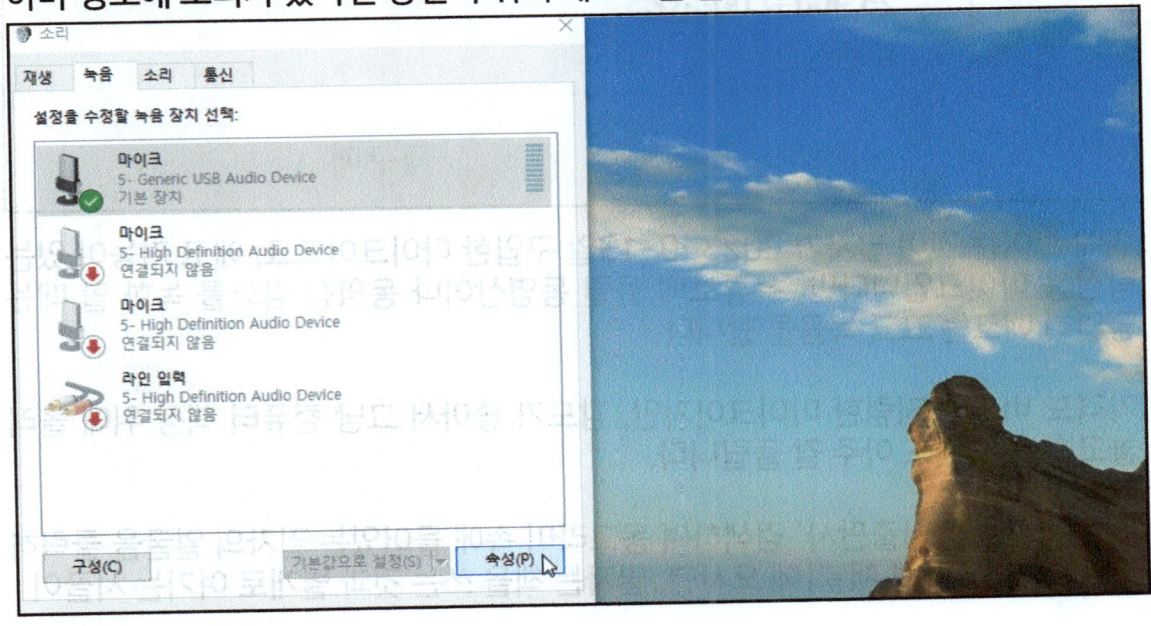

아마도 여러분 대부분은 스피커가 달려 있어서 소리가 날 것입니다만, 마이크가 있는 사람은 별로 없을 것입니다.

헤드셋으로 녹음을 할 수도 있지만, 그 열악한 소리를 듣고 싶어하는 사람은 없을 것이므로 최소한 마이크는 투자를 해야 합니다.

(1) 마이크

지금까지 설명한 것을 제대로 이해를 하신 분이라면 마이크가 있어야 한다는 것을 알았을 것입니다.

스마트폰으로 녹음을 해도 되지만, 아무래도 필자와 같이 전용 마이크를 사용 하는 것이 훨씬 좋습니다.

구매확정완료
2023. 9. 13. 23:21 결제
컴소닉 CM-750U 게이밍 노트북 스탠딩 **마이크** 배그 게임
25,900원 Npay+
주문상세>

재구매

위에 보이는 것이 필자가 2023-9-13일 구입한 마이크이고요, 에코 기능이 있는 탁상용 마이크입니다만, 유튜브에 올릴 동영상이나 동영상 강좌를 녹화 할 때는 당연히 에코는 끄고 녹음을 합니다.

가격도 비교적 저렴한 마이크이지만, 감도가 좋아서 그냥 컴퓨터 책상 위에 올려 놓고 녹음을 해도 아주 잘 들립니다.

유튜브에서 '가나출판사' 검색하여 동그라미 속에 들어있는 필자의 얼굴을 클릭하여 필자의 [유튜브 채널]에 오시면, 필자는 책을 쓰는 것과 별개로 여기는 시골이기 때문에 양봉도 하고 있고요, 요즘 양봉에 관한 영상을 많이 올리는데요 모두 이 마이크로 녹음한 소리를 넣어서 만든 동영상입니다.

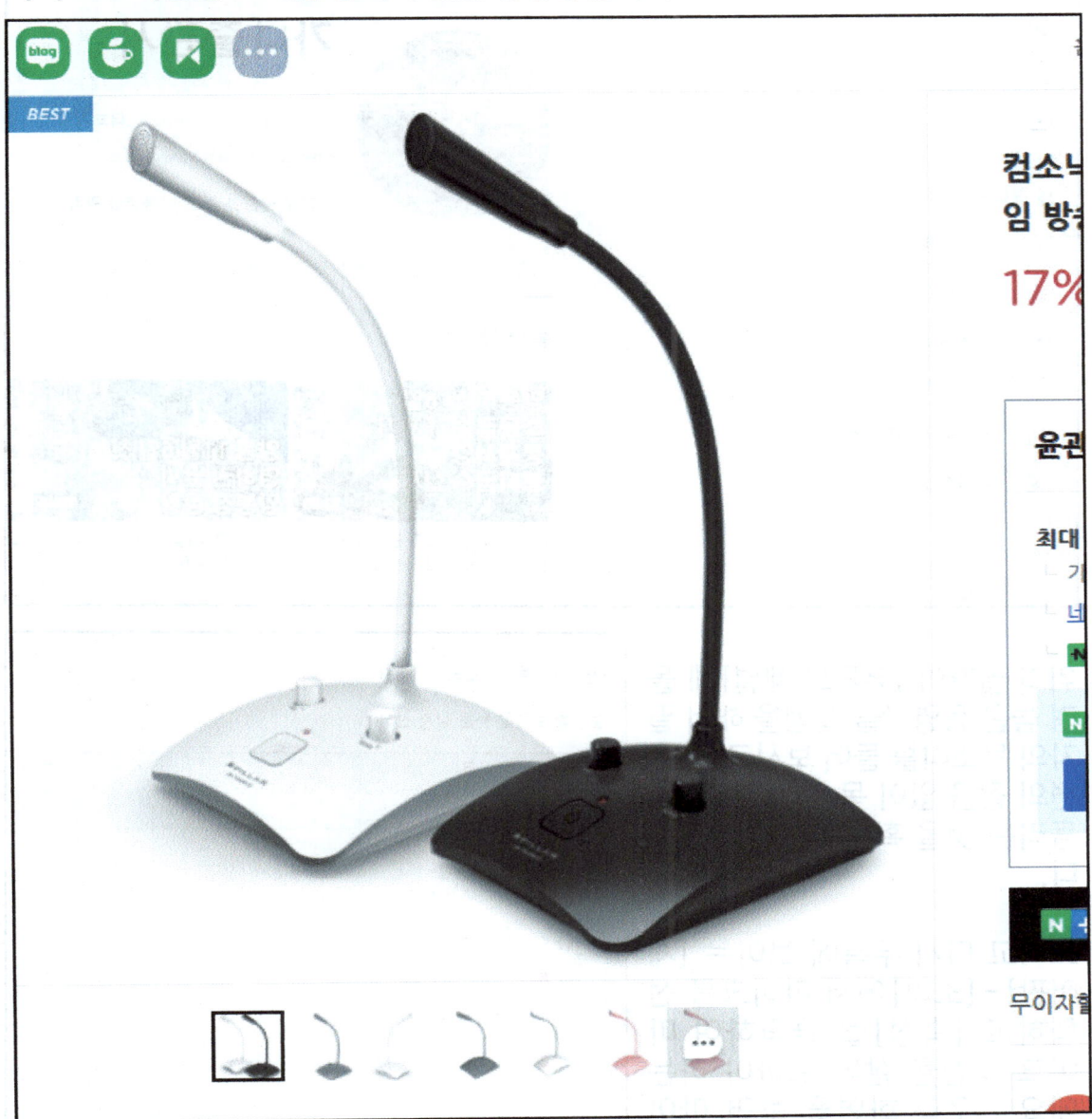

필자는 위의 마이크 제조사나 판매자와는 일면식도 없는 사람이고요, 필자 역시 인터넷 검색하여 구매한 것입니다만, 필자의 유튜브 채널에 올린 영상은 모두 이 마이크로 녹음을 한 영상들이고요, 저렴한 가격에 비하여 너무나 성능이 좋기 때문에 소개를 하는 것일 뿐 다른 마이크를 구입하셔도 됩니다.

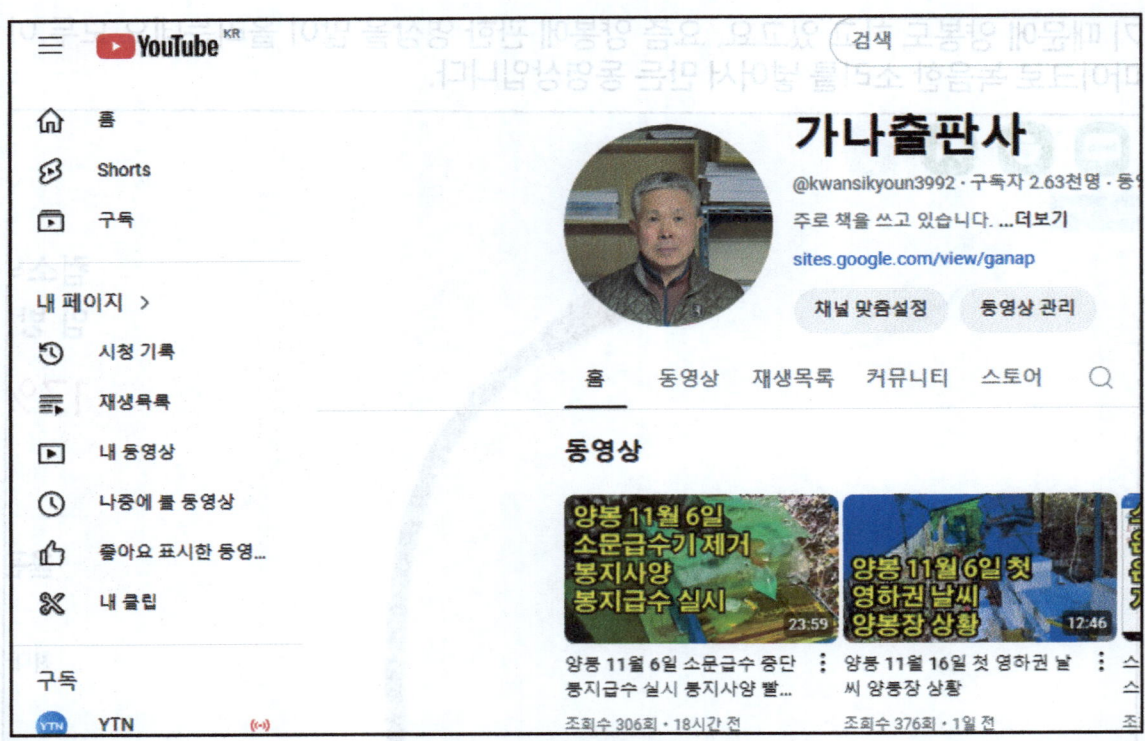

위의 필자의 [유튜브 채널]에 올려 놓은 동영상을 실행을 해서 필자의 목소리를 들어 보시고요, 주변의 잡음 없이 목소리만 또렷이 들리는 것을 확인하시기 바랍니다.

그리고 다시 우측에 보이는 [제어판]-[소리]에서 마이크를 선택하고 [속성]을 클릭하여 마이크 속성을 살펴 보아야 하는데요, 우측 화면을 보면 마이크 밑에 있는 작은 글씨를 보면 [5-Generic USB Audio Device'라고 되어 있습니다.

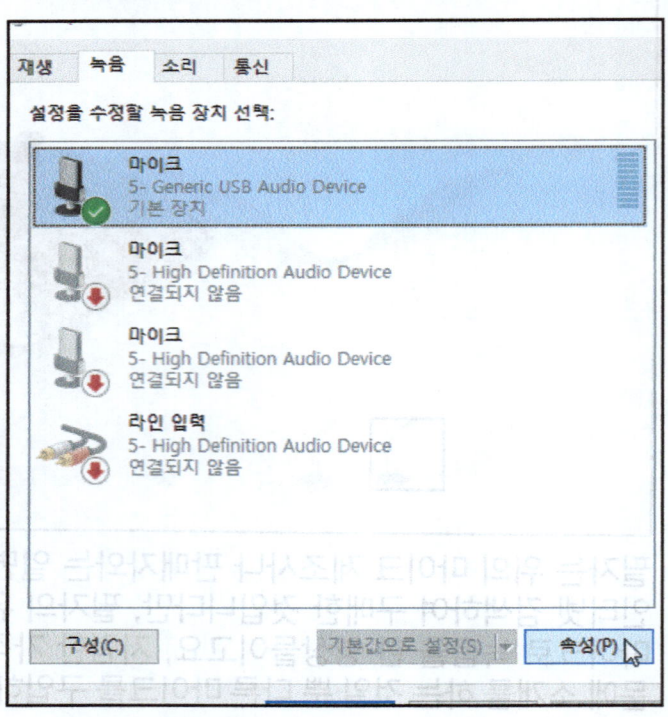

필자는 약 4년 전에 심장 수술을 받았고요, 심장 수술 후유증으로 청력이 급격히 저하되어, 작은 소리도 들리기는 하지만, 사람의 말 소리가 말 소리로 들리는 것이 아니라 잡음으로 들리기 때문에 다른 사람과 대화를 할 때 상대방의 말 소리를 거의 알아듣지 못하기 때문에 은행 창구나 관공서 등에서 상대방과 거의 대화가 불가능합니다.

그래서 대화를 문자로 번역해 주는 앱을 이용해서 우리말도 다시 어플로 번역을 한 화면을 보고 대화를 나누는데요, 다행히 스마트폰을 귀에 대고 통화를 하는 것은 지장이 없으므로 사업에는 문제가 없습니다.

이렇게 청력에 문제가 생긴 뒤로 코가 개코가 되어 냄새를 맡는 기능이 대폭 향상되었는데요, 운전을 할 때 앞 차의 운전자가 음주 운전을 하면 그 운전자가 내쉬는 숨에서 뒤 따라 가면서 필자가 앞 차의 운전자의 술 냄새를 맡습니다.

다시 말해서 다른 사람이 맡지 못하는 냄새를 맡을 수 있습니다.

이와 같이 소리 역시 다른 사람은 듣지 못하는 소리를 듣는 사람이 있습니다. 그래서 이런 사람들은 사운드 카드도 엄청나게 비싼 사운드 카드를 사용하는 사람들도 있습니다만 필자가 사용하는 사운드 카드는 매우 저렴합니다.

우측 화면은 방금 네이버에서 검색한 것이므로 참고만 해 주시고요, 우측 화면에 보이는 것은 PC 내부에 카드 형태로 슬롯에 꽂아서 사용하는 사운드 블래스터이고요, 이 밖에도 이보다 훨씬 비싼 고가의 사운드 장비는 이루 헤일 수 없이 많습니다만, 필자는 그야말로 고작 몇 천 원짜리 USB 사운드 카드를 사용합니다.

필자의 [유튜브 채널]에 올려놓은 모든 동영상은 이렇게 저가형 USB 사운드 카드로 녹음한 소리를 넣은 동영상들입니다.

우측 화면에 보이는 것이 필자가 현재 사용하는 사운드 카드인데요, 지금 보니 1,100원에 구입했습니다만, 아쉽게도 지금은 구입할 수 없네요.

따라서 여러분은 다시 검색을 하여 구입한다 하여도 불과 몇 천원이면 구입할 수 있고요, 이런 저가형 USB 사운드 카드를 사용해도 필자의 [유튜브 채널]에 올린 수 천 개의 동영상에 녹음된 모든 소리가 이 사운드 카드로 녹음한 소리이므로 귀가 특별한 사람이 아니라면 이 정도만 해도 무난합니다.

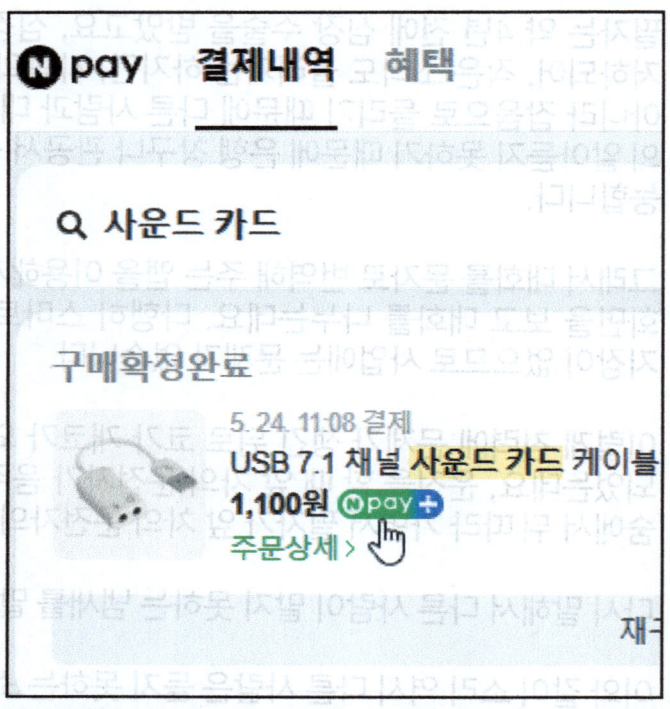

이런 USB 사운드 카드는 USB에 꽂기만 하면 정상적이라면 아무것도 만지지 않아도 저절로 설치 및 인식이 되며 다만, 다시 우측 화면, [제어판]-[소리] 화면에서 앞쪽에서 소개한 [소리] 항목에서 자신이 사용하는 스피커를 선택 및 테스트를 하고, 우측에 보이는 [녹음]항목에서 필자의 경우, 여러분도 필자와 같이 저가형 USB 사운드 카드를 USB에 꽂았을 경우 자동으로 인식되는 USB 카드를 선택하고 하단에서 [기본 장치]로 설정을 해 주면 되고요, 지금은 우측 화면 참조, 기본 마이크를 선택하고 [속성]을 클릭합니다.

그리고 인터넷 검색 해 보면 우측에 보이는 [사용자 지정]에서 [AGC]의 체크를 지워야 한다는 글도 있는데요, 필자의 경우 우측 화면에 보이는 것과 같이 체크가 되어 있고요, 이것이 기본 값입니다.

즉, 다음 화면에 보이는 [수준] 항목 이외에는 모두 기본 값으로 사용하면 무난합니다.

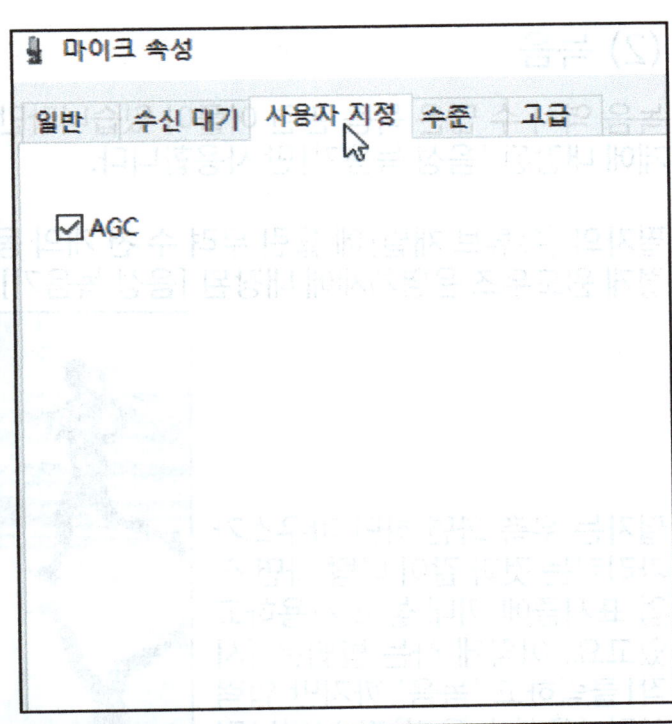

우측 화면에 보이는 [수준] 탭에서 마우스가 가리키는 슬라이더를 드래그하여 80 정도에 맞추면 됩니다.

더 높이면 소리에 잡음이 많이 들어가며 낮으면 녹음되는 소리가 작기 때문입니다.

이제 PC에서 녹음을 할 준비가 거의 끝났습니다.

PC 2대를 이용하는 것이 좋고요, 한쪽 컴퓨터에서는 앞쪽에서 설명한 곰캠으로 동영상을 화면 녹화를 하면서 동시에 다른 PC에서 녹음을 하는 것입니다.

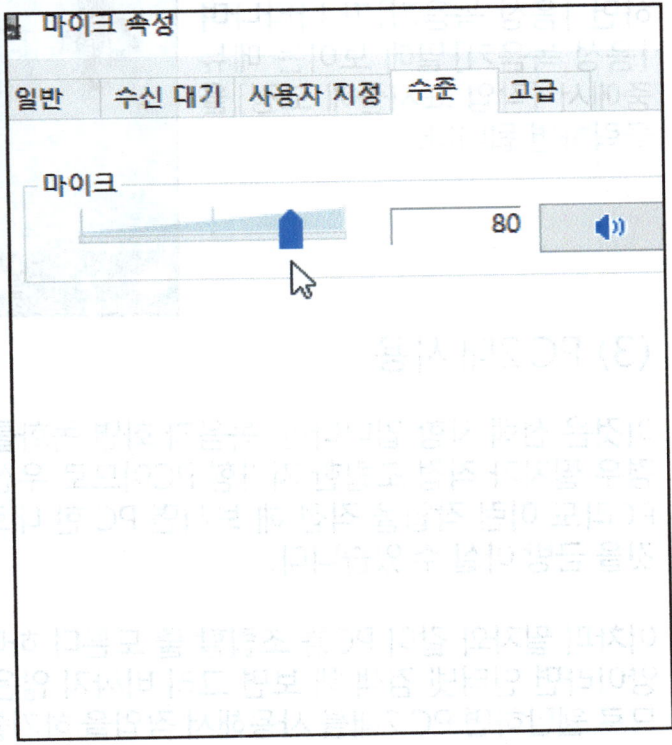

(2) 녹음

녹음 역시 수 많은 녹음 관련 어플이 있습니다만, 필자는 오로지 윈도우즈 운영체제에 내장된 [음성 녹음기]만 사용합니다.

필자의 [유튜브 채널]에 올린 무려 수 천 개의 동영상에 들어 있는 소리는 모두 이렇게 윈도우즈 운영체제에 내장된 [음성 녹음기]를 사용하여 녹음한 것입니다.

필자는 우측 화면 하단 마우스가 가리키는 것과 같이 바탕 화면 작업 표시줄에 꺼내 놓고 사용하고 있고요, 이렇게 하는 방법은 [시작]클릭하고 '녹음' 까지만 입력하면 [음성 녹음기]가 나타나며 [음성 녹음기] 밑에 보이는 메뉴 중에서 [작업 표시줄에 고정]을 클릭하면 됩니다.

(3) PC 2대 사용

이것은 선택 사항 입니다만, 녹음과 화면 녹화를 하나의 PC에서 진행하면 필자의 경우 필자가 직접 조립한 저가형 PC이므로 우선 버벅거려서 힘이 들고요, 고사양 PC라도 이런 작업을 직접 해 보시면 PC 한 대로 작업하는 것은 매우 불편하다는 것을 금방 아실 수 있습니다.

어차피 필자와 같이 PC를 조립할 줄 모른다 하더라도 필자가 사용하는 정도의 사양이라면 인터넷 검색 해 보면 그리 비싸지 않은 저렴한 가격으로 구입할 수 있으므로 웬만하면 PC 2대를 사용해서 작업을 하기를 적극 권해 드립니다.

(4) 다음 팟 플레이어

동영상을 재생하는 프로그램은 여러가지 프로그램들이 있습니다.

기본적으로 윈도우즈 운영체제에 내장된 동영상 재생 어플도 있고요, 곰플레이어 등 여러가지 동영상 재생 어플이 있지만, 필자의 경우 오로지 다음 팟 플레이어 한 가지만 사용합니다.

필자는 현재 필자의 [유튜브 채널]에 무려 수 천 개의 동영상이 올라가 있고요, 대부분 다음 팟 플레이어로 재생하는 동영상을 곰캠으로 화면 녹화를 하고 동시에 다른 PC에서 녹음을 해서 만든 파일들을 어도비 프리미어 프로에서 불러들여 곰캠으로 녹화한 영상에서 소리 트랙을 잘라 내 버리고, 다른 PC에서 녹음한 소리 파일을 삽입하고 필요 없는 부분을 잘라 내거나 여러가지 효과 등을 주어 편집을 하고 이것을 렌더링을 하여 다른 사람들이 볼 수 있는 동영상으로 만들어서 필자의 [유튜브 채널]에 올리는 것입니다. (프리미어에서 소리의 잡음을 제거할 수 있음)

다시 말해서 이렇게 무려 수 천 개의 동영상을 만들어서 필자의 [유튜브 채널]에 올린 필자가 사용하는 프로그램들이며 필자가 이들 프로그램 개발사와는 일면식도 없습니다만, 이런 프로그램들을 사용하는 이유는 필자가 이미 수 많은 여러가지 프로그램들을 사용 해 보았지만, 필자가 현재 사용하는 프로그램들이 가장 좋기 때문입니다.

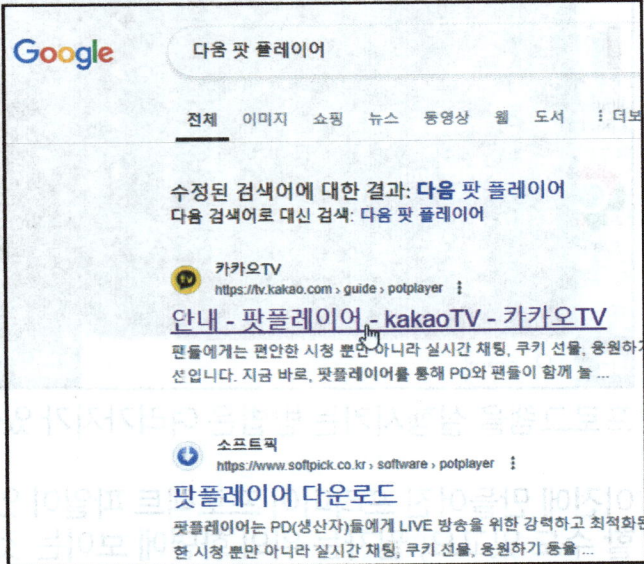

우측 화면은 방금 필자가 구글에서 검색한 결과이므로 참고만 해 주시고요, 이렇게 원하는 프로그램을 검색 할 때 원조 프로그램, 즉, 프로그램 개발사에서 다운로드를 받는 것이 좋습니다.

원 개발사가 아닌 곳에서 다운 받을 경우 자칫 악성 코드에 감염 될 우려가 있기 때문입니다.

제 2 장 어도비 프리미어 프로 CC

지금 너무 빨리 진행하기 때문에 여러분들이 따라 오기 힘들겠지만, 이 책은 어도비 프리미어 프로 책이 아니기 때문에 그냥 필자가 작업하는 것을 보여주는 것으로 대신하는 것이므로 참고만 해 주시고요, 어도비 프리미어 프로를 제대로 배우기 위해서는 앞에서 소개한 필자의 다른 저서 '유튜브책' 이 사실상 어도비 프리미어 프로 책이므로 그 책을 보셔야 합니다.

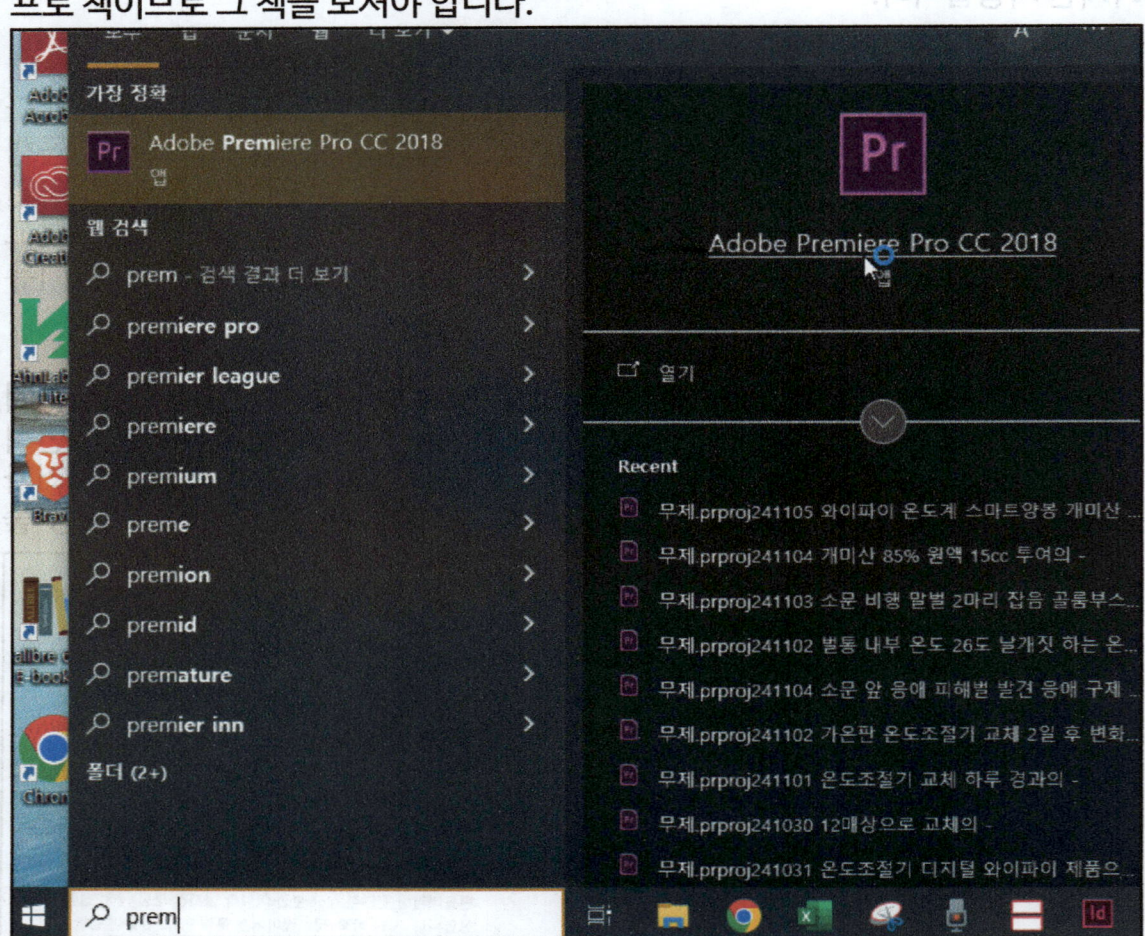

프로그램을 실행시키는 방법은 여러가지가 있습니다.

이전에 만들어진 프리미어 프로젝트 파일이 있다면 그 파일을 더블 클릭하여 실행할 수도 있고요, 필자는 위의 화면에 보이는 것과 같이 [시작]클릭하고 'prem' 까지만 입력하고 마우스가 가리키는 프리미어 앱을 클릭하여 실행을 했습니다.

제 1 절 프로젝트 만들기

정지 화상(사진) 편집 프로그램의 최강자 어도비 포토샵에서는 레이어를 여러 개 만들어서 작업을 하며 이렇게 포토샵 작업을 하면서 생성되는 레이어, 패스, 여러 가지 효과 등이 모두 들어 있는 채로 저장하는 파일은 확장자가 .PSD 파일로 저장이 되며 이 파일은 오로지 포토샵에서만 읽어들일 수 있습니다.

그래서 다른 사람이 보거나 웹 상에 올릴 때는 오로지 사진만 보이는 파일 형태로 저장을 해야 하는데요, 프리미어에서도 작업하는 내내 사용한 여러가지 효과나 작업 내용들이 들어 있는 파일을 프로젝트 파일이라고 하며 확장자는 .prproj 라는 확장자가 붙은 이름으로 저장됩니다.

따라서 프리미어에서 작업을 완료하고 내 보낼 때는 포토샵에서는 그림 파일 형식으로 내 보내지만, 프리미어에서는 동영상 파일 형식으로 내보내야 합니다.

위는 어도비 프리미어 프로 CC 를 실행한 첫 화면이고요, 위의 마우스가 가리키는 [새 프로젝트]를 클릭하면 다음 화면이 나타납니다.

우측 화면은 지금 프리미어에서 새로 시작하는(새로 만드는) 프로젝트 파일을 어디에 저장할지 묻는 화면이고요, 스마트폰으로 촬영한 동영상 및 이 동영상을 PC에서 재생을 하면서 동시에 곰캠으로 화면 녹화를 한 동영상 및 다른 PC에서 동시에 녹음을 한 파일들이 들어 있는 경로를 지정하면 됩니다.

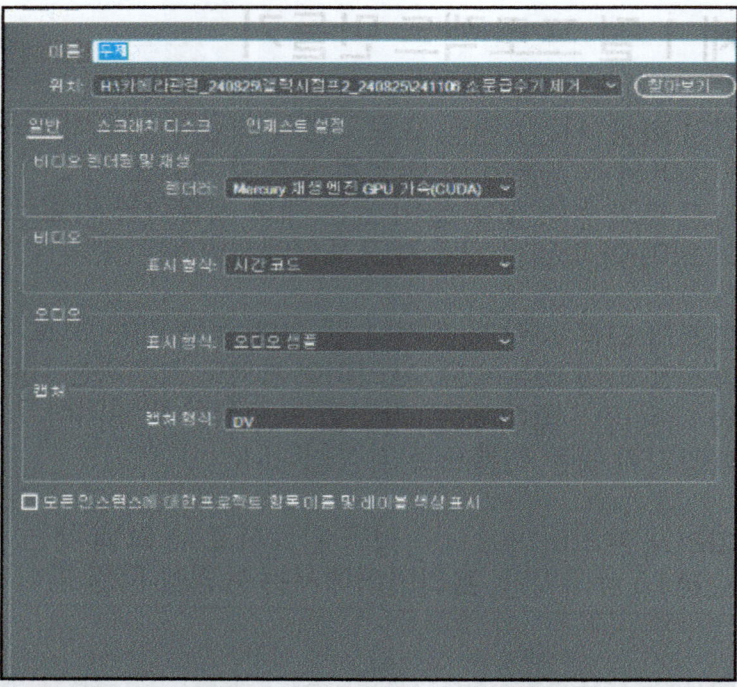

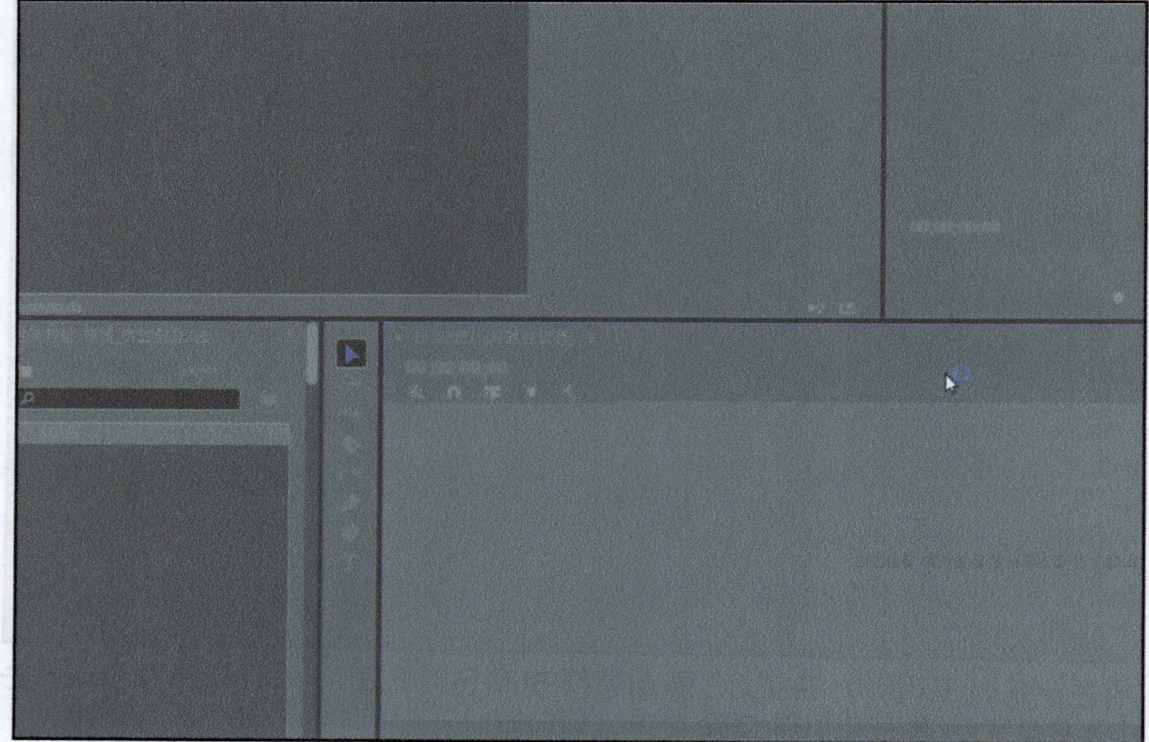

앞의 화면이 프로젝트를 저장할 경로를 지정하고 [확인]을 클릭하여 나타난 화면인데요, 아무곳이나 클릭하지 말고 앞의 화면 가운데 약간 밑 부분을 보면 작지만 마우스 포인트가 보이는데요, 이곳을 클릭하고 [Ctrl + I]를 누르면 다음 화면이 나타납니다.

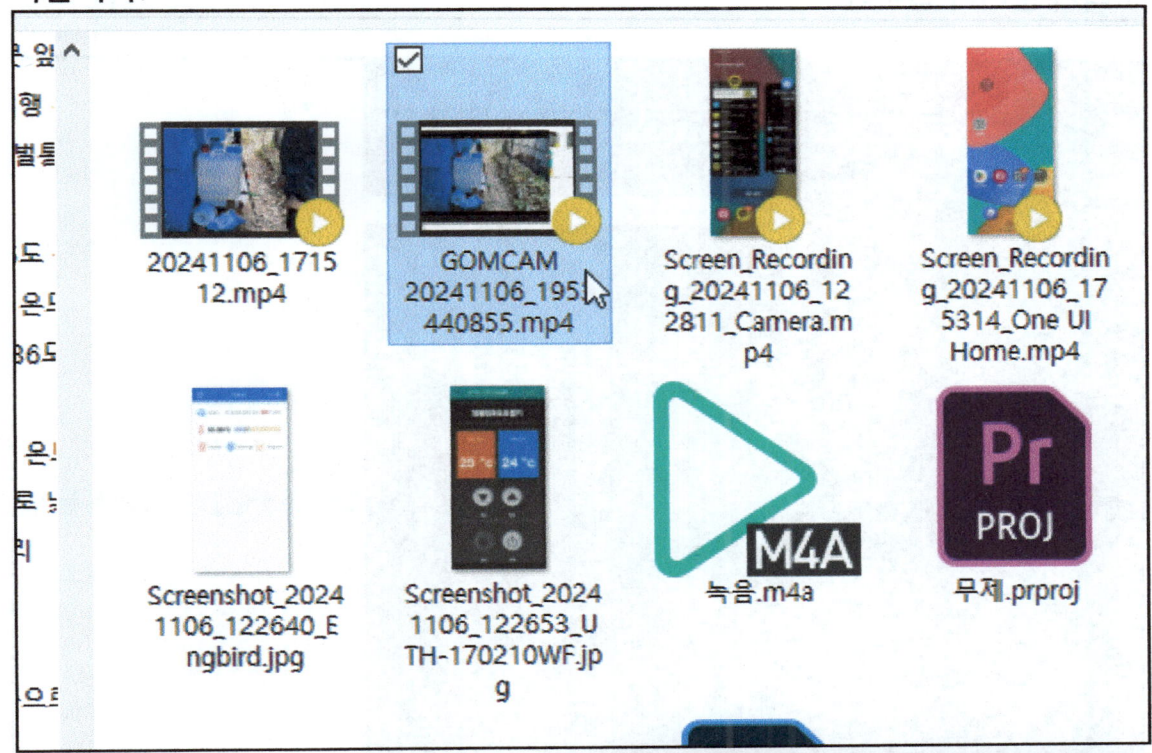

프리미어에 불러 올 동영상이나 소리 파일 등을 불러오는 화면이고요, 위의 마우스가 가리키는 파일이 미리 PC에서 스마트폰으로 촬영한 동영상을 재생을 하면서 곰캠으로 화면 녹화를 한 파일이고요, 이 파일을 선택하고 [열기]를 클릭하면 우측 화면에 보이는 것과 같이 프리미어 화면 좌측 하단에 나타납니다.

우측 ①을 클릭한 채로 드래그하여 ②의 트랙에 가져다 놓습니다.

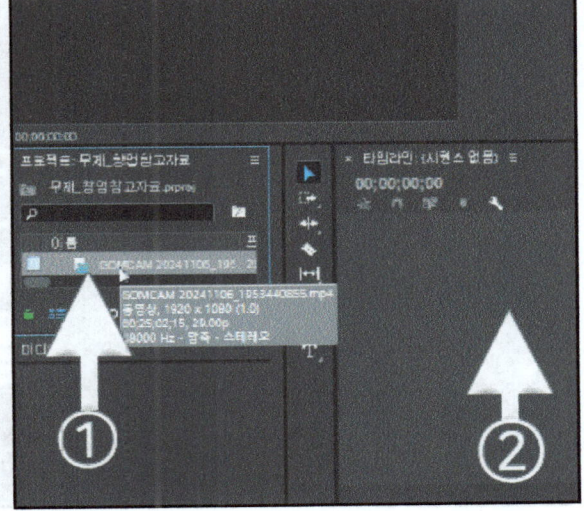

앞의 화면 및 설명대로 했다면 다음과 같이 나타나고요, ①은 영상 트랙, ②는 소리 트랙이고요, 둘 중의 하나를 선택하고 마우스 우측 버튼을 클릭하여 나타나는 아래 화면에 보이는 부 메뉴에서 [연결 해제]를 클릭하면 동영상에 들어 있던 영상과 소리가 분리가 됩니다.

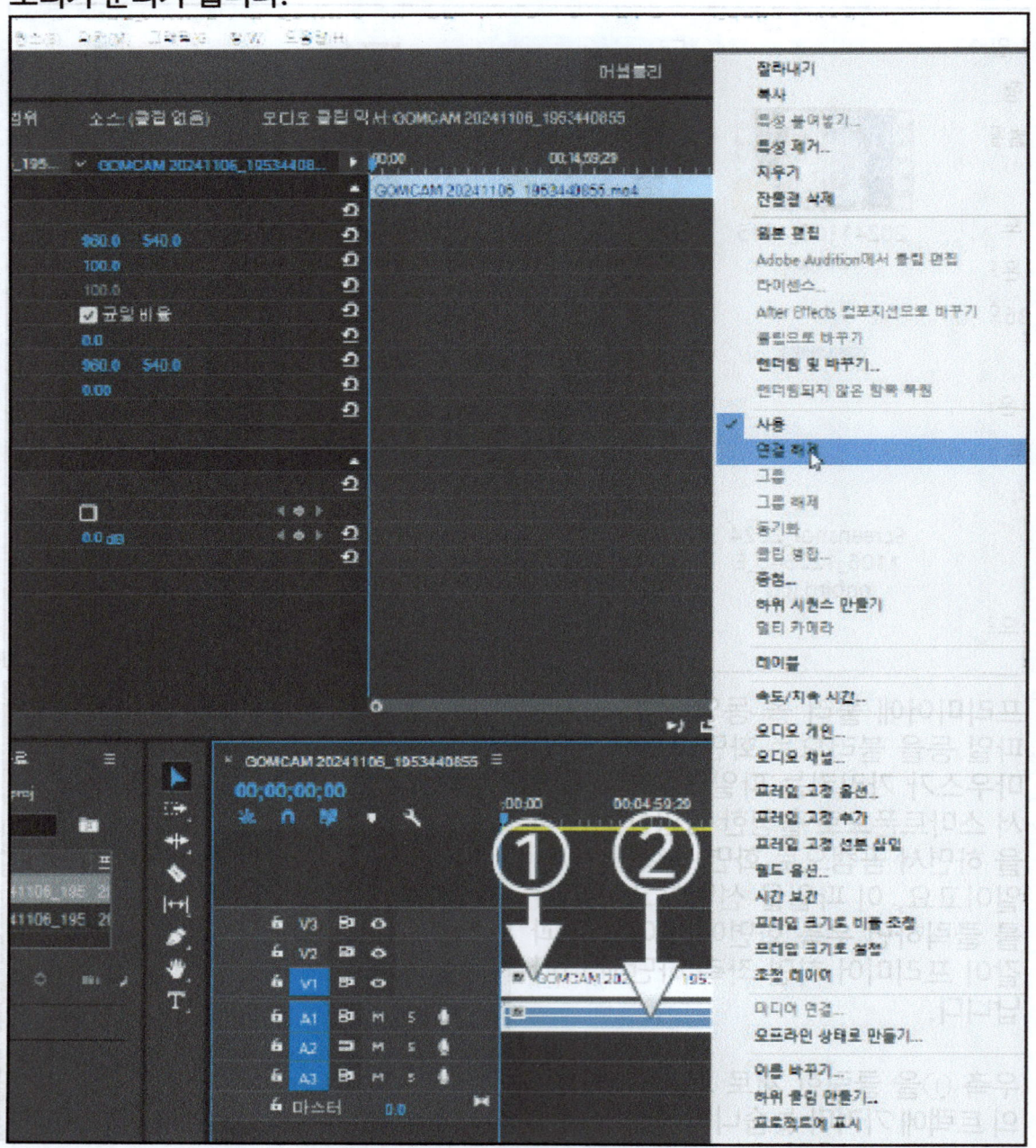

영상 트랙과 소리 트랙이 분리된 다음에는 반드시 트랙을 피해서 위나 아래 쪽의 빈 공간을 한 번 클릭하여, 현재 분리는 되어 있지만, 영상과 소리가 모두 선택되어 있는 것을 선택을 해제를 하고 소리 트랙만 선택하고 마우스 우측 버튼을 클릭하여 [지우기]를 클릭하거나 Del 키를 눌러서 소리 트랙을 삭제를 합니다.

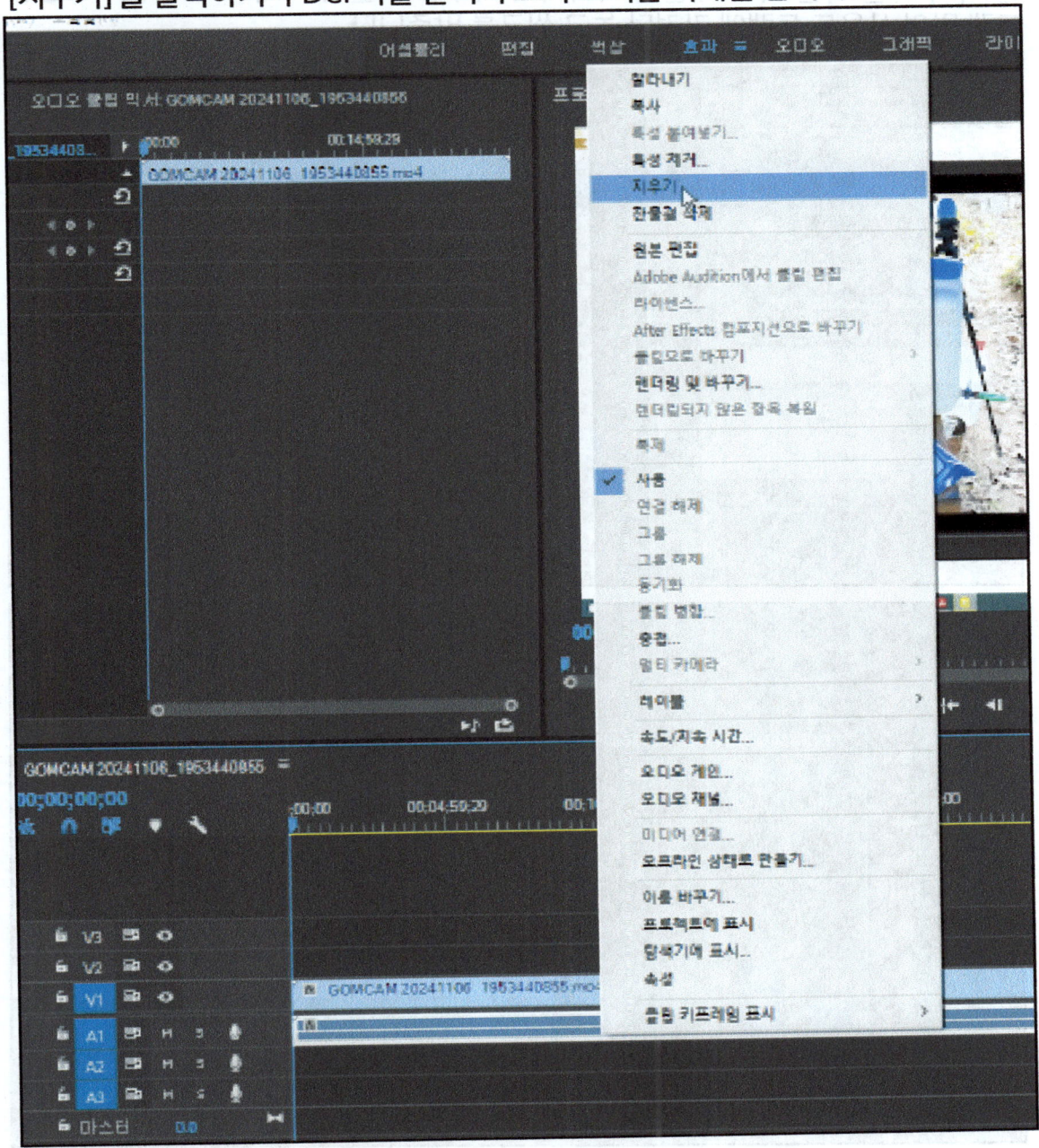

곰캠에서 화면 녹화를 한 동영상의 소리 트랙을 삭제를 하고 다시 [Ctrl + I] 명령으로 아래 화면에서, 미리 곰캠으로 화면 녹화를 할 때 옆에 있는 다른 PC에서 녹음한 파일, 아래 화면 마우스가 가리키는 '녹음 파일'을 선택하고 [열기]를 클릭하면 다시 화면 하단 좌측 패널에 나타나며 마우스로 클릭 드래그하여 우측의 영상 트랙 밑의 사운드 트랙에 가져다 놓고 씽크를 맞춥니다.

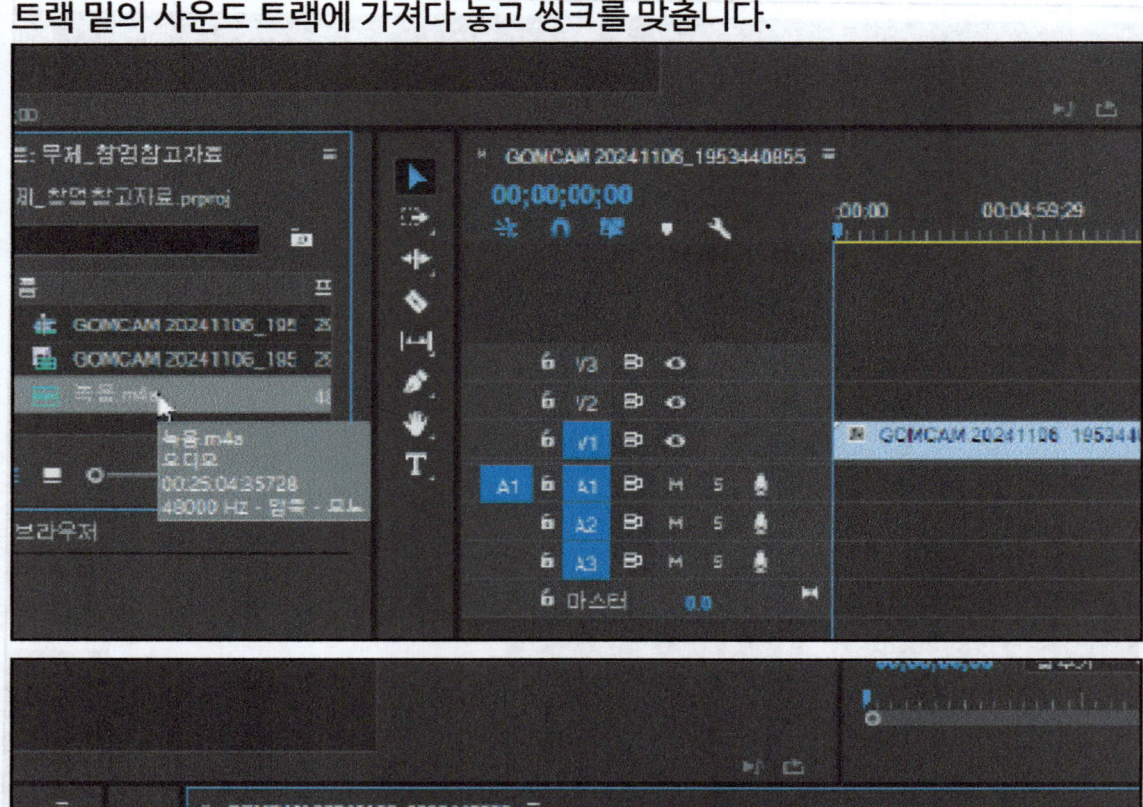

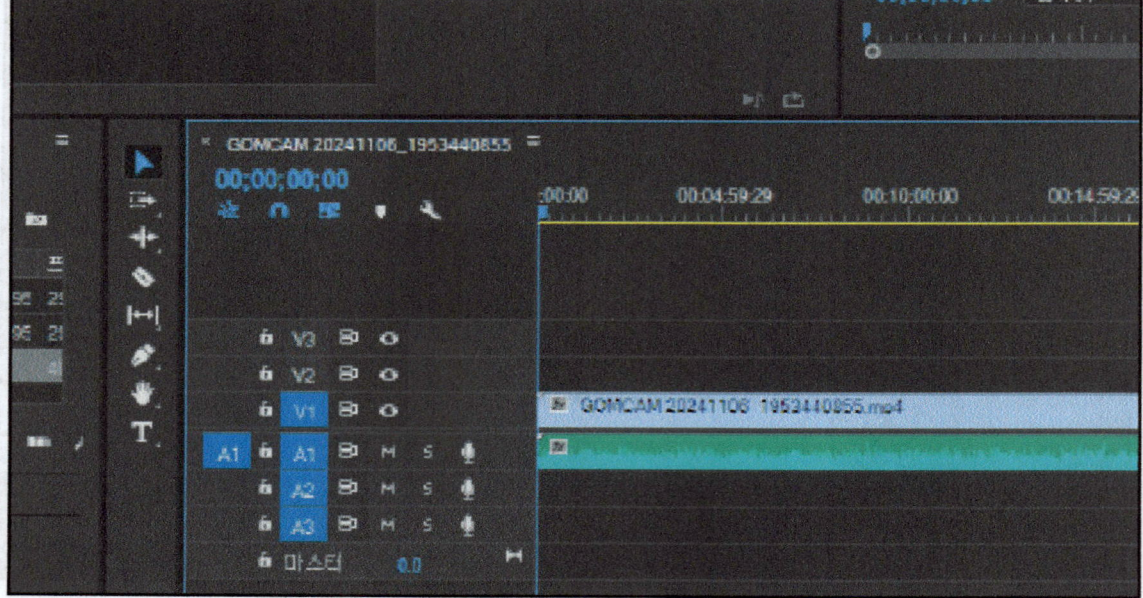

[1] 인트로 만들기

제대로 했다면 앞의 화면과 같이 영상 트랙과 소리 트랙이 처음 시작 부분에 맞춰져 있어야 하고요, 이것을 그대로 동영상을 실행을 하면 뜬금없이 갑자기 영상과 소리가 나와서 경우에 따라서는 이 동영상을 시청하는 시청자가 깜짝 놀릴 수도 있습니다.

그래서 곧 동영상이 시작됨을 알리고, 이 동영상이 어떤 동영상인지 함축된 의미가 있는 인트로 화면을 넣는 것이 좋습니다.

필자의 경우 이전에 만든 인트로 화면을 불러와서 사용을 합니다만, 지금은 인트로 화면이 없으므로 직접 제작을 해 보겠습니다.

(1) 문자 애니메이션

지금 이 책에서 다루는 프리미어는 어도비 프리미어 프로 CC 버전이고요, 앞에서 프리미어를 소개할 때 프리미어 CC 이전 버전과 이후 버전은 장님이 눈을 뜬 정도로 큰 차이가 있다고 소개를 했었습니다.

포토샵 역시 포토샵 CC 이전 버전과 이후 버전은 장님이 눈을 뜬 정도의 큰 차이가 있습니다.

그래서 포토샵이든 프리미어이든 반드시 CC 버전을 사용해야 하고요, 지금 실습에 사용하는 프리미어, 필자가 사용하는 프리미어는 어도비 프리미어 CC 2018 버전이고요, 필자가 사용하는 PC의 사양이 낮아서 최신의 포토샵 2024~2025 버전은 설치가 안 되기 때문에 포토샵의 최신 기능인 AI 기능은 필자도 사용 해 보지 못했다고 앞에서 소개를 했었습니다.

그러나 프리미어는 어도비 프리미어 프로 CC 2017~2018 어느 버전을 사용해도 무관하고요, 어차피 자동으로 업데이트가 되며, 아직 프리미어는 AI 기능이 없고요, 필자가 어도비 프리미어 프로 CC 2020까지 사용해 보았지만, 가장 안정적으로 작동하는 버전이 어도비 프리미어 프로 CC 2018이었습니다.

참고하시고요, 어도비 프리미어 CC 이전 버전과 이후 버전의 큰 차이점 중의 하나가 바로 지금 설명하는 애니메이션입니다.

이전 버전의 프리미어에서는 간단한 애니메이션 하나를 만드는 것도 가히 전문가가 아니면 어려웠지만, 그래서 이전 버전의 프리미어에서는 필자의 경우 프리미어에서 애니메이션을 만들지 않고 지금은 마이크로소프트사에서 인수를 하여 사라진 매크로미디어사의 플래시에서 애니메이션을 만들어서 프리미어에 삽입해서 애니메이션을 구현을 했습니다만, 지금 설명하는 어도비 프리미어 프로 CC 버전에서는 그야말로 초보자도 금방 애니메이션을 만들 수 있습니다.

그래서 반드시 어도비 프리미어 프로 CC를 사용해야 하는 것입니다.

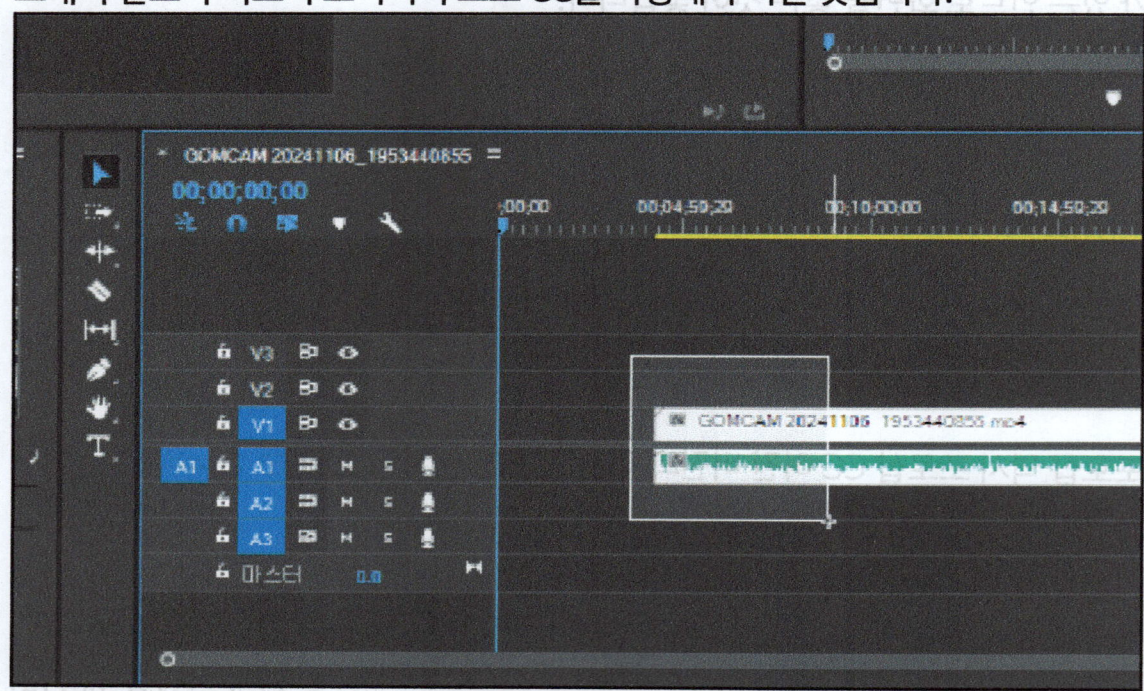

이제는 현재 작업 중인 프리미어 화면에 불러온 영상 트랙과 소리 트랙이 분리되어 있는 상태이기 때문에 위의 화면에 보이는 것과 같이 마우스로 빈 공간을 먼저 클릭하고 드래그를 하여 한꺼번에 선택을 하고 위의 화면에 보이는 것과 같이 트랙을 우측으로 적당히 이동합니다.

앞쪽에 인트로 화면을 만들기 위해서입니다.

트랙을 2개를 동시에 선택하는 또 다른 방법은 먼저 하나의 트랙을 선택하고 [Shift] 키를 누른 채로 다른 트랙을 선택하면 동시에 2개의 트랙이 선택됩니다.

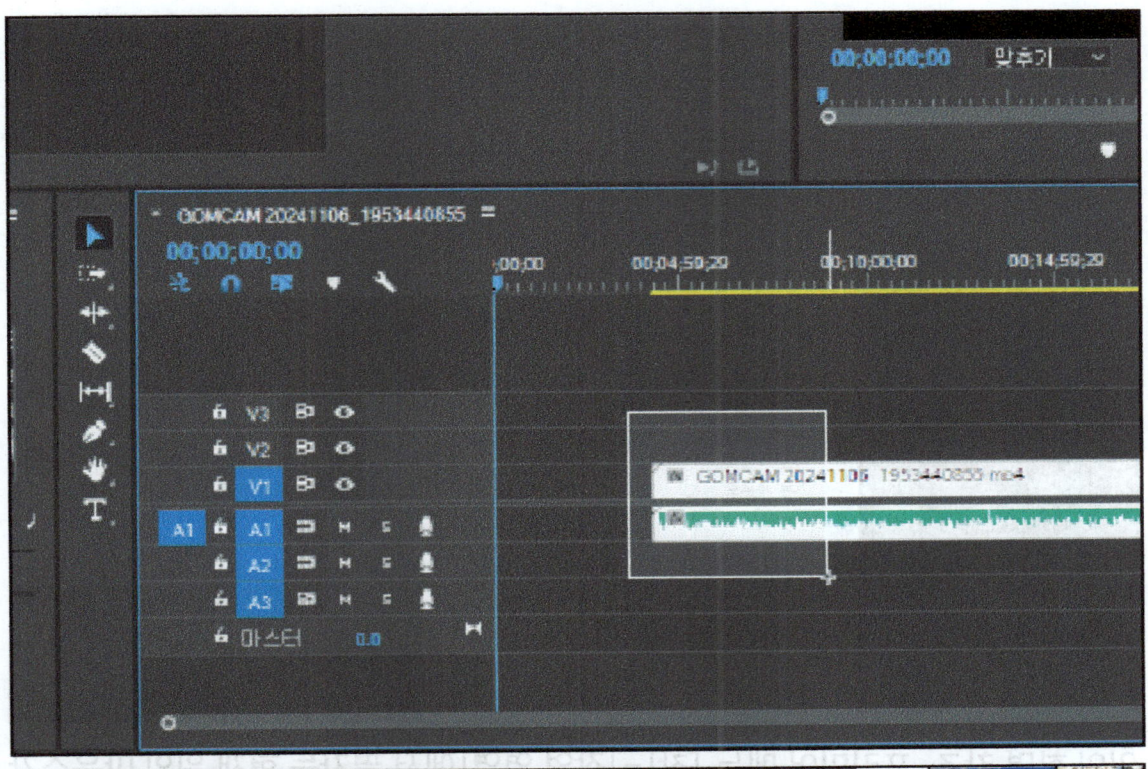
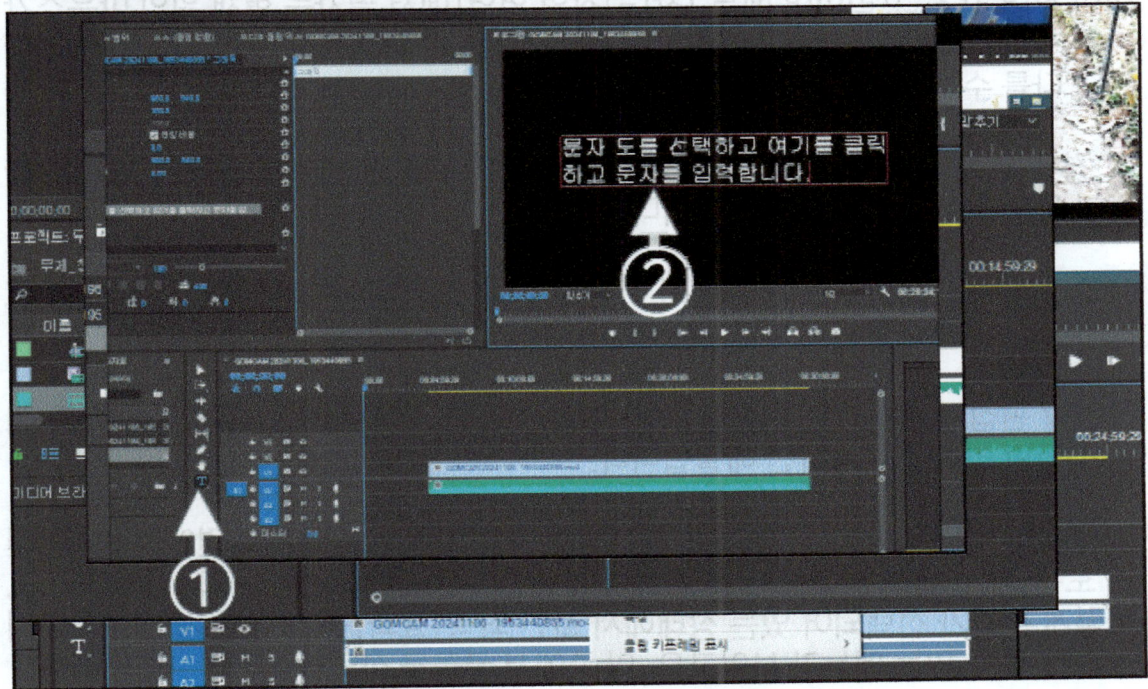

앞의 화면 ①의 [문자 도구]를 선택하고 ②를 클릭하고 문자를 입력을 하는데요, 화면이 여기 보이는 것과 달라서 실습을 하지 못하는 사람은 다음 화면을 보세요.

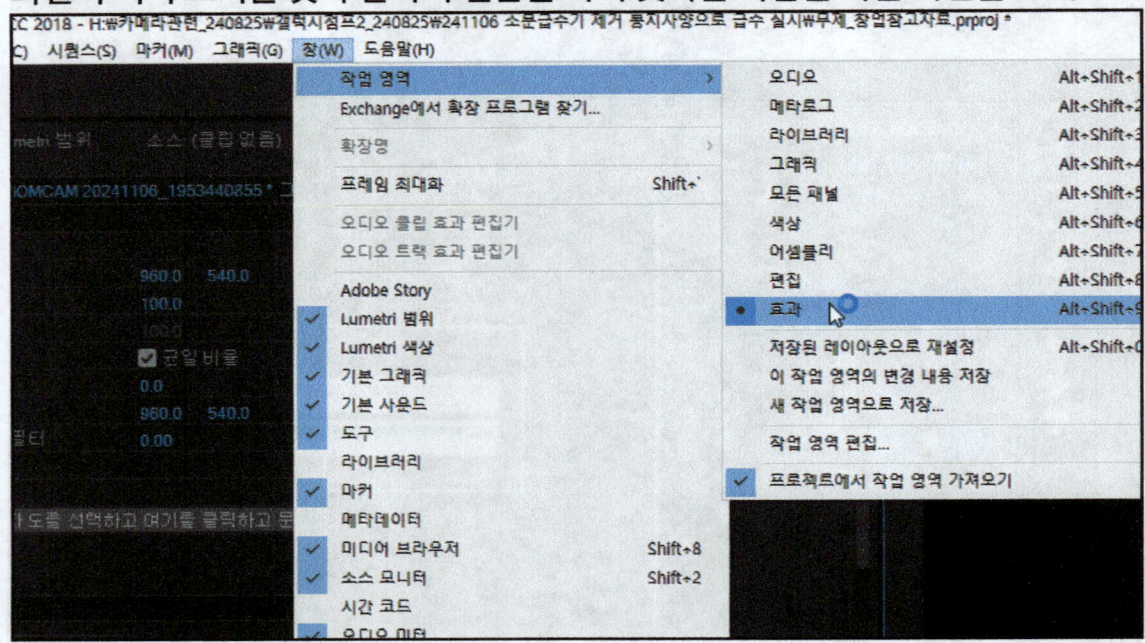

위의 화면 참조, 프리미어 메뉴 [창] - [작업 영역]에서 필자는 현재 위의 마우스가 가리키는 [효과]가 선택되어 있습니다만, 여러분은 [효과]를 클릭해도 필자의 화면과 다를 수가 있습니다.

이 경우 위에 보이는 [효과] 이외의 여러가지 메뉴를 한 번씩 클릭해서 필자의 화면과 똑같은 화면을 찾으시면 됩니다.

프리미어 작업 도중 이렇게 화면이 이상하게 변했을 경우 여기서 원하는 화면으로 변경할 수 있습니다.

동영상 편집시 사용하는 사운드 효과나 화면 전환 효과 등이 보이지 않을 때도 지금 설명한 방법을 사용하면 해결됩니다.

다시 작업 화면 설명 이어지고요, 화면에 문자를 입력하고 다음 화면에 보이는 [선택 도구]를 선택하면 다른 곳을 클릭하지 않은 이상 문자가 선택되어 나타나고요, 이렇게 문자가 선택되어 있는 상태에서 화면 좌측 [효과]를 보면 문자에 여러가지 효과를 줄 수 있는 메뉴가 보이고요, 이 중에서 글꼴을 선택하는데요.. 추가 설명..

(2) 글꼴(상업용 무료 글꼴)

필자는 서울에서 무려 수십 년 동안 사업을 하다가 지금은 시골로 내려 왔고요, 서울에서 수십 년 동안 사업을 하면서 글꼴 관련 업체로부터 여러 번 피소를 당해서 지금은 절대로, 예를 들어 한글 프로그램에 들어 있는 기본 글꼴, 윈도우즈 운영체제에 기본으로 들어 있는 글꼴들은 절대로 사용하지 않습니다.

물론 이미 오래 전 일이고요, 지금은 무료 글꼴이 너무 많이 보급되어서 글꼴 개발자들이 고소를 하지 않을 수도 있지만, 이것은 현재 상황이고요, 여러분이 유명 유튜버가 되어 고소득을 올릴 경우 예외없이 손해 배상을 청구 당하게 된다는 것을 명심 또 명심해야 합니다.

그래서 지금부터 아무 글꼴이나 사용하면 안 됩니다.

특히 유튜브에 올리는 동영상에 사용하는 글꼴을 아무 글꼴이나 사용했다가는 나중에 억 소리가 나는 배상을 해야 합니다.

그래서 지금부터는 인터넷 검색하여 그냥 무료가 아닌, 상업용으로도 무료인 글꼴을 다운로드해서 그 글꼴만 사용해야 합니다.

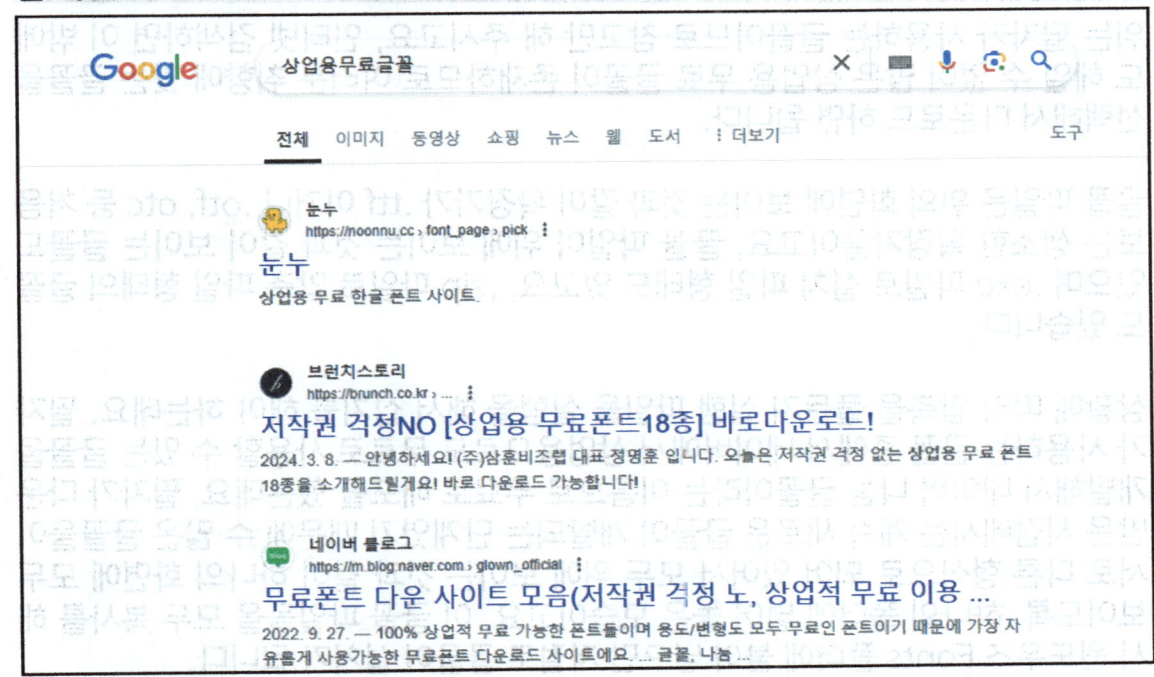

앞의 화면에 보이는 것과 같이 상업용으로도 무료로 사용할 수 있는 글꼴을 검색하여 다운로드를 받는데요, 필자의 경우 다음 화면에 보이는 것과 같이 상업용 무료 글꼴 폴더를 따로 만들어서 넣어 두었습니다.

위는 필자가 사용하는 글꼴이므로 참고만 해 주시고요, 인터넷 검색하면 이 밖에도 헤일 수 없이 많은 상업용 무료 글꼴이 존재하므로 여러분 취향에 맞는 글꼴을 선택해서 다운로드 하면 됩니다.

글꼴 파일은 위의 화면에 보이는 것과 같이 확장가가 .ttf 이거나 .otf, otc 등 처음 보는 생소한 확장자들이고요, 글꼴 파일이 위에 보이는 것과 같이 보이는 글꼴도 있으며 .exe 파일로 설치 파일 형태도 있고요, .zip 파일로 압축 파일 형태의 글꼴도 있습니다.

상황에 따라 압축을 풀든지 실행 파일을 실행을 해서 설치를 해야 하는데요, 필자가 사용하는 글꼴 중에서 네이버에서 상업용으로도 무료로 사용할 수 있는 글꼴을 개발해서 네이버 나눔 글꼴이라는 이름으로 무료로 배포를 했는데요, 필자가 다운 받은 시점에서는 계속 새로운 글꼴이 개발되는 단계였기 때문에 수 많은 글꼴들이 서로 다른 형식으로 되어 있어서 모두 위에 보이는 것과 같이 하나의 화면에 모두 보이도록 하나의 폴더에 넣어 놓은 모습이고요, 이 글꼴 파일들을 모두 복사를 해서 윈도우즈 Fonts 폴더에 붙여 넣으면 저절로 글꼴이 설치가 됩니다.

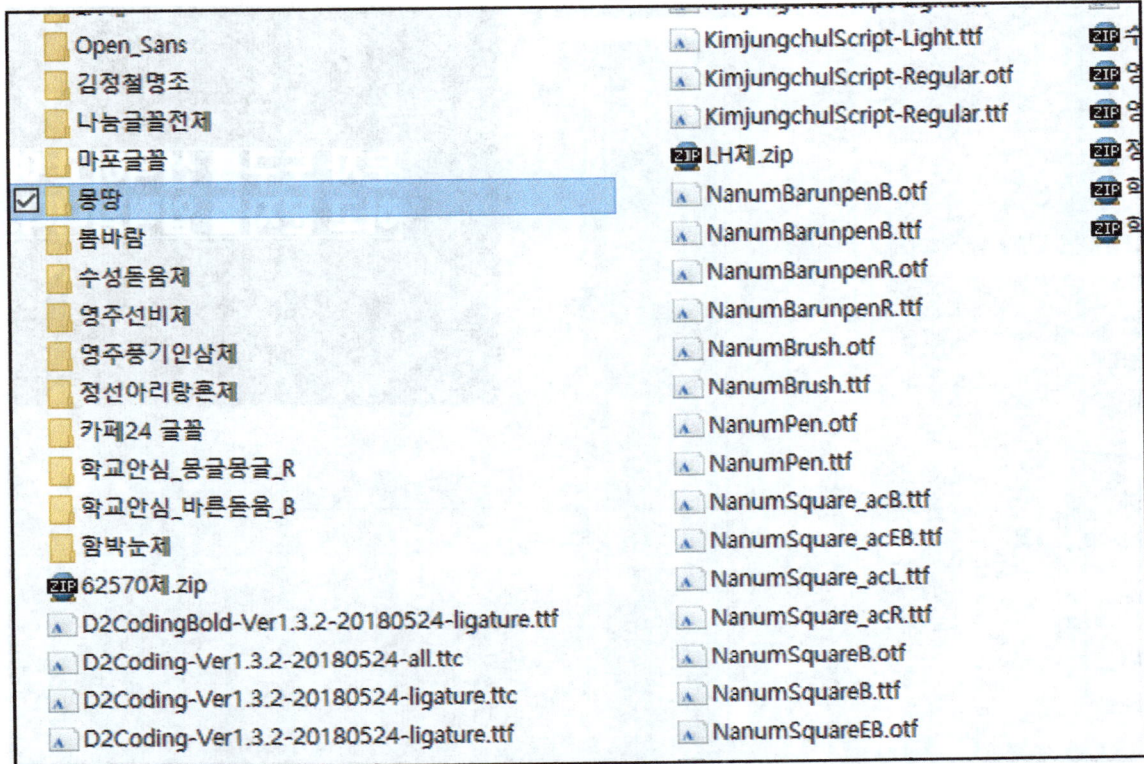

위에 보이는 글꼴 중에서 수성체, 영주 선비체, 정선아리랑 혼체, 카페24 글꼴, 학교안심_몽글몽글 글씨체, 학교안심_바른돋움 글씨체 등은 지금 이 책의 원고 집필을 마무리하고 교정을 보면서 새로 다운 받은 글꼴들이고요, 지금 이 순간에도 새로운 글꼴들이 계속 개발되고 있으므로 여러분이 이 책을 보실 때는 또 다른 글꼴들이 검색될 수 있습니다.

이렇게 많은 글꼴 중에서 필자는 필자 취향에 맞는 글꼴들을 선택 다운로드 한 것이고요, 여러분은 여러분 취향에 맞는 글꼴을 다운로드해서 사용하시면 됩니다.

사실 필자가 주로 사용하는 글꼴은 몇 가지 안 되지만, 필자는 상업용으로 글꼴을 사용하기 때문에 고객들이 보내오는 원고에 있는 글꼴이 필자에게 없는 경우 해당 글꼴이 기본 글꼴로 대체되어 나타나기 때문에 필자의 경우 가능한 여러 글꼴을 설치하는 것입니다.

그러나 여러분은 필자와 같이 출력소나 제본소, 혹은 디자인실을 운영하지 않는다면 그렇게 많은 글꼴을 다운로드 할 필요는 없습니다.

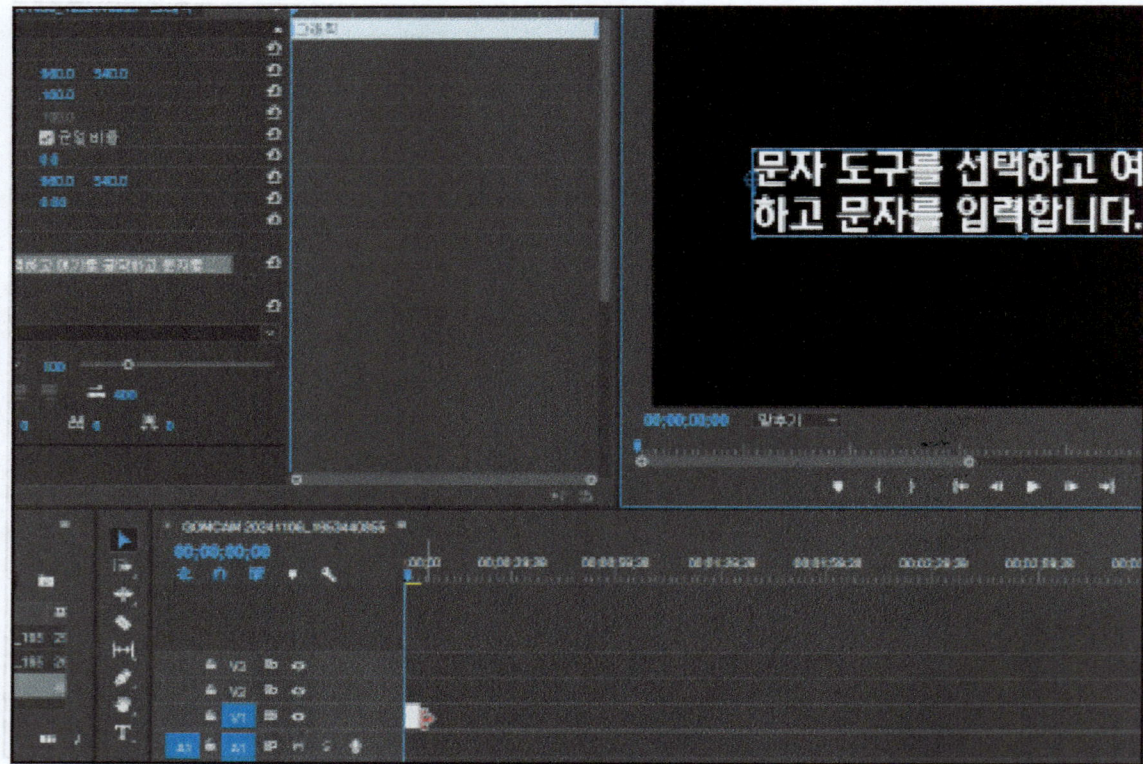

위의 화면이 글꼴을 변경한 화면이고요, 위의 화면에 보이는 것과 같이 문자를 입력하면 프리미어 화면 하단 문자 트랙에 트랙이 생성되지만, 동영상이 길기 때문에 트랙이 작아서 보이지 않습니다.

이 때는 키보드의 +키를 눌러서 화면을 확대하면 우측과 같이 보이고요, 마우스를 우측 끝에 가져가서 ①의 모습으로 변했을 때 클릭하여 잡아 늘리면 됩니다.

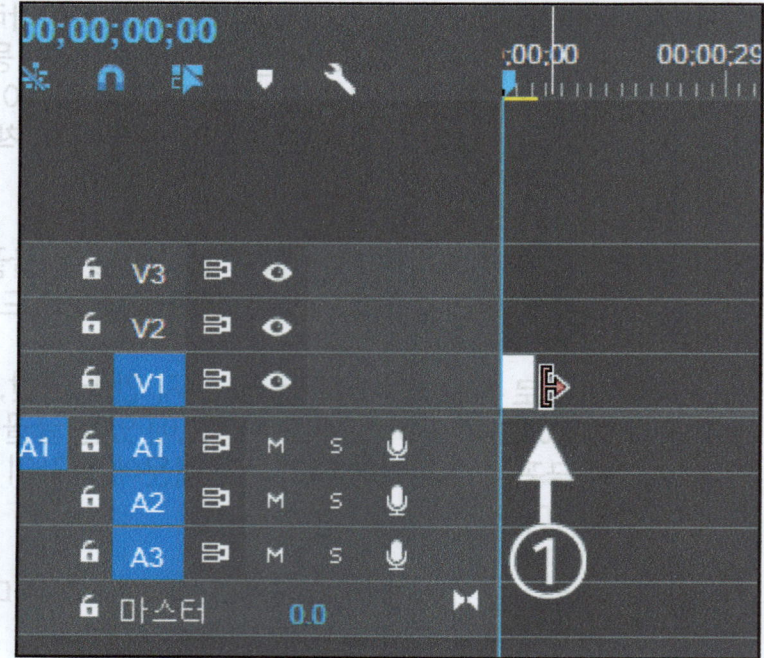

방금 작업한 문자 트랙 길이는 애니메이션 시간이므로 너무 길게 늘리지 말고요, 조금만 늘리고, 숙달되면 시간의 감을 잡을 수 있고요, 개인 영상이므로 유튜브에 동영상을 올렸을 때 인트로 화면이 길면 시청자는 아예 본 영상을 시청하지도 않고 나가 버리므로 최대한 짧게 그리고 강렬한 인상을 주는 인트로 화면을 만드는 것이 키포인트입니다.

위의 ①은 [문자 도구]를 사용해서 글씨를 타자한 것이고요, 이렇게 글씨를 타자 하면 ②의 트랙에 나타나고요, ③의 슬라이더를 밑으로 내리면 위의 화면 좌측과 같이 보이고요, ④를 클릭하면 ⑤에 작은 표식이 나타납니다.

지금 화면에 입력한 ①의 글씨가 작아졌다가 다시 커지는 애니메이션을 만들려고 하는 것이고요, ⑤는 키프레임이고요, 이곳에 어떠한 이벤트가 있다는 표시이고 요, 이벤트는 현재 화면에 보이는 크기, 현재 화면에 보이는 위치입니다.

이제 키보드의 [Space Bar]를 누르면 동영상이 실행되면서 영상 포인트가 우 측으로 이동을 하는데요, 문자 트랙의 끝 부분에 왔을 때 다시 키보드의 [Space bar]를 누르면 영상이 스톱하지만, 다음 화면 및 설명을 먼저 보시기 바랍니다.

온라인 쇼핑몰 창업   인터넷 쇼핑몰 창업 및 성공 전략

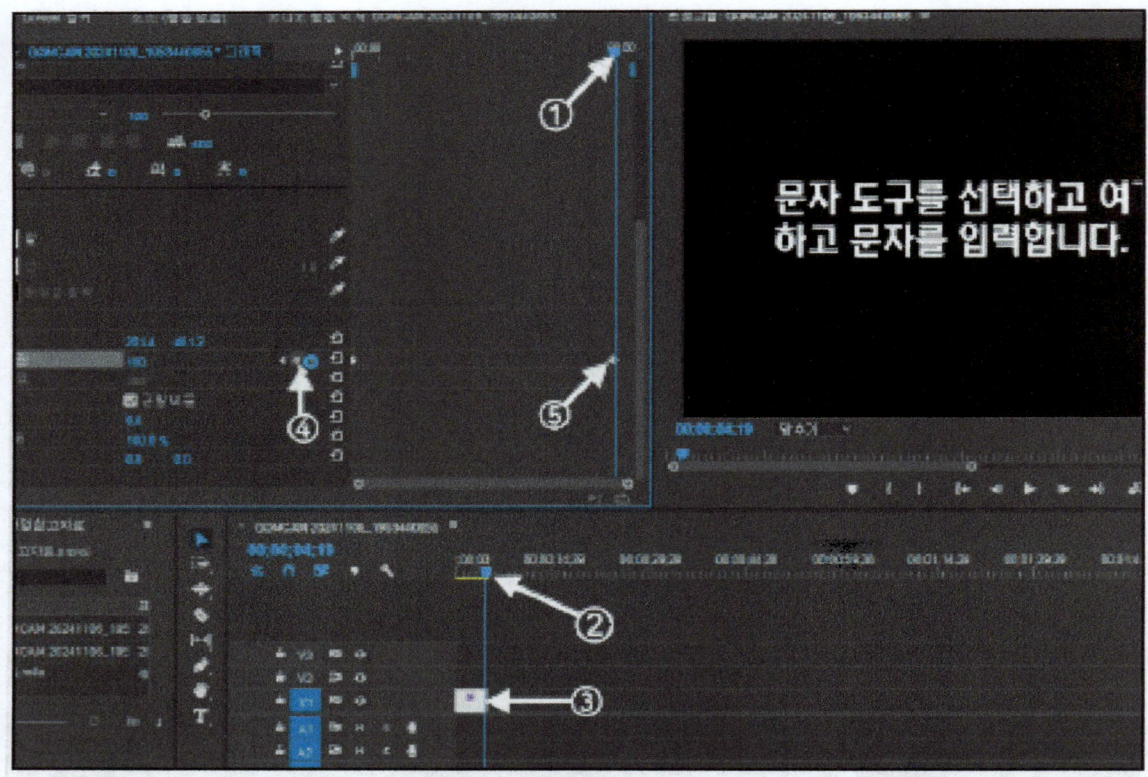

위의 ①의 슬라이더를 클릭 드래그하여 우측으로 이동하면, ②의 슬라이더도 같이 움직이며 ③의 문자 트랙의 끝 부분으로 이동합니다.

이 때 ④를 클릭하면 ⑤에 키프레임이 생성되며, 이러한 키프레임은 이곳에 무언가 이벤트가 있다는 의미이고요, 지금 이벤트를 만들 것입니다.

위의 화면 좌측 ④는 크기 즉, 비율을 나타내는 키프레임 생성 버튼이고요, 그 좌측을 보면 우측 화면에 보이는 것과 같이 [비율 조정]이라고 써 있고요, 우측 화면 마우스가 가리키는 수치에 마우스를 가져가면 마우스 모양이 양쪽 화살표 모양으로 바뀌며 이 때 클릭 좌우로 드래그하면 화면에 타자한 글씨가 커지거나 작아집니다.

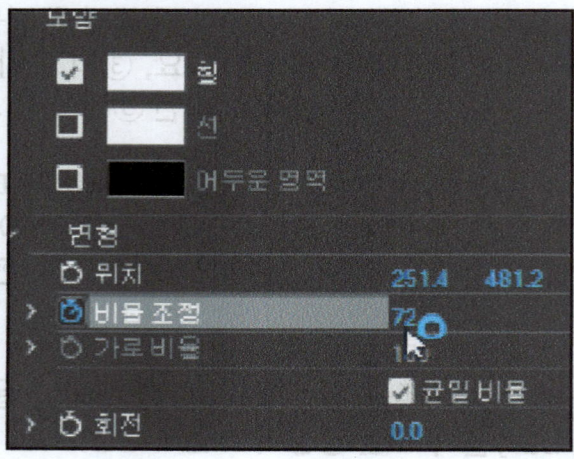

또 한 가지 방법은 우측 화면 마우스가 가리키는 숫자가 들어 있는 곳을 클릭하고 직접 수치를 입력해서 크기를 조절하는 것입니다.

우측 화면은 현재 화면에 입력된 문자의 크기를 50%로 줄인 것입니다.

또 다른 방법은 아래 화면 및 설명을 보시기 바랍니다.

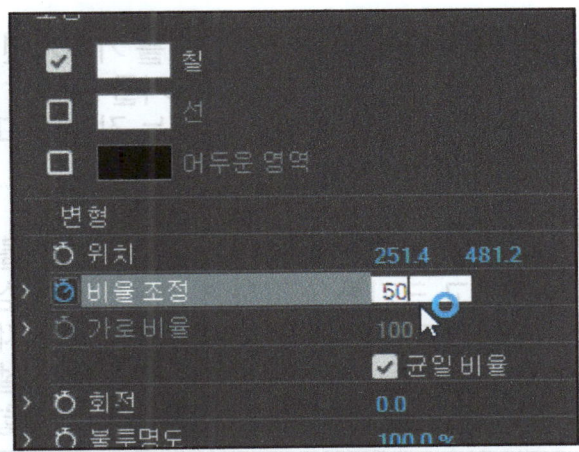

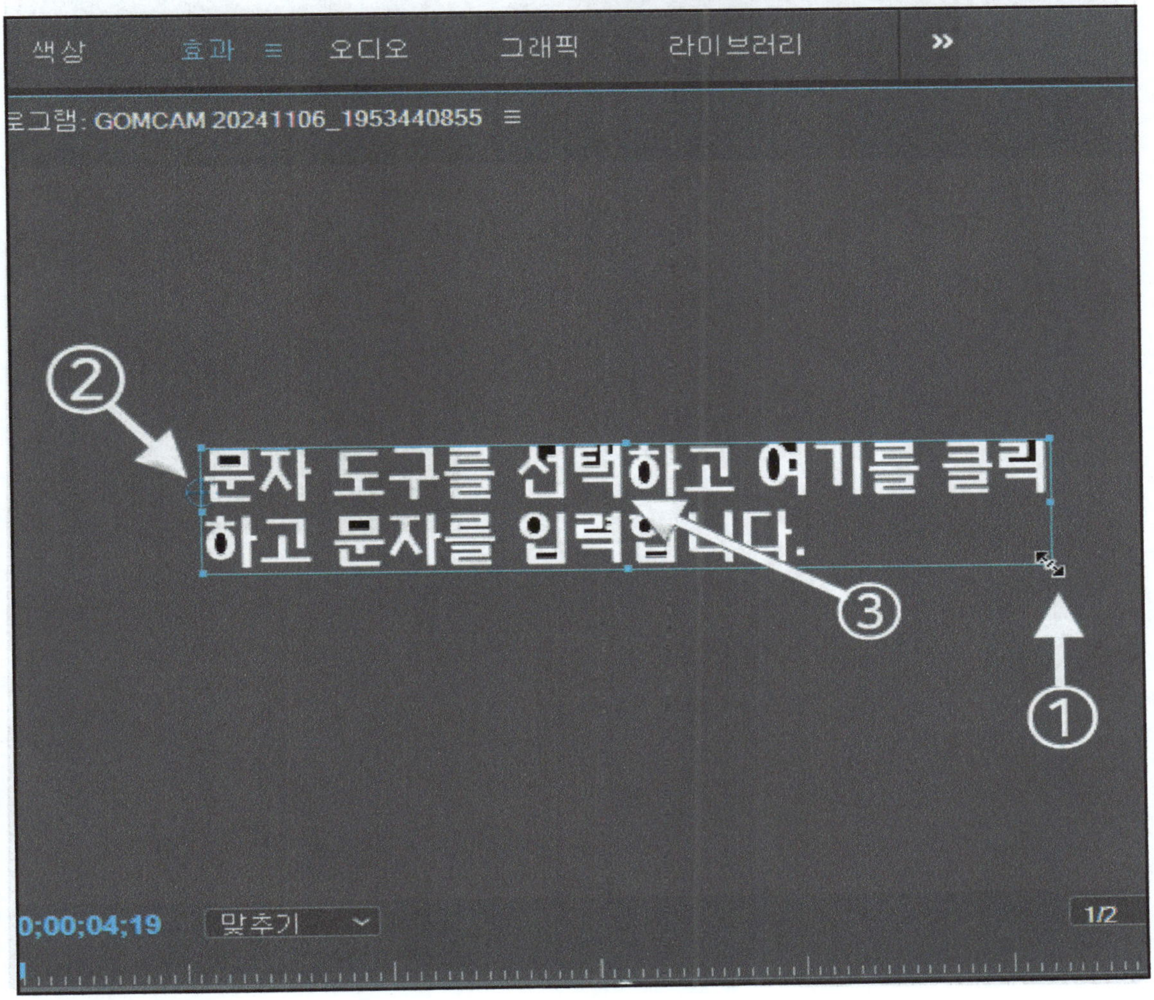

앞의 화면 ①의 위치에 마우스를 가져가면 크기를 조절할 수 있는 모습으로 바뀌고요, 이 때 클릭 드래그하여 크기를 조절할 수 있는데요, 이 때 크기는 ②에 작은 동그라미가 나타나며 여기 보이는 작은 동그라미가 기준점으로 이곳을 기준으로 크기가 커지거나 작아집니다.

그래서 ② 의 기준점, 즉, 작은 동그라미를 마우스로 클릭 드래그하여 ③의 중심으로 옮기고 크기를 조절하면 가운데를 중심으로 크기가 조절됩니다.(더 쉬운 방법은 글씨를 가운데 정렬을 하면 중심점도 자동으로 중앙으로 정렬됩니다.)
어떠한 방법을 사용하든 일단 크기를 조절한 다음 글씨를 클릭하여 선택하고 드래그하여 위치를 옮길 수도 있습니다만, 이렇게 할 경우 정확한 조절은 불가합니다.

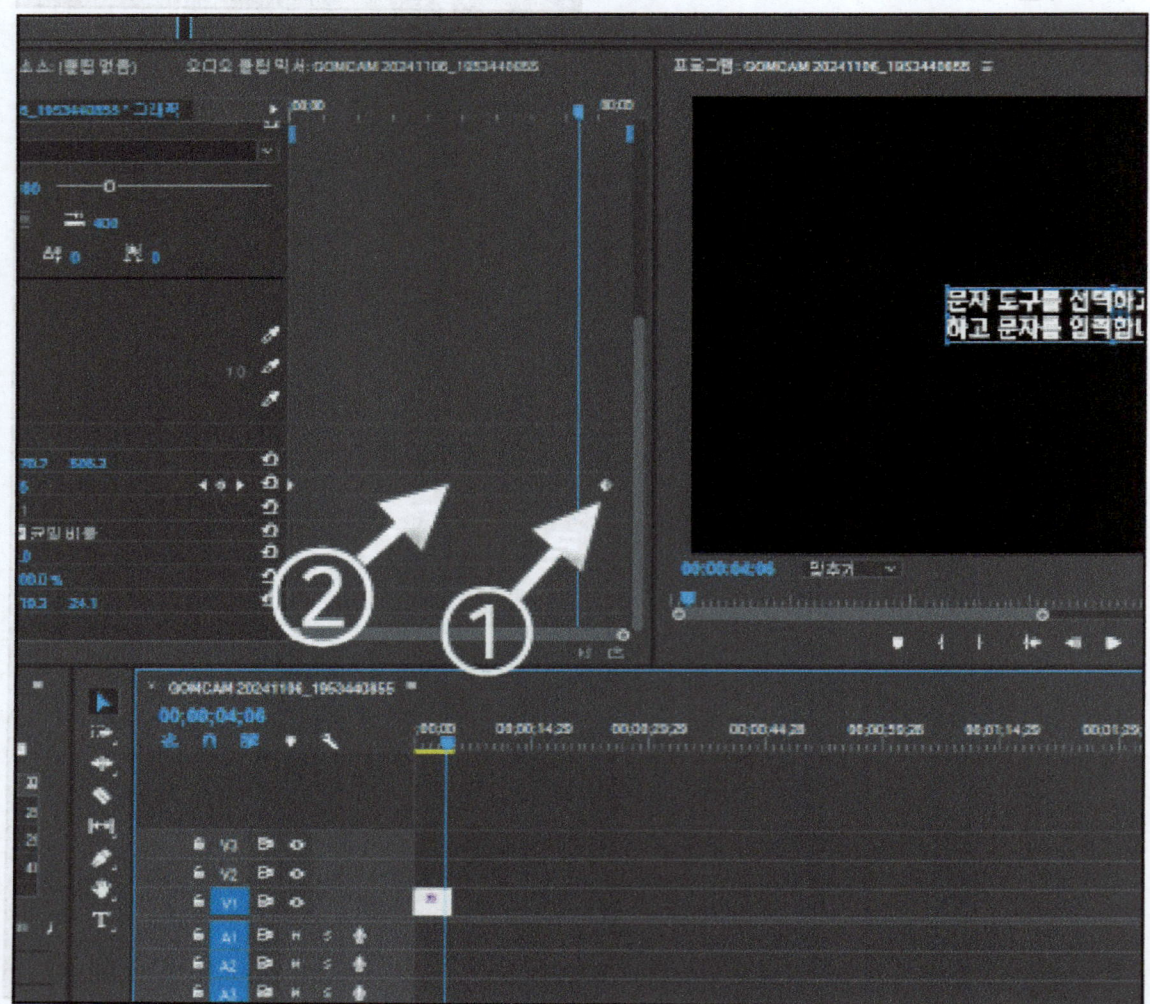

현재 프리미어에서 가장 간단한 애니메이션 설명을 하는 것입니다만 여러분은 아마도 무척 어려울 것입니다.

그러나 처음부터 잘 하는 사람은 없습니다.
여러 번 시행 착오를 거치면서 터득하는 것입니다.

어렵다고 생각하지 마시고요, 지금 설명이 이해가 되지 않으시면 여러 번 반복해서 읽으셔서 반드시 이해를 하고 넘어가셔야 합니다.

다시 앞의 화면을 잘 보시기 바랍니다.

앞의 설명을 참조해서 화면에 입력한 글씨의 기준점을 가장 먼저 문자의 중앙으로 옮깁니다.

혹시 문자의 가장자리 테두리가 보이지 않으면 마우스로 클릭하면 문자의 가장자리 테두리가 나타나며 모서리 및 가운데 작은 사각형의 조절점이 나타나므로 정확히 중앙을 찾을 수가 있습니다.

이렇게 문자의 가장자리에 나타난 작은 동그라미 중심점을 문자의 중앙으로 옮겨야 글씨의 크기를 조절해야 중앙을 중심으로 커지거나 작아집니다.

이렇게 조절한 다음, 애니메이션 슬라이더를 중간으로 옮기고 다시 이 곳에 키프레임을 한 개 삽입합니다.

그리고 이렇게 중앙에 삽입한 키프레임에 글씨가 작아지는 이벤트를 넣는 것입니다.

즉, 중앙에 삽입한 키프레임의 위치에서 글씨의 크기를 작게 조절을 하는 것입니다.

앞에서 설명한 여러가지 방법을 사용해서 글씨의 크기를 조절하면 됩니다만, 여기서는 중앙에 삽입한 키프레임 위치에서 화면에 타자한 글씨가 선택된 상태에서 [비율 조정]을 50으로 입력하면 글씨의 크기가 50% 크기로 조절됩니다.

더 자세한 설명은 다음 화면과 설명을 보세요.

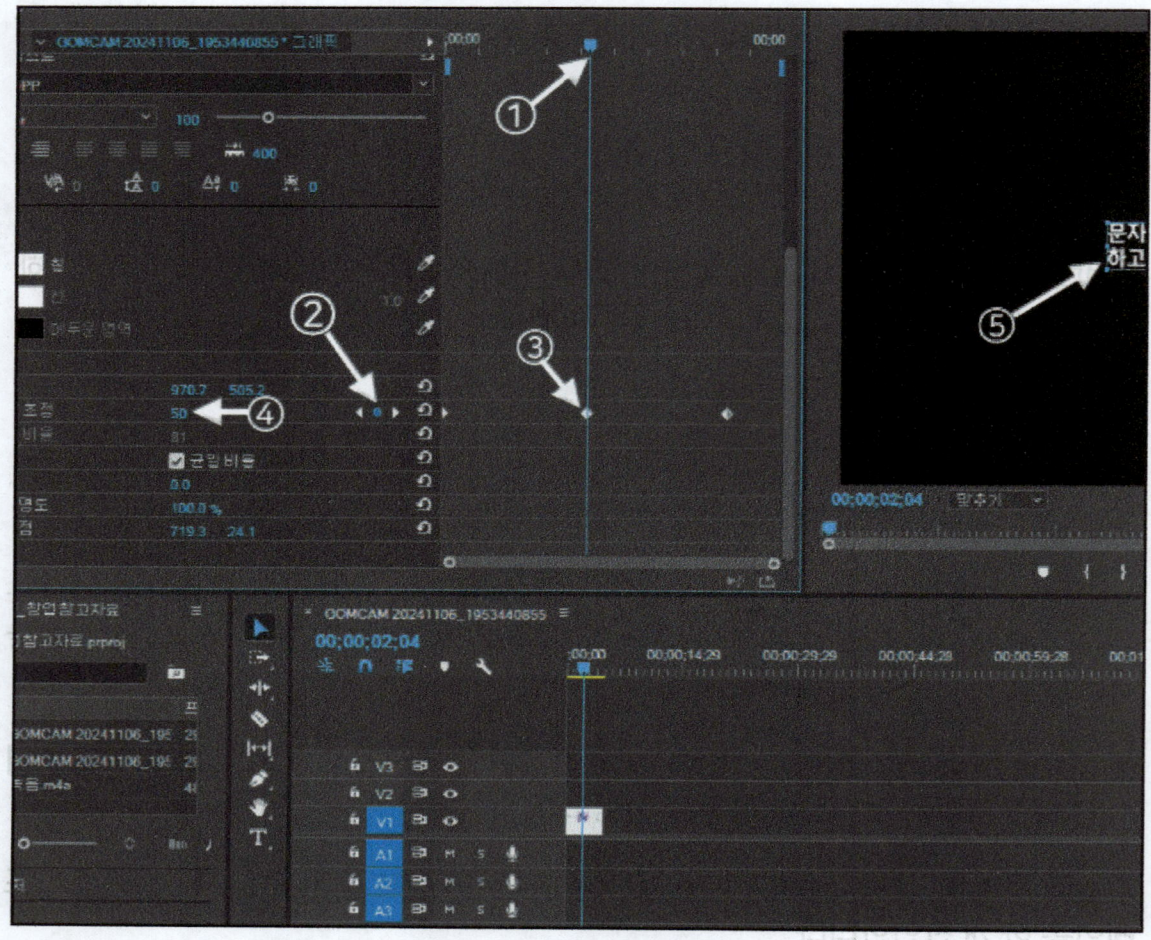

위의 ①의 슬라이더를 클릭 드래그하여 중앙으로 옮기고 ②를 클릭하면 ③의 지점에 키프레임이 생깁니다.

이 때 ④를 더블 클릭하고 50을 입력하고 엔터를 치면 문자의 크기가 50% 줄어들어서 ⑤와 같이 작은 글씨가 되어 나타납니다.

이렇게 하고 ①의 슬라이더를 좌측으로 옮기고 키보드의 [Space Bar]를 누르면 애니메이션 실행, 다시 누르면 정지입니다.

지금까지 문자 애니메이션 설명을 했지만, 아직 어도비 프리미어 프로 CC 프로그램을 처음 접하신 분이라면 여전히 어려워서 제대로 따라 하지 못하신 분도 있을 것입니다.

이런 분을 위하여 필자의 [유튜브 채널]에 동영상으로 만들어서 올려 놓겠습니다.

유튜브에서 '가나출판사' 검색하여 동그라미 속에 들어 있는 필자의 얼굴을 클릭하여 필자의 [유튜브 채널]에 오셔서 그냥 검색하면 유튜브 전체 검색이 되므로 필자의 채널에서 검색을 하셔야 하고요, '프리미어 문자 애니메이션' 으로 검색하면 검색되도록 동영상의 이름을 '프리미어 문자 애니메이션 만들기' 로 제작하여 올리겠습니다.

필자의 [유튜브 채널]에 올린 동영상에는 문자 애니메이션 밑에 배경색도 넣었고요, 배경으로, 혹은 그림으로, 혹은 동영상으로 애니메이션을 만들 수도 있습니다.

위의 화면 참조, 유튜브에서 '가나출판사' 검색하여 동그라미 속에 들어 있는 필자의 얼굴을 클릭하면 필자의 [유튜브 채널]에 오실 수 있고요, 그리고 유튜브에서 검색하면 필자가 올린 영상을 못 보실 수 있으므로 반드시 위의 동그라미 속에 있는 필자의 얼굴을 클릭하여 필자의 [유튜브 채널]에 오셔서 필자의 얼굴을 다시 한 번 더 클릭하고 아래쪽에 있는 돋보기를 클릭하여 검색을 해야 해당 채널에서만 검색이 됩니다.

이에 관한 내용도 오늘 올린 동영상에 있으므로 이 책을 구입하신 분들은 필자의 [유튜브 채널]에 오셔서 오늘 올린 동영상을 보시기 바랍니다.

[3] 코덱

프리미어에서 동영상 인트로 부분의 문자 애니메이션 만드는 방법만 알아 보았습니다만, 스마트폰으로 촬영한 영상 및 옆에 있는 PC에서 따로 녹음한 소리 파일을 불러들여 동영상을 편집을 해서 여러분들이 볼 수 있는 동영상 포맷으로 만들어야 비로소 여러분들이 동영상을 보실 수 있고요, 이것을 렌더링이라고 하며 프리미어에서 [Ctrl + M] 명령으로 동영상 내 보내기를 하면 다음 화면이 나타납니다.

위의 화면 마우스가 가리키는 곳을 클릭하면 우측 화면에 보이는 것과 같이 수 많은 코덱이 나타납니다.

코덱(Coder and Decoder)은 알기 쉽게 설명하자면 동영상을 만들 때 사용하는 프로그램을 코덱이라고 할 수 있고요, 이것은 매우 중요하고요, 다른 사람이 그 동영상을 보기 위해서는 동영상을 만들 때 사용한 코덱이 있어야 그 동영상을 볼 수 있습니다.

그래서 필자는 무조건 우측 화면에 선택되어 있는 [Windows Media] 코덱을 사용합니다.

어떠한 사람이든지 윈도우즈 운영체제를 사용한다면 미디어플레이어는 기본으로 있기 때문입니다.

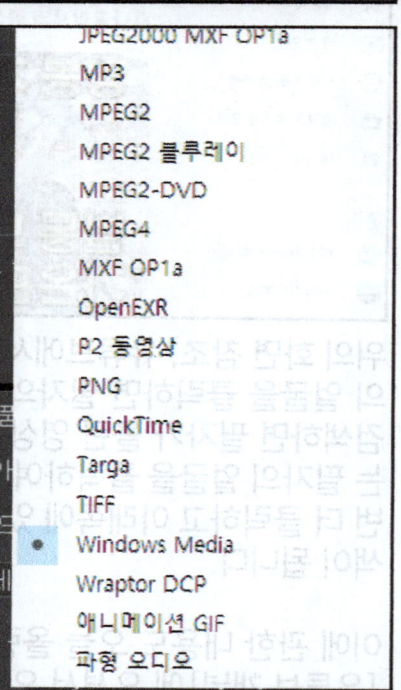

동영상 형식은 MP4, AVI 등 여러가지가 있지만, 방금 필자가 선택한 것과 같이 Windows Media 형식을 선택하면 확장자가 .wmv 라는 이름의 동영상이 만들어지며 마이크로소프트사의 대표적인 동영상 형식이기 때문에 용량이 작으면서도 동영상 원본 화질이 거의 그대로 유지되는 대표적인 동영상 포맷입니다.

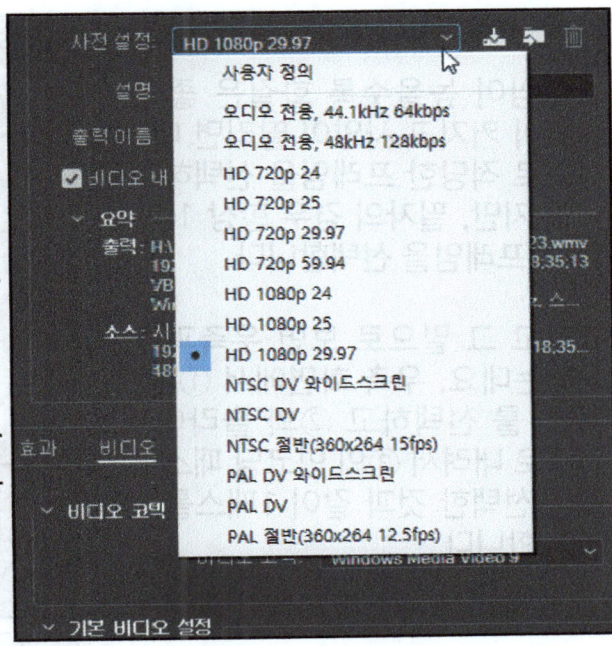

따라서 여러분도 가능하면 필자와 같이 Windows Media 코덱을 선택하는 것이 좋고요, 그 밑에 [사전 설정]을 클릭하면 우측과 같이 나타납니다.

만일 영상은 생략하고 소리만 내 보낸다면 오디오 전용으로 만들 수도 있고요, 그 밑으로는 모두 동영상의 크기입니다.

720 사이즈는 지금은 거의 사용하지 않는 크기이고요, 지금은 인터넷도 발달하고 컴퓨터 하드웨어들도 좋아졌기 때문에 1080p를 선택하는 것이 좋고요, 이것은 상당히 복잡한 설명이 필요하므로 여기서는 생략하고요, 아마 여러분 대부분 모니터 해상도를 1920*1080 해상도를 사용할 것입니다.

아직까지 4K나 8K 모니터는 일부 특수한 작업을 하는 사람들만 사용하기 때문에 일반인들은,.. 필자 역시도 아직은 1920*1080 해상도를 사용하고요, 27인치 이상 고해상도 비싼 모니터를 사용하는 사람들만 4K 혹은 8K 모니터를 사용합니다만, 이러한 모니터는 가격도 비싼 것은 수 백만원씩 하기 때문에 필자의 경우 그런 모니터가 지금의 24인치 모니터 가격이 되면 그 때 가서 그런 모니터를 사용할 것이고요,..

그리고 위의 화면에서 1080p 뒤에 24, 25, 29.97 등의 숫자가 붙은 것은 프레임 수를 나타내는 것입니다.

동영상의 프레임은 1초에 정지 화상, 즉, 사진을 몇 장을 보여 주는가 하는 것으로 프레임이 높을수록 화질은 좋지만, 용량이 커지고 사양이 딸리면 버벅거리므로 적당한 프레임을 선택하는 것이 좋지만, 필자의 경우 항상 1080 * 29.9 프레임을 선택합니다.

그리고 그 밑으로 보면 우측과 같이 보이는데요, 우측 화면에서 ①의 [오디오]를 선택하고 ②의 슬라이더를 밑으로 내려서 ③의 인코딩 패스를 필자가 선택한 것과 같이 1패스를 선택해야 합니다.

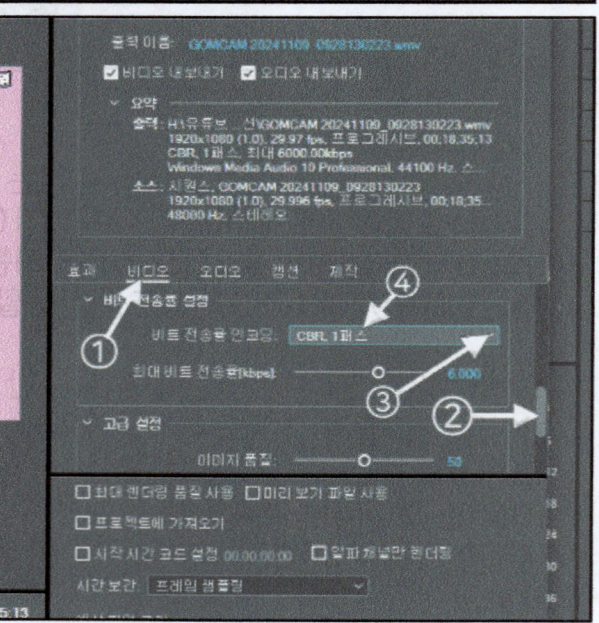

그리고 다시 우측 화면 ①의 [비디오]를 선택하고 ②의 슬라이더를 밑으로 내려서 ③을 클릭하고 ④의 1패스를 선택해야 합니다.

어도비 프리미어 프로 CC 프로그램은 동영상 편집 프로그램이기 때문에 거의 3D 프로그램 수준으로 매우 어려운 프로그램입니다.

지금 설명하는 내용이 설사 이해가 잘 되지 않는다 하여도 여러분이 실력이 부족해서가 아니라 프로그램이 너무 어렵기 때문입니다.

그러나 천리 길도 한 걸음부터이고요, 첫 술에 배가 부를 수는 없습니다.
잘 안 되더라도 부단히 노력하면 안 되는 것은 없습니다.

필자는 거의 99.9% 필자 스스로 독학으로 터득하였습니다.
여러분은 여러분 스스로 독학을 하지 않고 이 책과, 필자의 다른 저서인 유튜브책이 있으므로 이런 책을 보고 공부를 하기 때문에 필자보다 훨씬 유리하다는 것을 아시기 바랍니다.

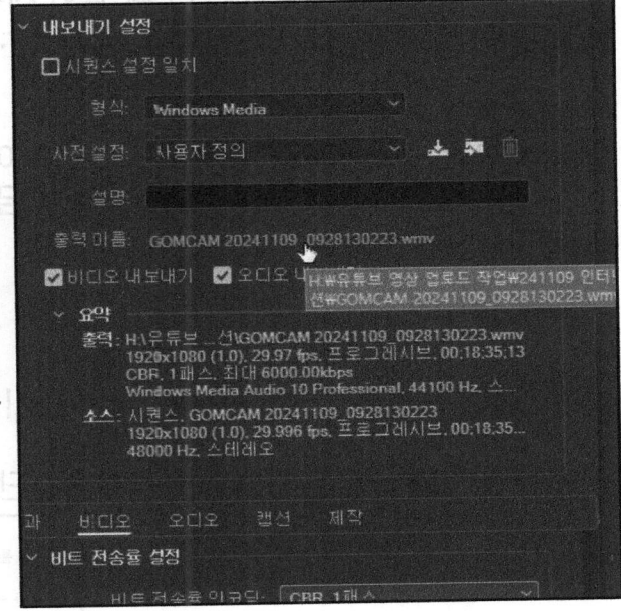

아직 끝난 것이 아닙니다. 우측 화면 손가락이 가리키는 파일 이름을 클릭하여 파일이 저장될 위치와 파일 이름을 입력하고 [내 보내기]를 클릭하면 그야말로 상상을 초월하는 긴 시간 동안 렌더링이 되어 동영상이 만들어집니다.

[4] 가상 메모리

지금 지면이 많이 부족합니다만, 어차피 포토샵과 프리미어를 설명했으므로 포토샵과 프리미어를 원활하게 사용하기 위해서는 기본적으로 자신이 사용하는 PC가 어느정도 기본 사양 이상의 성능이 뒷받침되어야 하고요, 그리고 중요한 것이 가상 메모리와 스크레치 디스크입니다.

컴퓨터는 스위치를 켜서 끌 때까지의 모든 것은 메모리, 즉, 램(RAM)에서 이루어집니다.

내 컴퓨터는 인텔 I7-7세대 8G 램이야.. 라고 했을 때의 8G가 바로 램입니다.

컴퓨터는 켜서 끌 때까지 모든 것이 램에서 이루어지므로 램의 용량이 클 수록 유리하지만, 아무리 돈이 많아도 램을 무한정 많이 끼울 수는 없습니다.

우선 메인보드에서 지원하는 이상은 끼울 수가 없고요, 운영체제에서도 지원하는 용량 이상은 끼울 수가 없습니다.

일반적으로 필자가 사용하는 PC와 같이 저가형 PC들이 사용하는 메인보드는 대부분 16Gb 이상의 램은 지원하지 않습니다.

이보다 많은 램을 사용하려면 고가의 비싼 메인보드를 사용해야 하고요, 그러나 필자는 고작 8Gb의 램을 가지고도 프리미어 포토샵 등을 동시에 돌리고요, 인터넷 창을 수십개씩 띄워놓고 작업을 하며 지금 이 책을 집필하는 어도비 인디자인도 동시에 돌리고 있습니다.

어떻게 이런 일이 가능할까요?

바로 가상 메모리와 스크래치 디스크가 있기 때문입니다.

이 책은 하드웨어 전문 서적이 아니므로 간단하게 설명을 하겠습니다.

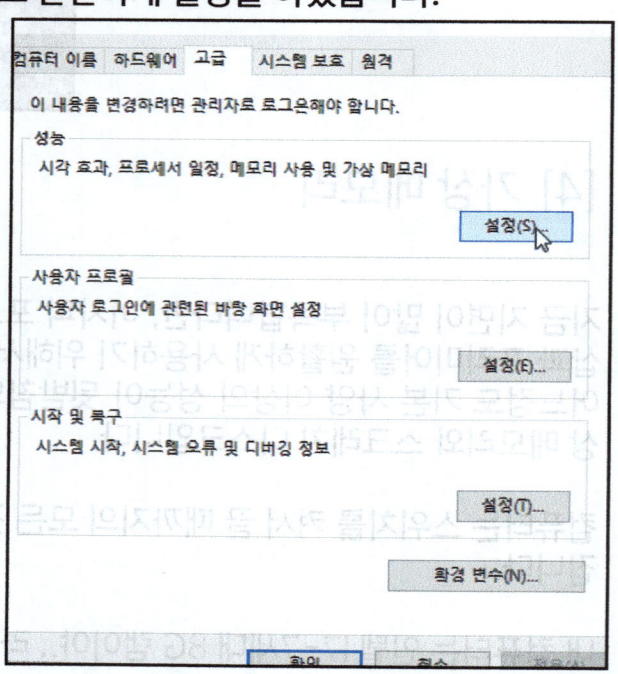

[제어판] - [시스템] - [시스템 보호]를 클릭하면 우측 화면이 나타나고요, 우측 화면에서 [고급]탭을 누르고 우측 마우스가 가리키는 [성능]탭의 [설정]을 클릭하면 다음 화면이 나타납니다.

우측 화면에서 [고급]탭을 누르고 마우스가 가리키는 [변경]을 클릭하면 다음 화면이 나타납니다.

일단 우측 화면에 보이는 것과 같이 [모든 드라이브에 대한 페이징 파일 크기 자동 관리]에 체크가 되어 있으면 윈도우즈 운영체제에서 알아서 가상 메모리를 관리하는 것이고요, 여러분이 아직 잘 모르신다면 그냥 이대로 두어도 됩니다.

그러나 우측 마우스가 가리키는 체크를 지우면 다음과 같이 보입니다.

우측 화면을 보면 C 드라이브에는 없음.. 이라고 나옵니다.

C 드라이브는 SSD로서 SSD는 램디스크로서 HDD 보다 비교할 수 없이 빠른 속도를 보이는데 여기에는 가상 메모리를 할당하지 않았으니 컴퓨터 속도가 느릴 수 밖에 없습니다.

당연히 C를 선택하고 [시스템에서 관리하는 크기]로 지정하든지 사용자 지정 크기로 본인이 직접 수치로 용량을 지정할 수 있습니다만, 우측 화면과 같이 그냥 시스템에서 관리하는 크기를 선택하고 [설정]을 누르면 우측과 같이 현재 이 글을 쓰고 있는 필자의 컴퓨터에서는 SSD인 C 드라이브와 4Tb 용량의 HDD 모두 가상 메모리를 시스템에서 관리하며 자동으로 페이징 파일이 생성됩니다.

가상 메모리는 이렇게 간단히 설명해서 될 일이 아닙니다만, 이 책에서는 이 정도 설명으로 대신하고요, 자세한 것은 필자의 다른 저서 [PC정비사 교본] 책을 보시기 바랍니다.

우측에 보이는 [PC정비사 교본]책은 PC정비사만 보는 것이 아닙니다.

필자와 같이 그야말로 껌값도 안 되는 돈으로 PC를 직접 조립해서 자신이 만든 PC를 최적으로 상태로 튜닝을 하여 1,000만원짜리 컴퓨터와 같이 사용하기 위하여 이 책을 보는 것입니다.

전자책은 링크를 클릭하면 직접 연결되고요, 종이책을 보시는 분이라면 유튜브에서

'가나출판사' 검색하여 동그라미 속에 들어 있는 필자의 얼굴을 클릭하여 필자의 [유튜브 채널]에 오셔서 필자의 홈페이지 링크를 클릭하여 필자의 홈페이지에 오셔서 [출판사]를 클릭하면 자세하게 보실 수 있고요, 직접 구입하실 수도 있습니다.

제 4 편 상품 편집 및 업로드

아쉽지만 지면이 부족하므로 빨리 빨리 진행할 수 밖에 없고요, 앞에서 포토샵에서 스마트폰으로 촬영한 사진을 편집하고, 스마트폰으로 촬영한 동영상을 편집하는 과정을 한 가지 예만 들어 간단하게 설명을 하고 여기까지 왔고요, 보다 자세하게 공부를 하실 분들은 필자의 다른 저서, 각각의 전문 서적을 탐독하셔야 하고요, 이번 단원에서는 지금까지 배운 것을 토대로 여러분이 판매할 상품을 사진 및 동영상으로 촬영을 하고 이것을 편집을 하여 실제로 웹 페이지로 만들어서 자신의 서버에 업로드를 하고, 이것을 여러분이 입점한 대형 마켓에 올려서 판매를 할 차례입니다.

사실 말은 간단히 함축해서 표현을 했습니다만, 필자가 방금 설명한 한 가지 한 가지가 실제로는 몇 달씩 배워야 하는 과정입니다.

따라서 이 책을 보고 어려워서 힘들어 하시는 것은 너무나 당연한 것이므로 절대로 실망하실 필요는 없고요, 누구나 처음부터 잘 하는 사람은 없습니다.

수박 겉 핥기 식이라도 일단 시작을 해야 끝을 맺을 수 있는 것입니다.

시작도 하지 않고 안 될 것이라고 포기를 하는 것은 가다가 중단하면 아니 가는 것만 못 한 것입니다.

필자는 책을 쓰는 것과는 별개로 여기는 시골이기 때문에 아직은 부업 수준이지만, 양봉을 하고 있고요, 필자는 이 나이에 컴퓨터 자격증도 아주 많고요, 책도 아주 많이 썼지만, 발명 특허를 무려 5건이나 출원 했습니다.

그래서 필자는 양봉 역시 기상 천외한 방법으로 이 세상 어느 누구도 하지 않은 기발한 방법으로 양봉을 하고 있고요, 아직은 완성 단계가 아니기 때문에 양봉에 관한 책을 쓰지 않고 있지만, 필자가 양봉을 완성한 이후에는 반드시 양봉에 관한 책도 쓸 예정이고요..

이렇게 양봉을 하면서 양봉에 관한 영상을 필자의 [유튜브 채널]에 많이 올리는데요, 필자의 영상을 보는 시청자가 많아지면서 매번 영상을 올릴 때마다 사사건건 댓글로 필자를 욕을 하고 무시하고 심지어 욕까지 하는 사람들도 있는데요..

작고하신 고 현대그룹 창업주이신 고 정주영 회장님의 말씀을 잠깐 들려 드리겠습니다.

고 정주영 회장님은 이북이 고향이시고요, 1.4후퇴때 월남하여 혈혈단신 맨 주먹으로 현대 그룹을 일군 불도저 같은 분이십니다.

이분이 맨손으로 창업하여 중동에 진출해서 그야말로 불도저처럼 해외 공사 수주를 해서 일약 국내 최고의 기업이 되는데는 순탄하기만 한 것이 아니었습니다.

그 중에서 가장 큰 걸림돌은 정주영 회장이 무언가 새로운 일을 하려고 하면 주변 사람들, 특히 담당 직원들이 안 된다고 하는 것이 가장 큰 걸림돌이었습니다.

그 때마다 정주영 회장님은 "해 보기나 했어.." 라는 소리를 입버릇처럼 했습니다.

필자가 올리는 영상을 보고 양봉을 하는지 않는지는 모르겠지만, 필자가 하는 것은 무조건 틀렸다고 자신들이 하는 것만 옳다고 필자를 보고 심지어 욕까지 하는 사람들이 있는데요, 필자는 그 분들에게 정주영 회장님의 어록, "해 보기나 했어.." 를 들려주고 싶습니다.

심지어 실제 양봉을 하지도 않으면서 필자가 올리는 영상마다 찾아와서 필자가 하는 것마다 잘 못 한다고 별의 별 댓글을 다는가 하면 심지어 욕을 하는 사람들도 있는데요, 이런 사람들이 잘 사는 것은 낙타가 바늘 구멍으로 들어가는 것보다 어려운 것입니다.

해 보지도 않고 무조건 안 된다고 하는 사람들이 이 세상에서 무엇을 할 수 있겠는가 이 말입니다.
해 보지도 않고 무조건 안 된다고 하는 사람들이 어떻게 발명 특허를 내겠어요..?

아무리 배가 고파도 감나무 밑에 누워서 입을 벌리고 있어서는 죽을 때까지 누워 있어도 절대로 감이 입으로 떨어지지 않습니다.

배가 고프면 감나무에 올라가서 감을 따서 먹어야 하는 것입니다.

이 간단한 원리도 모르면서 필자가 올리는 영상마다 잘 못 되었다고 핀잔을 주고 인격 모독적인 댓글을 달고 심지어 욕까지 댓글로 써 놓는 못 된 사람들이 어떻게 잘 될 수가 있겠어요?

사람들은 장년이 되기 이전에는 자신은 죽지 않고 아주 오래 살 것으로 아주 큰 착각을 하고 살아갑니다.

그러나 사람은 길어야 100년, 짧으면 50년도 못 살고 죽는 것이 인생입니다. 이것을 빨리 깨닫는 사람은 성공하고 늙어서도 깨닫지 못하는 사람은 객사하거나 비명횡사를 하는 것입니다.

각설하고 여기까지 오신 분은 그야말로 인터넷 쇼핑몰을 창업하여 성공하고 싶은 욕구가 강한 분들일 것입니다.

이제부터 여러분 가게, 즉, 인터넷, 웹 상에 여러분이 판매할 상품을 올려서 진열을 해야 팔리는 것이므로 여러분이 팔 물건을 진열하는 방법을 알려드리겠습니다.

제 1 부 웹에디터

이 책을 전자책으로 보시는 분들은 그게 바로 웹 페이지를 보시는 것입니다.

필자가 전자책으로 출간을 하여 대형 서점에 보내면 대형 서점의 온라인 매장을 통해서 전자책을 구입하고 단말기 혹은 스마트폰이나 PC에서 전자책을 보시는 것이고요, 전자책은 전자책 자체가 웹 페이지이기 때문에 필자가 삽입한 링크만 클릭하면 필자의 홈페이지나 유튜브 채널이나 블로그 등에 즉시 접속이 되지만, 이 책을 종이책으로 구입하신 분들은 따로 PC 혹은 모바일에서 해당 링크에 접속을 해야 합니다.

사실 아직까지는 전자책은 종이책에 비해서 1/10도 팔리지 않지만, 필자는 아마 전자책 분야에 있어서도 선구자라고 할 수 있습니다.
일단 필자가 펴 내는 책은 많이 팔리든 적게 팔리든 무조건 전자책과 종이책으로 동시에 펴 내기 때문입니다.

아직까지는 종이책이 압도적으로 많이 팔리고 있고요, 사실 종이책을 펼쳐놓고 공부를 해야 제격인 것은 맞습니다.

여러분들이 웹 서핑을 할 때 보이는 화면이 바로 웹 페이지이고요, 웹 페이지는 기본적으로 HTML 문서이고요, 요즘은 단순한 HTML 문서가 아닌 자바 스크립트, CSS 등등 서버를 다룬다면 MySQL도 알아야 하고요, 데이터베이스는 기본으로 알아야 합니다.

그러나 이 책에서는 그런 전문적인 내용을 다룰 수도 없고요, 그런 전문적인 내용을 모르더라도 웹 페이지를 만드는 방법을 설명하는 것이고요, 그것이 바로 웹에디터입니다.

웹에디터는 한글 프로그램이나 워드 프로그램으로 타자를 쳐서 문서를 만들듯이 만들면 웹문서로 자동으로 변환을 해 주는 프로그램으로 사실 우리나라 사람 모두 어린이 시절부터 사용하는 한글 프로그램은 가격이 아주 싸지만, 다른 프로그램들은 가격이 비싸고요, 3D 프로그램들은 무려 수 천 만원의 엄청난 가격입니다.

그리고 웹 에디터 프로그램도 우리나라 토종 웹에디터인 나모 웹에티터 기업용, 그리고 지금은 마이크로소프트에서 인수한 웹에디터의 종마라고 부를 수 있는 드림웨버도 무려 60만원이 넘습니다.

그래서 개인이 정품 웹에디터를 구입하기에는 큰 부담이 있는데요, 어떤 이유에서인지 마이크로소프트사에서 이런 정품 웹에디터에 결코 뒤지지 않는 프로그램인 Microsoft Expression Web4 프로그램을 무료로 배포를 했습니다.

아쉽게도 한동안 무료로 배포를 하다가 중지를 하여 지금은 마이크로소프트사에서는 다운로드를 할 수 없지만, 세상에는 수많은 기인이사들이 즐비하므로 인터넷으로 잘 검색하면 지금도 무료로 사용할 수 있는 Microsoft Expression Web4 프로그램을 구할 수 있습니다.

그래서 이 책에서도 정품 웹 에디터에 전혀 뒤지지 않는 Microsoft Expression

Web4 프로그램 사용법을 아쉽지만 간단히 설명을 하고요, 이 프로그램은 프로그램 이름 뒤에 en이 붙은 것은 영문 버전이고요, Ko가 붙은 것은 한글판입니다.

제 1 장 Microsoft Expression Web4

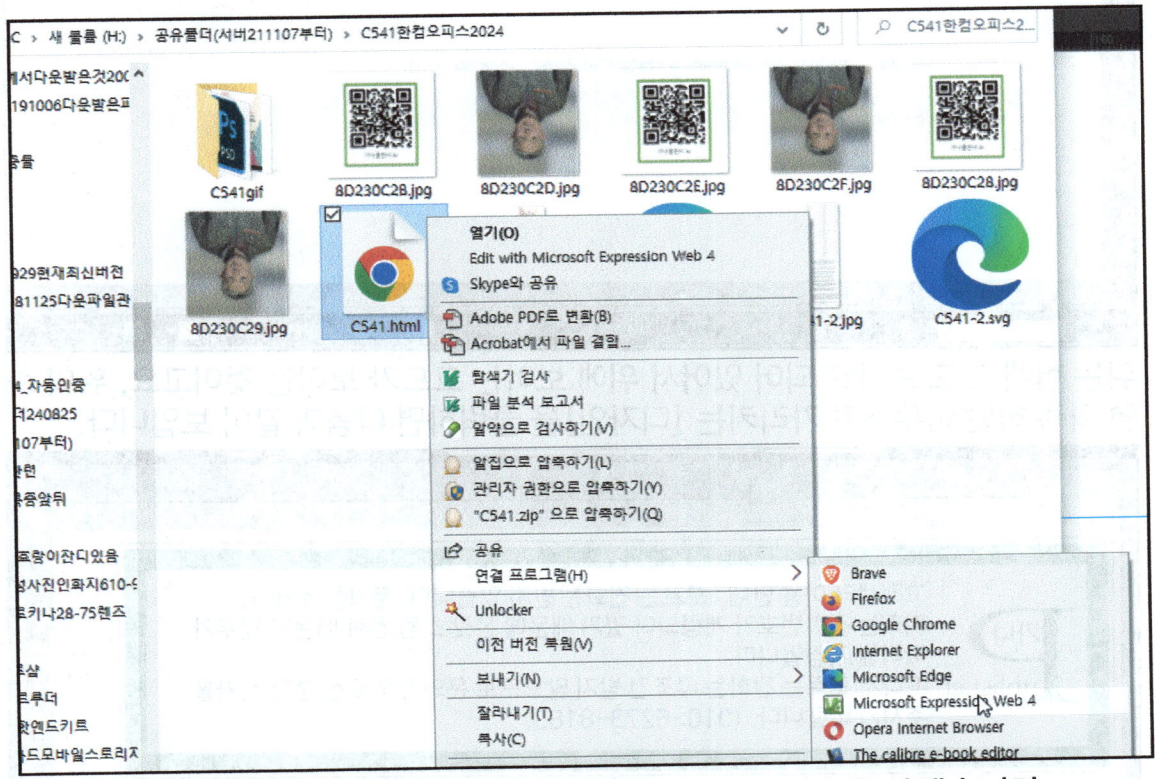

일단 여기서는 필자가 이미 만들어 놓은 파일을 가지고 실습을 하겠습니다.
위의 화면에 보이는 것은 필자가 얼마 전에 출간한 [한컴 오피스 2024] 책을 상품 페이지로 만들어서 올린 상품이고요, 위의 파일 중에서 확장자가 .htm 혹은 .html 파일이 웹 문서이고요, 이 파일을 선택하고 마우스 우측 버튼을 클릭하여 연결 프로그램을 위에 보이는 Microsoft Expression Web4 로 선택하면 다음 화면이 열립니다.

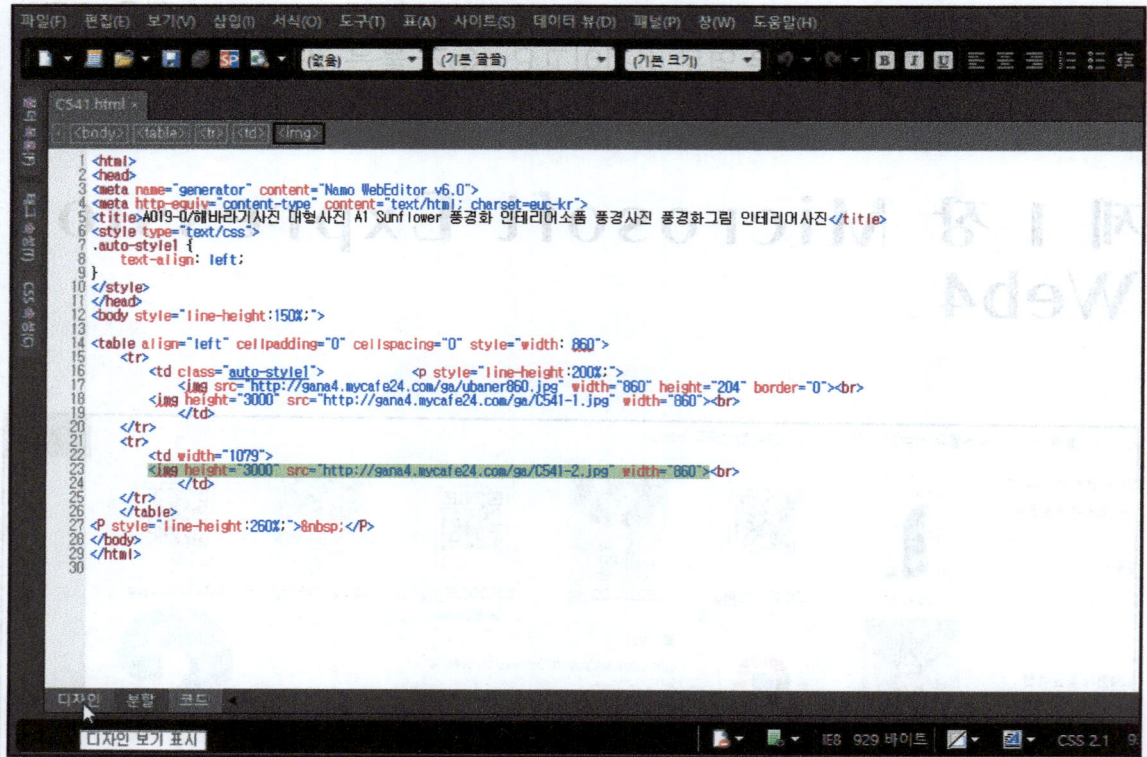

위는 현재 코드 보기로 되어 있어서 위에 보이는 코드가 보이는 것이고요, 위의 화면 좌측 하단 마우스가 가리키는 [디자인]을 클릭하면 다음과 같이 보입니다.

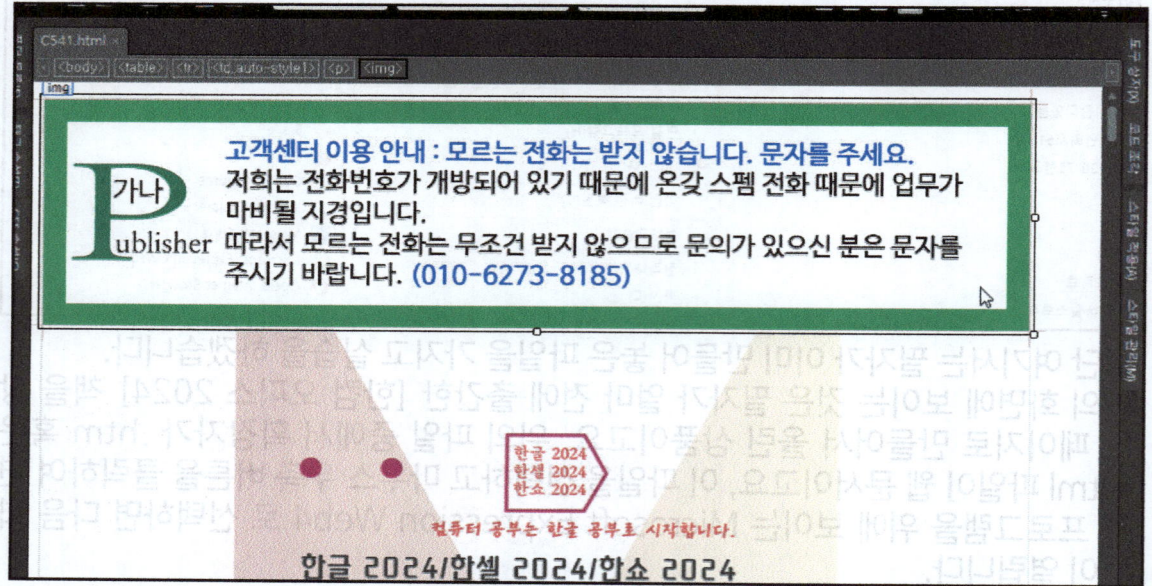

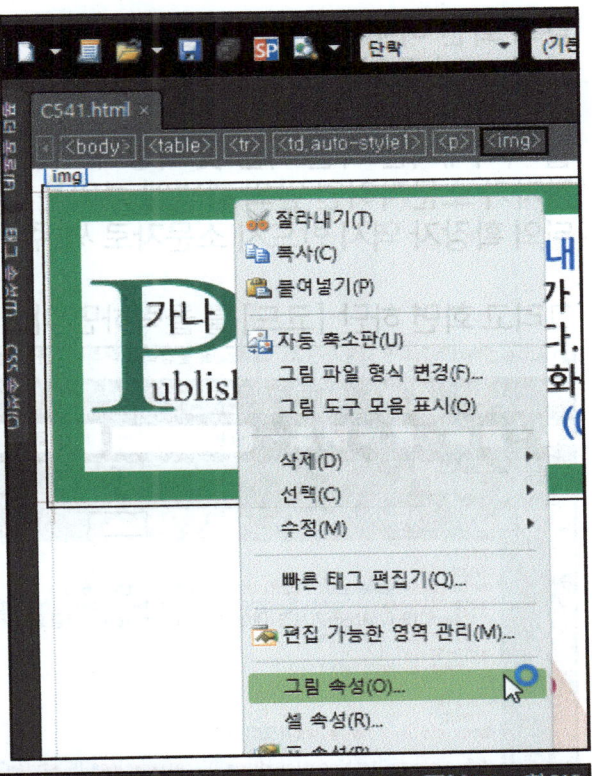

앞의 화면은 현재 페이지의 맨 위에 들어간 이미지를 클릭한 모습이고요, 필자가 미리 만들어서 필자의 서버에 올려 놓은 이미지 파일이고요, 우측 화면 참조, 이 이미지를 선택하고 마우스 우측 버튼을 클릭하여 우측 화면 마우스가 가리키는 [그림 속성]을 클릭하면 다음과 같이 보입니다.

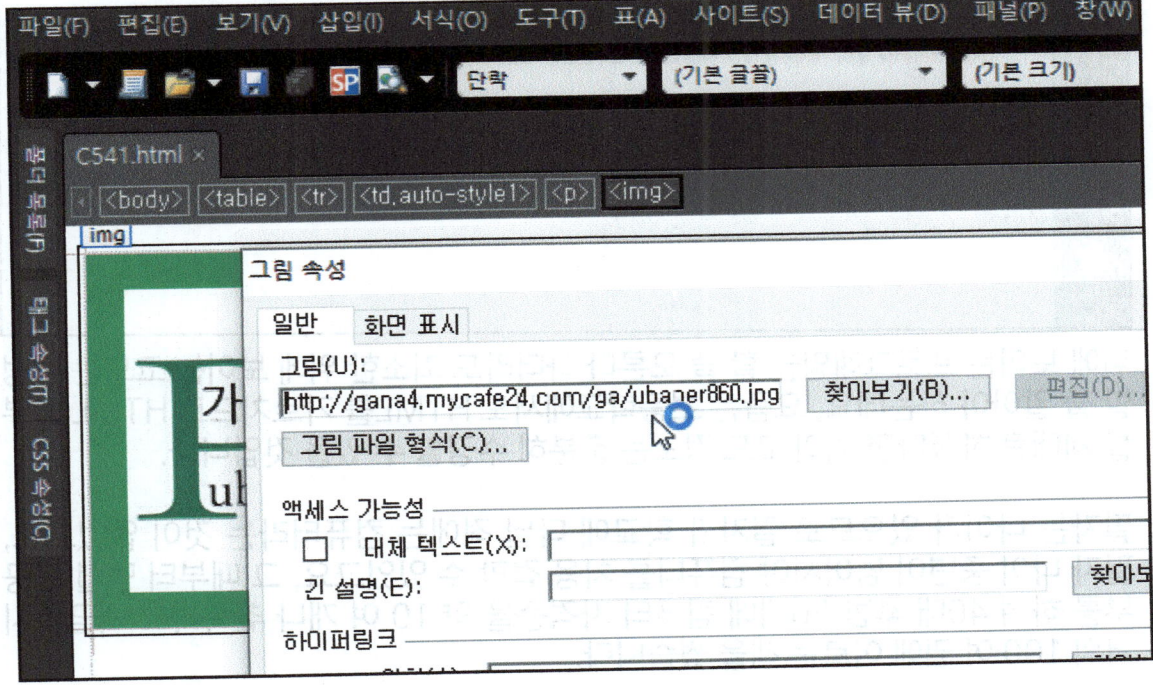

앞의 화면 마우스가 가리키는 곳을 보면 이 파일이 올라간 주소가 보이고요, 필자의 웹 서버 중의 하나의 주소 및 파일 이름까지 보입니다.

웹 서버에서는 파일 이름 및 확장자 대소문자를 구분하므로 서버에 올린 파일의 확장자가 소문자이면 앞의 화면에 보이는 파일 주소의 맨 마지막에 입력된 파일 이름 뒤의 확장자 역시 반드시 소문자로 써 주어야 합니다.

그리고 화면 하단 [코드]를 클릭하면 아래와 같이 보입니다.

위에 보이는 프로그래밍을 할 줄 모른다 하더라도 최소한 위에 보이는 코드는 수정할 줄 알아야 하는데요, 요즘은 초등학교에서도 HTML를 가르치므로 HTML 공부를 제대로 하셨다면 위의 코드 정도는 충분히 수정할 수 있을 것입니다.

필자는 나이가 있으므로 필자가 학교에 다닐 적에는 컴퓨터라는 것이 없었고요, 필자 나이 중년이 넘어서야 컴퓨터를 처음 접할 수 있었고요, 그 때부터 맹렬히 공부를 하여 40대 후반 50대에 컴퓨터 자격증을 약 10 여 개나 취득하고 지금까지 거의 100 여 권에 이르는 책을 썼습니다.

지금은 아직 이런 코드를 수정할 줄 몰라도 상관은 없지만, 만일 자신의 유튜브 채널에 동영상을 올리고 그 동영상을 링크를 하려면 최소한 여기 보이는 코드는 수정할 줄 알아야 합니다.

제 1 절 FTP

갈수록 어려워지는 것 같지만, 사실 알고 나면 아무것도 아니고요, 지금 보시는 화면은 필자의 서버에 올린 파일을 보시는 것이고요, 이렇게 자신의 서버에 파일을 올리기 위해서는 FTP 프로그램을 이용해야 합니다.

FTP는 File Transfor Protocal 의 약자로 파일 전송 규약이라고 할 수 있고요, 인터넷을 통하여 가상 공간인 서버에 파일을 업로드 할 때 사용하는 규약이며 FTP 프로그램을 이용해야 파일을 올리거나 다운로드 할 수 있습니다.

(1) 알FTP

FTP 프로그램도 여러가지가 있으나 필자는 알집으로 유명한 이스트소프트사의 알FTP를 사용하는데요, 알FTP는 이미 수십 년 전에 개발 및 배포되고 이후 이미 수십 년 전에 지원이 중단된 완전 구닥다리 프로그램입니다.

그런 구닥다리 프로그램을 사용하는 이유는 오늘날의 윈도우10은 물론 윈도우11에서도 완벽하게 작동하기 때문이며 사실상 타의 추종을 불허하는 뛰어난 기능 때문에 필자는 오로지 알FTP 한 가지 프로그램만 사용하는 것입니다만, 여러분은 다른 프로그램을 사용해도 무방합니다.

특히 이 책에서도 앞에서 소개한 우리나라에서 가장 큰 카페24에 접속하면 오페라 브라우저 개발사에서 만든 파일질라(FileZilla) 프로그램을 다운로드 할 수 있는데요, 이 프로그램을 인스톨하면 웹브라우저 오페라가 징그럽게 떠서 꿈에 볼까 두려워서 필자는 사용하지 않습니다.

혹시 나모 웹에디터를 사용한다면 나모 웹에디터 프로그램 자체적으로 FTP를 지원합니다.

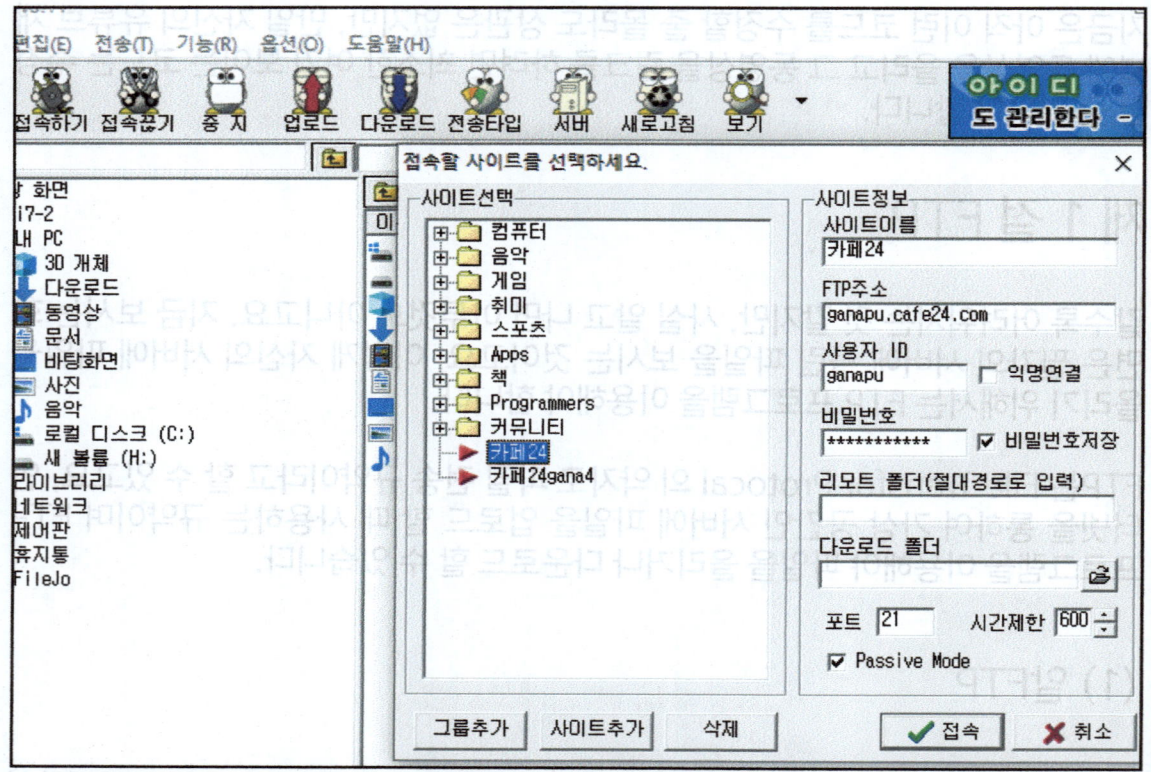

알FTP를 실행하면 위의 초기 화면이 나타나는데요, 여기서 원하는 서버를 선택하고 엔터를 치거나 [접속]을 클릭하면 접속됩니다만, 미리 자신의 서버 주소와 암호를 입력하고, 그리고 중요한 것은 위의 화면을 잘 보시고요, 반드시 위에 보이는 것과 똑같이 설정을 해야 알FTP를 원활하게 사용할 수 있습니다.

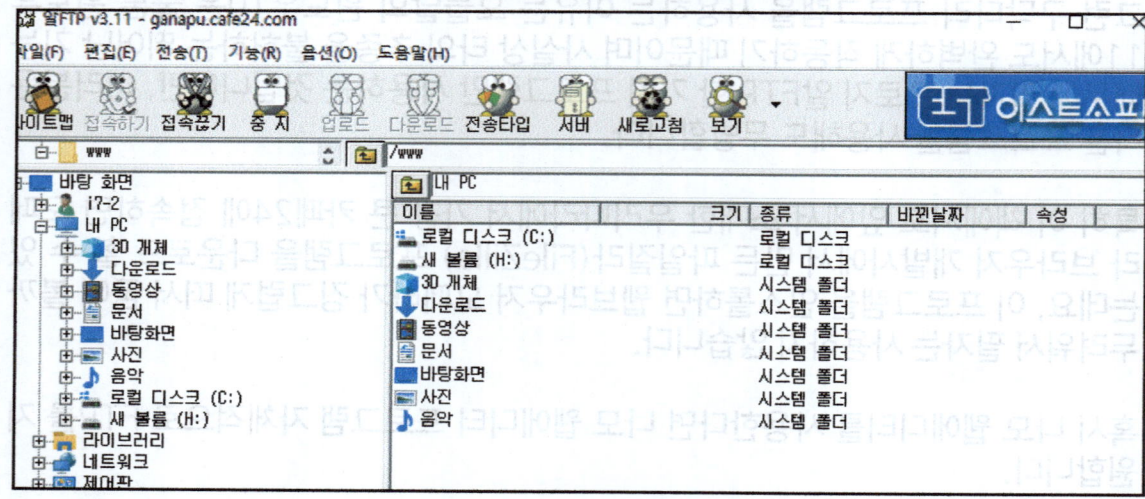

앞의 화면은 알FTP 프로그램으로 필자의 서버에 접속한 화면인데요, 만일 앞의 화면과 같이 보일 때는 다음 화면 참조 알FTP 메뉴 [옵션]-[환경 설정]클릭, 아래 화면에서 [고급]탭을 클릭하고 화면을 [상하]로 되어 있는 것을 [좌우]로 선택하고 확인, 그리고 다시 똑같은 작업을 반복하여 [상하]로 하면 다음과 같이 나옵니다.

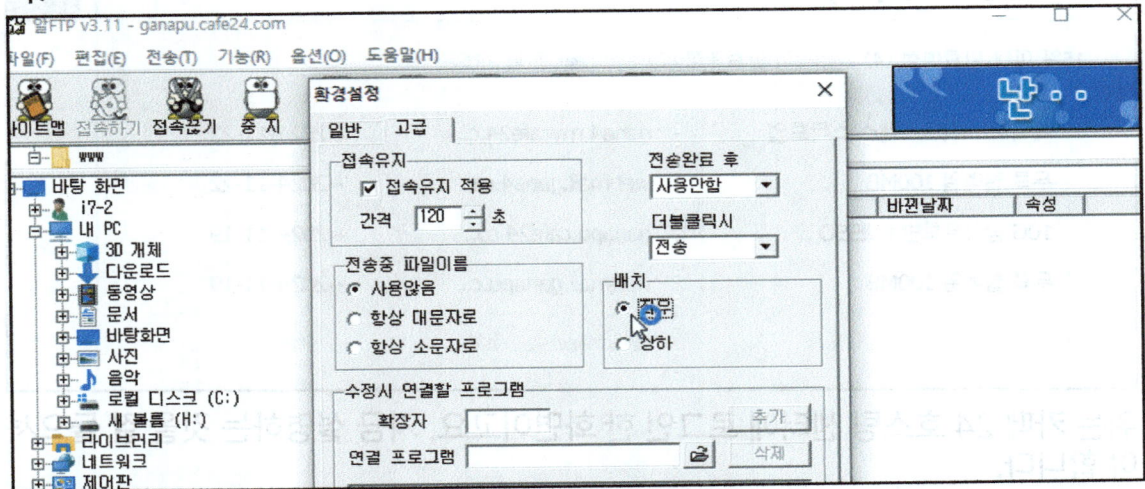

아래 화면이 정상적으로 보이는 알FTP 화면이고요, 아래 화면의 위쪽 우측이 서버, 아래쪽은 자신의 PC이며 지금 실습하고 있는 필자의 다른 저서 [한컴 오피스 2024] 책 상품 파일을 선택하고 그냥 엔터를 치거나 마우스 우클릭하여 아래 화면에 보이는 [업로드]를 선택하면 해당 파일들이 서버에 업로드됩니다.

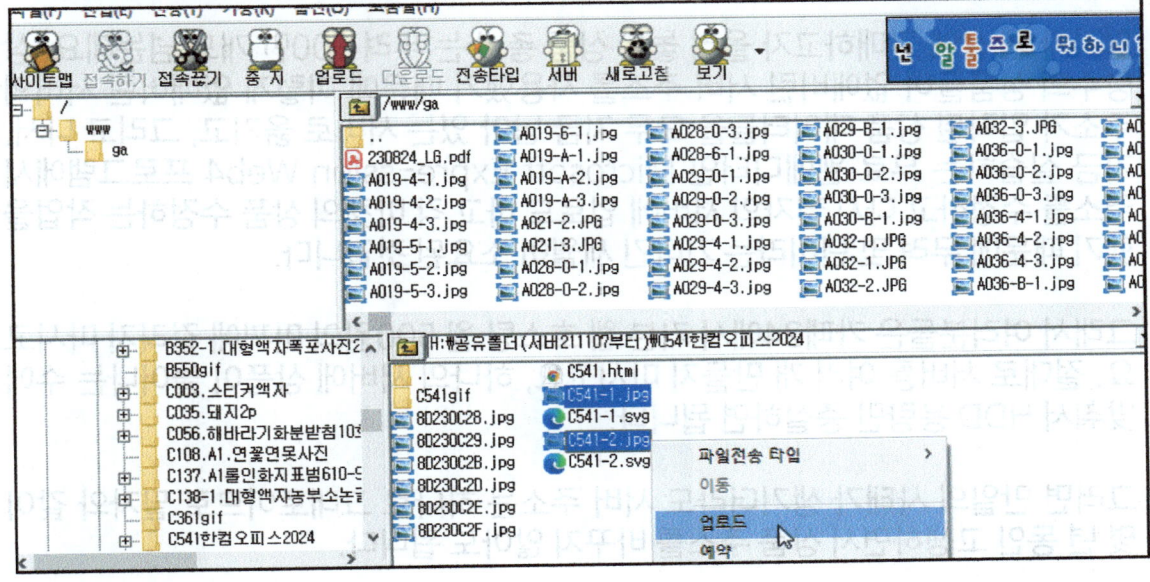

카페24는 쇼핑몰 관리자, 웹 호스팅 센터, 그리고 얼마 전부터 [유튜브 쇼핑] 도 생겼고요 유튜브에 채널을 개설하고 쇼핑몰을 운영하는 사람들이 유튜브에서 판매를 할 수 있는 메뉴이고요, 아래 화면은 호스팅 센터에 로그인 한 화면입니다.

위는 카페 24 호스팅 센터에 로그인 한 화면이고요, 지금 설명하는 것을 잘 들으셔야 합니다.

위의 [전체(15)]라고 써 있는 것과 같이 필자는 한 때 서버가 10개가 넘었고요, 지금은 경비를 줄이고자 모두 없애고 딱 2개의 서버만 남겨 놓았는데요, 말은 이렇게 쉽게 하지만, 몇 년 동안 고난의 세월을 보낸 결과입니다.

필자가 웹 상에 판매하고자 올려 놓은 상품 총 수는 무려 100만 개도 넘는데요, 상당수의 상품들이 없애버린 서버 주소를 사용했기 때문에 이렇게 없애버린 서버의 주소가 입력된 상품 데이터들을 모두 지금 남아 있는 서버로 옮기고, 그리고 나서, 지금 실습하는 무료 웹에디터인 Microsoft Expre-ssion Web4 프로그램에서 주소를 수정하고 다시 필자의 서버에 업로드 하고 각 마켓의 상품 수정하는 작업을 했기 때문에 무려 몇 년이라는 기나긴 세월이 소요된 것입니다.

그래서 여러분들은 카페24에서 기본 웹 호스팅 월 500원의 미끼에 걸리지 마시고요, 절대로 서버를 여러 개 만들지 마시고요, 하나의 서버에 상품이 늘어나는 수에 맞춰서 HDD 용량만 증설하면 됩니다.

그러면 만일의 사태가 생기더라도 서버 주소는 하나로 그대로이므로 필자와 같이 몇 년 동안 고생하면서 상품 주소를 바꾸지 않아도 됩니다.

[2] 이미지 크기

무료 웹에디터인 Microsost Expression Web4 프로그램에 삽입하는 그림이나 동영상은 그 크기를 자신이 원하는 크기로 조절할 수 있는데요, 예를 들어 필자의 [유튜브 채널]에 올리는 동영상은 일부 4K 영상을 제외하고는 모조리 1920*1080 해상도(크기)로 올립니다.

이 경우 유튜브에 있는 필자의 동영상을 필자가 판매하는 상품 화면에 넣을 때에는 이렇게 큰 사이즈로 넣었다가는 PC에서는 1920*1080 사이즈로 재생이 되겠지만, 모바일에서는 문제가 심각해지고요, PC에서도 재생은 되지만, 자칫 버벅거림이 발생할 수 있습니다.

이 경우 가장 좋은 방법은 PC용 화면과 모바일용 화면을 따로 만드는 것이 가장 좋지만, 필자의 경우 웹 상에 올려놓은 상품 파일이 무려 100만 개가 넘는데 이것을 PC용과 모바일 용으로 따로 제작한다면 다시 100만 개가 넘는 상품을 만들어야 하므로 사실상 불가능한 일입니다.

그래서 필자는 PC에서는 화면이 다소 좁게 보이더라도 모바일에 맞는 크기로 상품 페이지를 만듭니다.

옛날에는 스마트폰도 작고, 스마트폰이 나오기 전에는 휴대폰 화면이 나주 작았기 때문에 필자 역시 옛날에는 화면 가로 크기를 760픽셀로 제작했지만, 요즘은 스마트폰 크기가 예전의 갤럭시 노트 크기로 커졌으므로 요즘 만드는 웹페이지는 모두 가로 크기를 860픽셀 크기로 만듭니다.

이 크기면 갤럭시 노트 화면에 딱 맞는 크기입니다만, 일부 사이트 예를 들어 쿠팡의 경우 모바일 화면이 너무 크게 나옵니다.

아마도 쿠팡에 새로 입사한 새내기 프로그래머가 실력이 부족한 것으로 보이는데요, 필자가 쿠팡에 여러 번 이의를 제기하여도 여전히 수정이 되지 않고 있습니다.

이후 지금 현재 시점에서는 필자는 필자가 쓴 책의 주문이 밀려서 다른 상품은 거의 신경을 쓰지 않고 있기 때문에 다시 확인은 하지 않았지만, 필자가 마지막 확인 했을 때까지 쿠팡에 올린 상품의 모바일 페이지는 너무 커서 스마트폰으로는 상품을 구입할 수 없는 상태였습니다.

이것은 사실 쿠팡이 배가 불렀다고 밖에 할 수 없는 일이고요, 그렇지 않고서야 모바일에서는 상품을 구입할 수 없게 크게 보이게 할 수는 없는 일이니까요..

그래서 쿠팡에 초심으로 돌아가라고 여러 번 일침을 가했지만, 전혀 필자의 말을 듣지 않습니다.

필자가 알기로 쿠팡의 창업주는 미국에 거주하는 것으로 알고 있으며, 지금도 미국에서 쿠팡에 관여하는 것으로 알지만, 이제는 무려 100조원의 기업이 되었으므로 필자와 같인 일개 개인 사업자가 하는 얘기는 귀담아 듣지 않는 것으로 보입니다.

세상에 영원한 것은 없습니다.
쿠팡이 선발 마켓들을 제치고 일약 100조원의 기업이 되었지만, 어느날 누군가가 쿠팡을 제치고 더 큰 마켓으로 도약할 수도 있다는 것을 쿠팡에서는 잊지 않았으면 좋겠습니다.

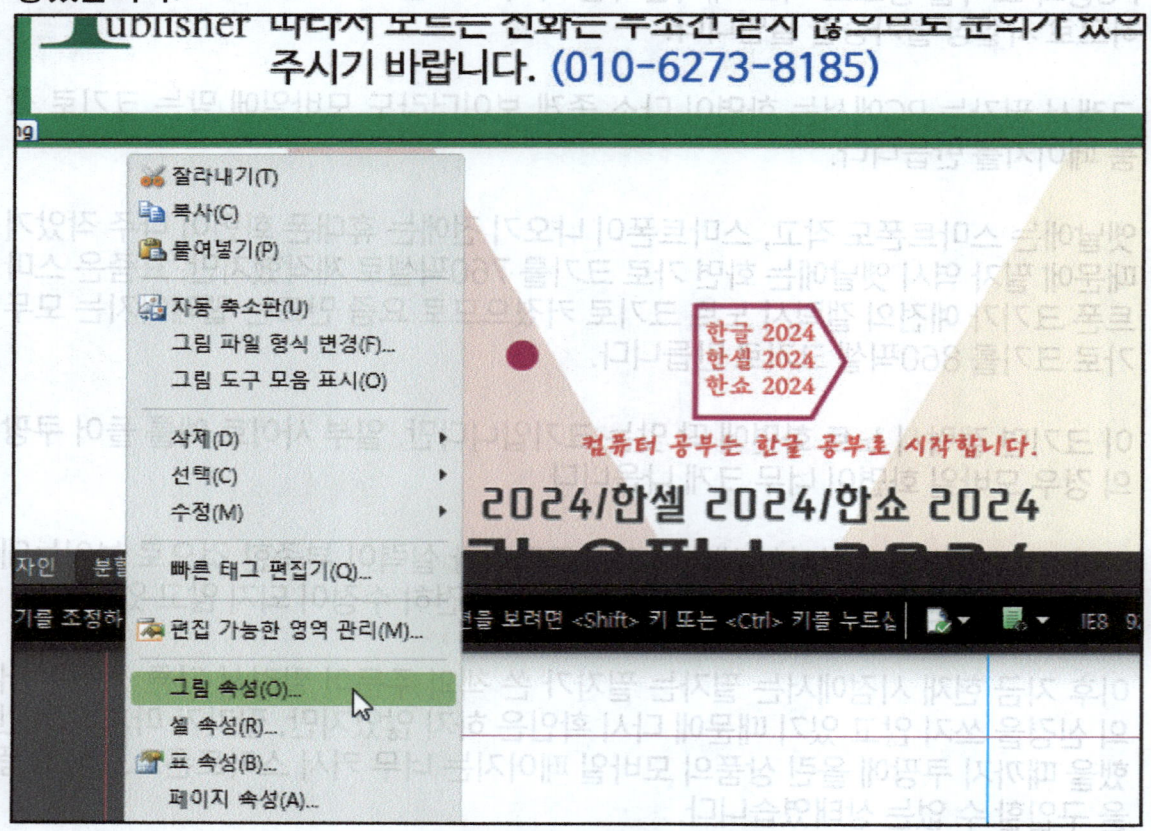

앞의 화면은 다시 무료 웹에디터인 Microsoft Expression Web4 프로그램에 불러온 필자의 상품, [한컴 오피스 2024] 책 상품 화면의 2번째 이미지를 클릭하여 선택한 화면이고요, 마우스 우측 버튼을 클릭하여 [그림 속성]에 들어가면 다음과 같이 보입니다.

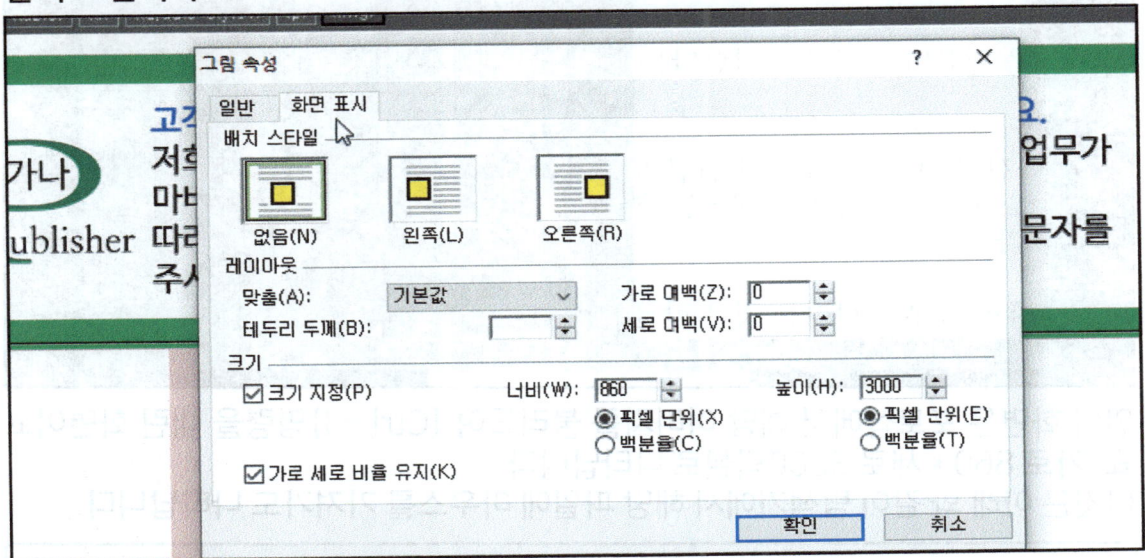

위의 화면에서 [화면 표시] 탭을 클릭하고 이미지의 크기를 조절할 수 있는데요, 가로 세로 비율이 맞지 않으면 이미지가 왜곡되므로 기본 값은 크기 조절 및 가로 세로 배율 유지에 체크가 되어 있는 것이 기본 값이고요, 여기서 중요한 것은 지금 불러온 것은 포토샵에서 작업하여 .jpg 파일로 저장한 파일이라는 점입니다.

따라서 포토샵에서 작업한 크기 그대로 여기에도 1픽셀도 틀리지 않게 정확히 일치해야 웹상에서 화면도 제대로 보이고 가장 큰 문제는 글씨가 깨끗하게 잘 보입니다.

무료 웹에디터인 Microsoft Expression Web4 프로그램에 불러온 이미지는 PC에서 불러온 이미지가 아닙니다.

웹 상에 있는 이미지 주소를 링크하여 Microsoft Expression Web4 프로그램에서 불러들여 해석을 해서 보여주는 것이므로 이미지 로딩에 시간이 걸리고요, 위의 화면에서 수정한 것을 다시 서버에 업로드를 해도 금방 나타나지 않고요, 일정 시간이 지나야 수정한 것이 적용되어 나타납니다. 웹브라우저에서 쿠키와 캐시를 사용하기 때문인데요, 이에 대한 설명은 여기서는 생략하겠습니다.

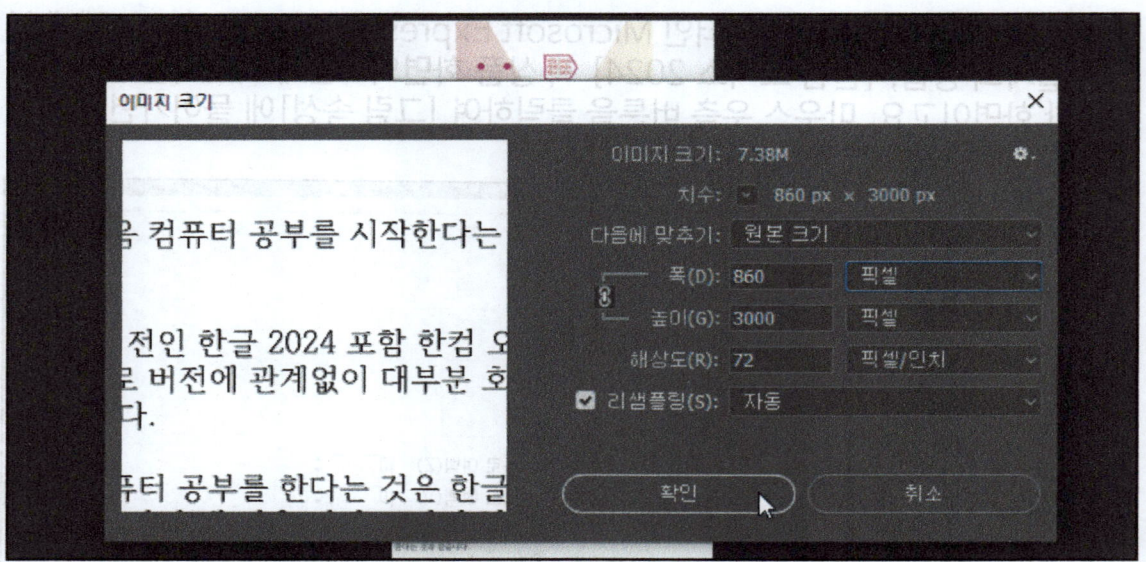

위의 화면은 포토샵에서 해당 이미지를 불러들여 [Ctrl + I] 명령을 내린 화면이고요, 가로 860 * 세로 3000픽셀로 나타납니다.
이것은 아래 와 같이 탐색기에서 해당 파일에 마우스를 가져가도 나타납니다.

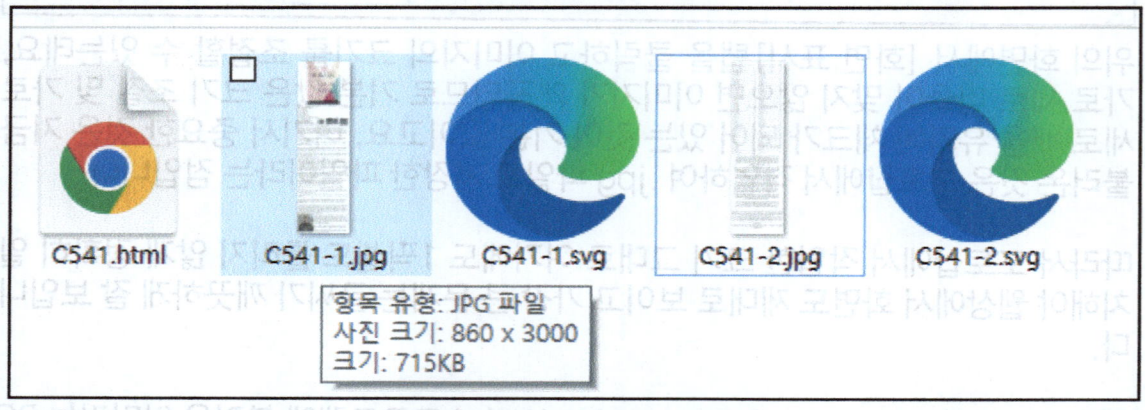

위에 보이는 크기와 무료 웹에디터인 Microsoft expression Web4 프로그램에 삽입한 이미지의 크기가 정확히 일치해야 한다는 얘기입니다.

무료 웹에디터인 Microsoft expression Web4 프로그램의 일종의 버그입니다만, 이 크기가 일치하지 않게 나타낼 때가 종종 있습니다.

그럴 때마다 앞에서 본 웹에디터인 Microsoft expression Web4 프로그램에서 이미지의 크기를 정확하게 수정을 해야 한다는 뜻입니다.

이상 무료 웹에디터인 Microsoft Expression Web4 프로그램에 대해서 비교적 간단하게 소개를 했고요, 이 파일을 이 책의 앞 부분에서 설명한 대형 마켓 판매자 로그인 화면에서 상품 등록시 제품 상세설명 페이지를 넣는 곳에 붙여 넣어서 상품 등록을 하는 것입니다.

제 5 편 인터넷 쇼핑몰 성공 전략

지금까지 많은 것을 다루었지만, 사실 인터넷 쇼핑몰을 운영하는 목적은 돈을 벌기 위함이요 결국 궁극적으로 인터넷 쇼핑몰을 성공하기 위함입니다.

지금까지 소개한 과정들은 모두 인터넷 쇼핑몰을 운영하기 위한 수단과 방법이었고요, 지금부터 다루는 것이야말로 인터넷 쇼핑몰의 성공을 가늠하는 가장 중요한 요소라고 할 수 있습니다.

앞에서도 언급했습니다만, 사업은 기술로 하는 것이 아니라 돈으로 하는 것입니다.

그래서 아무리 기술이 좋은 사람도 돈을 잘 못 벌지만, 기술은 없어도 돈이 많은 사람은 쉽게 돈을 버는 겁니다.

문제는 누구나 이것을 알고 있지만, 실제로는 아는대로 실천을 하지 않는다는 사실입니다.

여러분이 창업을 준비 혹은 이미 창업을 했다면 과연 얼마를 가지고 창업을 했는지 따져 보시기 바랍니다.

필자가 창업할 당시에는 아주 오랜 옛날이었으므로 이런 시스템도 없었고, 그야말로 그냥 주먹구구식으로 사업을 했으며 항상 앞으로는 남고 뒤로는 밑지는 사업을 해 왔습니다.

그러나 지금은 인터넷 시대입니다.

그리고 이 책은 인터넷 쇼핑몰 창업 및 성공 전략이라는 책이고요,..

방금 언급한 것과 같이 사업은 돈으로 하는 것인데 돈이 없으니 어떻게 사업을 하고 어떻게 성공을 할 수 있겠어요?

그렇다면 머리가 반백이 될 때까지 직장 생활을 해서 종자돈을 모아서 사업을 해야 할까요?

만일 그렇다면 그 때는 이미 사업을 시작할 나이가 아니라 은퇴할 나이입니다.

그렇다면 없는 돈을 어떻게 마련해야 할까요?

이것이 인터넷 쇼핑몰 성공 전략의 핵심 포인트입니다.

제1부 정부 정책 자금

필자의 조카 중에는, 신세대이므로 대학교 졸업반일 때 창업을 했고요, 학교에서 그리고 정부에서 지원을 받아서 창업을 했으며 창업 1년 만에 미국으로 진출을 했고요, 지금은 중견 사업가로 자리 매김을 했습니다.

이렇게 단기간에 사업가로 성공을 하는 사례도 있지만, 필자는 아주 오랜 옛날에 창업을 해서 지금 이 책을 쓰고 있지만, 이런 필자도 지금 설명하는 창업 자금이나 인터넷 쇼핑몰 성공 전략 같은 것은 꿈에도 몰랐고 생각도 못 했습니다.

그러다가 컴퓨터는 우리나라 1세대로서 일찍부터 컴퓨터를 해 왔으므로 컴퓨터 사업도 했었고요, 결국 거의 우리나라 첫 쇼핑몰 창업자이기도 하고요, 여러가지 우여곡절을 겪으면서 무려 수십 년 동안 쇼핑몰을 운영하다 보니 필자의 조카와 같이 단기간에 중견 사업가가 되지는 못 했지만, 그간의 경험을 바탕으로 이런 책을 쓰기에 이른 것입니다.

여러분도 혹시 대학생이라면 대학교 창업 동아리, 창업 지원 센터, 정부 및 각 지자체 창업 보육 센터 등의 문을 두드리면 훨씬 빨리 성공을 할 수 있습니다.

일반인이라도 전국 도처에 창업 지원센터가 있으며 만일 그런 창업 보육 센터에서 교육을 받고 창업을 했다면 이 책은 필요가 없을지도 모릅니다.

창업 지원센터에서 교육만 시키는 것이 아니라 성공적인 창업을 할 수 있도록 각종 창업 지원을 해 주며 당연히 창업 자금까지 이어주기 때문입니다.

그러나 필자도 그런 과정을 거치지 않았으므로 그저 필자가 알고 있는 것만 얘기한 것이고요, 다만 필자는 정부 정책 자금은 꾸준히 이용하고 있습니다.

정부 정책 자금은 우선 이자가 없다고 해도 될 정도로 매우 낮습니다.

그리고 보통 2년 거치 5년 상환이며 조건을 변경할 수도 있습니다.

그래서 일방인 창업자라면 무조건 정부 정책 자금을 지원 받아야 하고요, 정부에서는 수 많은 지원 방안을 마련 해 놓고 있지만, 정작 이런 지원이 필요한 사람들은 몰라서 비싼 사채를 끌어다 쓰는 불행을 당하고 있는 것이 현실입니다.

필자는 아주 오랜 옛날, 아직 인터넷이라는 것이 없던 시절에는 누구나 은행 통장을 가지고 거래를 했으므로 그 때는 통장이 있었지만, 이후 오늘날까지 은행 통장은 단 한 번도 가져 본 적이 없습니다.

아주 오랜 옛날부터 무통장 전자 거래, 즉, 인터넷 뱅킹으로만 은행을 이용해 왔고요, 인터넷 뱅킹도 이미 오래 전에 완전히 뚝 끊었고요, 지금은 오로지 폰뱅킹만 합니다.

아마 이것은 여러분 대부분이 필자보다 젊은 사람들일 것이므로 폰뱅킹은 필자보다 더 잘 할 것입니다.

문제는 필자는 옛날부터 지금까지 무려 수십년 동안 사업을 해 왔지만, 거의 단 한 번도 은행에 가 본 적이 없습니다.

오로지 정부 정책 자금을 지원 받을 때만 은행을 방문합니다.

정부에서는 정책 자금이든 아니든 사업자에게 직접 돈을 주지는 않습니다.

정부 정책 자금이란 정부에서 보증을 서고 신용 보증 기금 등에서 보증서를 받고 그 보증서를 가지고 정부 정책 자금을 취급하는 시중 은행 창구에 가서 직접 대출을 받는 것입니다.

그 보증서가 바로 담보이며, 이렇게 정부에서 보증을 서 준 보증서를 가지고, 이것도 본인이 직접 가지고 가는 것이 아니라 이미 신용보증기금 등에서 보증서를 은행에 보내고 필자와 같이 대출을 받으려는 사람에게는 언제까지 은행에 가서 약정 체결을 하라고 연락이 옵니다.

그래서 필자는 아주 오랫동안 정부 정책 자금을 써 왔지만, 단 한 번도 은행에 가서 대출 신청을 해 본 적이 없습니다.

물론 대출 약정서는 은행 대출 창구에 가서 직접 체결해야 합니다.

이렇게 필자는 나름대로 다른 사람보다는 훨씬 시대를 앞서 간 사람이었는데도 불구하고 아직도 개인 사업자 신세를 면하지 못하고 있습니다만, 중이 제 머리 못 깎는다고, 중이 제 머리는 못 깎아도 다른 사람 머리는 깎을 수 있듯이 다른 사람에게 정부 정책 자금 설명을 해 줄 수 있는 것입니다.

제 1 장 정책 자금의 종류

제 1 절 미소 금융

만일 여러분이 신용이 낮아서 시중 은행에서 대출이 어렵다면 미소 금융을 이용할 수 있습니다.

미소 금융은 신용 등급이 높은 사람은 이용할 수 없으며 신용 등급이 은행마다 조금씩 차이는 있지만, 대체로 800점 이하의 사람만 이용할 수 있습니다.

그러나 어떤 경우이든, 어떠한 대출이든 정부 정책 자금이든, 미소 금융이든 신용상에 결격 사유가 없어야 합니다.

최악의 경우 신용 불량이라면 어떠한 지원도 받을 수 없습니다.
현대 사회는 신용 사회이므로 자신의 신용을 잘 지켜야 하는 이유이기도 합니다.

일단 신용 불량이 아니어야 하며, 개인회생 중이라도 안 됩니다.

이러한 제약만 아니라면 아무리 신용 평점이 낮아도, 오히려 신용 평점이 낮을 수록 미소 금융에서 대출을 받을 수 있으므로 더 자세한 것은 미소금융 검색하여 가까운 미소금융에 전화를 하거나 방문을 해서 필요한 서류 등을 알아보면 됩니다.

제 2 절 소상공인 진흥 공단

필자를 포함한 여러분 대부분은 소상공인이며 소상공인 진흥 공단에서 정부 정책 자금 등을 지원 받을 수 있으며 기타 각 공단 및 지자체 조례에 따라 지방에서는 오히려 중앙보다 더 지원을 많이 해 주는 지자체도 있으므로 쉬지 말고 발품을 팔 것이 아니라 오늘날은 인터넷 시대이므로 인터넷 검색 검색.. 검색을 해야 합니다.

그리고 금융 공부를 해야 합니다.

정부 정책 자금 종류는 이 책보다 더 두꺼운 책을 써야 할 정도로 많고요, 그 많은 정책 자금을 정작 자금이 필요한 사업자는 너무 많은 정책 자금을 알지 못하고요, 그런 정책 자금을 잘 아는 금융 중개인이 이를 잘 모르는 사업자에게 대신 설명을 해 주고 대신 대출을 받게 해 주고 수수료 명목으로 10%~30%씩 떼어 갑니다.

명심해야 할 것은 이렇게 대출 중개인을 통해서 대출을 받고 수수료를 준 사실이 드러나면 대출이 취소되거나 환수, 그리고 추가 및 재 대출 불가 등의 제재를 받을 수 있다는 것을 명심해서 절대로 중개인을 통해서 대출을 받지 마시기 바랍니다.

정부에서는 이러한 악질 대출 중개인을 통하지 않고 필자와 같이.. 필자는 단 한 번도 은행에 간 본 적도 없고, 중소기업 진흥 공단이나 소상공인 진흥 공단 등 어떠한 곳에도 단 한 번도 가 본 적이 없는데도 정부 정책 자금을 대출 받았다는 것을 아시기 바랍니다.

특히 코로나 이후 이러한 대출이 거의 대부분 비대면으로 이루어지며 정부에서는 여러분 모두의, 온 국민의 금융 정보를 손금 보듯 들여다 보고 있다는 것을 알아야 합니다.

간혹 정부의 지원을 받지 못하고 극단적 선택을 하는 뉴스를 접할 때마다 안따까운 마음을 금할 수 없는데요, 며칠 전에 또 유치원생 딸을 키우던 30대 싱글맘이 악성 사채, 그것도 아주 적은 금액을 빌렸다가 제 때 못 갚는 바람에 이자가 눈덩이처럼 불어나서 결국 극단적 선택을 한 뉴스를 보았는데요, 참으로 안타깝습니다.

정부에서는 이러한 일을 방지하고자 전국의 지자체 및 여러 사회 단체와 연계하여 수 많은 지원책을 강구하고 있지만, 그렇게 어려운 사정을 아무한테도 얘기하지 않으면 어떻게 알 수가 있는가 이 말입니다.

정부에서는 큰 돈을 주지는 않지만, 그렇게 어려운 사정이 있는 사람에게는 최소한 죽지 않을 만큼은 도움을 줍니다.

기초생활수급자도 그런 지원의 한 종류이고요,..

물론 여러분은 그런 처지가 아니라 명색이 개인 사업자가 되려고, 인터넷 쇼핑몰 창업을 하려고 이 책을 보시는 것이고요, 인터넷 쇼핑몰이 오프라인 매장이 없어서 매장 임차 보증금이 들어가지 않아서 소자본으로 창업 할 수 있을 것 같지만, 실제로는 오프라인 매장보다 오히려 더 많은 돈이 들어갈 수도 있습니다.

그래서 자금은 아무리 많아도 부족한 것이므로 정부 정책 자금을 받을 수 있는 최대 한도까지 받아야 사업이 조금이라도 더 성공에 가깝게 됩니다.

제 2 장 금융 공부

필자가 이 책의 앞 부분에서 죽어라 일만 하지 말고 금융 공부를 해야 한다고 했는데요, 이제 금융 공부를 하지 않으려 해도 어쩔 수 없이 금융 공부를 해야 할 시간이 되었습니다.

미소금융이든 정부 정책 자금이든 이러한 대출을 받으려면 무조건 금융 교육을 받아야 합니다.
다행히 비대면 대출이므로 교육 역시 비대면으로 대출 주체가 마련한 사이트에서 온라인으로 선택해서 수강을 할 수 있고요, 수료증을 제출해야 대출이 이루어지기 때문에 이 때는 어쩔 수 없이 금융 공부를 하게 되는데요, 이것을 기화로 더 많은 금융 공부를 하는 것이 좋습니다.

여기서 말하는 금융 공부란 금감원 공무원이 되기 위한 공부가 아니고요, 정부 정책 자금을 전문가처럼 받을 수 있는 공부를 의미하며 또 다른 의미는 앞에서도 설명했습니다만, 인터넷 쇼핑몰 창업하고 얼마 되지 않아서 주문이 쇄도하면 대부분의 사람들은 빚을 내서라도 물건을 사재기 하게 됩니다.

그러나 필자가 앞에서 설명한 것과 같이 자신이 직접 제조하는 물건이 아닌 바에야 도매상에서 싼 값에 가져와서 팔아야 남는 것인데 도매상에서는 대량으로 최소한 박스 단위로 판매를 하며 그 박스라는 것이 생뚱맞게 크기 때문에 만원어치 주문에 백만원어치를 들여오는 수가 있습니다.

그러면 분명히 계산을 해 보면 흑자이지만, 돈이 쌓이지 않고 물건만 쌓여서 결국 흑자 부도가 나게 되는 것입니다.

그래서 사업보다 금융 공부에 더 치중해야 하는겁니다.

제 2 부 유튜브 판매 전략

이 책을 처음 기획 할 때는 유튜브 판매 전략을 많이 다룰 예정이었으나 우선 필자의 다른 도서 [유튜브책]이 있고요, 그리고 이미 계획한 지면을 다 썼습니다.

그래서 어쩔 수 없이 간단하게 다루겠습니다만, 여러분은 유튜브가 희망이 될 수도 있으므로 필자의 수 많은 저서 중의 하나인 "유튜브책"을 보시기를 권해 드립니다.

유튜브에 자신의 채널을 개설해서 필자와 같이 [유튜브 채널]에 자신의 사업과 연관된 동영상을 만들어 올리고 그 동영상을 통해서 자신의 사업을 효과적으로 홍보

할 수 있다면 이미 사업의 반은 성공한 것이나 다름이 없습니다.

물론 쉬운 일은 아닙니다만, 누구나 저마다 다른 소질이 있게 마련이고요, 컴퓨터는 필자보다 못 하더라도 이런 일에는 천재적인 사람이 있기 마련입니다.

길가에 엎드려 구걸하여 얻어 먹는 거지도 나보다 나은 것이 있고요, 바로 구걸하는 기술이 있기 때문에 굶어죽지 않고 먹고 사는 것입니다.

여러분에게 길거리에 엎드려서 구걸을 하라고 하면 죽어도 그런 일은 못 할 것입니다.

이와 같이 유튜브에 특화된 사람들은 이미 이 책을 통해서 유튜브 공략 계획을 세우고 있을 것입니다.

실제로 유튜브에서는 한낱 하찮은 가십 거리 하나로 수십만 혹은 수 백만 뷰를 기록하며 엄청난 수익을 올리는 사람들이 많이 있습니다.

이렇게 유튜버로 성공하면 인터넷 쇼핑몰 할 필요도 없습니다.

필자의 경우 책을 그렇게 많이 펴 냈고 필자의 [유튜브 채널]에 무려 수 천 개의 동영상을 올렸지만, 사실 필자도 고수익은 못 올립니다.

그러나 이것은 필자이기 때문에 고수익을 못 올리는 것이고요, 여러분이 필자 입장이라면 당장에 대박을 터뜨려서 돈방석에 앉을 수도 있습니다.

실제로 유튜버로 성공하여 돈방석에 앉은 사람들도 많이 있으니까요..

유튜브에 동영상을 올리고 구독자를 늘려서 구독자가 일단 1,000 명이 되어야 그 때부터 유튜브에서 수익을 올릴 수 있습니다.

물론 그 단계는 간단치 않고 쉽지 않습니다.

일단 자신의 유튜브 채널에 구독자가 1,000 명이 넘어가면 유튜브 수익 창출 자격이 되며 자신의 유튜브 채널에 접속하면 안내가 나타나서 어떠 어떠한 단계를 거치라는 내용이 나타나며, 특히 수익은 유튜브에서 직접 주는 것이 아닙니다.

앞에서 광고 단원에서 설명했던 구글 광고를 내는 곳, 즉, 구글 애드센스에 가입해야합니다.

그리고 화면의 안내에 따라 수 많은 단계를 거쳐야 하며 구글 애드센스에 사이트를 등록해야 하는데 필자는 그 단계에서 무척 애를 먹었습니다.

네이버는 네이버 자체 광고인 네이버 애드포스트가 있기 때문에 네이버 블로그는 등록이 안 됩니다.

필자의 경우 티스토리 블로그를 개설하여 티스토리 블로그 주소를 입력해서 통과를 했고요, 모든 설정을 완료하면 1달~4개월 정도 후에 구글 본사에서 등기 우편으로 등록 코드가 옵니다.

아마도 이것은 전세계의 수 많은 유튜버를 길들이기 위한 구글의 전략으로 보입니다만, 유튜브에서 수익을 내기 위해서는 구글에서 하라는대로 할 수 밖에 없습니다.

이 과정에서 세금 정보도 입력해야 하고요, 우리나라는 기본적으로 모든 상거래에 10% 부가가치세를 내게 되어 있습니다.

이 과정에서 필자와 같은 면세 사업자는 면세되고, 일반 사업자는 부가세를 내기는 내지만, 자신이 낸 부가세와 매입한 금액을 제한 차액만 내기 때문에 납부할 부가세보다 매입 세액이 많을 경우 정부로부터 오히려 돈을 돌려받게 됩니다.

필자의 경우 부가세는 면제되지만, 각종 물품을 구입할 때 자동으로 내는 부가세는 단 한 푼도 돌려받지 못합니다.

그리고 유튜브에서 매달 발생되는 수익금이 필자의 통장으로 입금 될 때 수익금 총액에서 10%를 떼고 입금되며 이 돈은 정부에 세금으로 납부되는 것입니다.

다시 말해서 유튜브는 구글에서 운영하며 우리나라에서 많은 수익을 내고 있지만, 우리 정부에 많은 세금을.. 수 많은 유튜버들이 받는 수익금의 10%를 내고 있으므로 결과적으로 우리 정부 입장에서는 큰 납세자인 셈입니다.

유명 유튜버의 경우 수억, 수십억의 고수익을 올리고 10%의 세금을 내니까요..

필자는 책을 그렇게 많이 펴 냈고, 그 많은 책들에 들어간 내용 중에서 동영상으로 만들어서 유튜브에 올린 것도 꽤 많이 있지만, 그런 동영상은 조회수가 영 많이 올라가지 않습니다.

오히려 필자로서는 현재 부업도 아니고 아직은 취미 양봉 수준인데 양봉에 관한 동영상을 만들어 올리면 그게 오히려 조회수가 많이 올라가고 필자의 유튜브 수익의 대부분을 차지합니다.

따라서 여러분은 여러분이 잘 하는 분야를 특화를 해야 합니다.

앞에서도 언급했습니다만, 필자와 같이 컴퓨터를 잘 할 필요도 없습니다.

그냥 단순한 가십거리 한 가지만으로도 수 많은 구독자를 모으고 고수익을 올리는 사람들도 있습니다.

설사 유튜버로 고수익은 올리지 못 한다 하더라도 자신의 사업과 연계하여 유튜브에서 효과적으로 홍보를 한다면 유뷰브에서 고수익을 올리는 것과 같은 결과를 얻을 수 있습니다.

이상 필자의 경험 및 현재 상황을 설명하는 것으로 유튜브 판매 전략을 비롯한 인터넷 쇼핑몰 성공 전략을 마지막으로 마무리 하였습니다.

이 책은 그냥 하나의 지침이요 등대와 같은 것입니다.
그 등대불을 잘 보고 잘 찾아오는 배도 있고 난파를 하는 배도 있습니다.

이 모든 것은 이 책이 아니라 오로지 여러분 자신에게 달려 있는 것입니다.

모쪼록 이 책으로 성공적인 사업가가 되시기를 진심으로 기원합니다.

감사합니다.

-저자 윤관식-

〈필자 약력〉
1. 한국방송통신대학교 미디어 영상학과 4년 수료
2. 컴퓨터 자격증 다수 보유
3. 컴퓨터 관련 서적 및 사진, 그래픽 등 각종 서적 수십 권 이상 집필
4. 현 가나출판사 운영

가나출판사.kr

제 목 : 온라인 쇼핑몰 창업
부 제 : 인터넷 쇼핑몰 창업 및 성공 전략
가 격 : 23,000원
발행일 : 2025. 01. 01
발행처 : 가나출판사
대 표 : 윤관식
충남 예산군 응봉면 신리길 33-4
HP : 010-6273-8185
Fax : 02-2604-8185
Home : 가나출판사.kr

〈부록 표지〉
1. 인터넷 쇼핑몰 미디어 홍보문구
   가. 상세 소개
2. 온라인 스토어 운영 안내 보고서
3. 다양한 판매 사례 및 사진, 그래프 등
   다양한 자료 수집 활용 및 정리 방법
4. 참고자료 출판사 소개

제 목 : 온라인 쇼핑몰 창업
부 제 : 인터넷 쇼핑몰 창업 및 성공 전략
가 격 : 23,000원
발행일 : 2025. 01. 01
발행처 : 가나출판사
대 표 : 홍길동
송파 위례성 중앙로 고마로 33-4
HP : 010-6273-8185
Fax : 02-2004-8185
Home : 가나출판사.kr